敦煌石窟全集

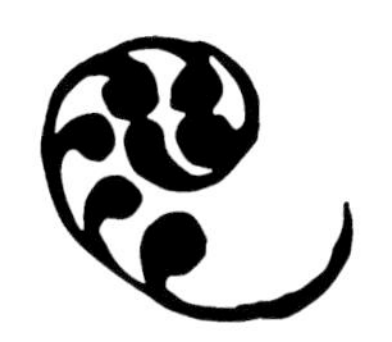

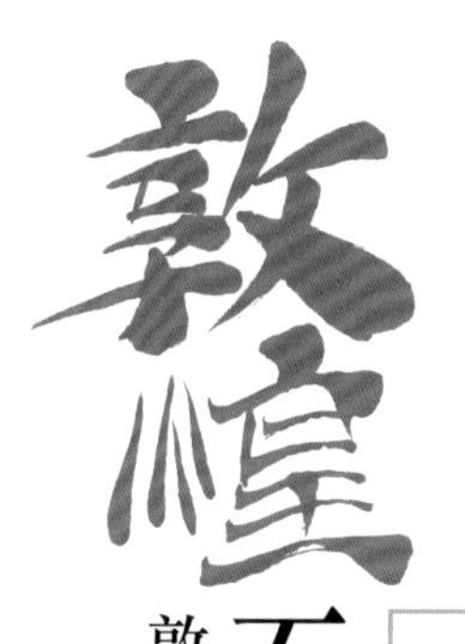

石窟全集 15

飛天畫卷

敦煌研究院 主編

本卷主編 鄭汝中 台建群

商務印書館

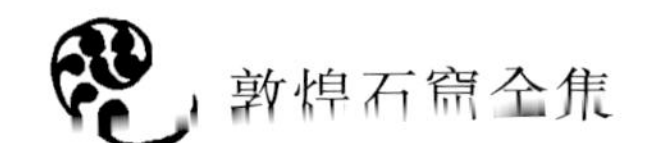

飛天畫卷

主　　編 ……………… 鄭汝中　台建群

攝　　影 ……………… 孫志軍

封面題字 ……………… 徐祖蕃

出 版 人 ……………… 陳萬雄
策　　劃 ……………… 張倩儀
責任編輯 ……………… 劉　煒
設　　計 ……………… 呂敬人
出　　版 ……………… 商務印書館（香港）有限公司
香港筲箕灣耀興道3號東滙廣場8樓
http://www.commercialpress.com.hk
製　　版 ……………… 中華商務彩色印刷有限公司
香港新界大埔汀麗路36號中華商務印刷大廈
印　　刷 ……………… 中華商務彩色印刷有限公司
香港新界大埔汀麗路36號中華商務印刷大廈
版　　次 ……………… 2020年3月第1版第3次印刷

ISBN 978 962 07 5288 9

前 言
飛翔的樂舞

飛天是佛教造型藝術，它從印度經過西域傳到中國內地，經過了一千多年的衍變和發展，日漸完美，形成了中國化的造型。由於它的題材、表現方式具有很高的藝術情趣，所以世代相傳，亙古不滅，為人們所喜愛，以至超出佛教的意義，而成為一種祥瑞的象徵。

漢語“飛天”一詞，最早見於東魏成書的《洛陽伽藍記》，書中記載:“有金像輦，去地三尺，施寶蓋，四面垂金鈴七寶珠，飛天伎樂，望之雲表。” 天，在佛教概念中，不僅指天國、天宮，還是對神的尊稱，如吉祥天、三十三天等。因此，漢譯佛經，用“飛天”這兩個字是很貼切的，它專指天宮中的供養天人和禮佛、舞樂的天人。

飛天形象，源自古老的印度神話，為婆羅門教中的二位小神靈乾達婆和緊那羅。乾達婆（梵文Gandharva），其形象有兩說，一說是醜陋多毛，鬈髮，半人半獸，執武器，飛行於空中，守護蘇摩。另一種說法是，乾達婆為丰采之美男子、常飛遊於菩提樹下，雲霓彩霧之間，歌舞散花，因之稱其為“香音神”、“尋香”、“香神”或“音樂之神”。《大智度論》載：“乾達婆是諸天伎人，隨逐諸天，為諸天作樂”。緊那羅（梵文Kipnara），印度神話中之樂神，傳說為乾達婆之妻，人身馬頭，出自梵天的腳趾，為天上能歌善舞者。《慧琳音義》說緊那羅“音樂天也，有微妙音響，能作歌舞，男則馬首人身，能歌；女則端正，能舞，多與乾達婆為妻室也”。這是解釋飛天由來的主要的依據。由此可知，乾達婆和緊那羅是能歌善舞的天人，後來成為侍奉供養佛的小神靈，司音樂、散花和禮拜之職。每當佛講經說法之時，以及最後佛涅槃之時，他們都淩空飛舞，奏樂散花。

佛經上還將此二神列入天龍八部。天龍八部原為古印度婆羅門教的崇拜偶像，後被佛教吸納為護衛佛法的神祇。《維摩詰經》中說："阿修羅等調颯玲玲之瑟琵琶，緊那羅王調敲駁犖犖之羯鼓。乾達婆眾吹妙曲於雲中，迦羅樓王動簫韶於空裏。"看來，天龍八部還是上界的"音樂班子"，在壁畫中主要是營造一種極樂世界到處充滿祥瑞歡樂的氣氛。

按佛經所示，飛天的職能有三：一是禮拜供奉，表現形式為雙手合十，或雙手捧花果奉獻；二為散花施香，表現形式為手托花盤、花瓶、花朵，或拈花散佈；三為歌舞伎樂，表現形式為手持各種樂器，演奏、舞蹈。根據這三項職能，古代匠師發揮想像力和創造力，把一個毫無情節可言的題材表現得淋漓盡致，並逐漸形成完善的程式。

飛天的造型傳入中國，有個很重要的發展，那就是強調了音樂性和舞蹈性。原來印度的飛天持樂器的形象非常少，而伎樂飛天在敦煌石窟已成為主題；原來印度飛天的動態都出自印度的舞蹈，而中國的飛天，從舞姿、服飾等特點看，則受到當時中國社會舞蹈的影響。

佛教進入中國後，儘管飛天與羽人是兩個系統，但道教神仙思想對佛教有所滲透，因此飛天的衍變過程中，顯然也融入了中國羽人的概念，甚至佛教也用"飛仙"一詞。早在佛教傳入之前，中國就有羽人的形象，《楚辭》中說"仍羽人於丹丘兮，留不死之舊鄉"。中國神話裏的女神形象，也影響到飛天造型的演變。最初見於戰國《山海經》的嫦娥，到漢代時，"姮娥奔月"的圖形已常見於畫像磚中。東晉畫家顧愷之在《洛神賦圖卷》中所描繪的洛神，更是美貌靚麗、仙裳飄逸的形象。

大約在公元初年，佛教在印度興起的同時，西方也醞釀着宗教運動，出現了基督教和拜占廷藝術，藝術家以希臘神話為依據，創造了愛神丘比特和小天使安琪爾的形象，這羣有翅膀、持弓箭、赤身裸體的小男孩，活潑可愛地飛舞在神像周圍，或裝飾在教堂拱門及牆壁頂端。有趣的是，西方有翅膀的小天使，與東方的飛天一樣，也對稱地盤旋在主尊神像的上方，與佛教的說法圖佈局極為相似。這些飛翔的天使，造型也逐漸豐富，後來演變成有男有女的神像附屬的造型，天使的種類也很多，甚至還有善惡之分。在西方一個經常被引證的來源是公元500年左右的《古希臘的天人體系》一書，將天使劃分為九個體系，成為後來西方天使造型的依據。無獨有偶，在瑪雅文化中，同樣存在着羽人現象，曾有人發現在公元前400年的圭形神柱上，刻有生雙翅的創世神。在古代埃及，也有羽人的形象，羽人擁有無上權威，與天界保持密切的聯繫。

西方藝術家把人體的再現作為審美的最高準則，把人體的造型美當作詩來創作。而東方則以“意”為要旨來營造藝術，飛天造型並不在乎人物自然存在的形態，因此，飛天不用翅膀，而由人體直接飛翔，借衣裙和飄帶顯示空間和飛舞，畫面更具天宮仙境的神秘之感，使藝術境界得到升華。

敦煌位於河西走廊的西端，是通往西方的重鎮。西漢時設敦煌郡，自此，這裏就匯合了中原文化和西方文明。西晉時敦煌開始盛行佛教，建立寺院。有文獻載：“晉司空索靖題壁，是仙巖寺”。之後，又有樂僧法良在斷巖懸壁築窟之說。目前，被認作最早開闢的洞窟，當為前秦建元二年（公元 366 年）。

敦煌石窟以莫高窟為主，包括榆林窟、西千佛洞、東千佛洞，堪稱中國飛天圖象薈萃之地。據統計，僅莫高窟就有二百七十多個洞窟繪有飛天四千五百身之多，加上其餘石窟，飛天近六千身。最大的飛天在第130窟，身長約兩米，最小的只有五六厘米。繪製飛天數目最多的第209窟，共繪一百五十四身。

敦煌壁畫中的飛天，按佈局大致可分為藻井飛天、平棊飛天、人字坡飛天、龕頂及龕外飛天、背光飛天、法會飛天、環窟飛天，按其造型有童子飛天、六臂飛天、裸體飛天，按其職能有伎樂飛天、散花飛天、供養飛天、托物飛天等。

飛天多繪於洞窟的上方，基本上有固定位置，如藻井四周、人字坡兩側、平棊四角、龕頂、龕壁、龕楣、背光及龕兩側。最多的還是繪於環窟四壁上端，環窟呈帶狀橫向伸延，寓示天宮仙境。除了環帶形式之外，在牆壁的各種經變畫、故事畫、說法圖上方的天空常有飛天飛舞，表示為佛供養。一般在構圖上都以對稱的形式出現。此外，飛天也可在洞窟中任何地方出現，有時畫工為豐富畫面，可以散點鋪陳，隨形就範，零散的將飛天畫在各個角落，形成不規則的構圖形式。

從敦煌飛天的造型衍變、時代特徵以及技法特點來看，大致可以分為如下四個時期：

一、早期（北涼、北魏、西魏）為模仿萌發期；

二、中期（北周、隋）為轉型創意期；

三、盛期（初盛唐、中晚唐、五代）為定型鼎盛期；

四、晚期（宋、西夏、元）為程式化衰落期；

北涼飛天的造型，雖具粗、重、厚、簡的特徵，但卻古樸雅拙，憨厚可愛。從西域傳來的凹凸法，疊染之法久經歲月的變化，形成一種特別的“小字臉”，人們驚奇地得到一種特別的氣勢之美。至北魏、西魏時期，飛天臉型和體形轉為削瘦，所謂“瘦骨清像”，飄帶飛揚，動感強烈。隋代是飛天創作最生動的時期，形象豐富而充滿活力。

唐代飛天是隋代審美觀的發展，其形象基本是女性人體、時裝、頭飾的展示，特別是受到宮廷仕女畫的影響。佛教抓住這個題材，用多種手段來創造，表現女性柔軟的曲線，在升騰、伸屈、俯仰、翻騰的動態中體現人的形體美。唐代以後，畫工技巧熟練，造型比例適度，線條功夫極高，能夠突顯天人的氣質，即古人所說的“氣韻生動”。

敦煌飛天的繪製主要用了三種方法：

1、疊染法；

2、顏色鋪排與線條並重法；

3、白描勾色線，施以重彩法。

在敦煌，飛天屬於工筆畫的範疇，有濃厚的民族特色，以線描為主，敷以重彩。古人用“春蠶吐絲”“行雲流水”比喻勾線技巧，描法上稱為“遊絲描”。到唐代，吳道子創造的線描被譽為“吳帶當風”，當時尚有“鐵線描”、“蘭葉描”等形式出現。高超的用線功力使敦煌飛天形象在壁畫中達到了形神兼備的效果。

敦煌飛天的創造，與中國各石窟一樣，有兩個特徵：一是充分發揮線描技藝，二是它的裝飾效果。把飛天淩空飛舞的動態，進行誇張、變形和裝飾性處理，使構圖單純明朗，輪廓清晰，神態生動，富有節奏感和韻律感。完全訴諸於主觀的造型方式並不太追求人物場景的真實準確，用裝飾邊框來分割各自的位置，形成固定的程式。在花團錦簇，雲氣繚繞的背景中，飛天構築了特定的空間，雖然往往很狹窄，但它卻給人一種天宮飄渺的意境。而且題材處理變化多端，利用形象的排列相互呼應，首尾相逐，形成疊合、交錯的美感。

佛教的教義充滿了哲理和美學概念，但它同時又是非美的，佛教認為美是聲色範疇，虛妄不實，追求美是世俗觀念，有悖於佛性，因此教導信徒把人間的美當作戒律。而另一方面，佛教藝術又在禁戒聲色中竭力描繪虛擬的極樂世界，甚至將觀看佛像作為最基本的信仰方式，因此佛及佛教造型還是凝聚了世俗之美。飛天是天宮的精靈，在造型上無疑集中了人間最善良、最美麗的形象，使人覺得親切並產生佑護感。飛天的美學基調是健康的，表達的是升騰、開朗、樂觀的情趣，這也正是飛天藝術的生命力所在。

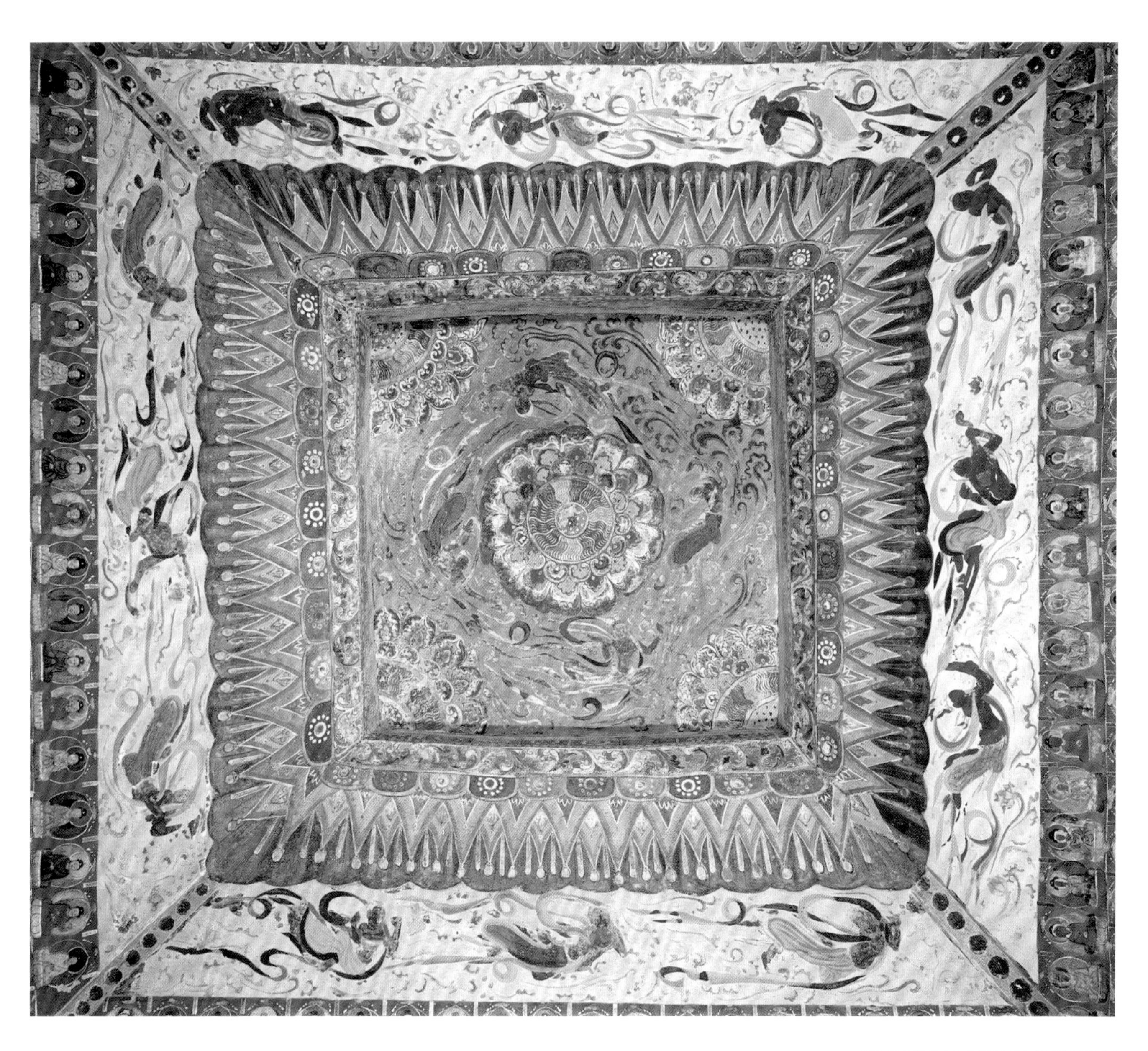

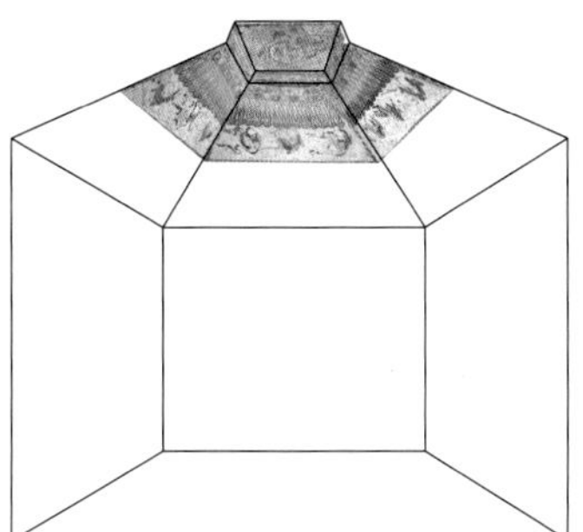

1 **蓮花藻井飛天**

在敦煌石窟中，飛天的分佈位置是有系統可尋的。一般都處於石窟的較高處，最高的繪於窟頂天花，包括藻井、華蓋或平棋上面的飛天，此等飛天主要起裝飾作用，蓮花藻井飛天就是其中一例。藻井井心為五色轉輪蓮花，飛天在藍天白雲中旋轉飛行散花，在流蘇垂帳外又繪有另一周環寶蓋伎樂飛天，以土黃色映襯深色的飛天，效果鮮明。

初唐 莫329 窟頂

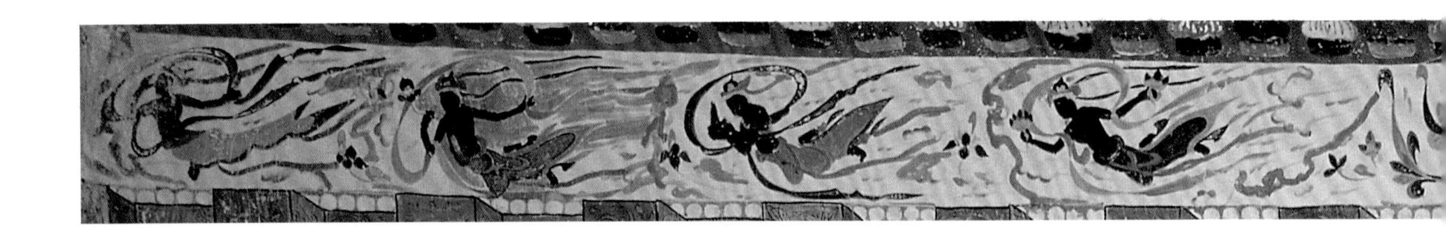

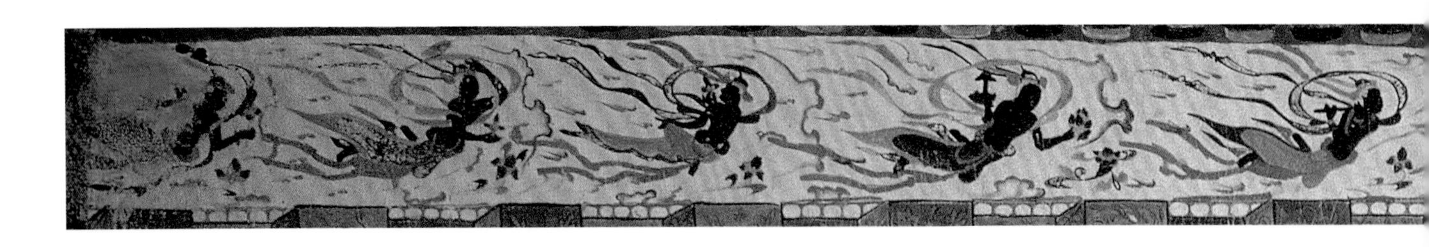

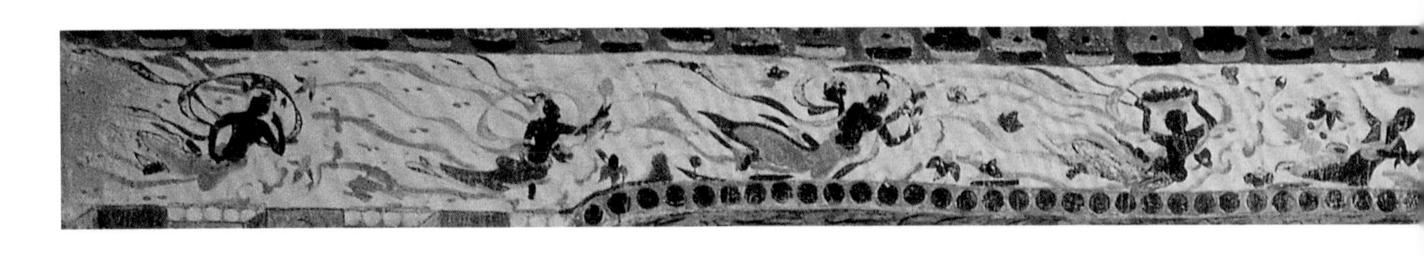

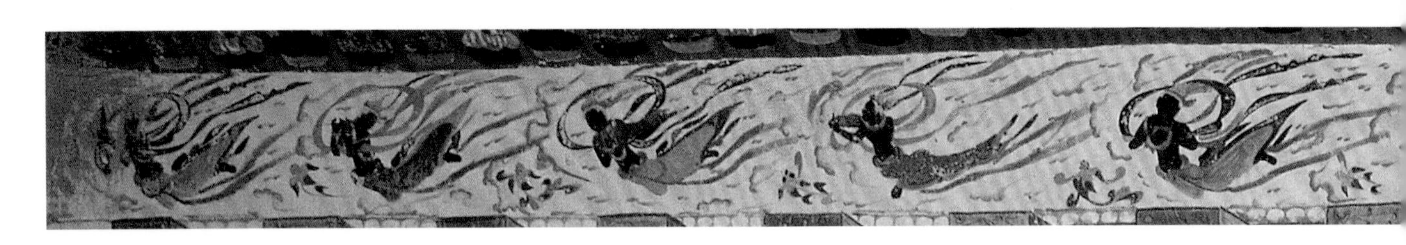

2 第390窟立體圖——環窟飛天

窟頂與四壁之間，有時也繪畫飛天，多“環窟”一周，起分隔和裝飾作用。莫高窟第390窟是隋代壁畫繪製最精美、最具代表性的洞窟，環窟四壁上方畫天宮欄牆紋，各式伎樂飛天持樂器沿着欄牆飛翔。

隋 莫390

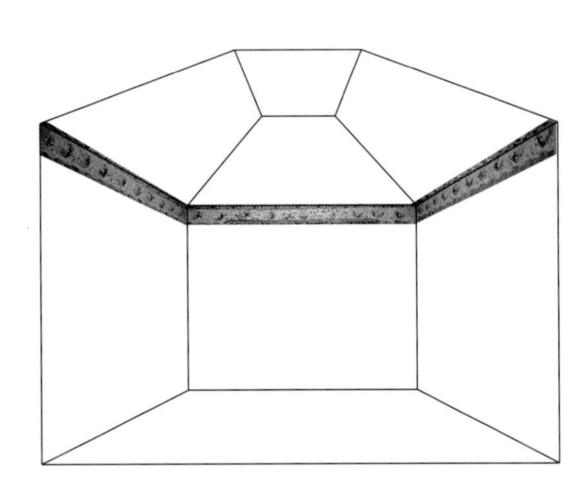

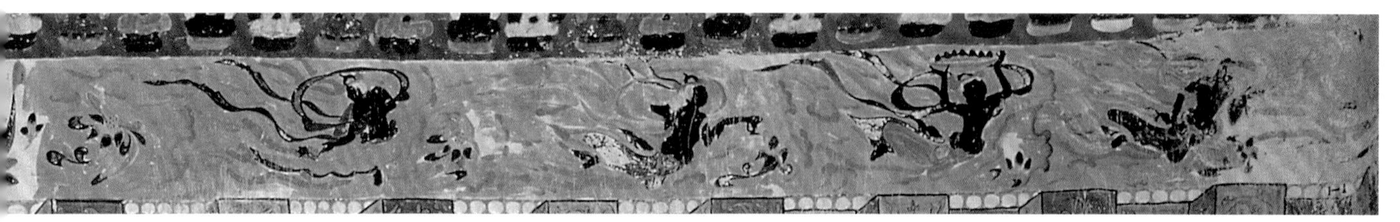

東壁

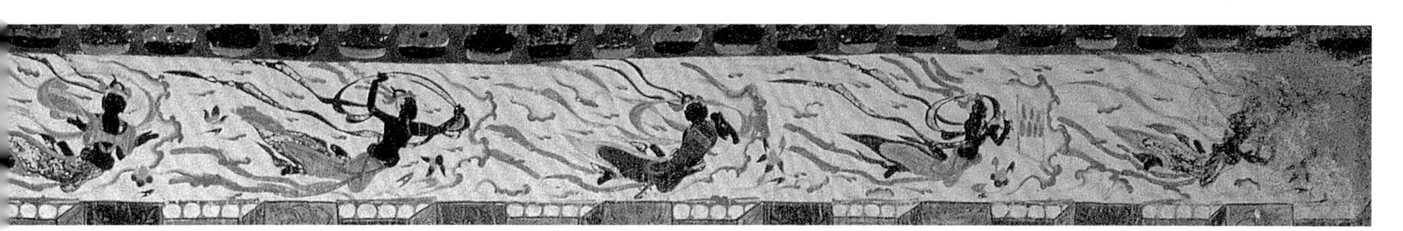

南壁

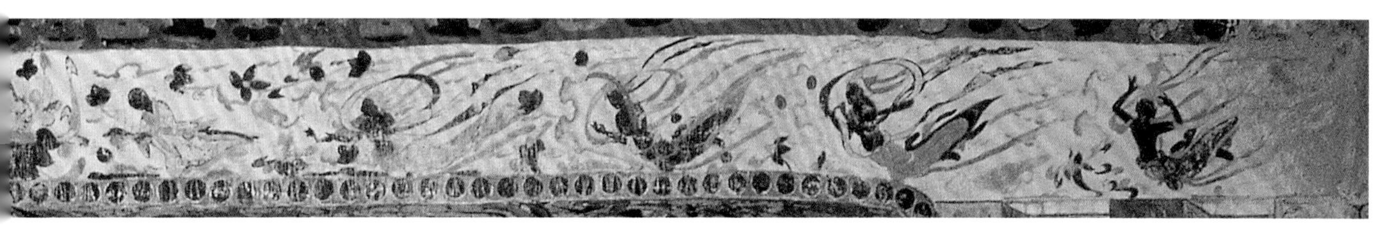

西壁

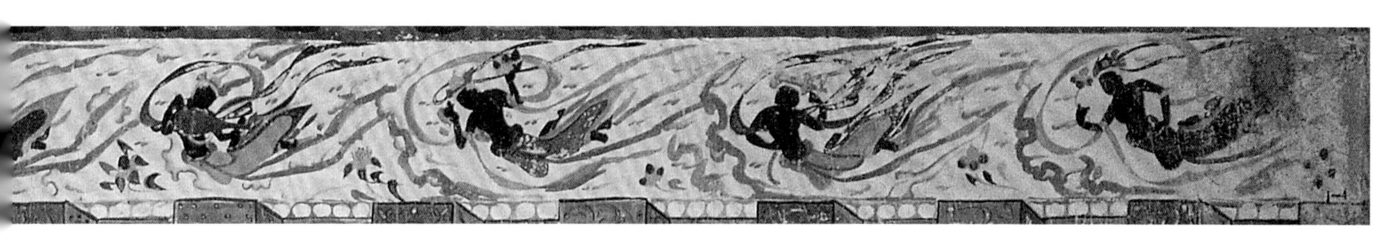

北壁

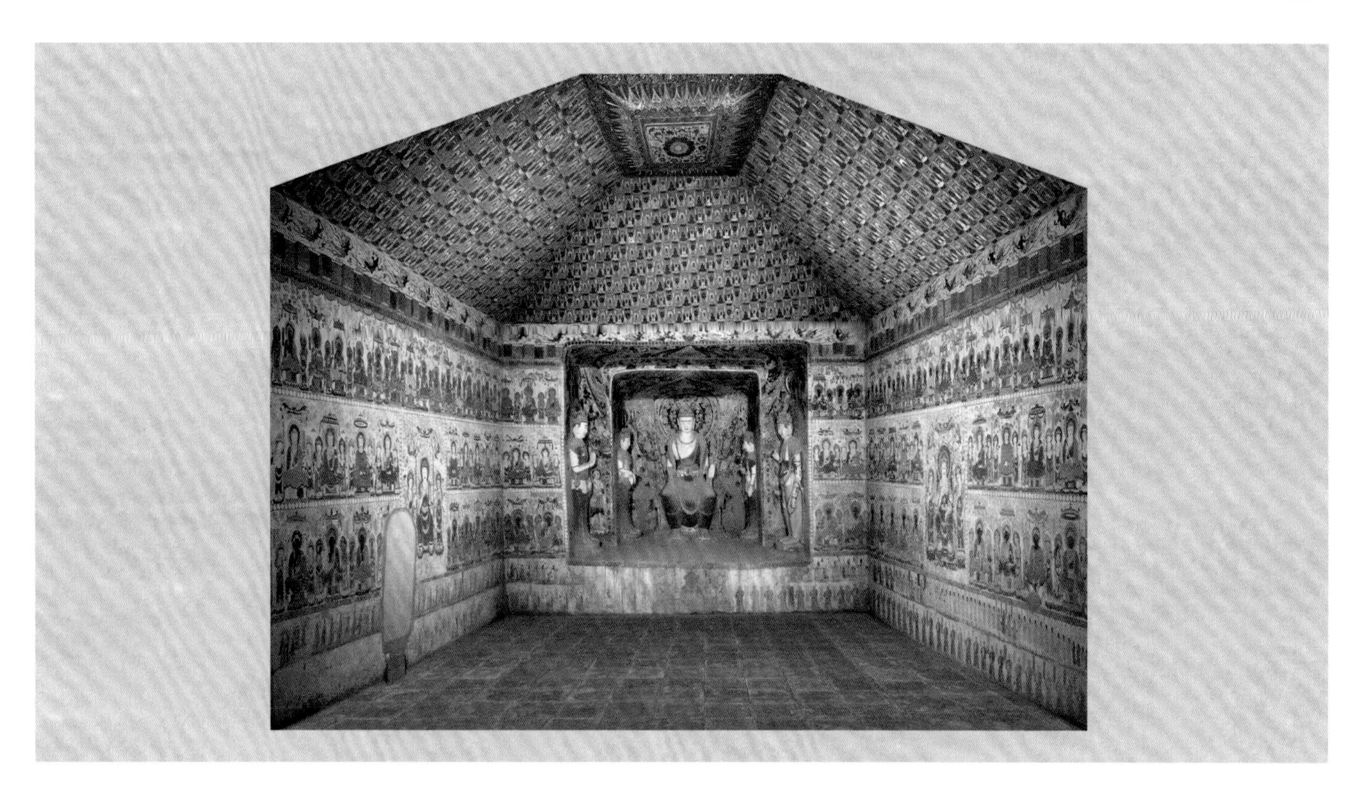

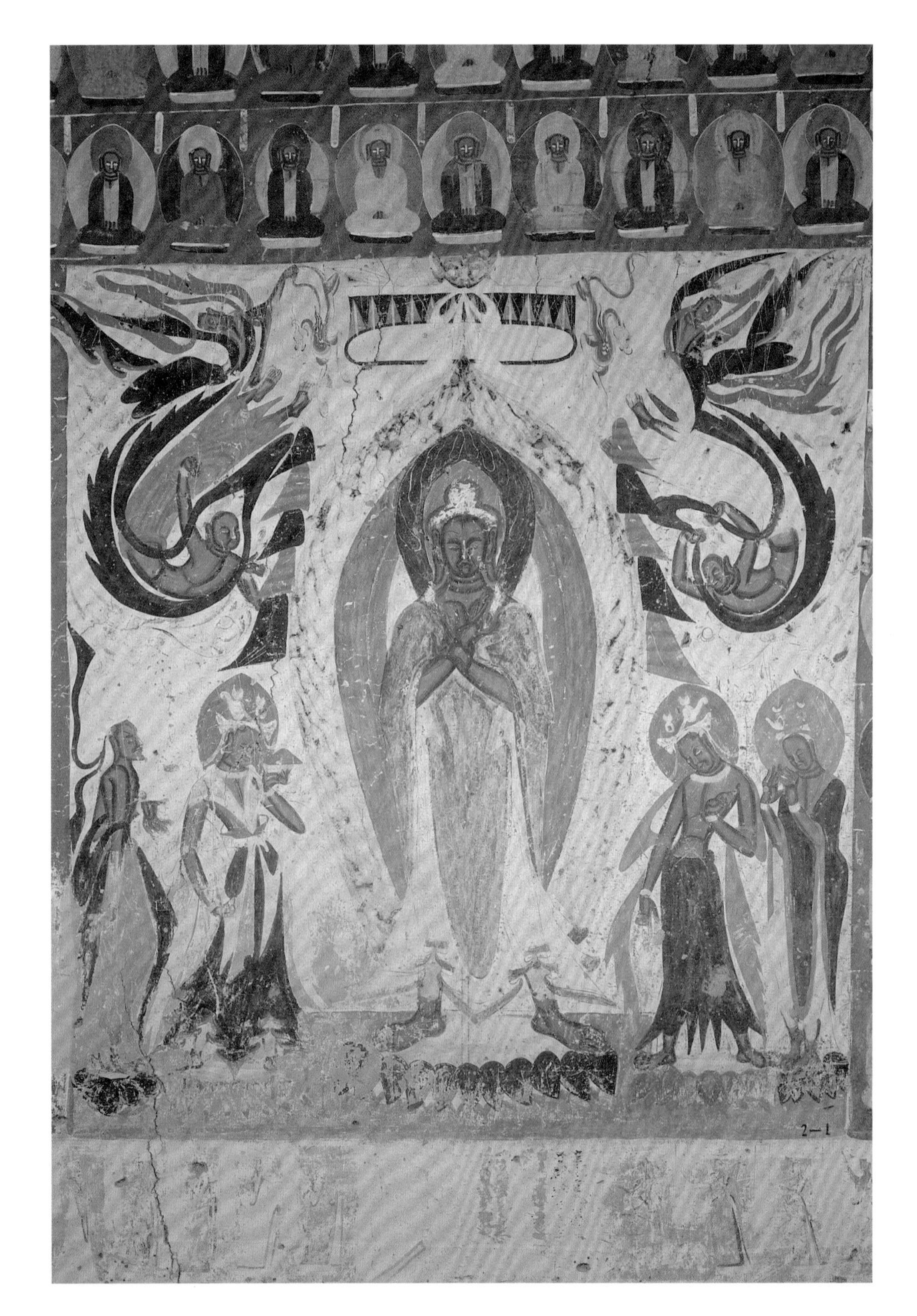

3 説法圖飛天

飛天本來較少出現在牆壁，但大幅的説法圖和經變畫出現後，飛天也進入牆上的壁畫之中，散花或樂舞供養，成為內容的一部分。這幅説法圖中，就繪有飛天環繞華蓋翻飛。

西魏 莫249 南壁

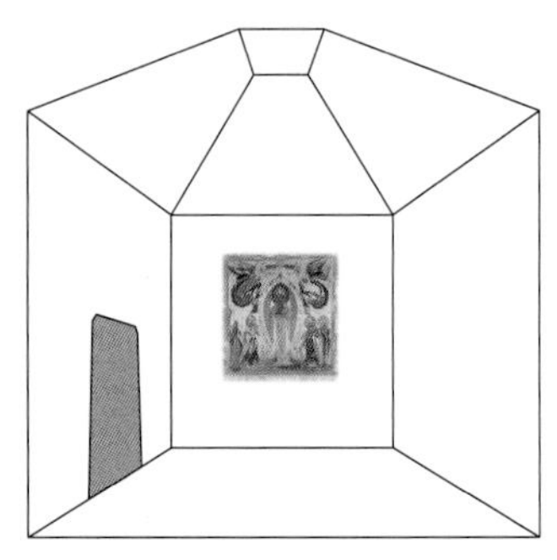

目 錄

萌發期：從西域和中原飛向敦煌

（公元 421～556 年）

北涼、北魏和西魏三個朝代，是佛教東傳並在河西走廊傳播佛教藝術的時期，也是敦煌壁畫創始和驟變的時期。飛天藝術一開始就融合了西域及中原的佛教文化形態，並受到中國神話故事的影響，這三種截然不同的意識形態，制約了飛天的創作和衍變。

北涼有三個洞窟，飛天造型基本是照搬西域模式繪製。所謂西域模式一是印度原來佛畫內容，二是西域傳來的人物造型及暈染畫法，其特徵為面相平圓，軀體短壯，深目大鼻，戴花蔓，披大巾，腰繫長裙，半裸赤足，姿態笨重，變色後，呈現粗獷、稚拙的狀態。

北魏有九個洞窟，飛天畫法較北涼有明顯的進步，人體比例適度，比較靈巧，用線準確，粗獷有力，敷色明快，中原飛天與西域飛天比肩飛翔。

西魏存十個洞窟，飛天數量驟增，技法進步，出現三種飛天形式並存現象。一是西域式飛天，形態為光頭深目，大鼻大耳，披巾或袈裟，粗獷生動，線條有力。二是中原式，特點是秀骨清像，面貌清瘦，眉目疏朗，頭飾雙髻，褒衣博帶。三是中國神話中的所謂“飛仙”、“羽人”，其形態為獸面、長耳、羽臂、半裸、披巾，多在繪有中國神話題材的壁畫中出現。

萌發期的飛天藝術處於模仿階段。

第一節　北涼時期

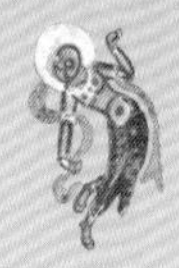

敦煌石窟最早創建於北涼時期，北涼的洞窟比較小，窟形較為簡單，是僧侶坐禪、觀像、禮拜、生活兼用的場所。北涼的壁畫，是敦煌佛教壁畫的發端，雖然繼承了河西一帶魏晉墓葬壁畫、畫像磚的繪畫技法，但主要還是受到西域風格的影響，壁畫的內容及形式基本上是模仿西域石窟。但由於敦煌自漢代起已出現本土文化，因而畫風也發生一些變化，壁畫的情調顯得陰鬱、沉重，原來印度、西域那種明快、歡愉的氣氛受到抑制。壁畫內容都是一些反映人世苦難的本生故事，着重強調那些悲惆、犧牲的場面，這是當時社會現實的反映。西北地區長期戰亂，民生困苦，再加上佛教對人性的禁錮，使這些淒慘無奈的景象反映到壁畫之中。

飛天最早在壁畫中尚無欄界，也無固定位置，多繪於窟頂、龕楣及平棊中，甚至繪於佛傳中，直接飛翔在主尊的周圍或身後，合掌禮拜娛悅於佛陀。

飛天造型，無論是臉型，還是服飾，均吸取了西域畫法，但畫得十分沉重。其造型簡樸，多為男性，身體粗短，身姿矯健、厚重，面相豐圓、深目、大鼻、大眼、大嘴、大耳、束圓髻或戴印度式寶冠，有明顯西域特徵。飛天或上身半裸，赤足，下着羊腸裙；或腰繫圍裙，肩披大巾，似西方僧侶模樣；動作笨拙僵硬，飄帶舞動形式單一，用身體扭曲表示飛舞，身體多呈“V”字形。飛天在造型上雖然簡單稚拙，但生動可愛，與漢、魏晉墓葬壁畫相比，已進了一步。

此期壁畫用色鮮明，色塊、粗重線條兼用，尤其是以大紅鋪底，以黑灰色敷線，加以石青、石綠、黑、白、硃砂等，以凹凸畫法暈染，表現出西域胡風粗獷的特點。

敦煌莫高窟現存北涼時期的洞窟有三個，即第268、272、275窟，其畫風比較一致，飛天的造型和畫法與說法圖中人物處理一樣，只不過稍小一點，或橫陳在壁畫上方，或繪於窟頂。

第268窟在佛龕及平棊岔角所畫飛天，均裸上身，下着褲或裙，線條粗獷豪放，頭有圓光，為“V”字形飛翔姿態，造型簡單而呆板。

第272窟的飛天數量很多，而且比第268窟顯得豐富、生動多了。佛龕及背光皆繪有飛天，藻井、平棊四角也繪飛天，環窟再陳天宮伎樂、飛天一圈。頭光、衣裙色彩為有間隔的搭配，有強烈的裝飾性效果。用粗而重的線條勾出橢圓形，表現人體的構成，如頭、腿、胸、肚，拙而不俗，身體扭曲，富有動感，特別手勢的變化很多，顯得生動有趣。

第275窟中出現了最早的佛傳故事畫，北壁畫“毗楞竭梨王身釘千釘本生”、“虔闍尼婆梨王剜身燃千燈本生”、“月光王割肉貿鴿本生”、“月光王施頭本生”等本生故事，畫面上部畫有一排飛天。南壁的“太子出遊四門”故事中，在上部也畫有一排飛天，飛天的畫法與故事畫人物相同，只是體積略小，橫陳在壁畫上方，毫無界欄，因此畫面有擁擠堵塞之感。

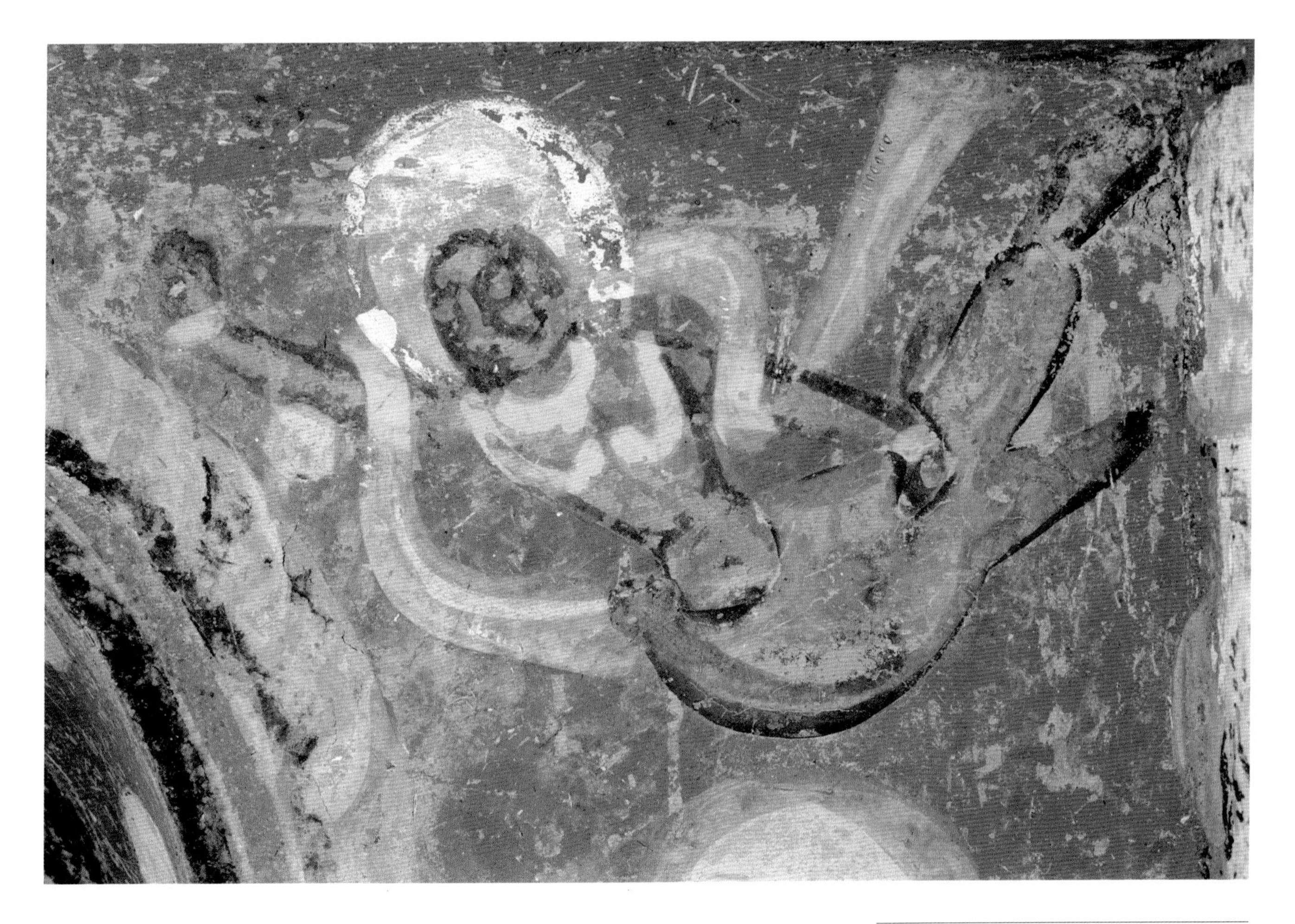

4 龕上飛天

側身飛翔的飛天光頭有頭光，上身袒裸，披上巾，繫長裙，赤足，"V"字形身姿，兩臂伸展，姿態生動。大鼻、大眼、大耳，有西域造型特徵，線條粗獷，以凹凸法暈染表現。這是莫高窟最早出現的飛天。

北涼 莫268 西壁龕上

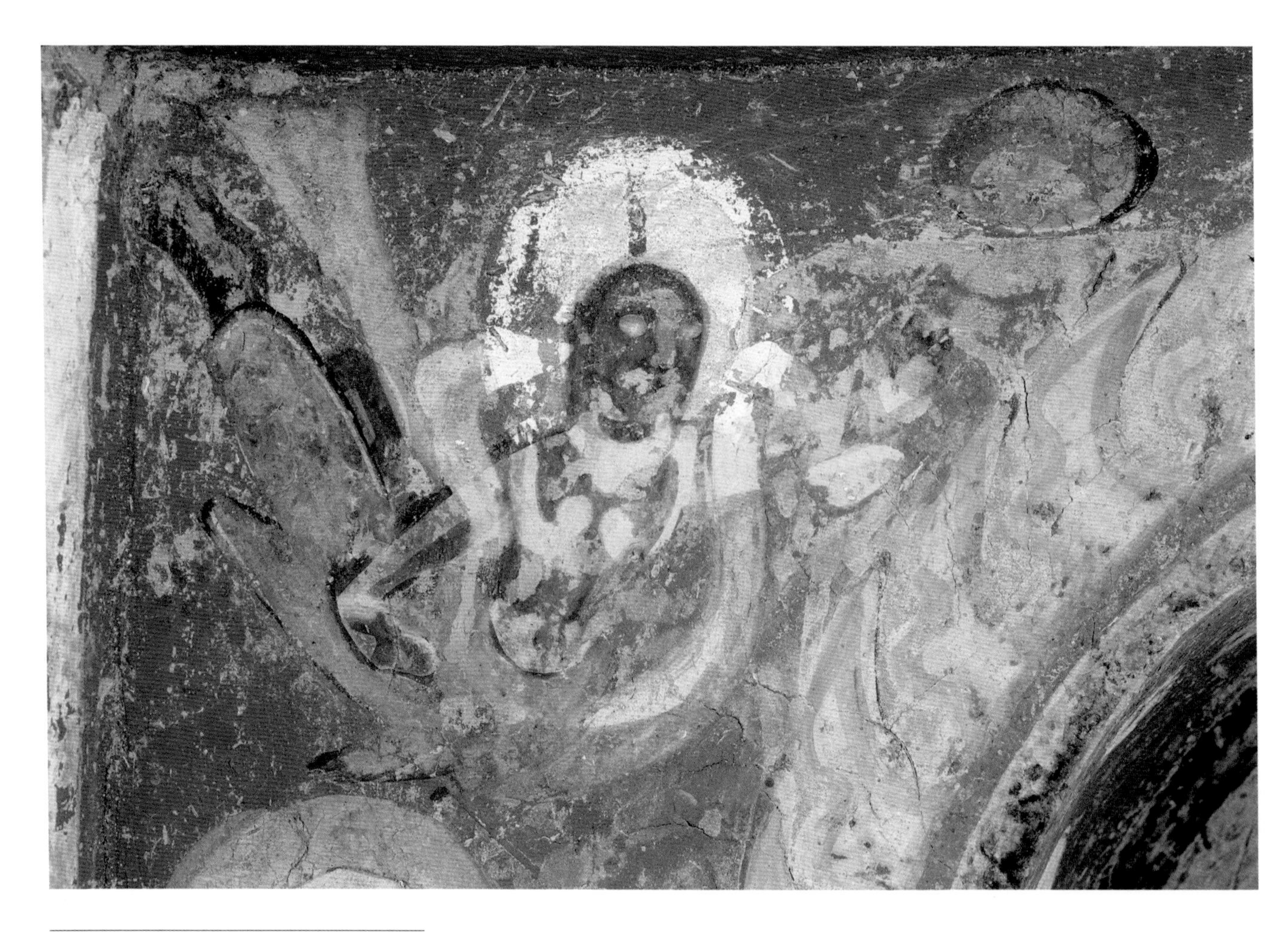

5 龕上飛天

此圖與前圖相對應。飛天飛舞散花，上身袒裸，身形粗壯，“V”字形身姿，造型樸拙，色彩厚重。

北涼 莫268 西壁龕上

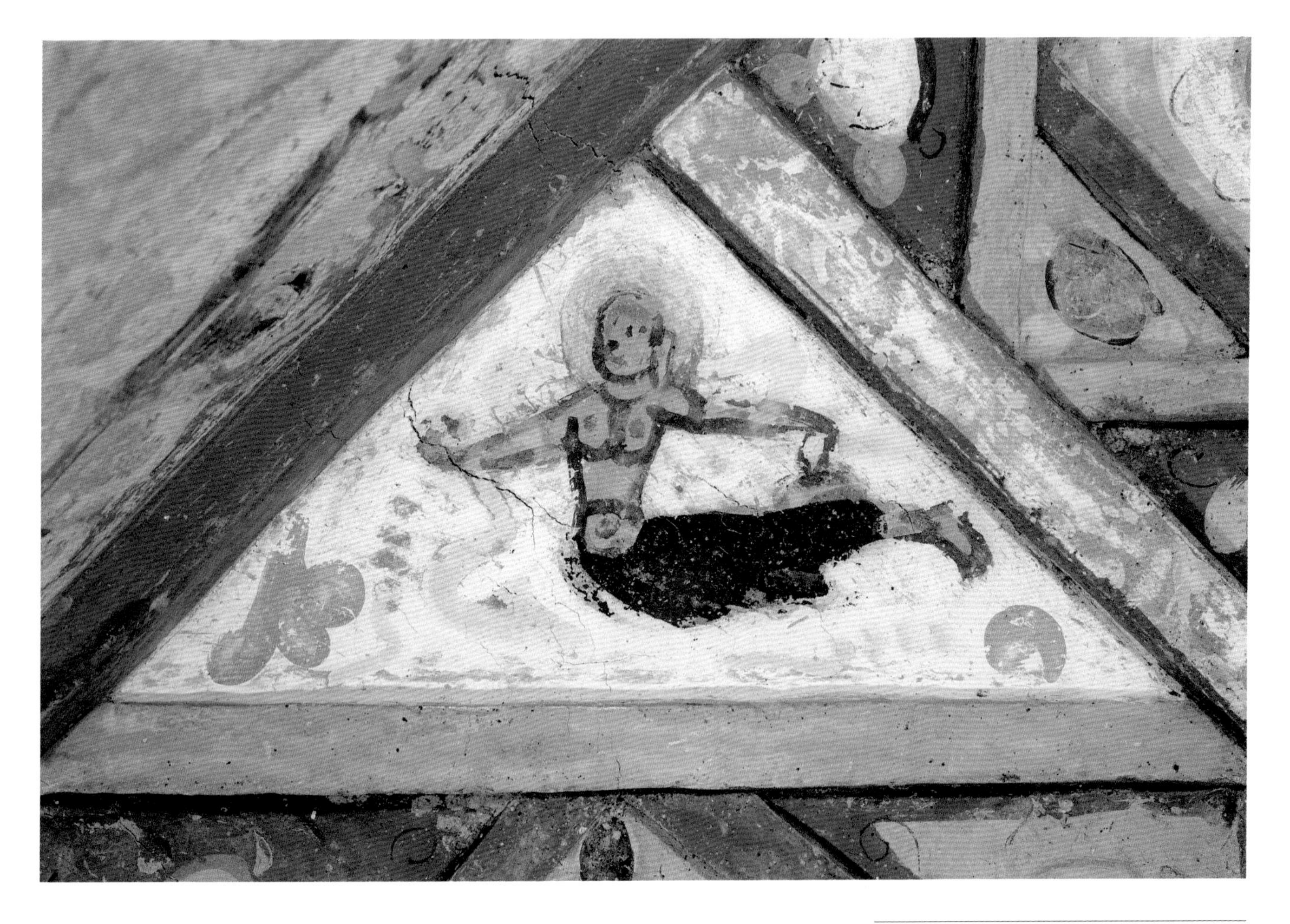

6 平棊飛天

早期窟頂的平棊圖案四角多畫飛天。此身飛天的繪製，充分利用了三角形空間，上身袒裸，雙臂平伸，手執巾帶，雙腿裹長裙向後伸展，空間點綴花草，增強裝飾性。

北涼 莫268 窟頂

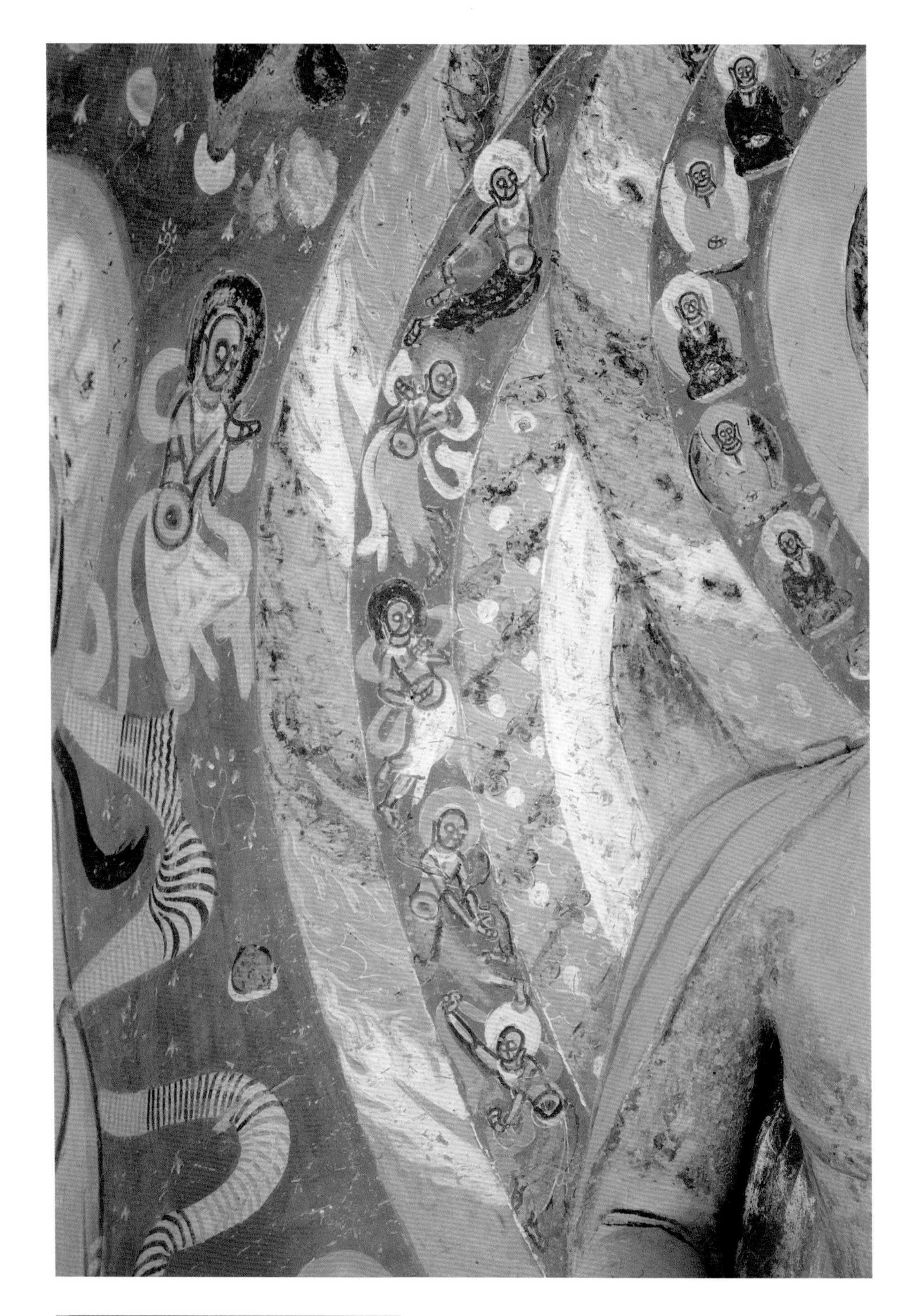

7 **佛背光飛天**

佛背光上畫有千佛、菩薩、飛天、忍冬火燄紋，飛天姿態生動，有俯有仰，手勢各異，極具動感。飛天最早出現的位置就是在佛背光中，可見之於炳靈寺西秦時期的洞窟。

北涼 莫272 西壁龕內

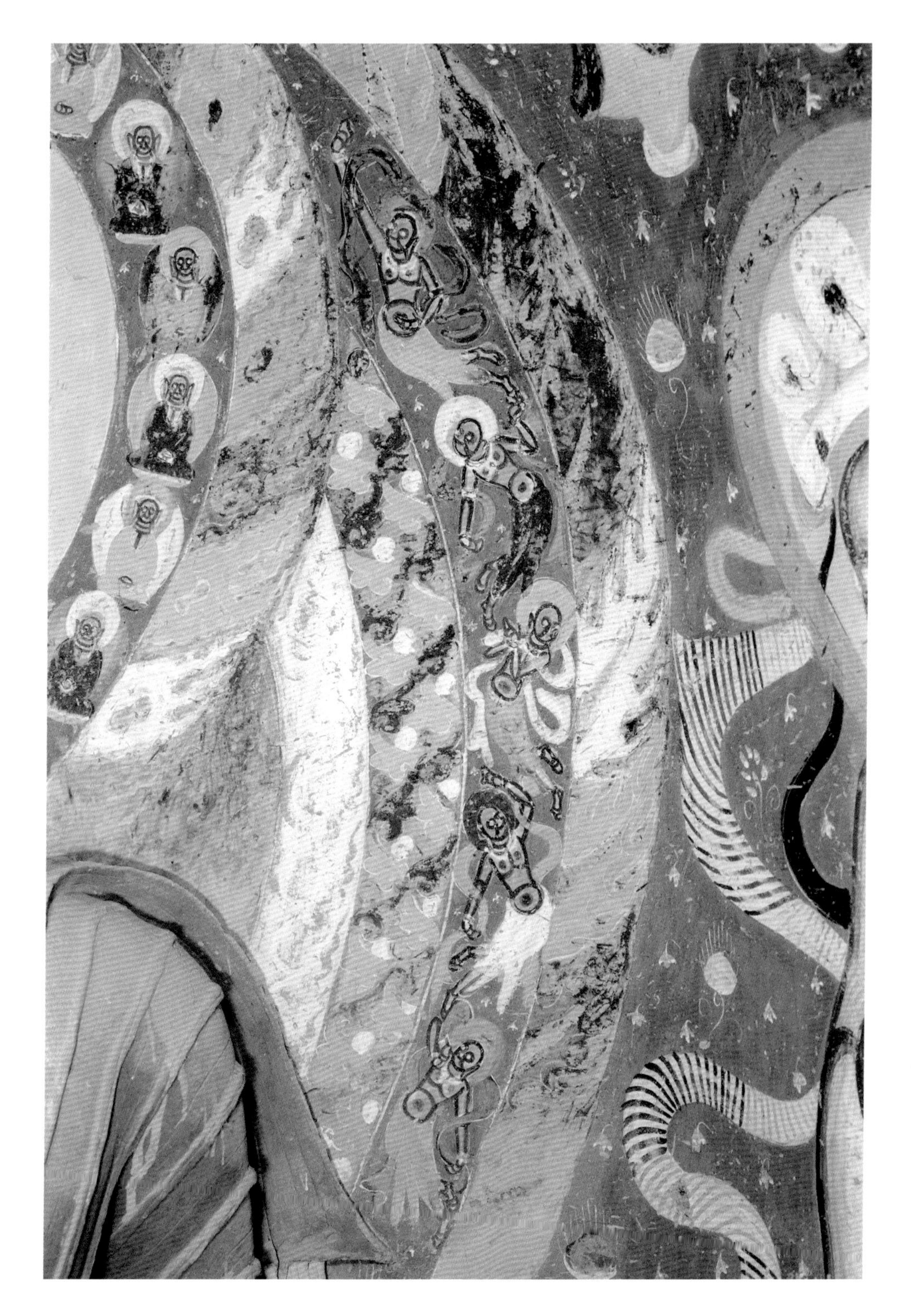

8 **佛背光飛天**

此圖與前圖相對稱。背光中的飛天，通過身體的傾斜扭動，手臂的伸屈和裙帶的飄動，表現出憑空飛舞的意境。背光用土紅色鋪地，石青、赭石、黑白相間畫出火燄紋，構成濃烈而古樸的色調。

北涼 莫272 西壁龕內

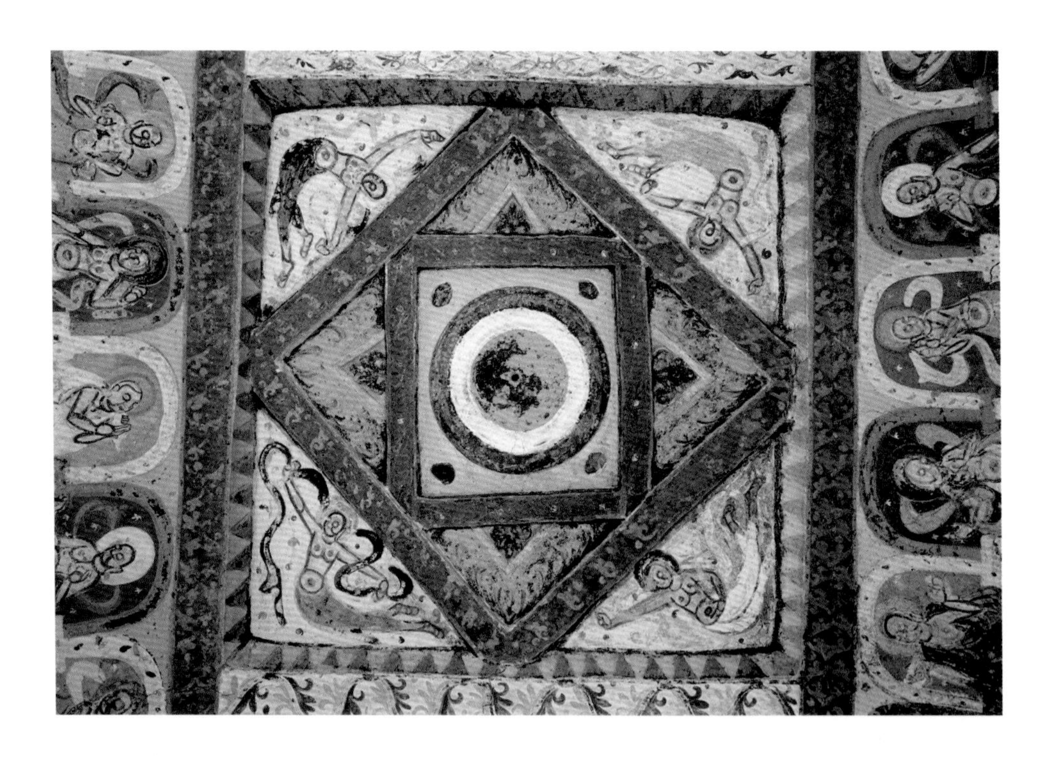

9 藻井飛天

藻井浮塑斗四蓮花火燄圖案，外岔角處隨形就勢畫四身飛天。飛天身體修長，三身雙臂平伸執巾，右手上揚，左手下勾；一身伸右臂，左臂彎曲。造型上的變化，避免了單調。

北涼 莫272 窟頂

10 環窟飛天

飛天在天花中飛翔，裙色白、赭、黑、綠相間，巾帶飛舞，形成濃厚的裝飾趣味。飛天面橢圓，大眼、高鼻、小嘴、額上點吉祥痣，顯然是受印度民俗的影響。

北涼 莫272 窟頂北坡

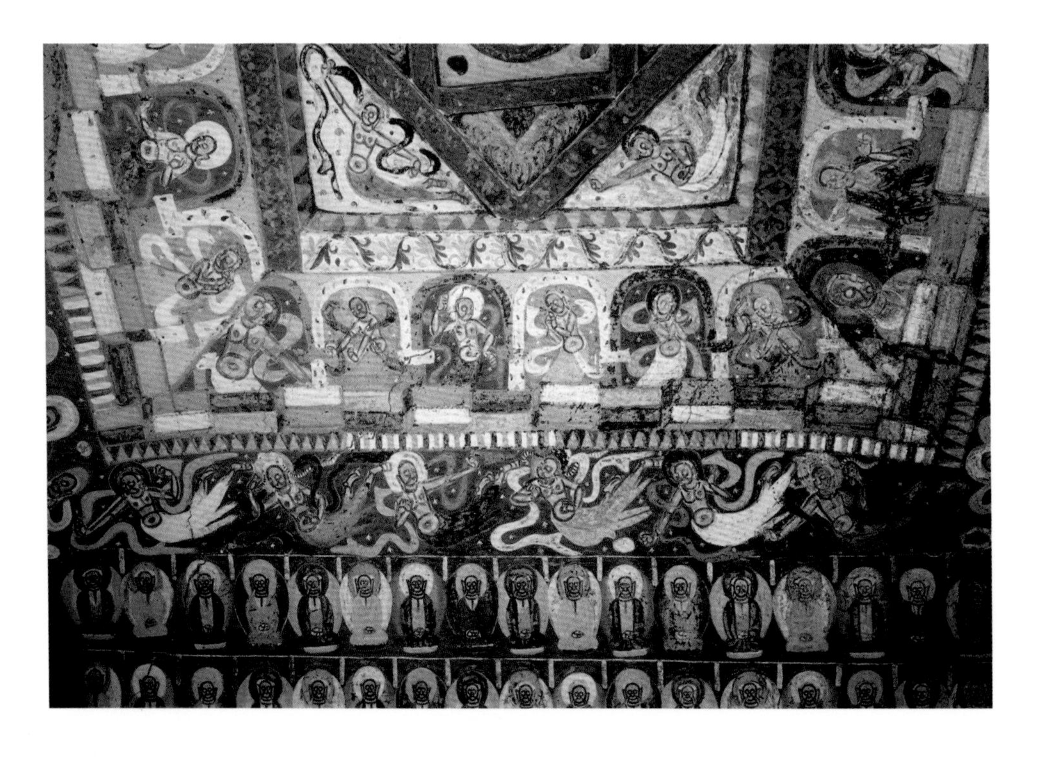

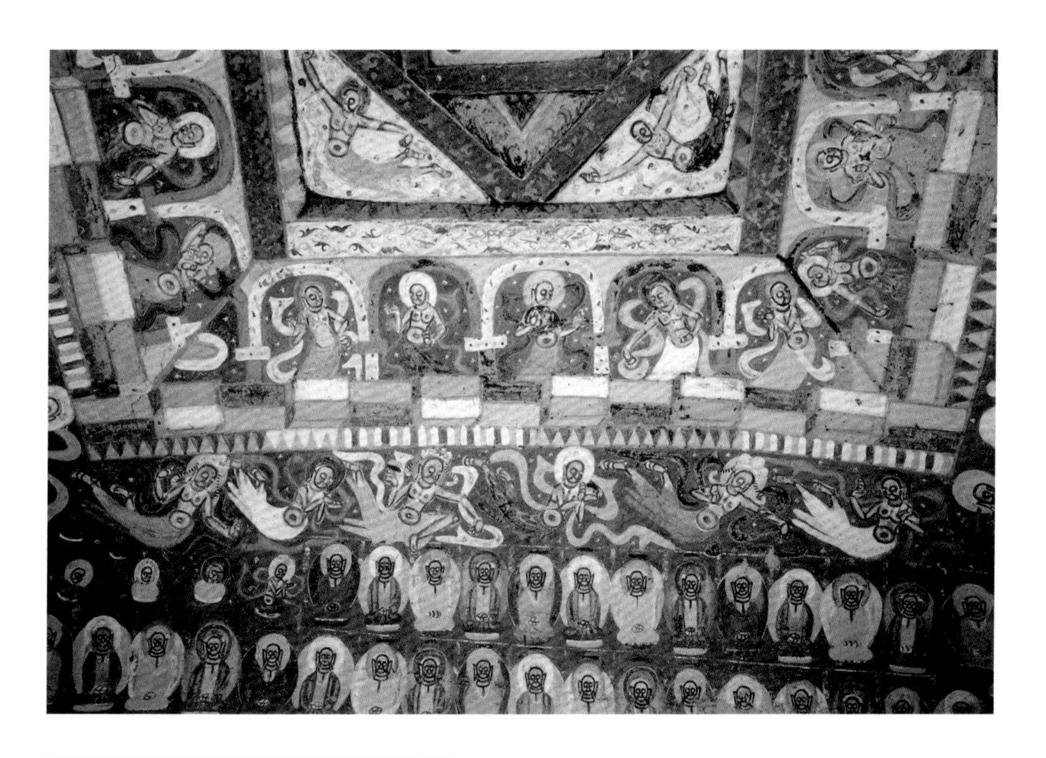

11 環窟飛天

在天宮伎樂的下方，環窟繪橫排式飛天羣。飛天或光頭，或戴三珠寶冠，有頭光，大耳垂肩，天人形象，動作舒展，神情悠然，長裙飄舞。裙襬成鋭角，多叉如羽翼。胸、腹、膝、手部均用粗線圈成，形成簡略的人體結構。這是莫高窟最早出現的飛天羣。

北涼 莫272 窟頂南坡

12 屈腿飛天

此圖是前圖的局部。飛天左腿前屈，右腿後揚，左手持巾，右手捧花盤，簡單數筆可看出動作的張揚和關節的屈伸，頗有印度畫風。右側飛天側身雙手托盤供養，與左側飛天，一開一合，相互映襯。

北涼 莫272 窟頂南坡

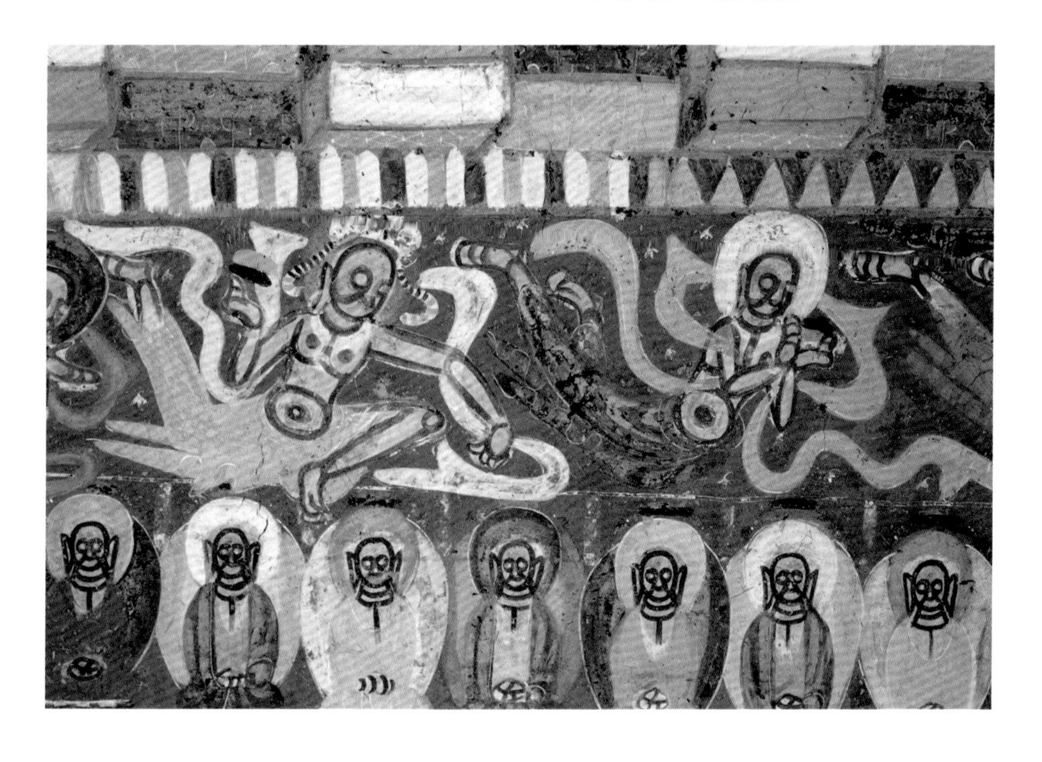

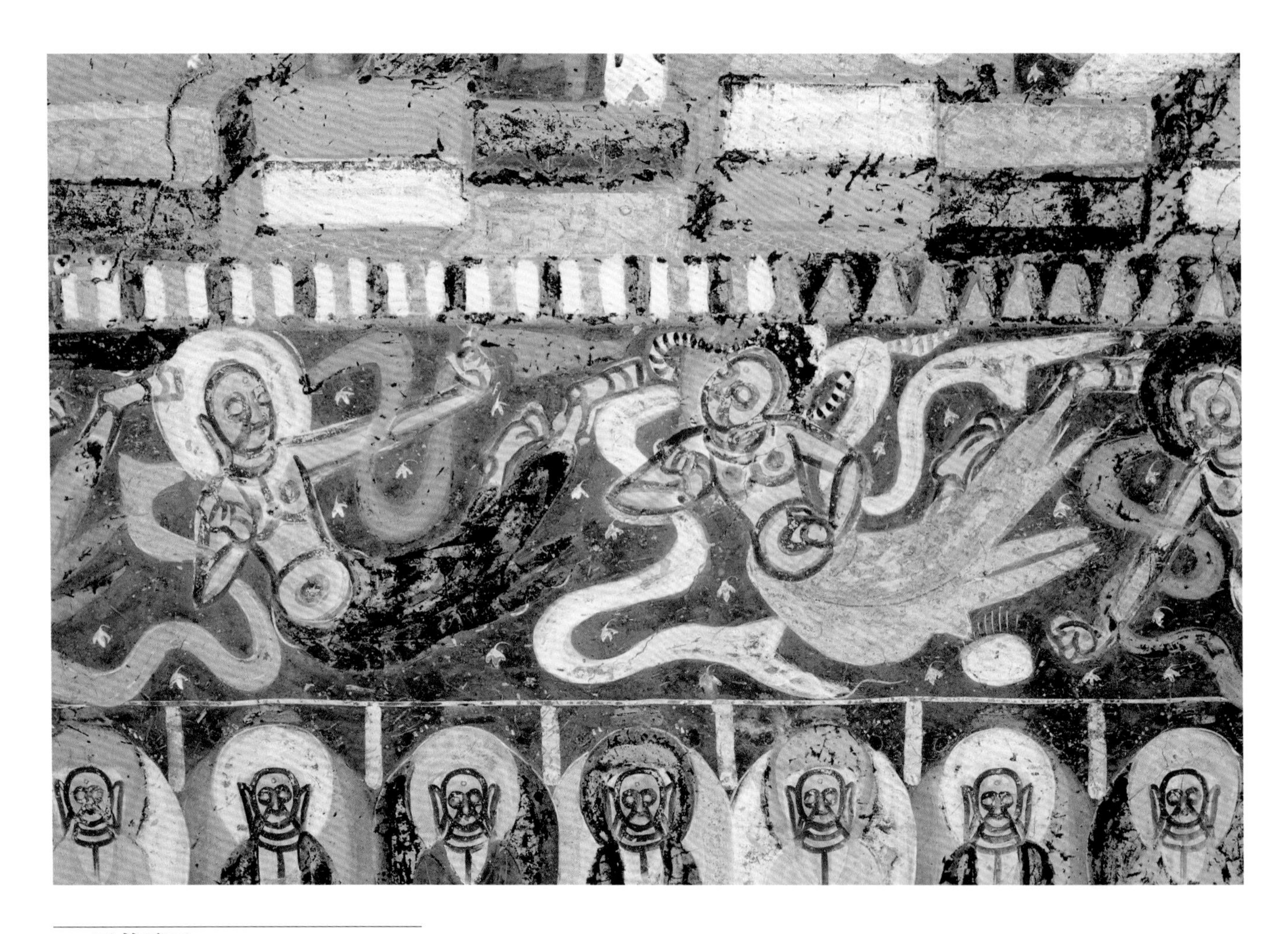

13 回首飛天

此圖是前圖的局部。前一身飛天側面回首，左手揚起，與後一身飛天相互呼應，面部呈現的黑鼻黑眼圈是暈染變色的結果。

北涼 莫272 窟頂北坡

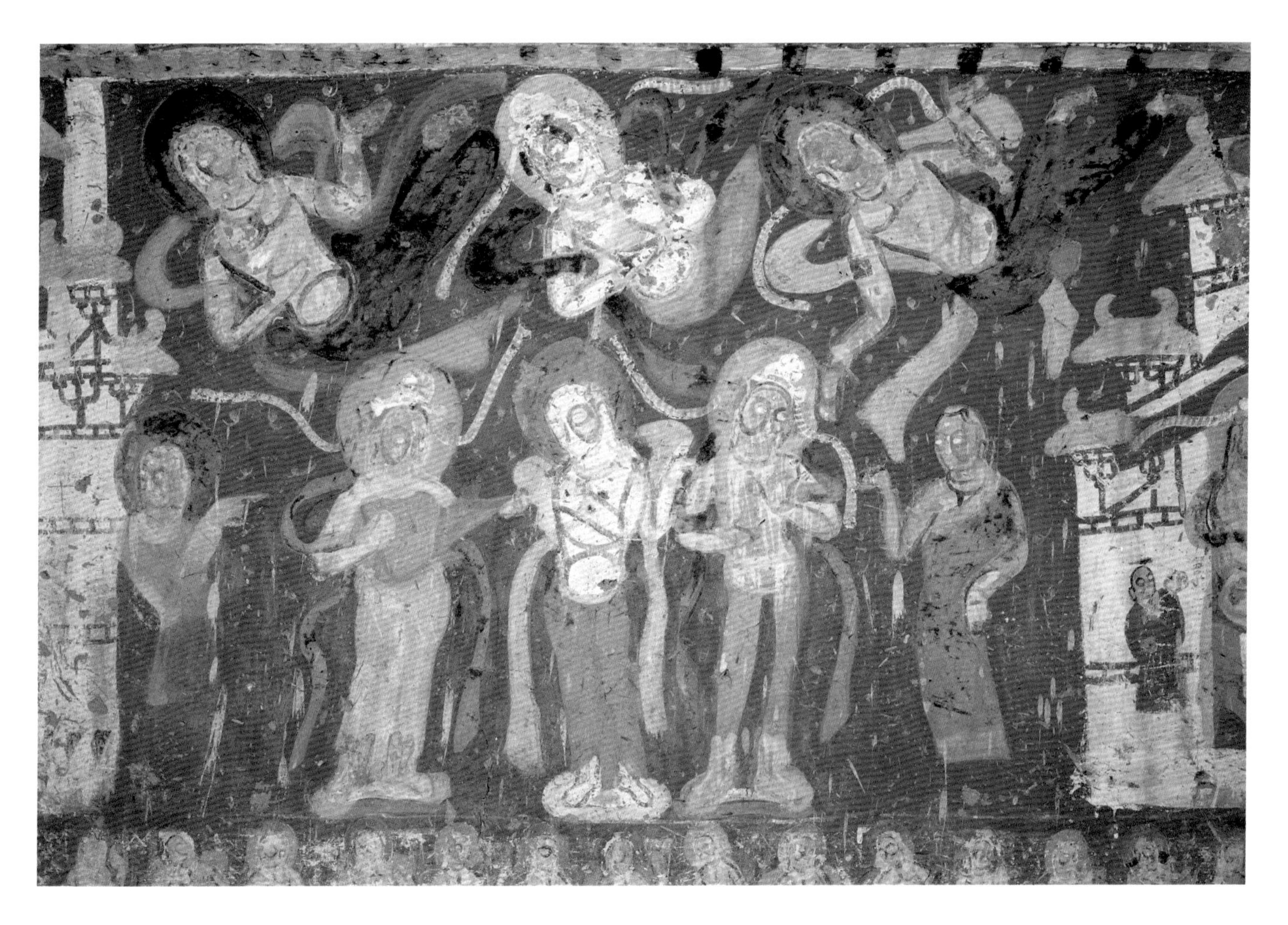

14 出遊四門中的飛天

在佛傳故事"出遊四門"中繪有三身飛天，和太子等人的大小比例一樣。三飛天平鋪直排，無透視關係。早期飛天出現在故事畫中的形式，表明其在壁畫中的位置尚不固定。

北涼 莫275 南壁

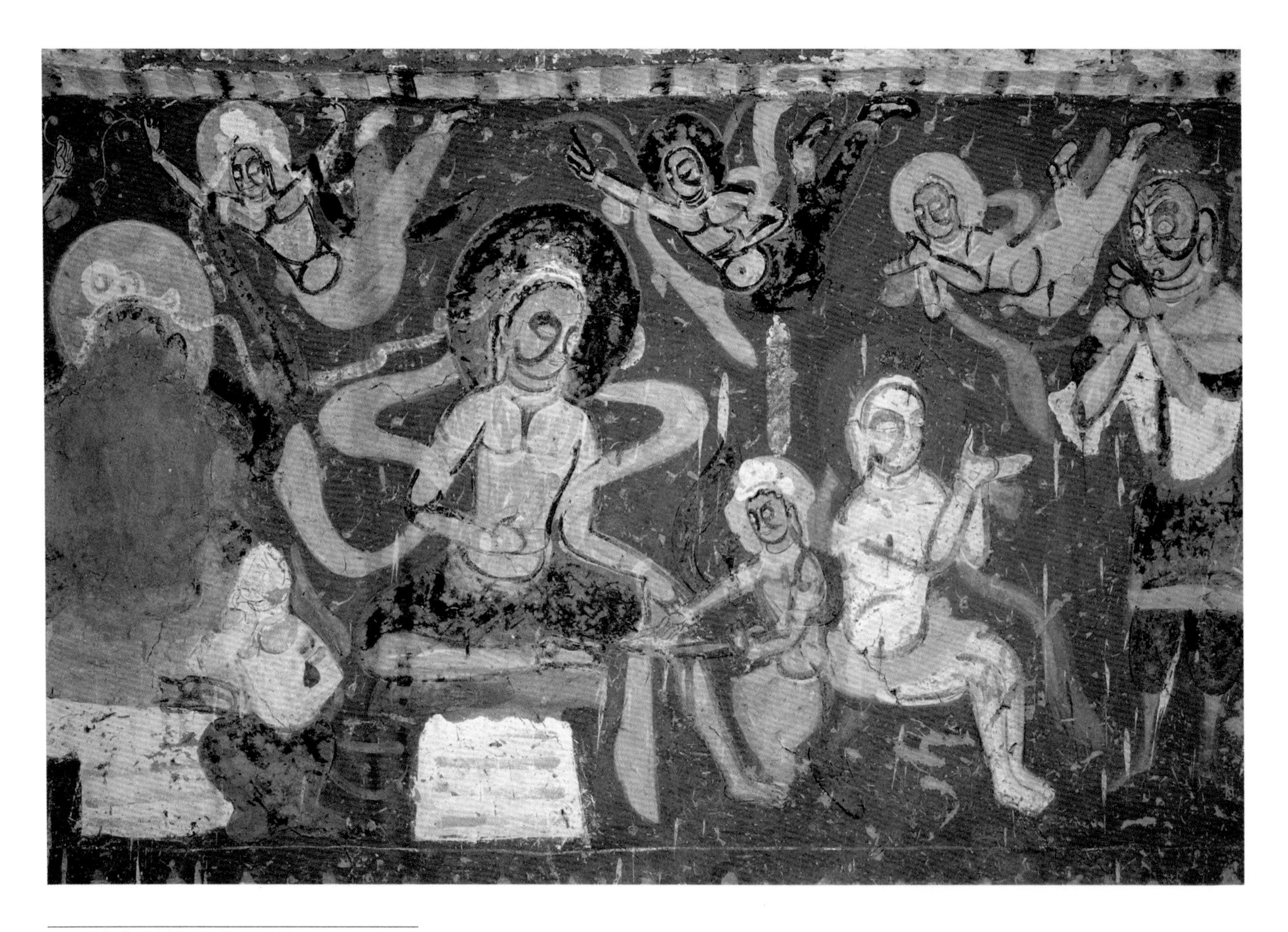

15 割肉貿鴿中的飛天

在本生故事“割肉貿鴿”中，三身飛天在尸毗王上方飛舞，上身袒裸，下穿束腳褌，有的伸臂，有的雙手合十，頌揚尸毗王的犧牲精神。粗線暈染，簡練粗獷。

北涼 莫275 北壁

第二節　北魏時期

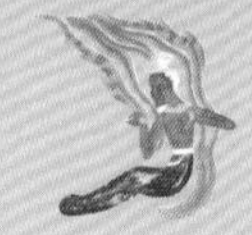

北魏時期佛教在全國興起，同時將印度傳來的佛教藝術釋化為中國風格，出現寓美於樸、寓巧於拙的趨勢，顯示出一種至今仍為人們所讚嘆的精神和力量。

這一時期敦煌石窟的窟形多為人字坡前室接中心塔柱後室的形制。牆壁分為天、人、地三界，窟頂繪蓮花及平棊圖案，在平棊四角、人字坡、中心柱、龕內外壁間均繪有飛天，四壁繞窟一周，繪有天宮伎樂表示天界。中間繪經變畫或本生故事畫，下部為藥叉，寓意地界。

北魏早期的飛天具有龜茲甚至印度的風格，無論在造型還是在技法上，都與北涼時期接近。飛天造型健壯，有濃厚西域畫風，原有暈染痕跡，經氧化褪變，頭、眼、臂、腹均留成大小不等的黑圈，而且動作笨拙，無飛動感，但卻往往令人產生懷古之感。

中晚期則發生變化，表現出中原畫風的影響，其原因一是受到內地壁畫向西流傳的影響，二是承繼河西魏晉墓葬壁畫的繪畫特點。在嘉峪關出土的壁畫中所畫的天人、羽人與敦煌北魏晚期的飛天，有許多相似之處。飛天面相清瘦，細眼窄鼻秀口，四肢修長，上着長袖小襖，下着內地花裙，飄帶、裙邊為“牙旗形”，巾帶對稱如翼，有明顯的中原人物畫特徵。其動態豪放瀟灑，但仍有些許僵化拘束。由於佛教內容的制約，北魏時期的飛天，總體看來，西域風格還是主流，以粗獷、誇張、變形、裝飾性為主要特徵。

北魏時期壁畫中的飛天數量增多，而且出現了一部分飛天由男性轉為女性的趨勢，其臉型為中原形，服飾亦為襯襟大袖，長裙裹足。飛天體態為女性的，褒衣博帶，娟秀美麗，在空中飛翔有運動感。

北魏時期壁畫，無論構圖還是技法都遺存有西域的特徵，勾線粗獷，敷彩濃重。衣冠服飾採用線條及色塊相結合的表現法，人物面部採用多層次暈染的凹凸法表現明暗，原來面部輪廓及眼眶為朱紅色，後經歲月侵蝕，顏色氧化為墨色，又兼白色主體殘留，構成粗重黑褐色的圓圈效果，俗稱“小字臉”或“五白”臉，形成這一時期人物畫獨特的風格，別有趣味。

北魏時期具有代表性的飛天洞窟有第251、257、259窟。

第259窟是北魏時期最早的洞窟，人字坡頂前室，西壁前凸部分為半個塔柱形，正面龕內塑釋迦多寶，表現法華會。在寶蓋上方，有八身飛天相向追逐，攢聚一起，翻轉自如，動態飄逸，如在天宮飛翔，給人以開闊之感。這八身飛天擺佈得極為生動，各有不同的姿態，用色也很別致，以不同的頭光顏色，襯托出飛天的臉部，加以不同色彩的衣裙，很有藝術特點。

第251窟的建築形制是由人字坡頂前室與中心塔柱後室相結合的形式，人字坡椽間畫有蓮花及化生菩薩，平棊畫飛天，龕楣之下，佛背光兩側畫有圓光之飛天，兩相呼應，很具裝飾趣味。在窟四壁的上端，有一周天宮伎樂，置身於圓形龕內，各執樂器，歌舞吹彈。伎樂形象生動，手勢、體態以及披巾婉轉多姿，富有韻律感和節奏感。後來出現的飛天羣體，就是這種天宮伎樂的演變和發展。

第257窟的中心塔柱上開一圓券形大龕，內塑佛象，背後身光、頂光青綠交輝，其中繪有火餤紋及飛天、化生伎樂等。西壁中層繪本生故事及“摩提緣品”，畫面表現請佛赴宴，佛弟子紛來踏至的情景，三個飛天形象的乾荼各攜炊具，有的負鼎，有的背釜，有的拿桶，飛翔在須彌山之上。其造型給人以風馳電掣之感。

北魏時期，中心柱上端出現影塑，為泥塑半浮雕性質，敷以彩色。這種構造，是當時河西走廊流行的建窟造壁形式。如在金塔寺石窟，現尚存北涼時期的大面積影塑。

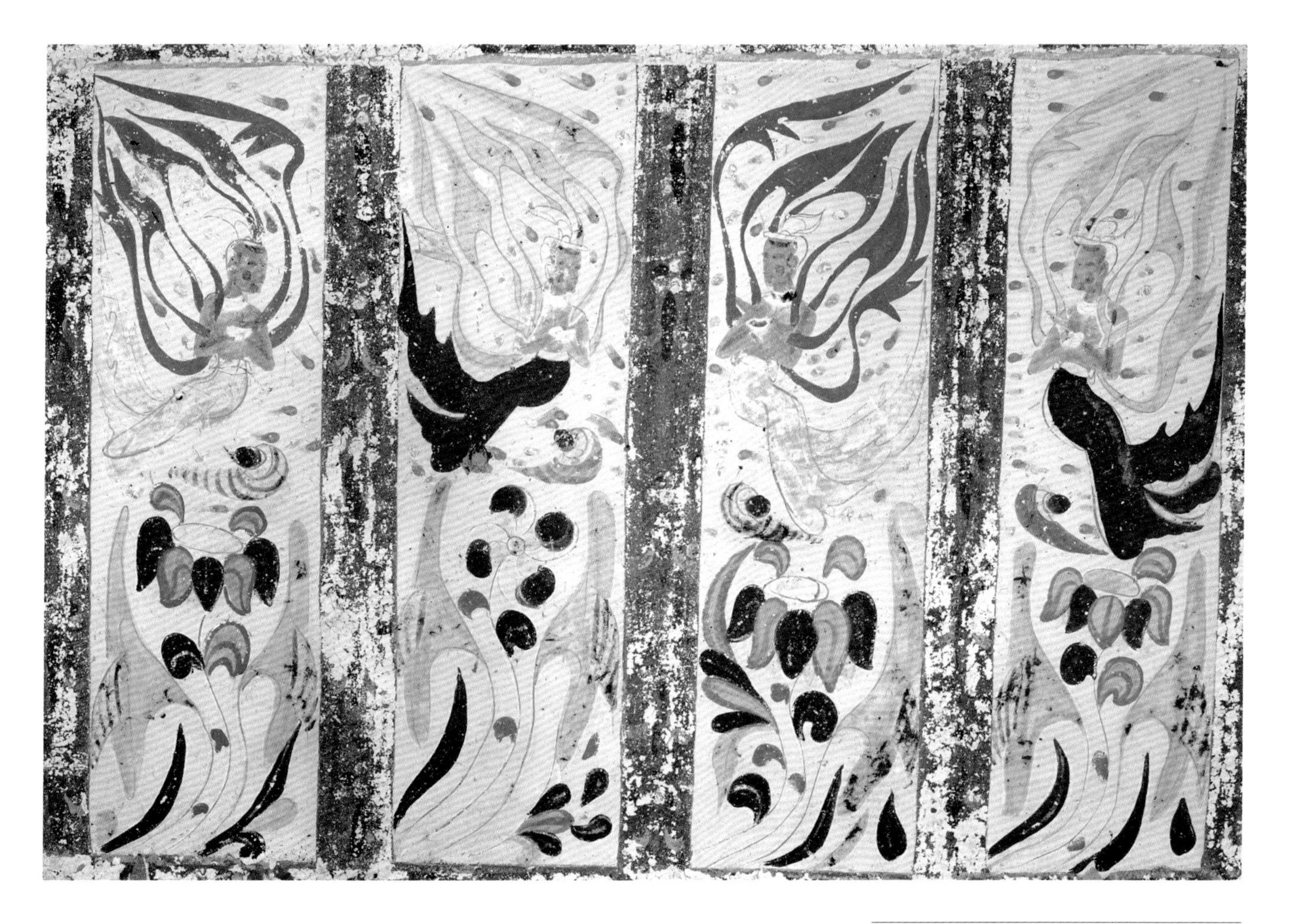

16 人字坡飛天

畫在人字坡椽間的蓮花飛天圖案中，飛天為中原形象，面龐清秀，髮髻高聳，雙手合十供養，身形修長，長裙裹足，巾帶上揚，飛行於蓮花之上。飛天以剛勁有力的鐵線描法勾勒定形。

北魏 莫248 前室人字坡

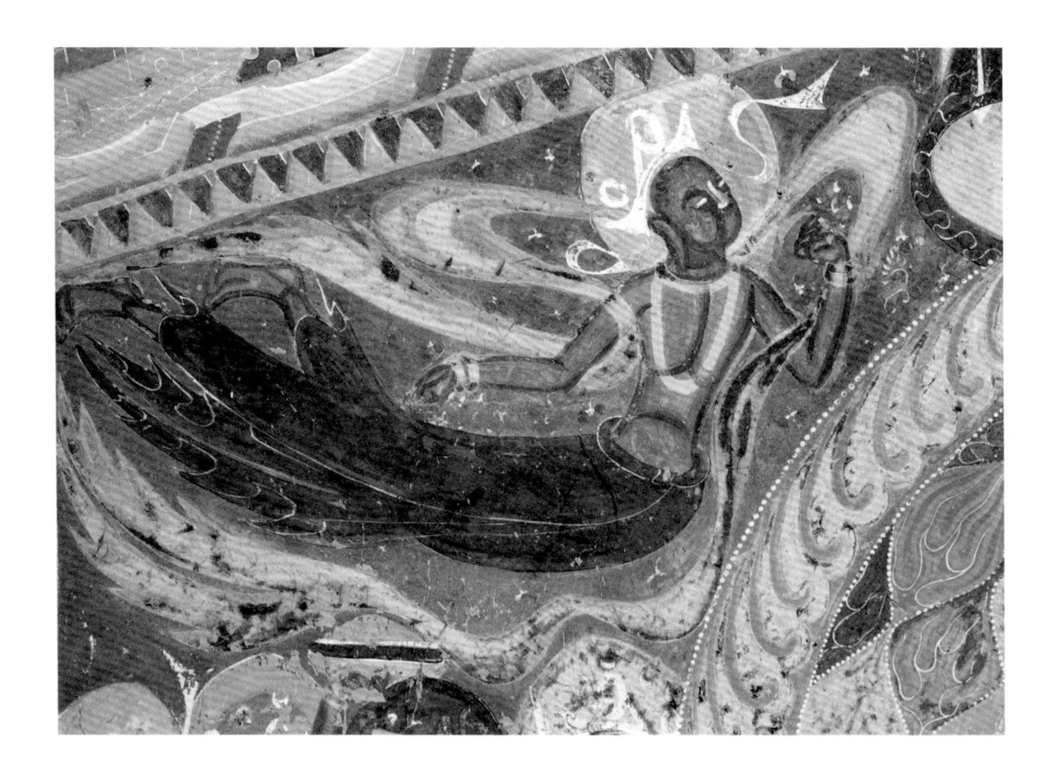

17 **說法圖飛天**

在佛説法圖上方繪有飛天，頭戴三珠寶冠，面相豐圓，揮臂散花，上身袒裸，身形修長，細腰，下着羊腸裙，巾帶長而寬，表現出動態的節奏。

北魏 莫248 北壁

18 **說法圖飛天**

此圖與前圖相呼應。飛天頭戴三珠寶冠，兩臂伸展，回首眺望，上身袒裸，下着羊腸裙。土紅色地映襯石綠色裙，分外鮮明。

北魏 莫248 北壁

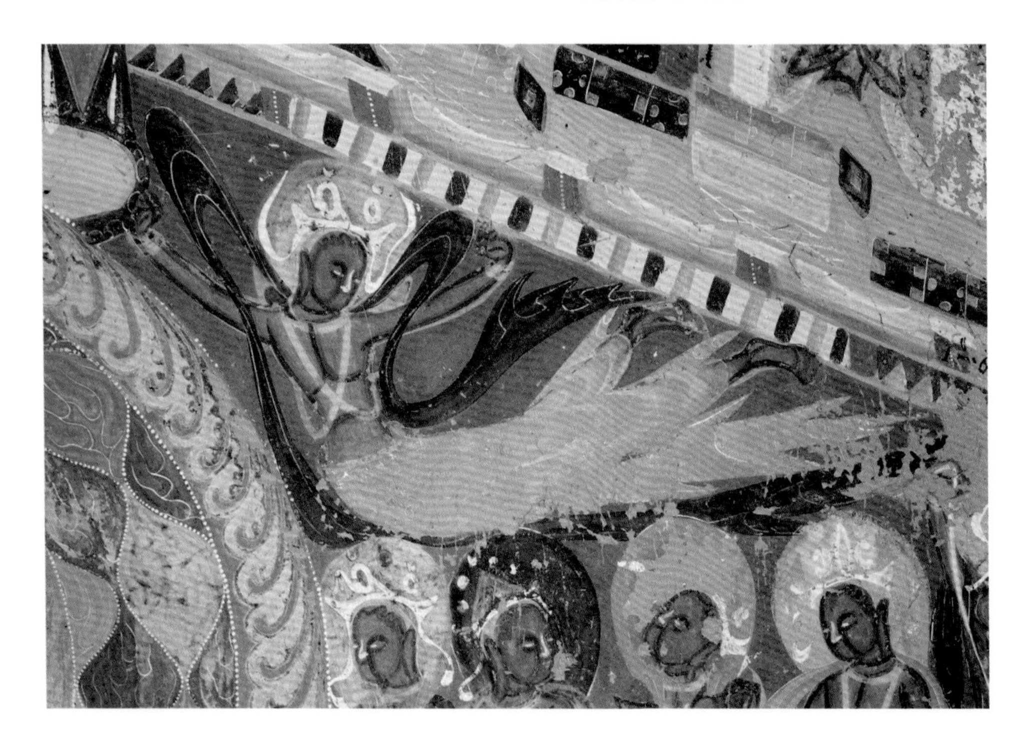

19 說法圖飛天

在佛説法圖中，蓮葉寶蓋兩側繪四身小飛天，神態各異，有的正聆聽佛法，有的匆忙而至，圍繞佛陀上下飛翔，輕快歡樂的情緒與莊重嚴肅的氣氛形成對比。

北魏 莫251 前室北壁

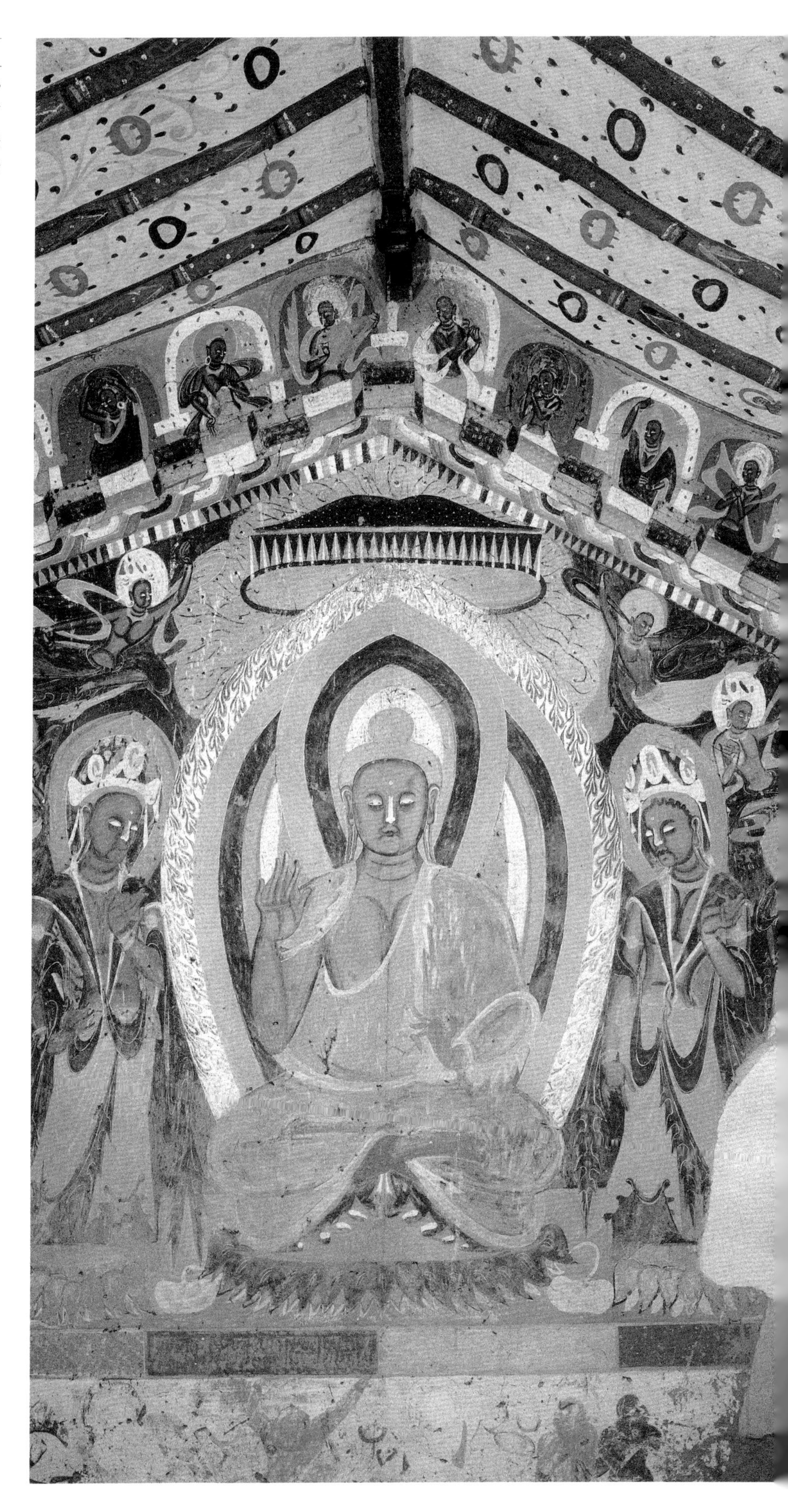

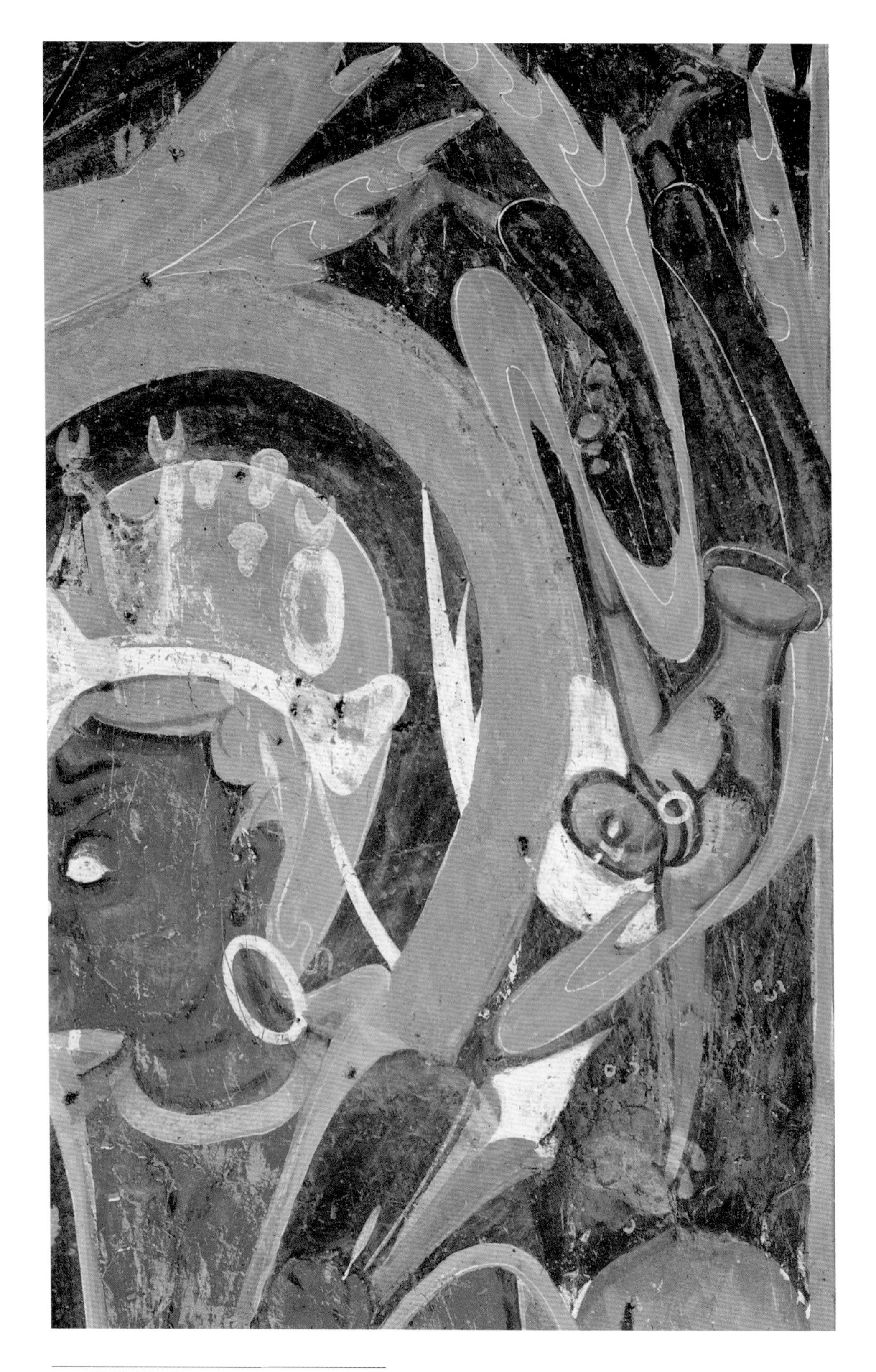

20 俯衝飛天

在菩薩耳側，一身小飛天從空中俯衝而下，頭上有光環，佩飾耳環、項圈，兩臂勁伸，細腰圓腹，赤足，用石綠暈染飄帶，層次清晰。

北魏 莫251 北壁

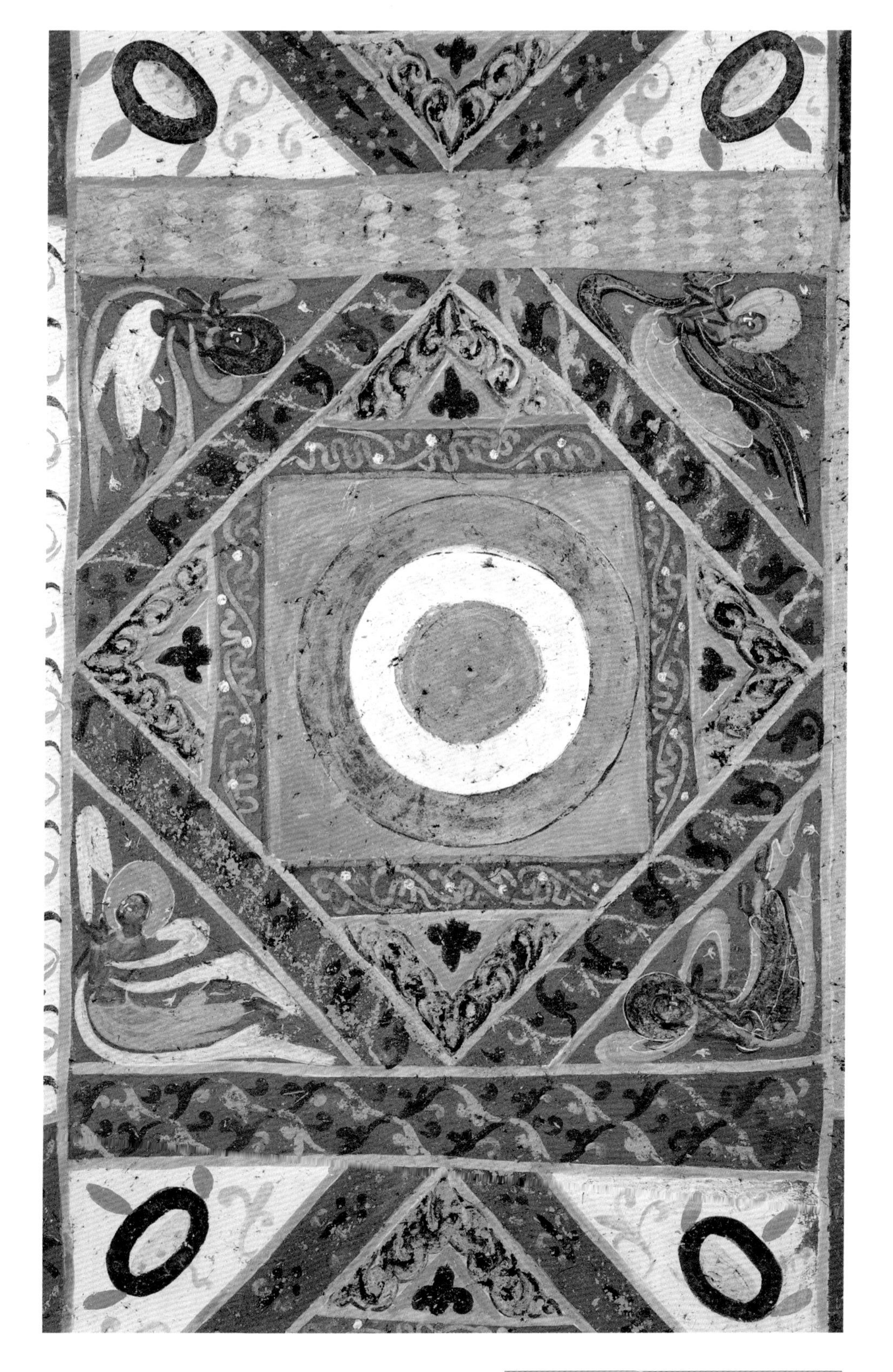

21 平棊飛天

平棊井心畫大朵蓮花如輪盤，邊飾畫忍冬、雲氣紋，外岔角處繪四身飛天，合十供養，身姿自然舒展，充滿三角形空間，具有很強的裝飾性。

北魏 莫251 窟頂

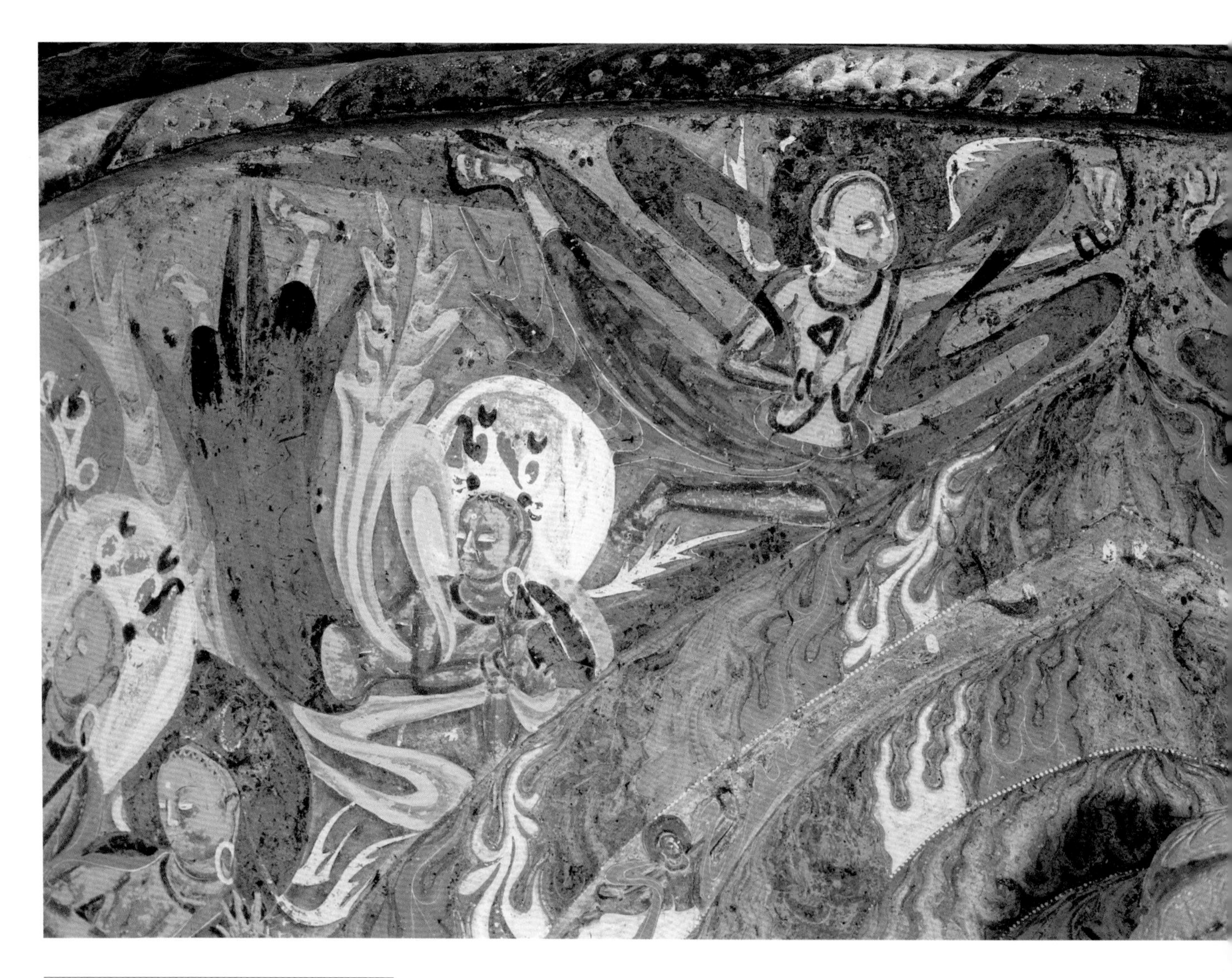

22 **佛背光飛天**

在火燄紋背光一側繪兩身飛天。上一身伸臂屈腿，奮力飛行；後一身雙手捧花，回首呼應。巾帶纏繞，色彩冷豔，豐圓的“小字臉”，可看出原來暈染的痕跡。

北魏 莫254 中心柱正面龕

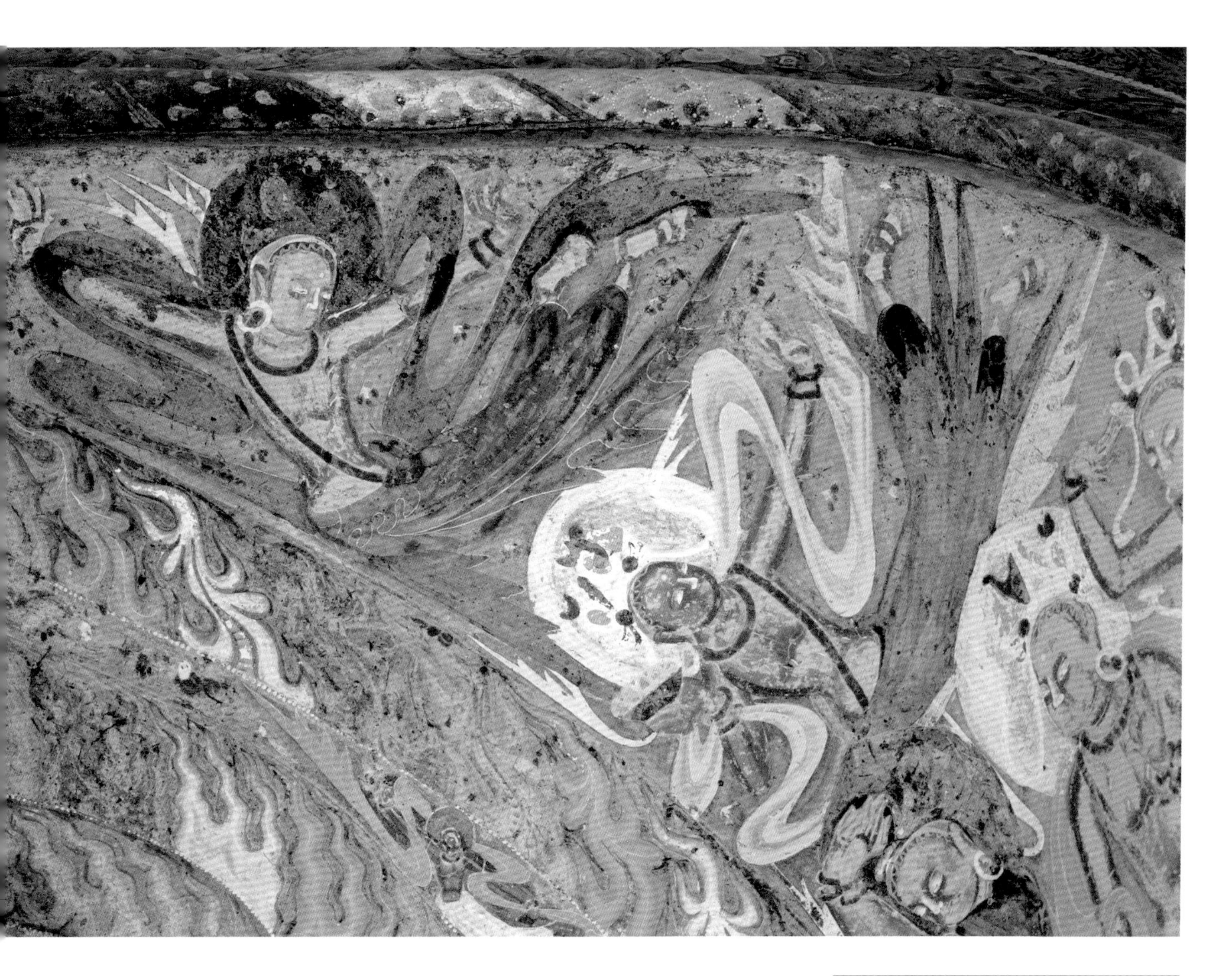

23 **佛背光飛天**

此圖飛天與前圖相呼應。頭戴寶冠，上身袒裸，下着長裙，身姿舒展。色彩以灰藍赭色為主調，間以石綠，形成冷峻凝重效果。

北魏 莫254 中心柱正面龕

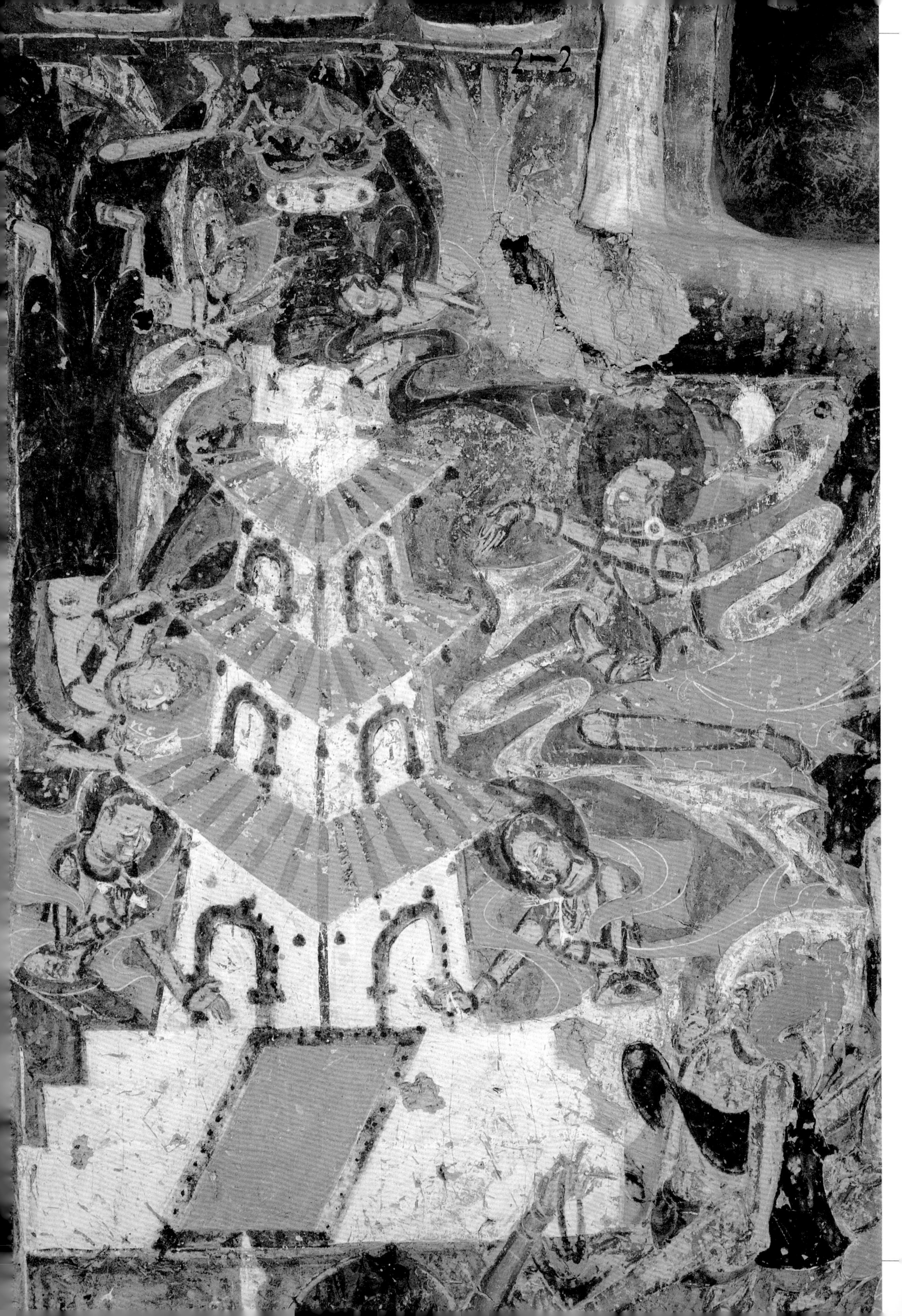
2—2

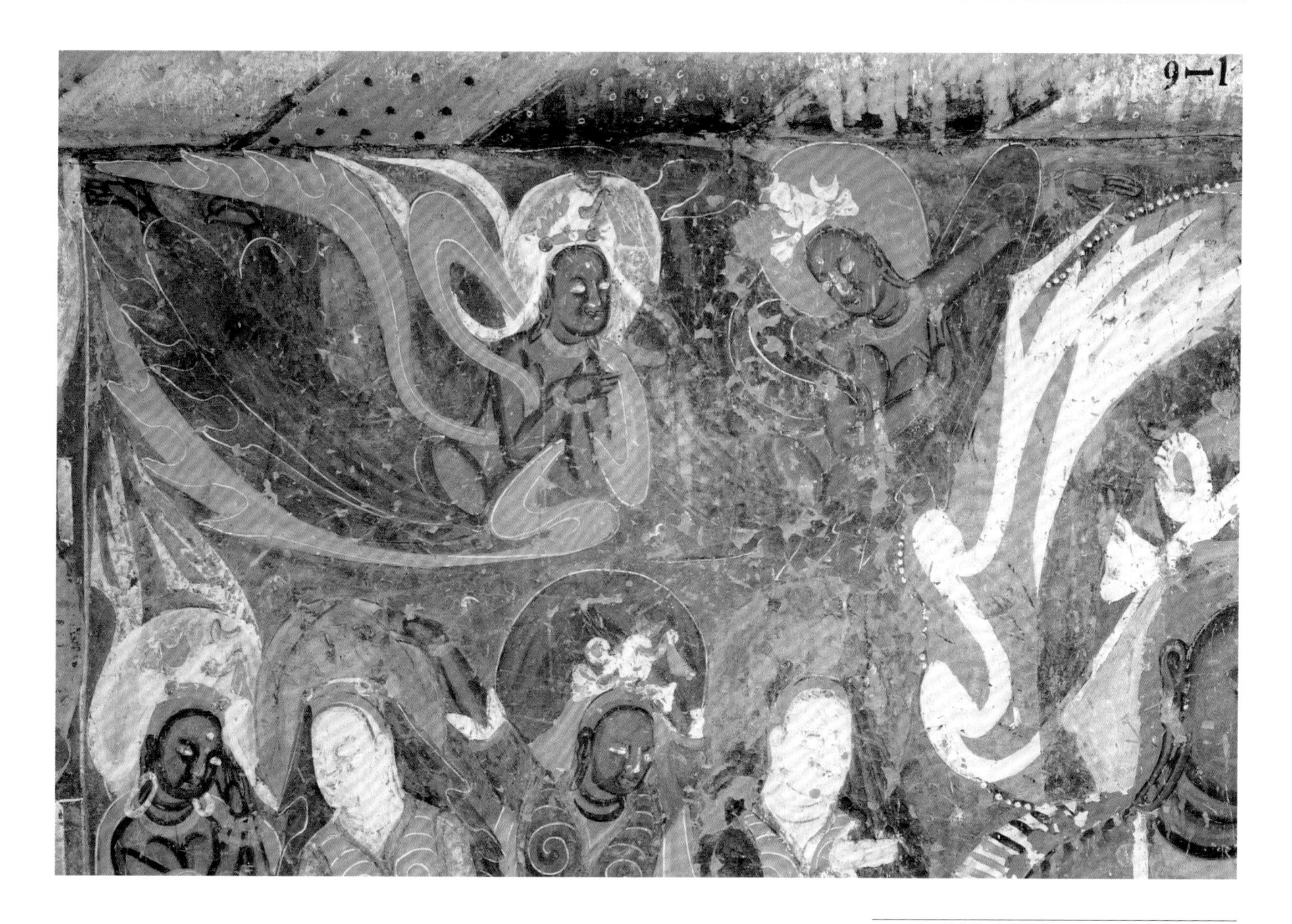

25 本生故事中的飛天

畫在本生故事中的兩身飛天，頭戴三珠寶冠和花冠，裙帶如花瓣，前顧後盼，相互呼應，矯健地在眾菩薩上方飛翔。面部描繪細緻，並用流暢、醒目的白線勾描衣紋、巾帶，增加了動律感。

北魏 莫254 北壁

24 拜塔飛天

在本生故事“捨身飼虎”中畫有一羣飛天在塔的周圍盤旋，祭奠薩埵王子，有的從天直降，有的撫塔拜祭。其中一身飛天痛哭不已，表情尤為生動，表現出對王子的崇敬和懷念。

北魏 莫254 南壁

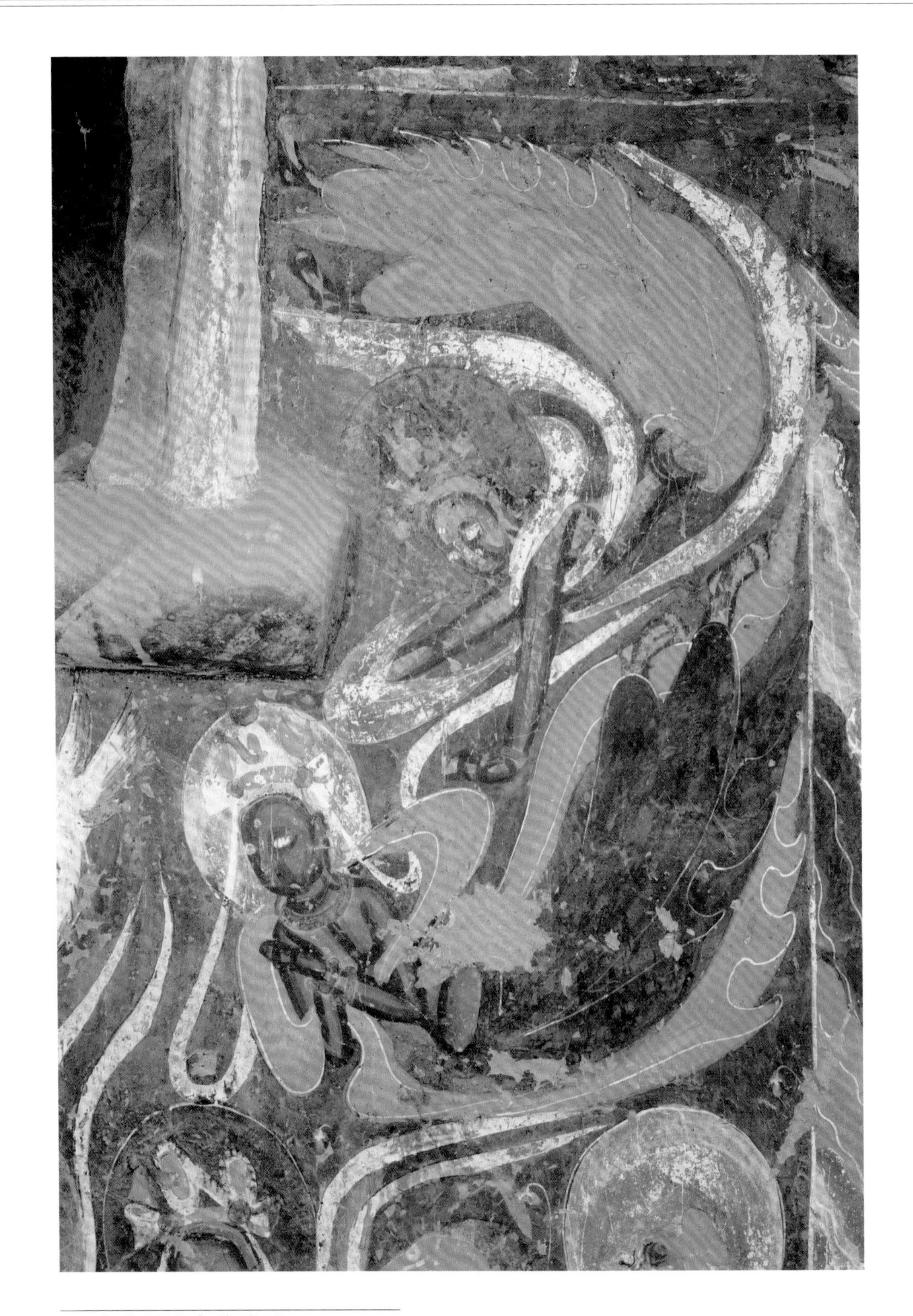

26 本生故事中的飛天

在本生故事中出現的兩身飛天，因地佈局，上下飛翔。頭戴寶冠，身體修長彎曲，手臂畫得誇張，長似細管，裙裾飄揚，造型頗美。

北魏 莫254 北壁

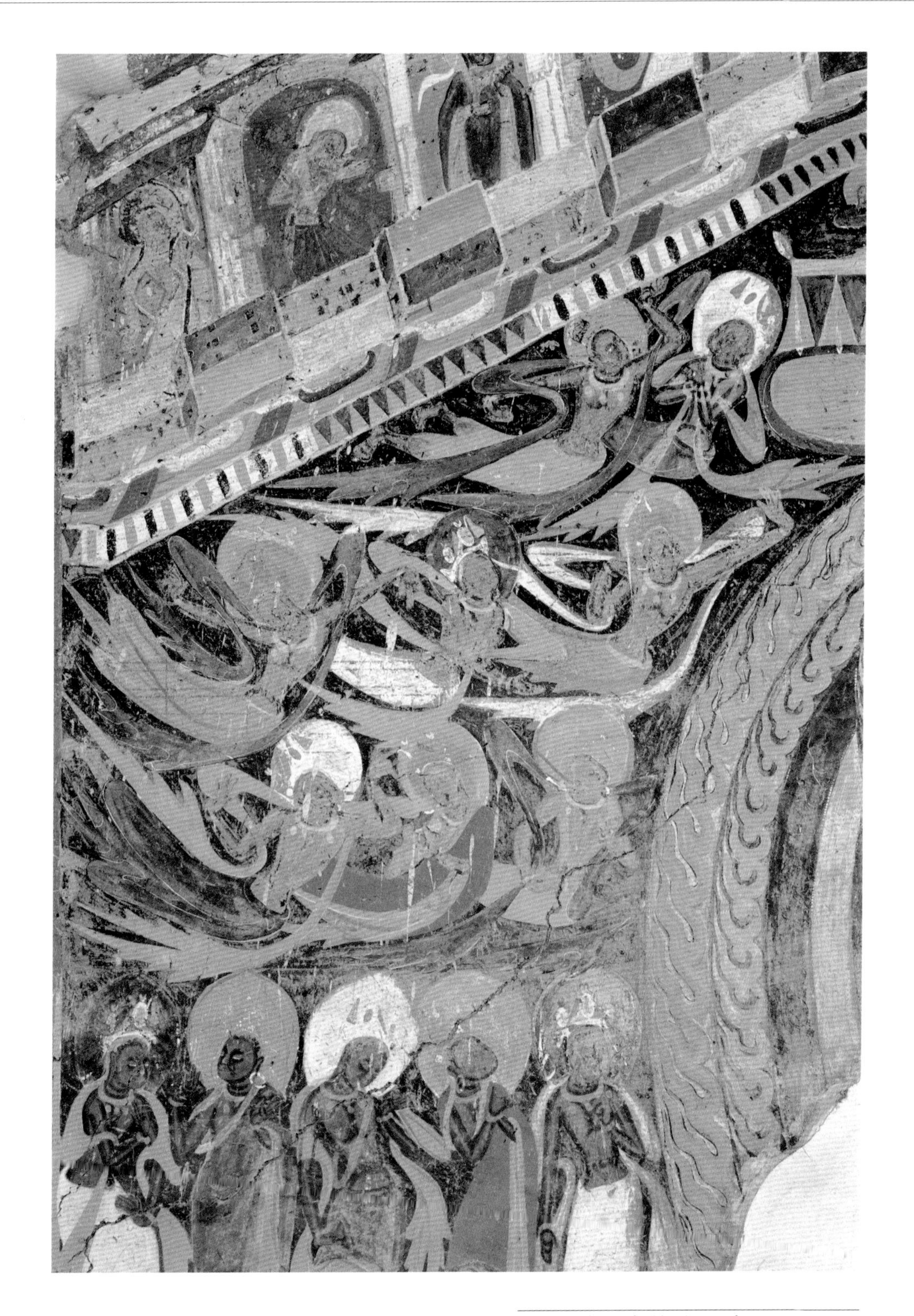

27 **説法圖中的飛天羣**

説法圖中的羣體飛天，隨形佈局，平行飛翔。頭戴三珠寶冠，項上飾瓔珞。有的雙臂伸展，有的彎曲，有的雙手合十，巾帶飄逸，表現飛天迎風飛舞的千姿百態。長裙、頭光用白、綠、土黃三色相間，顏色協調，富於變化。

北魏 莫257 北壁

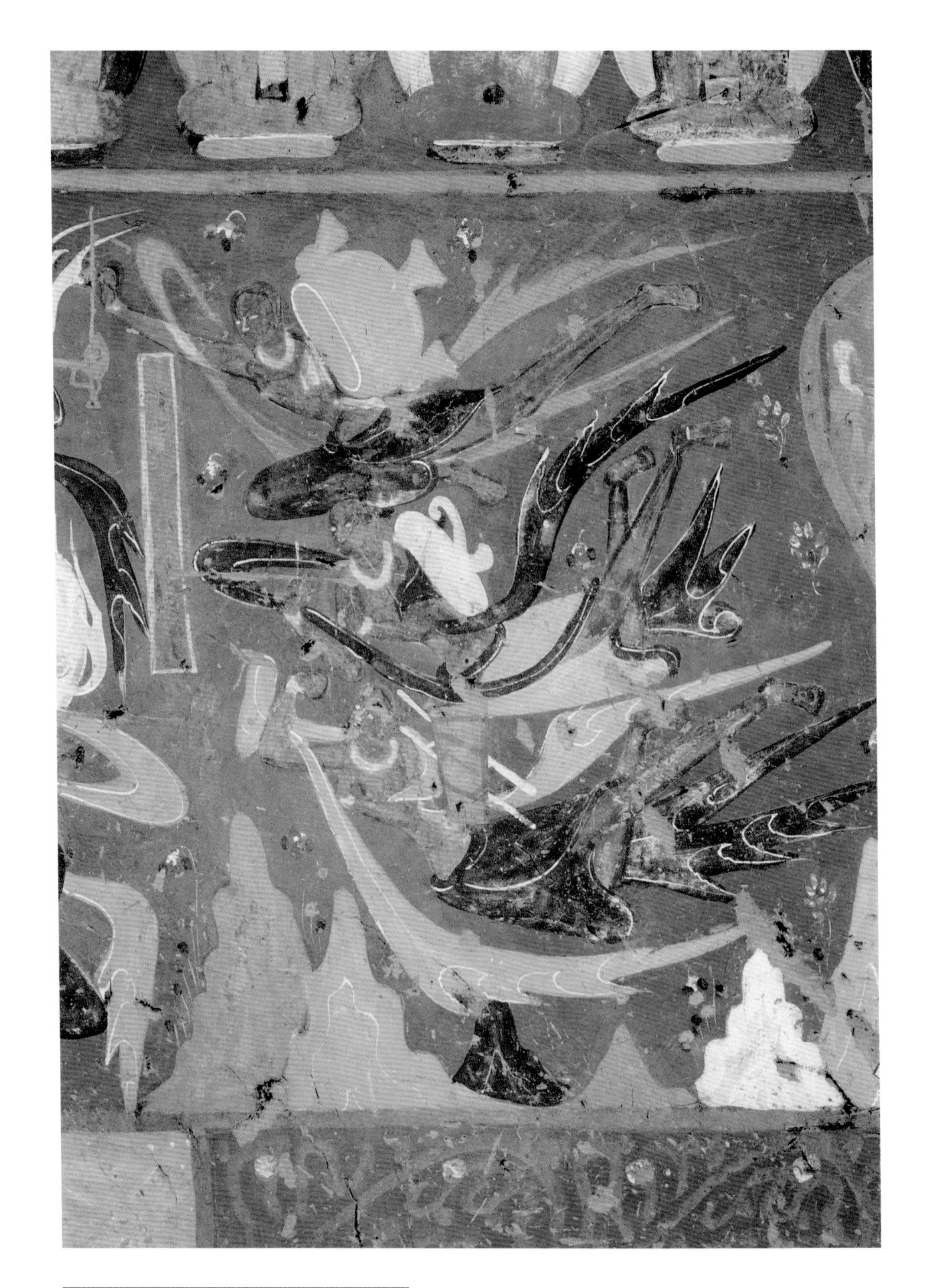

28 **乾荼赴宴**

在因緣故事畫中描繪須摩提女請佛赴齋，佛派使者乾荼等背負鼎、大釜、水桶等炊具前往，他們風馳電掣般飛越羣山而至。乾荼形似飛天，所以此圖被俗稱為“背釜飛天”。

北魏 莫257 西壁

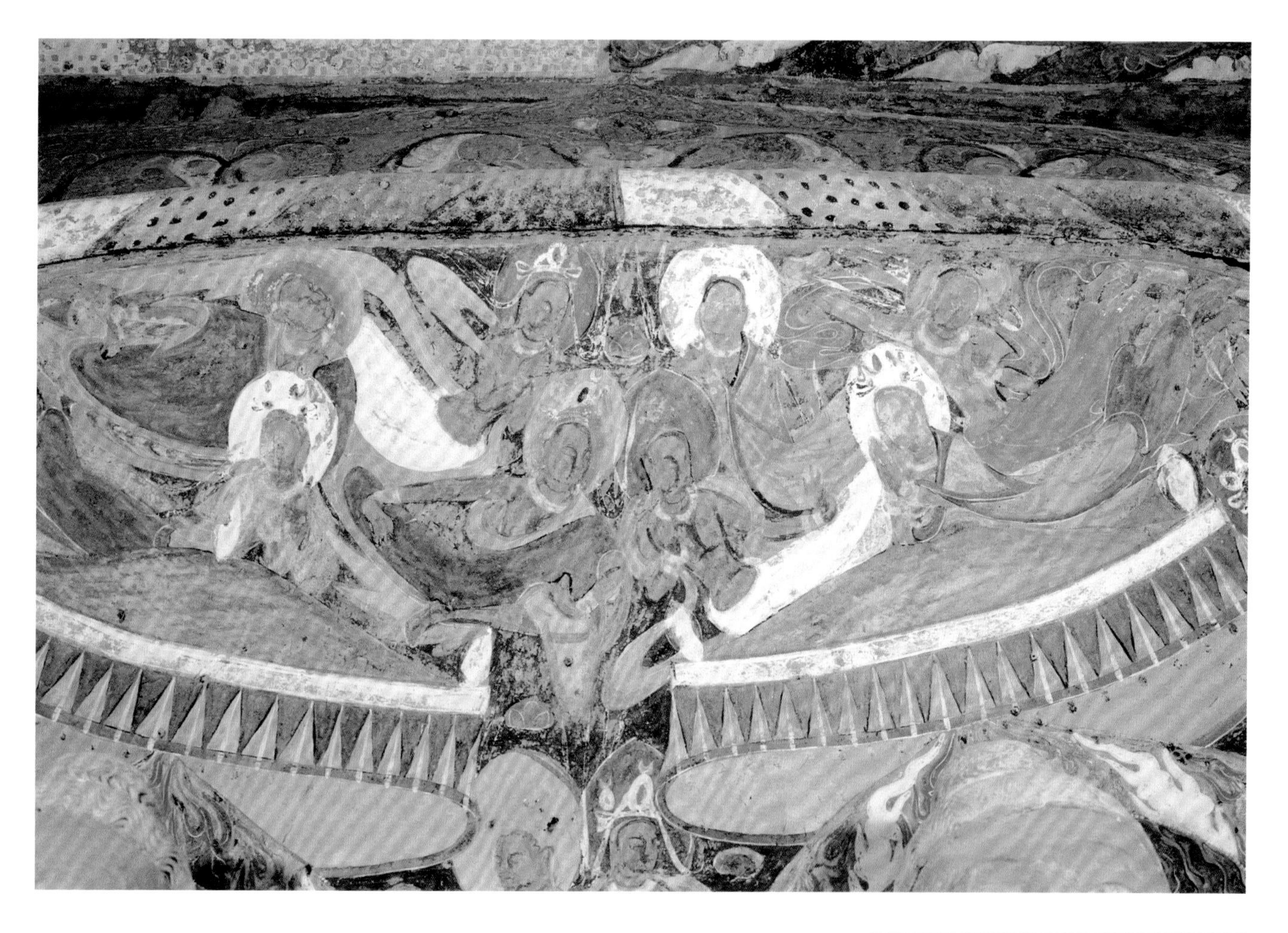

29 **聽法飛天**

在釋迦與多寶佛並坐的寶蓋之上，飛天飛翔而至，有的袒裸上身，下着羊腸裙，有的身着袈裟，表情沉靜，似在聆聽釋迦、多寶說法，又像是在議論佛道。赭紅色地使畫面呈現古樸厚重的色調。

北魏　莫250　西壁龕頂

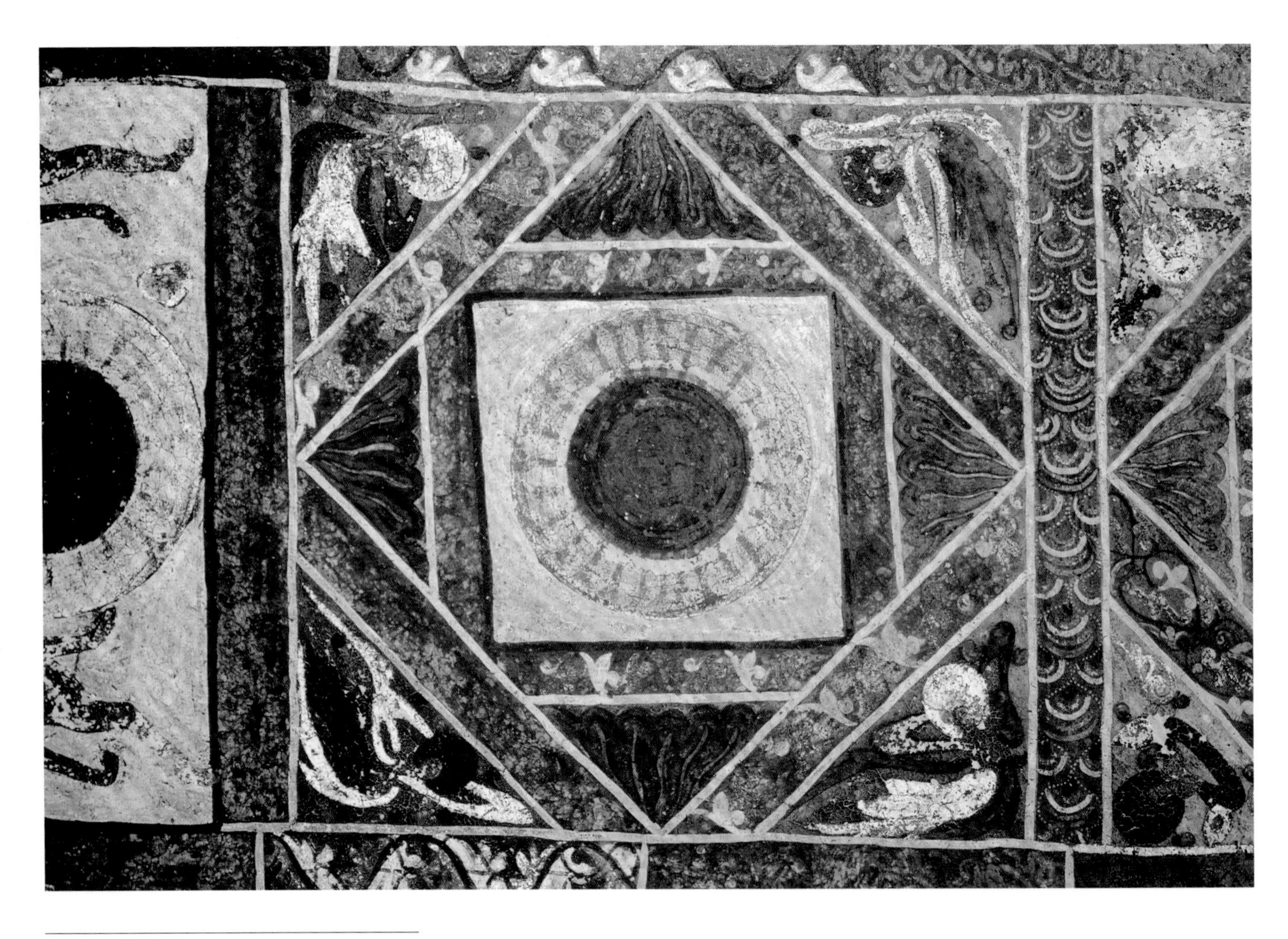

30 平棊飛天

在平棊圖案中，井心蓮花如輪盤，四角繪火燄紋，外岔角繪四身飛天，繞蓮花飛舞。飛天有頭光，長裙、巾帶的顏色深淺間隔搭配，增加動感。

北魏 莫260 窟頂

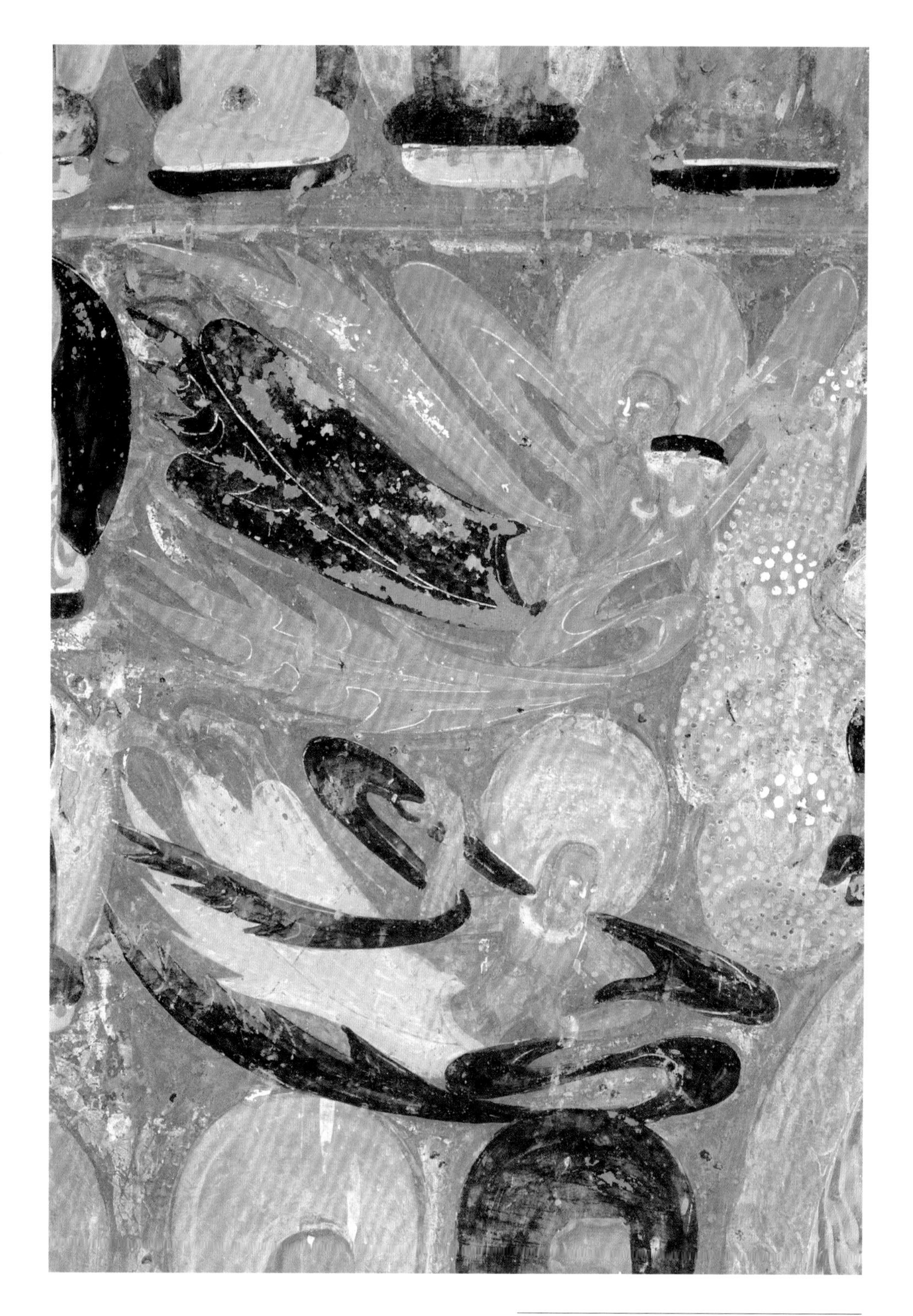

31　說法圖飛天

佛在鹿野苑說法，寶蓋上有兩身飛天，一身捧花盤，一身散花，表示歡慶。醒目流利的白色長線勾畫出長長的裙裾和飄帶，同時也可看出暈染的痕跡。色彩深淺搭配，顯得豐富多彩。

北魏　莫260　北壁

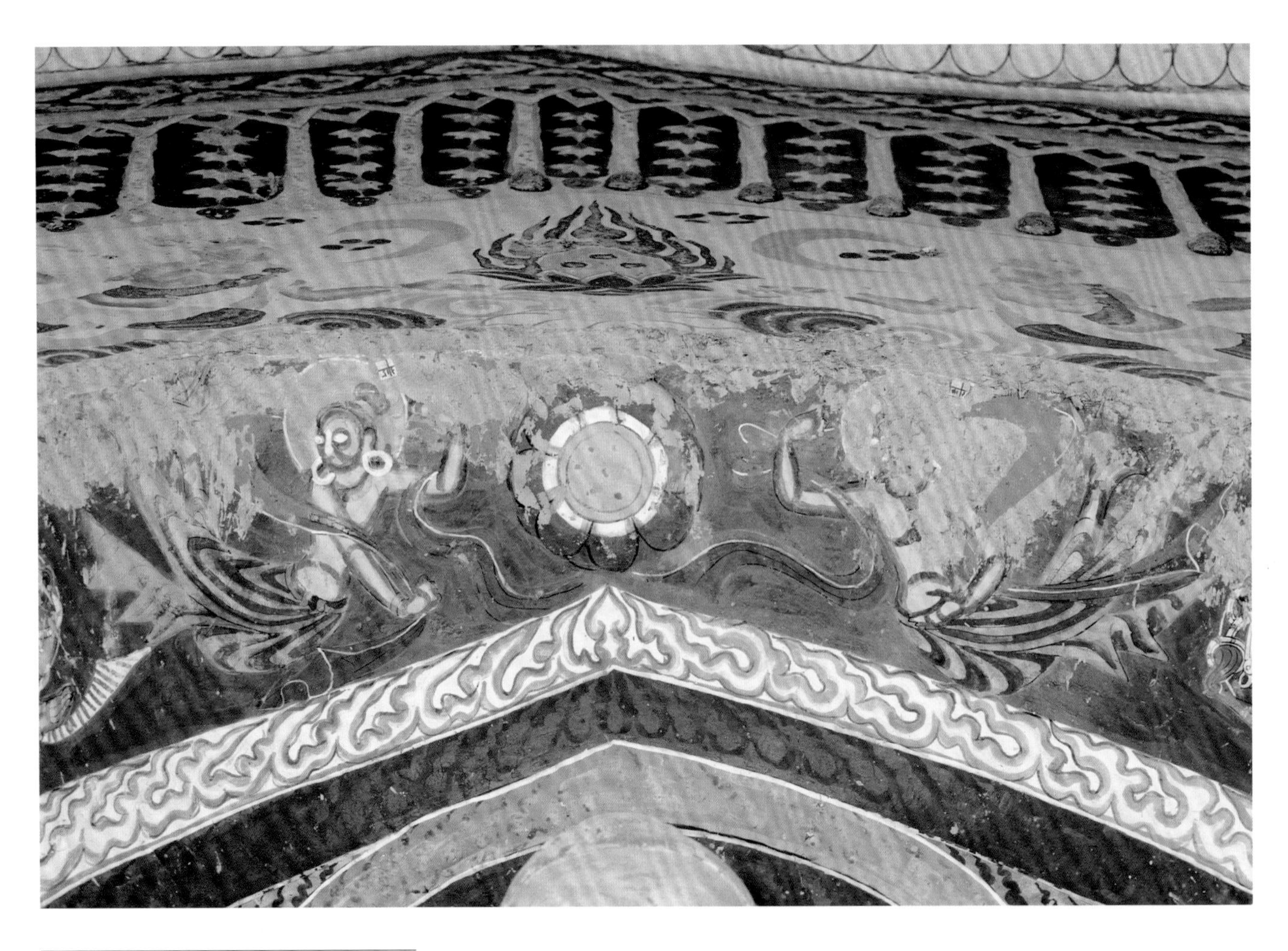

32 **蓮花飛天**

在藍色火燄紋背光的上方，繪大蓮花和飛天，飛天面相豐圓，大眼大鼻，佩飾大耳環，細腰束裙，粗獷生動。畫面為二十世紀六十年代從西夏壁畫下剝離出來的北魏原畫，因此色彩鮮豔，疊染的層次清晰，從中可見當時的勾線與敷彩技法。

北魏 莫263 南壁龕頂

33 **聽法飛天**

繪在寶蓋兩側的飛天，面相橢圓，寬額高鼻，長身細腰，圍羊腸裙，裙襬圓形裹腿。畫面是從西夏壁畫下剝出的北魏原畫，雖因剝離稍顯模糊，但顏色鮮麗如新，勾線完整清晰，墨線定形，白線裝飾，結合暈染，人物形象鮮活生動。

北魏 莫263 北壁

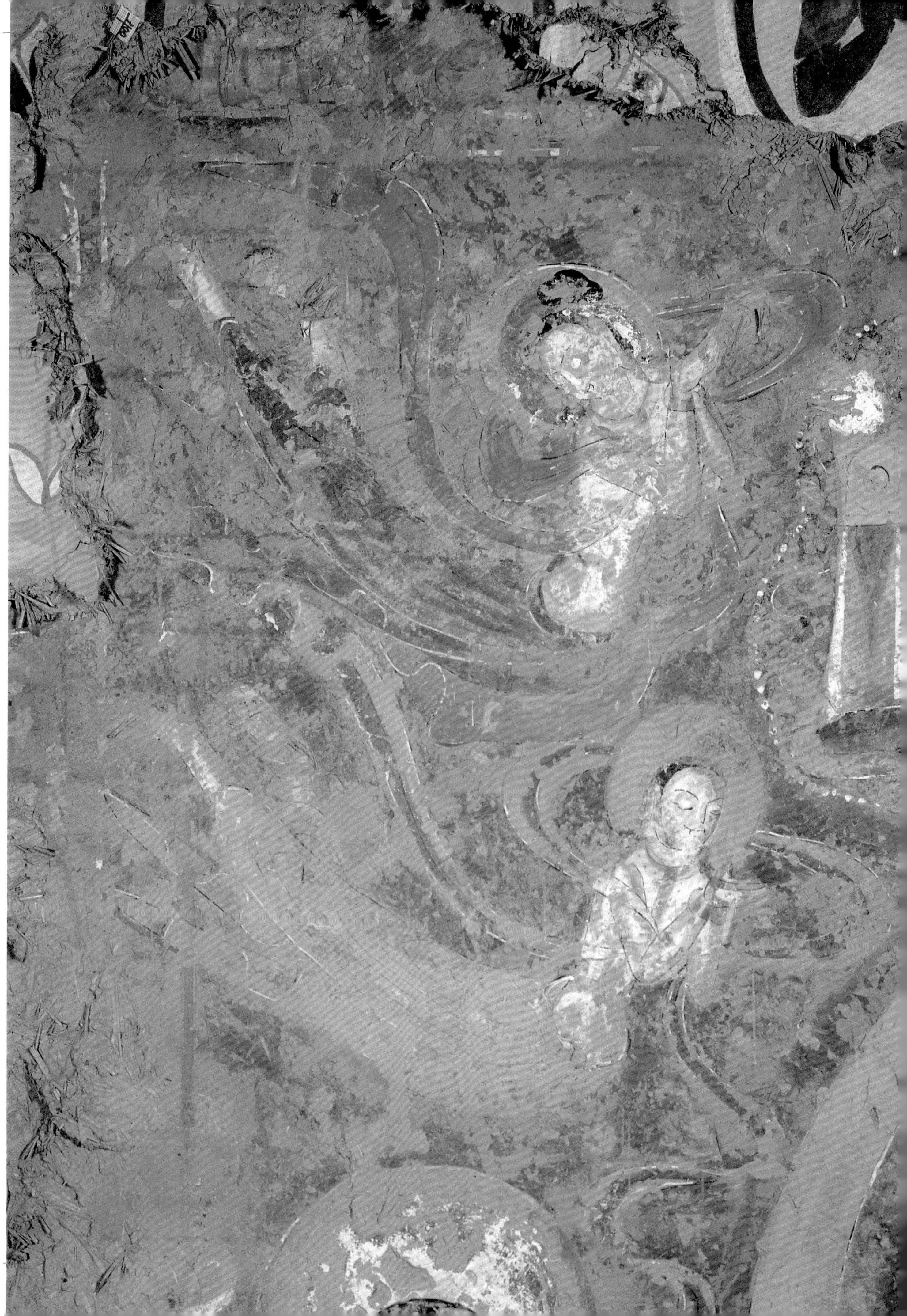

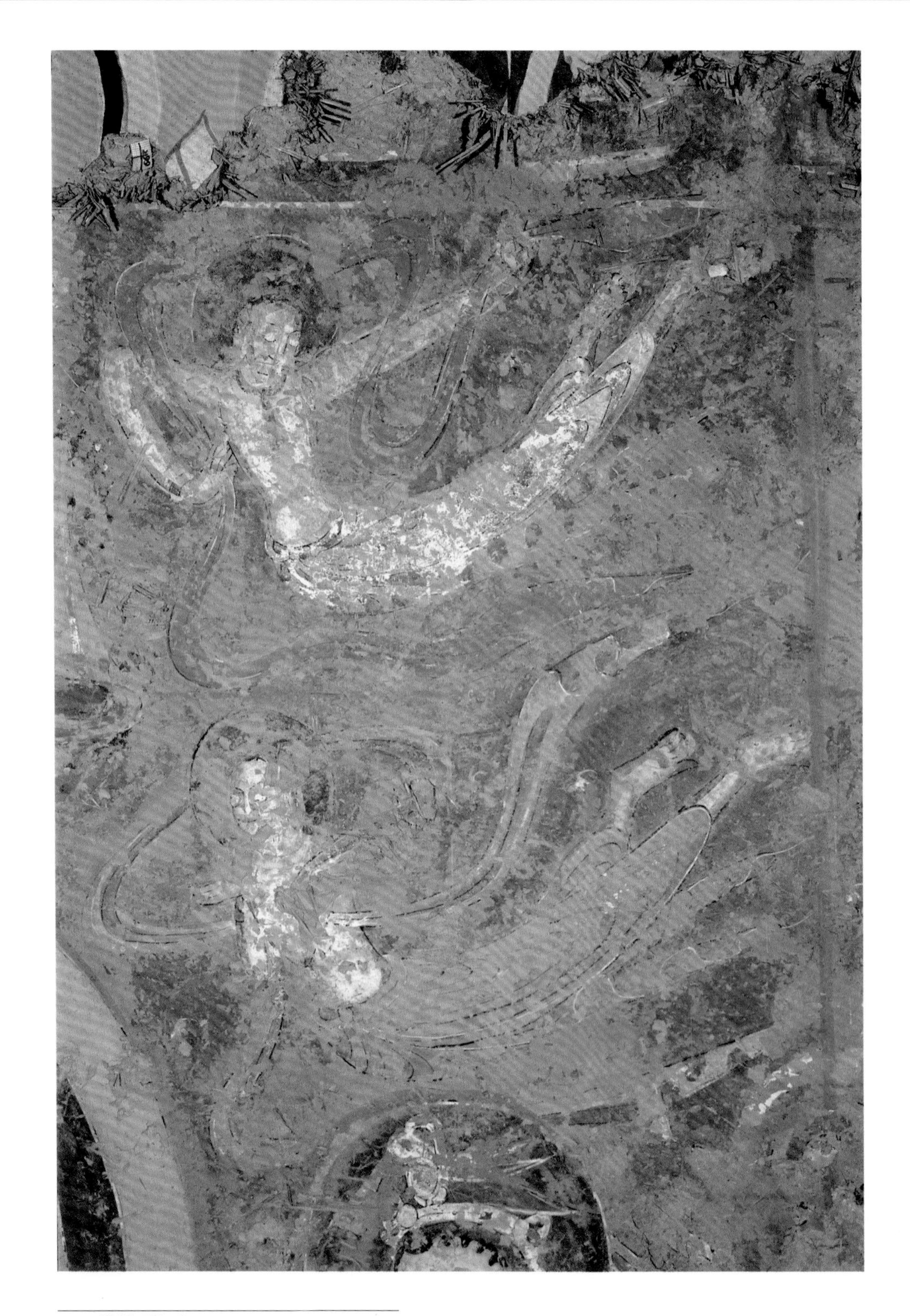

34 **聽法飛天**

此圖與前圖相對稱，為説法圖中寶蓋上的兩身飛天，裝束似梳着高髻的少女，姿態舒展，嫵媚秀美。肌膚的色彩表現真實。

北魏 莫263 北壁

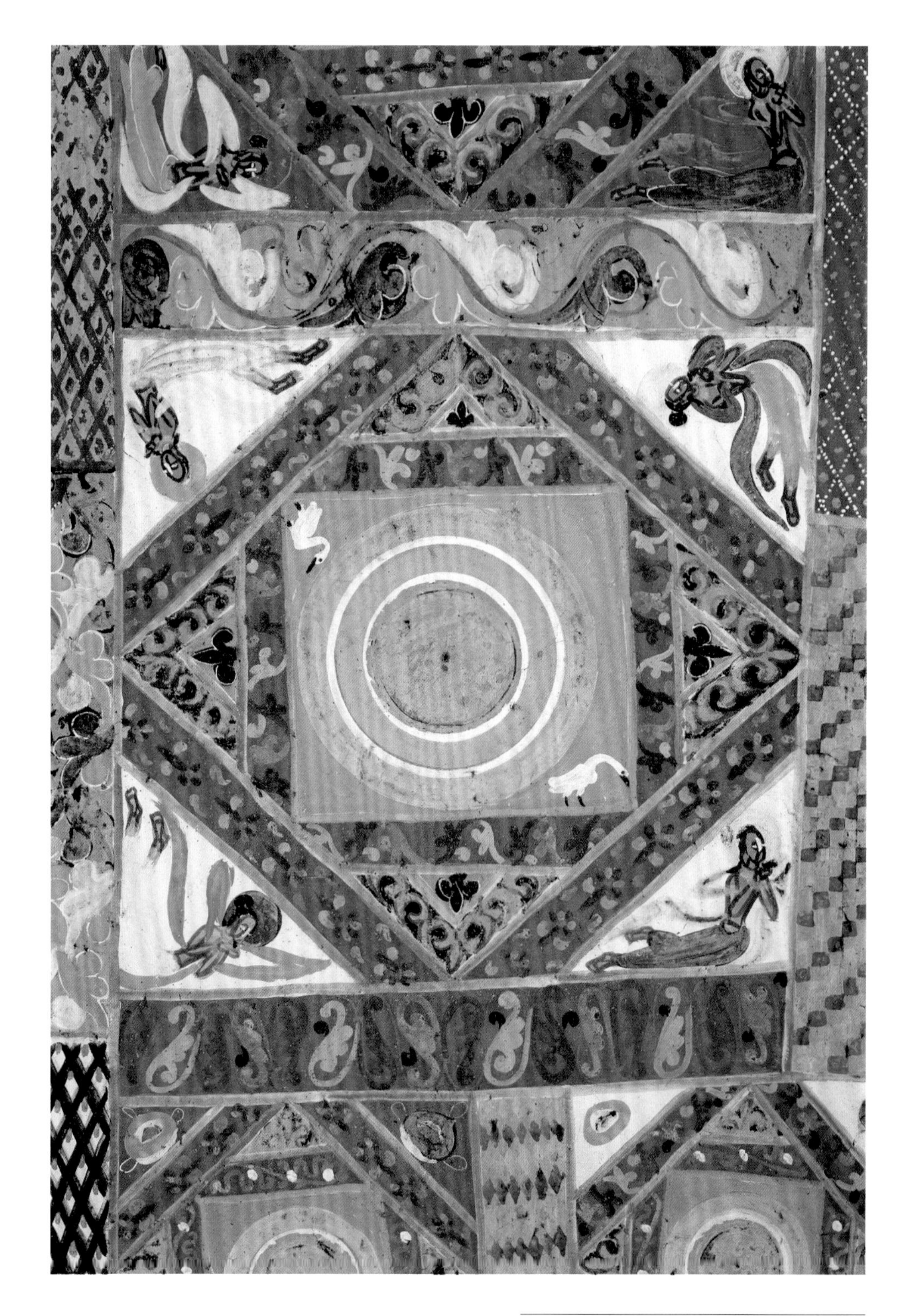

35 **平棊飛天**

平棊的方井以石青表現水池，中有蓮花和白鵝，外岔角畫四身飛天，雙手合十供養。袒裸上身，兩身光頭，下着束腳褲；兩身梳高髻，穿長裙。裙和褲的褶及纏繞的飄帶都畫得很簡練。

北魏　莫435　窟頂

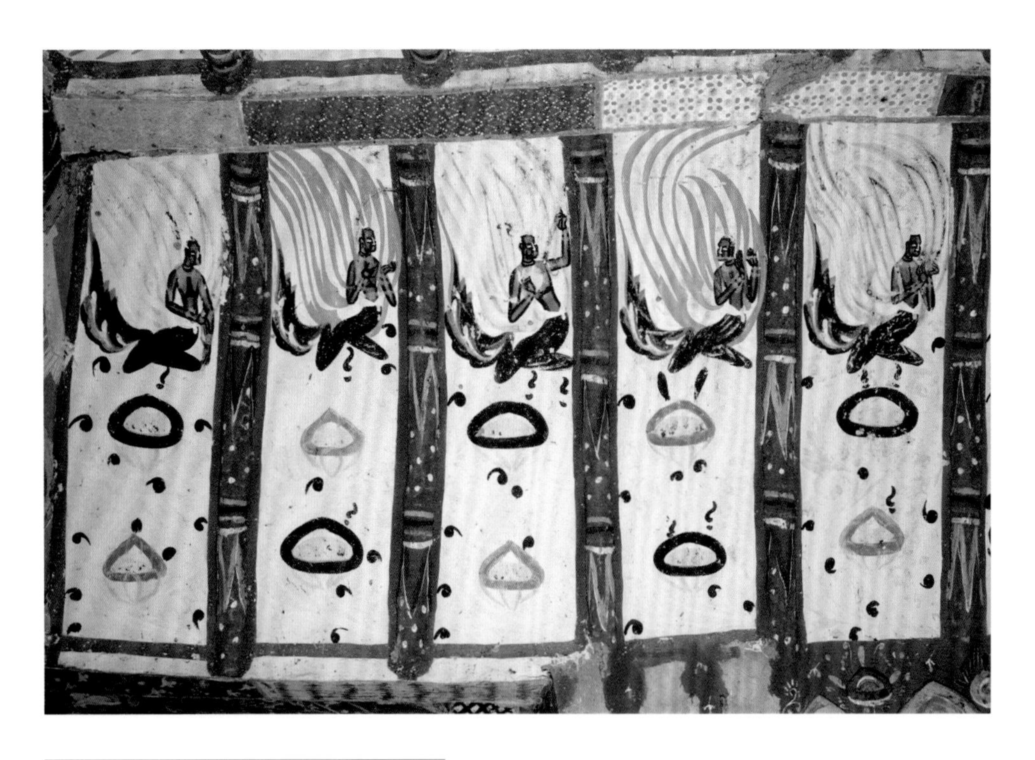

36 蓮花伎樂飛天

大朵蓮花之上，飛天手持阮、橫笛、海螺等樂器，雙腿如跪姿，身體折曲，巾帶上飄，仿佛急從天降，動感十足。此為早期的伎樂飛天形象。

北魏 莫435 前室人字坡

37 聽法飛天

在火焰忍冬紋龕楣之上畫一佛二菩薩，兩側各畫五身飛天飛翔。有的袒裸上身，有的右袒，下均着裙，裙和披巾擺動如羽翼。有的演奏橫笛、鳳頭琴，有的捧盤獻花，姿態各異，飄然而至。

北魏 西7 中心柱北向龕

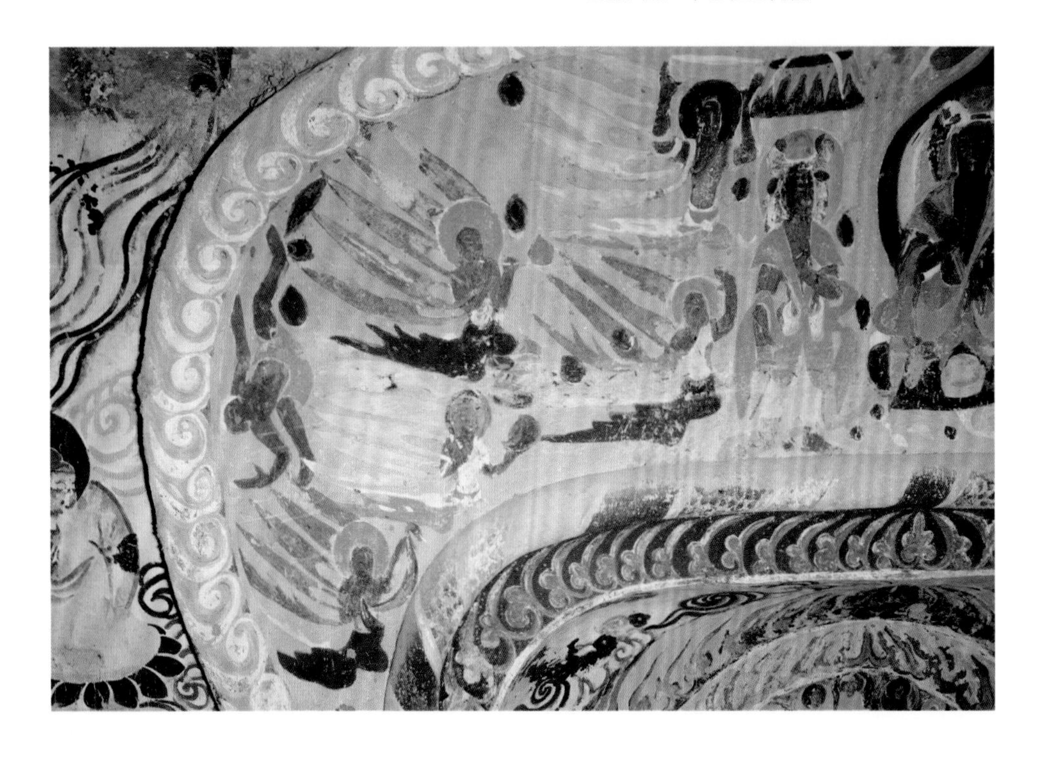

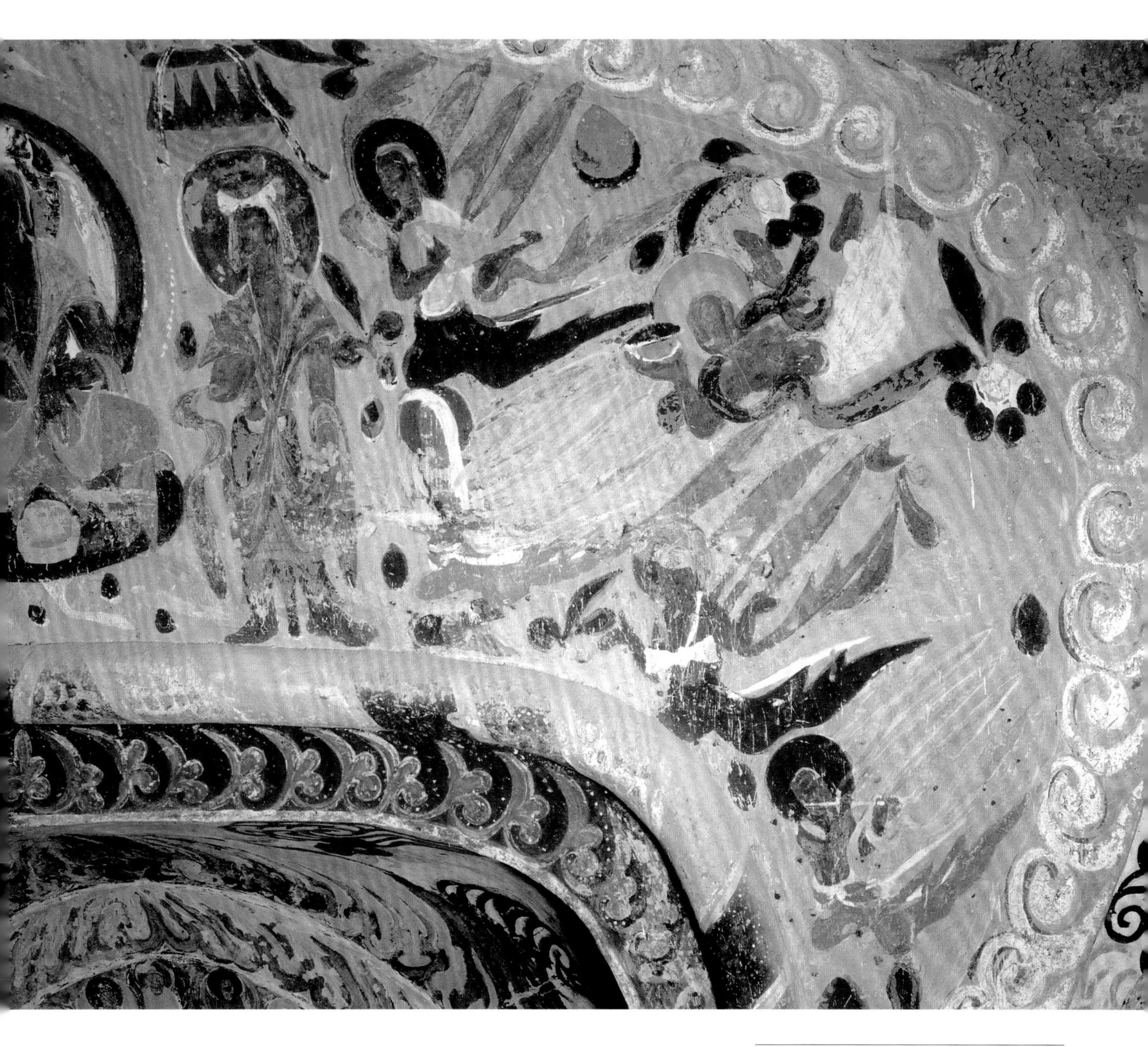

38 **聽法飛天伎樂**

此圖與前圖相對稱，表現佛說法時的吉祥氣氛。伎樂飛天聞法奏樂，腰鼓、橫笛、箜篌、琵琶齊鳴，巾帶飄揚，樂聲陣陣。畫面色彩鮮豔協調。

北魏 西7 中心柱北向龕

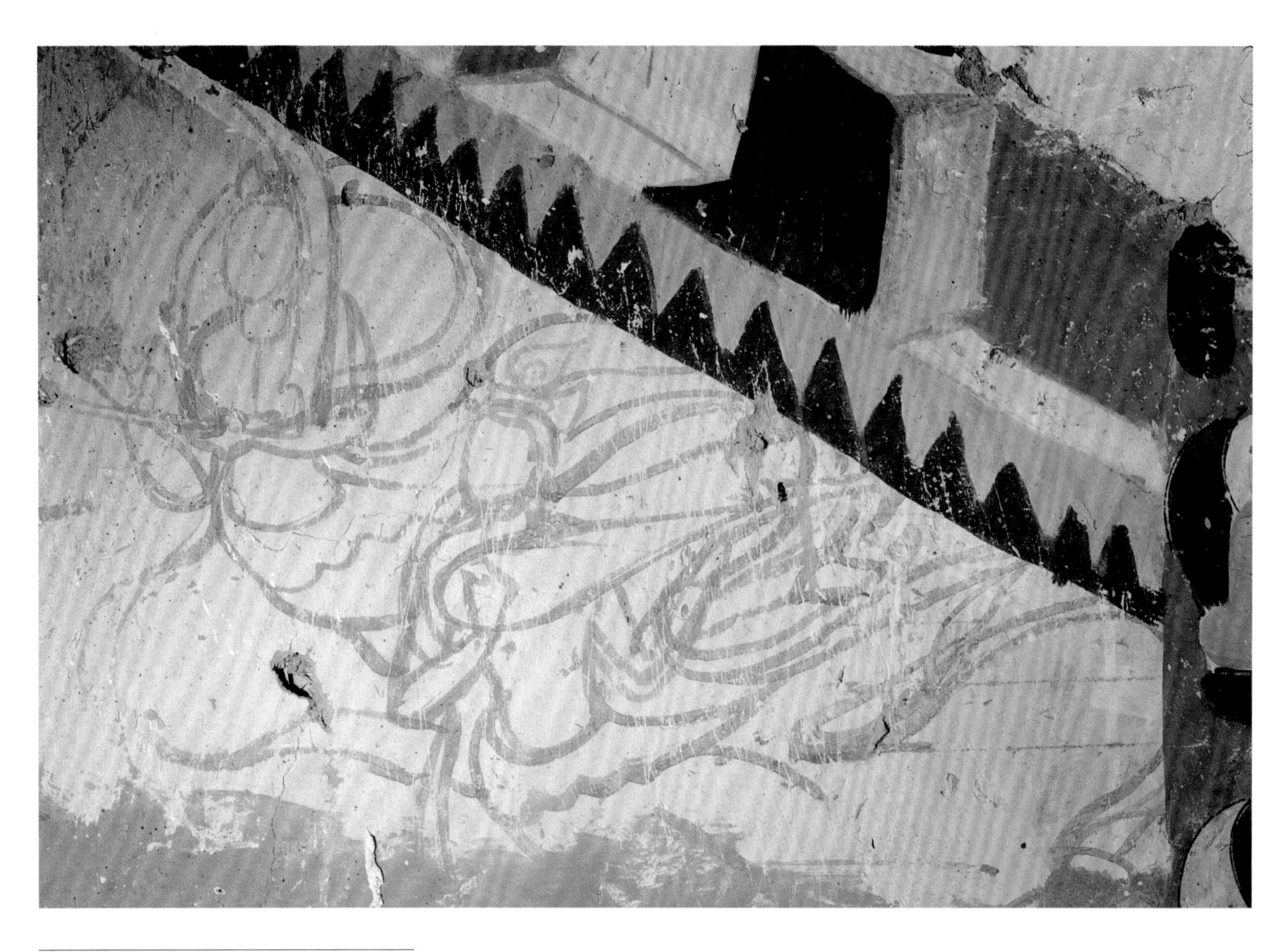

39 **伎樂飛天畫稿**

畫稿用土紅勾線，畫兩身飛天，一彈箜篌，一彈琵琶，迎風飛動。線條準確，粗獷有力，技巧純熟。由此可見當年畫工創作過程，因而十分珍貴。

北魏 西7 西壁

第三節　西魏時期

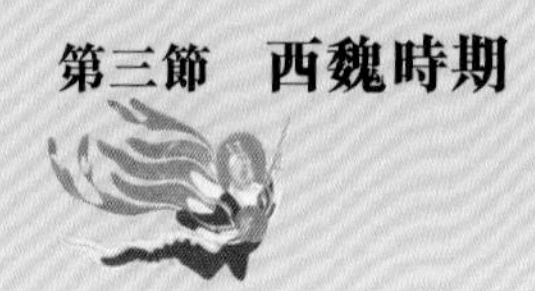

東陽王元榮自北魏孝文帝時任瓜州刺史，直至西魏。他尊奉佛教，在敦煌開窟造像大興佛事。中原的佛教造像，以及壁畫的內容和形式，也隨之傳到敦煌，從而突破並削弱了原來的西域模式，中原風格得到強化，逐漸形成了具有敦煌地方特色的佛教藝術。

元榮不但給敦煌帶來了中原的佛教文化，同時還帶來了道教文化，因此，敦煌在西魏時期出現了道釋合一的洞窟，反映了多元的宗教文化。壁畫中夾雜着佛教以外的內容，如“神仙世界”的伏羲、女媧、日天、月天、風、雷、東王公、西王母、羽人、四靈、禽鳥、異獸等形象。

西魏石窟的建築形制為覆斗頂，平面呈方形，沒有中心柱，是早期殿堂式佛窟的繼承和發展。

西魏的壁畫內容及繪製技巧都愈見豐富和多樣。不僅如此，在人物的塑造上也發生了變化，出現了面貌清瘦、眉目開朗、神情瀟灑、褒衣博帶的形象。飛天的臉型、服飾均趨向中原風格。誇張與變形使西魏時期的壁畫具有着驚人的藝術魅力，甚至近似當代藝術。

在色彩處理上，也一改由土紅塗地、濃重靜穆的調子，用中原繪畫的敷彩法，代替了西域的凹凸暈染法，因而出現爽朗明快、生機勃勃的畫面。

西魏畫有飛天的洞窟，具有代表性的是第249窟和第285窟。

第249窟的西壁開一圓券形大龕，龕頂兩側繪供養菩薩及飛天。飛天戴寶冠，吹笛、擊腰鼓，身軀呈“V”字型，筆法簡練準確，極為生動。此窟最具特色的是窟頂所繪內容為道釋合一，共有三類飛天存在：一為西域飛天；二是中原飛天，面相清瘦，眉目清朗，頭飾雙髻，衣裙為羊腸裙，或牙旗裙帶；三是中國神話中的“羽人”或“飛仙”，所謂“千歲不死”，“羽化升天”的神靈，特點是有翼，長耳，羽臂，面如獸，身如藥叉，半裸披巾，持節飛行於諸神之間。這一時期的羽人形象也出現在藻井中，西魏後期逐漸消失。

第285窟是早期洞窟中藝術水平最高的一個，因此很受後人關注。此窟為覆斗頂方形禪窟，窟內有明確的紀年題記，時間為西魏大統四、五年（公元538、539年），是莫高窟最早的有紀年的洞窟。此窟窟頂與第249窟頂相似，繪有道教諸神象徵天地宇宙，有飛天、羽人、雷公、電母、雨神、飛廉、烏獲，開明等諸神異，另有伏羲、女媧皆人面蛇身，展示了中國傳統的宇宙觀念。在窟頂四坡繪有神話故事，是當地墓葬文化和中國神話、道教文化的反映。

在南壁故事畫的上方，垂帳紋下，繪有十二身飛天樂伎，為供養伎樂，這是西魏時期最完整的一組飛天造型，飛天為中原"秀骨清像"式造型，相對飛行，奏樂散花，富有韻律感，給人一種天界空靈、天花仙樂流動之感。飛天頭有雙髻，細腰長裙，為女性特徵，持有琵琶、阮、箜篌、橫笛、排簫、腰鼓等樂器，反映出西魏時期的音樂狀況。

第285窟還出現了最早的童子飛天，即化生童子，出自蓮花之中，作男裝披巾或裸體於天花流雲之中歌舞散花。

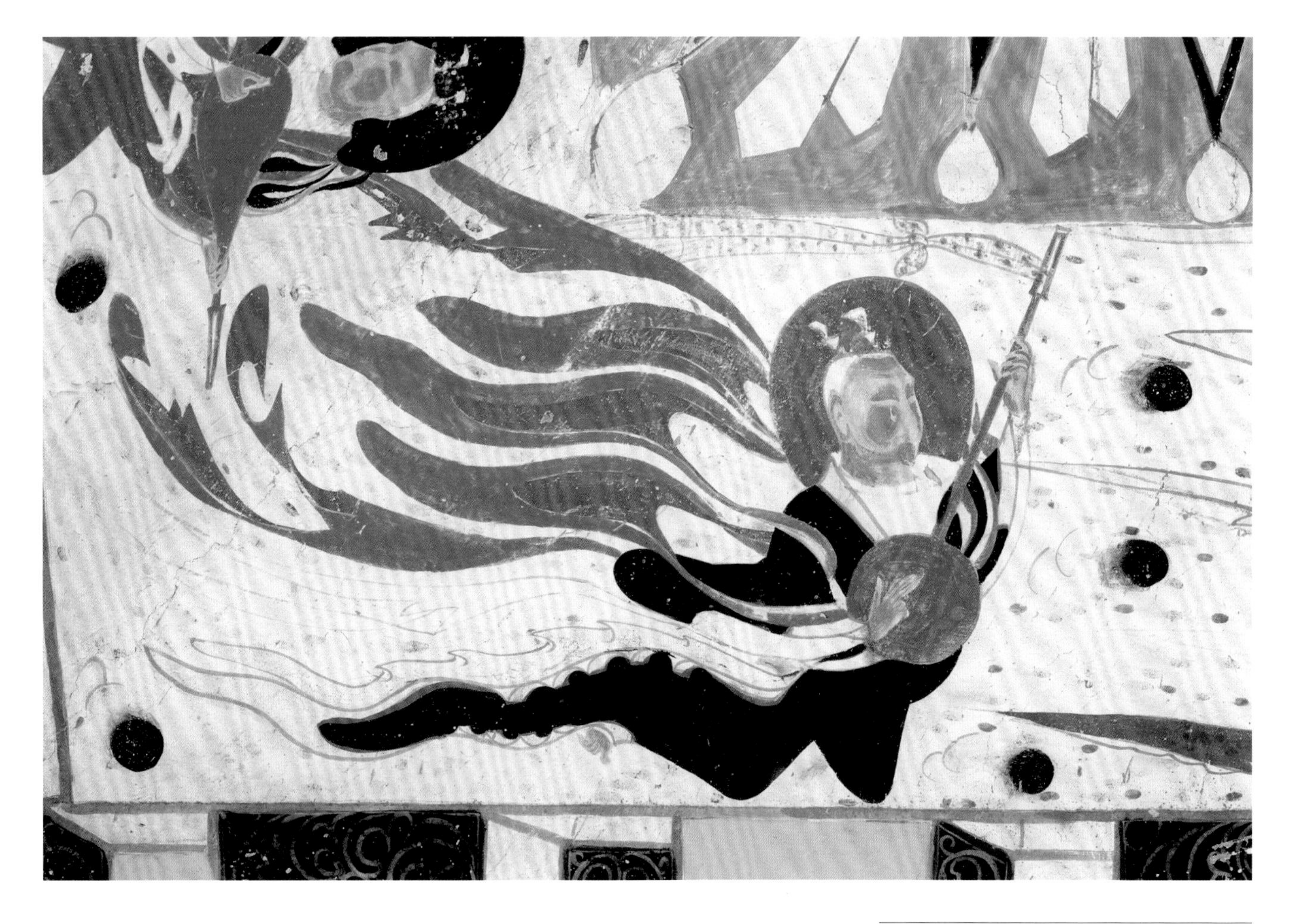

40 天宮伎樂飛天

在天宮欄牆之上，繪伎樂飛天一周。飛天頭梳雙髻（又稱飛天髻），有赭紅或黑色頭光，雙手彈奏樂器，身着中原漢式大袍，披飄帶，袍下襬在風中呈牙旗形翻捲，表現出飛動感。白髮，未着色，肌膚用中原式暈染法，層次清晰可見，服飾色彩鮮豔如初。

西魏 莫461 窟頂

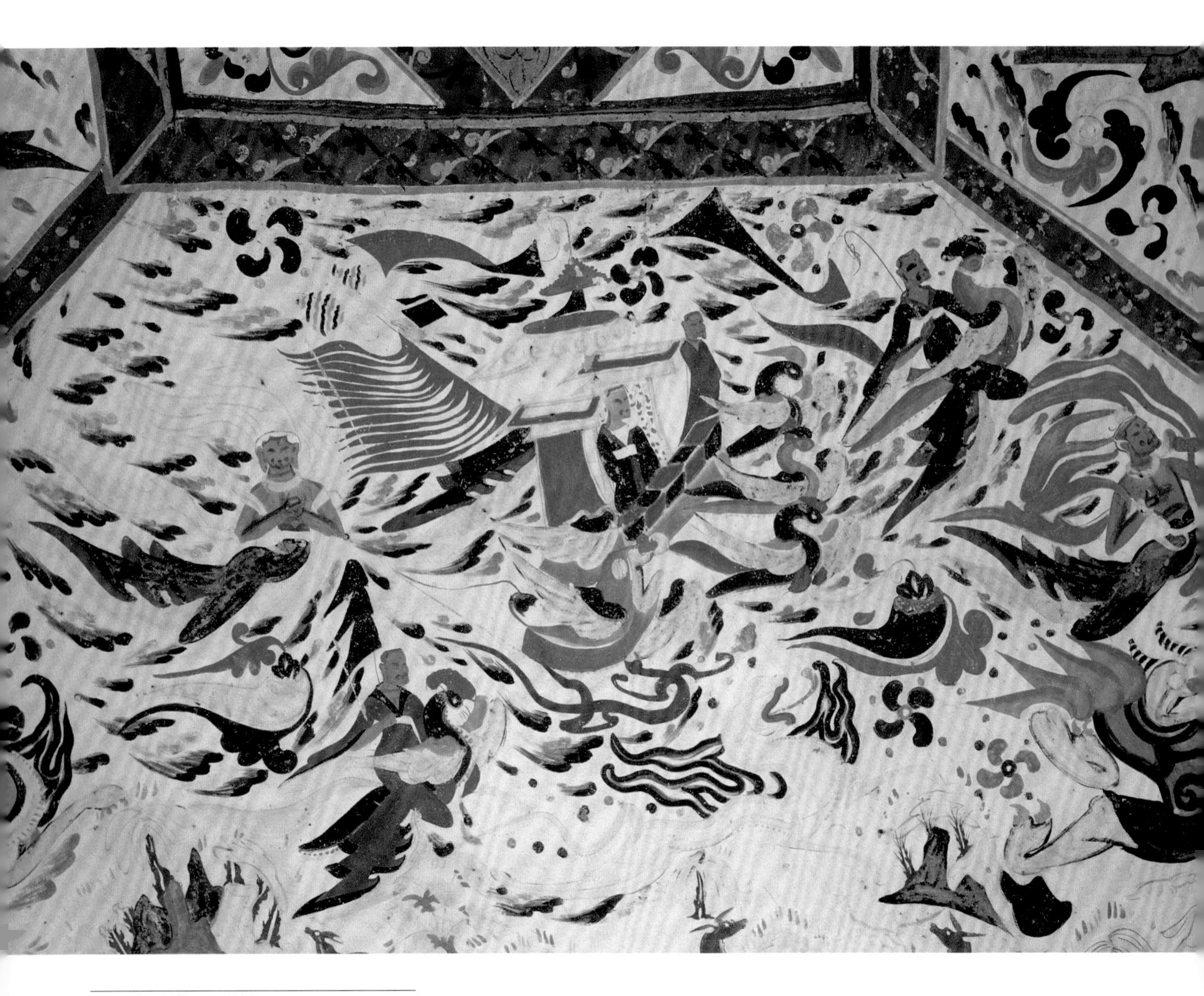

41 **飛天與西王母**

西王母出行，乘四鳳駕車，前後有飛天引導，左右有乘鸞持節的方士隨從，烏獲兩肋生翼，馳騁奔跑，旌旗召展，天花流雲飄蕩，氣氛熱烈，聲勢浩大。壁畫內容佛道融合，飛翔之神雲集。

西魏 莫249 窟頂南坡

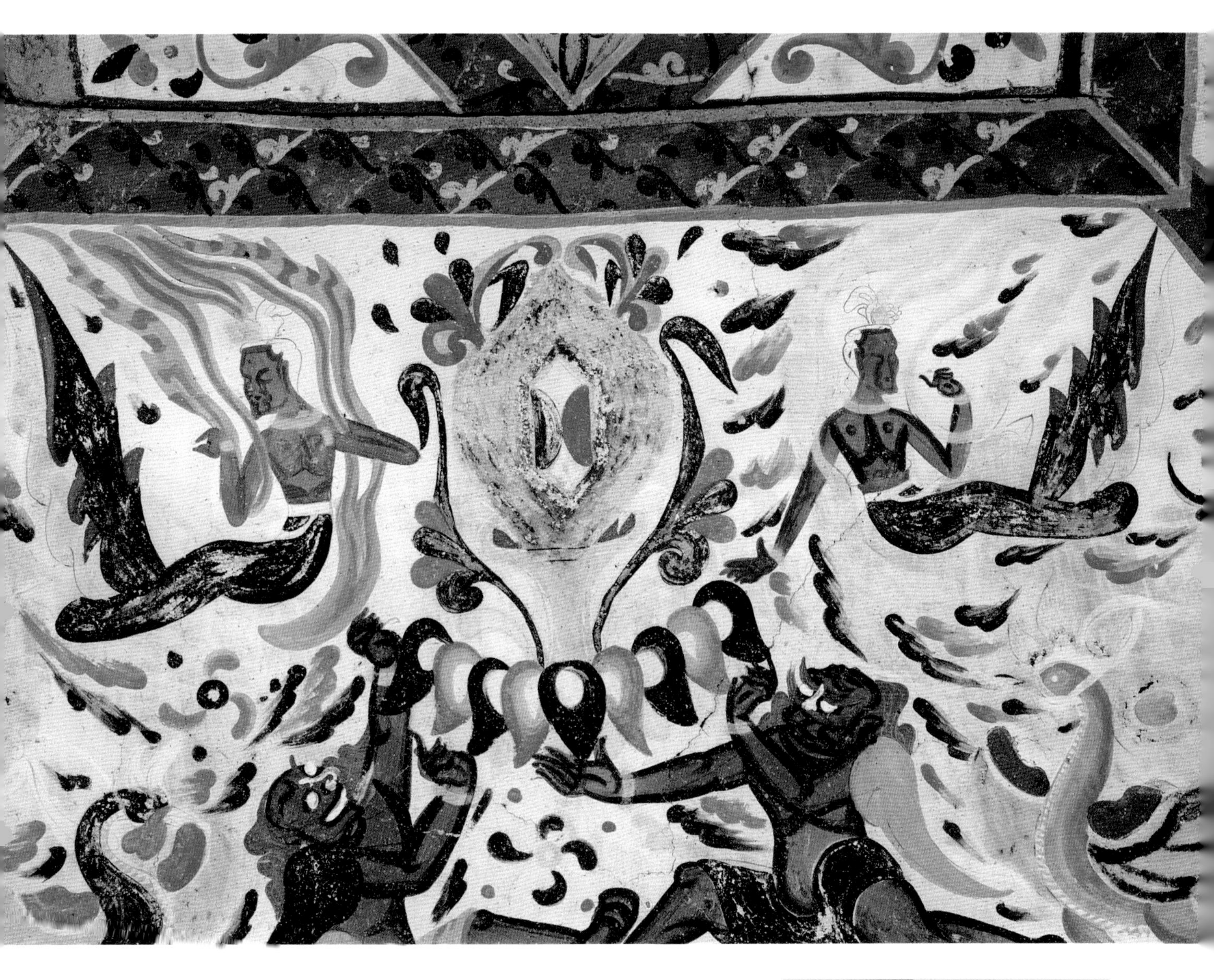

42　摩尼寶珠飛天

在覆斗形窟頂上，繪兩身有羽翼的力士托舉蓮花摩尼寶珠，飛天左右對稱，均頭梳髮髻，飾花朵，面部清瘦，羊腸裙和巾帶如火燄紋向上飄動。此瘦骨清像為中原式女性形象。

西魏　莫249　窟頂東坡

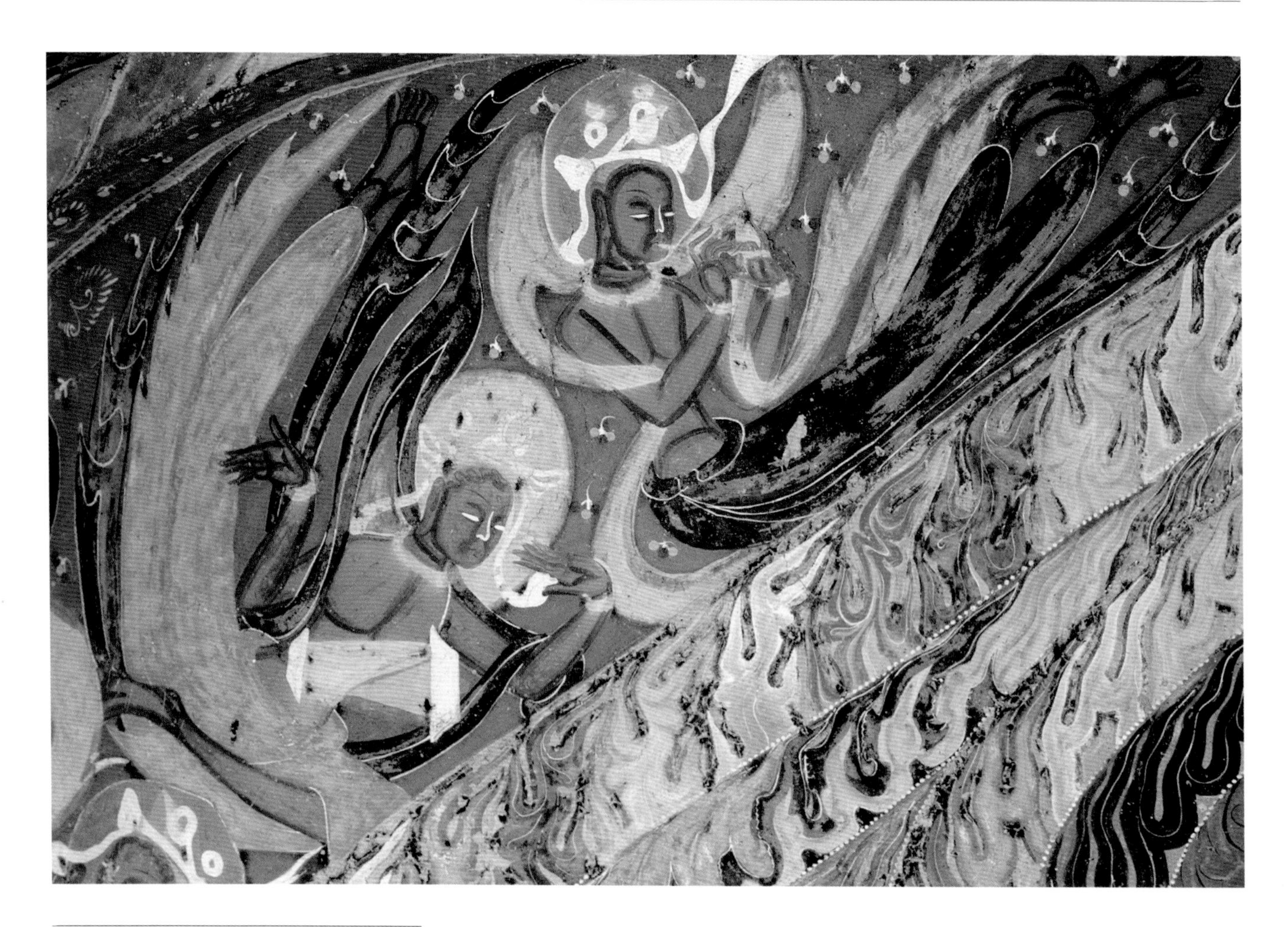

43 伎樂飛天

飛天為白鼻白眼的西域式“小”字臉，袒裸上身，着長裙，披長巾，一身用手拍擊齊鼓，另一身吹奏豎笛。變色後的膚色仍可看出傳自西域的凹凸法暈染效果。

西魏 莫249 西壁龕頂

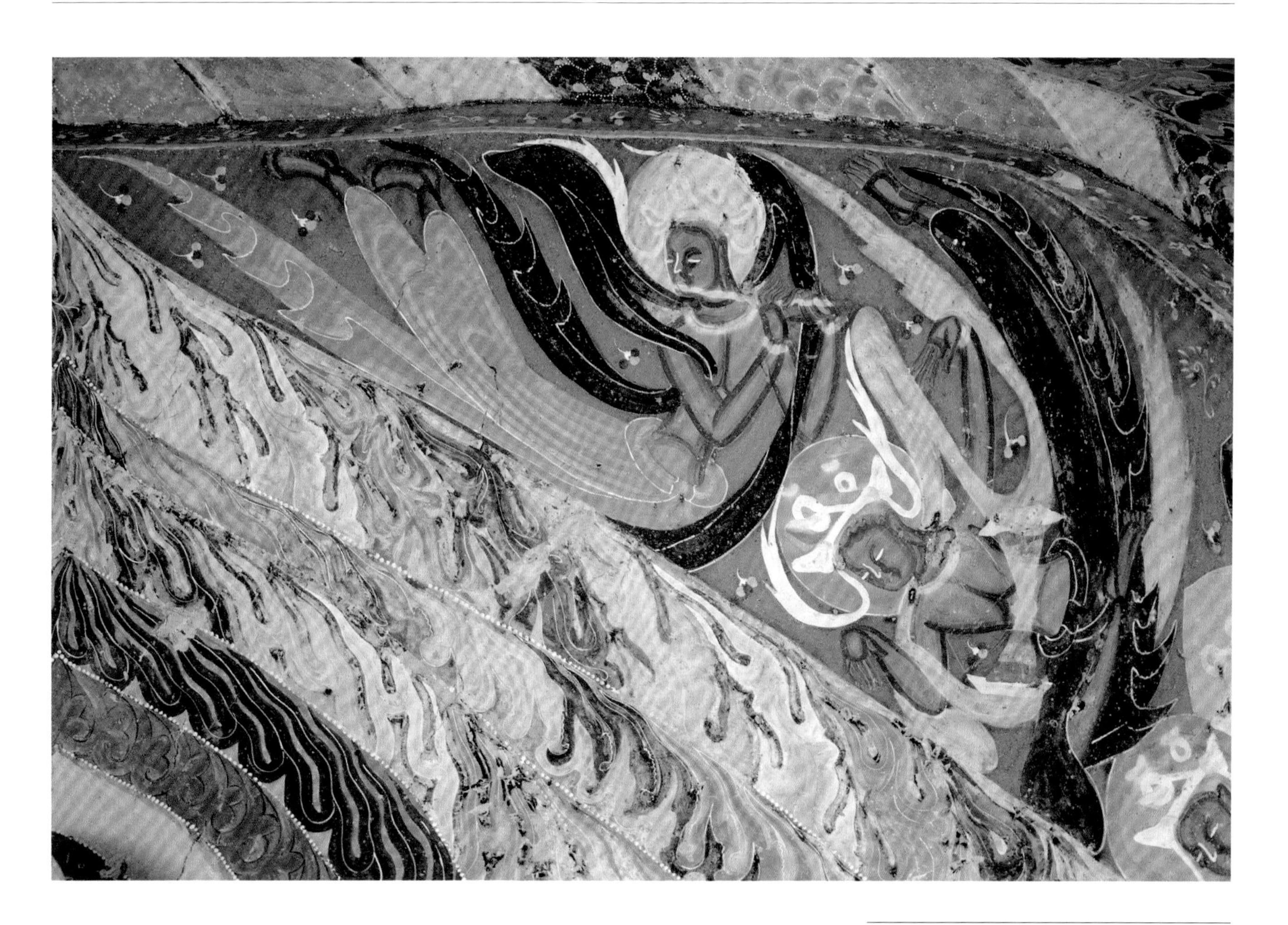

44 伎樂飛天

此圖與前圖相對應。一身伎樂飛天拍腰鼓，一身吹橫笛，身形修長，長裙巾帶飛舞，動感十足。四身繪畫技法相同，色彩以藍、黑、赭為主，凝重而有變化。

西魏 莫249 西壁龕頂

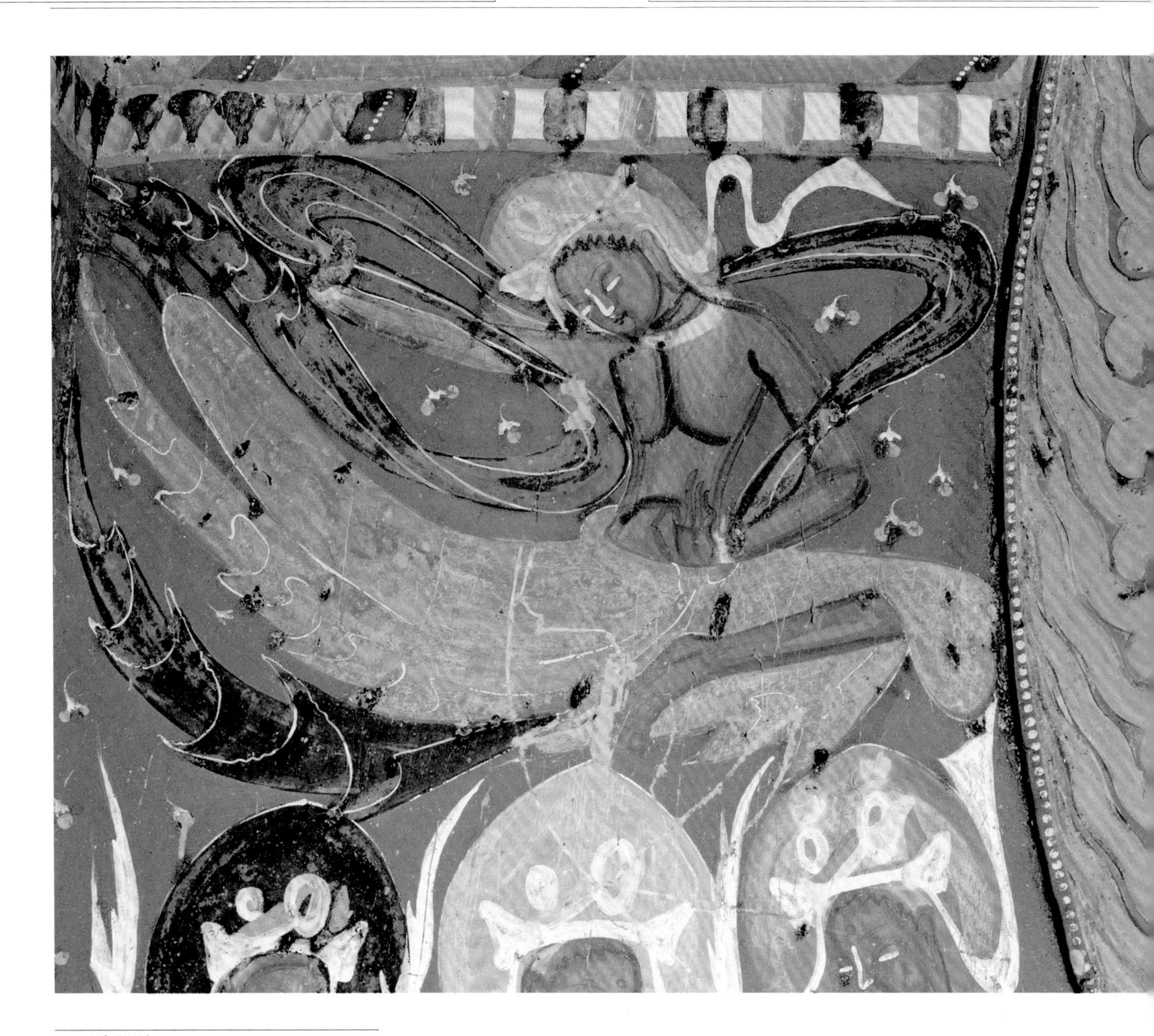

45 露腿飛天

飛天頭戴寶冠，捲髮，裸上身，下着石青色長裙，披黑色長巾，前腿盤屈外露，裙帶上揚，仿佛迎風而來。

西魏 莫249 西壁龕楣側

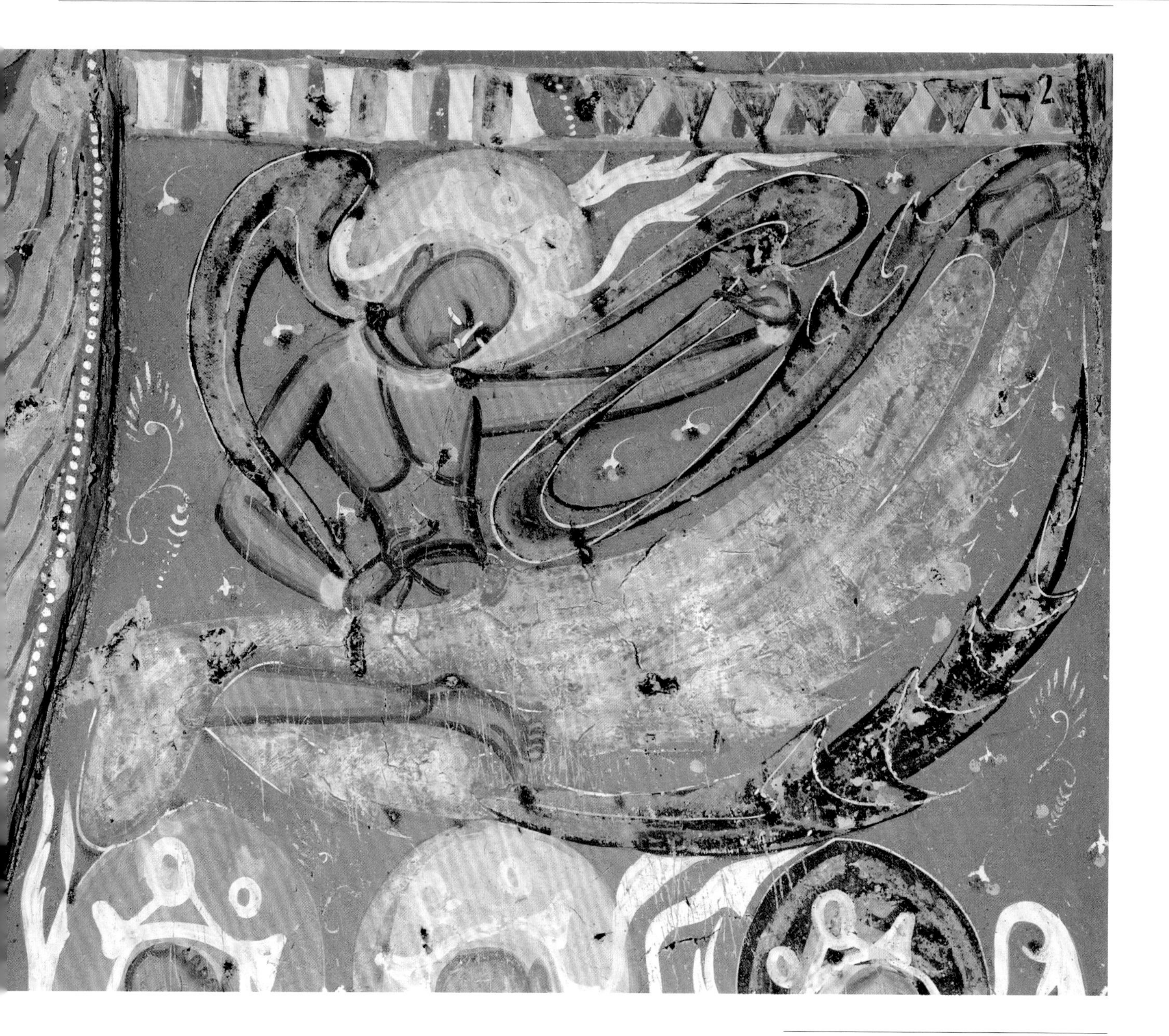

46 露腿飛天

此圖與前圖相對稱。飛天頭微低，手勢優雅，前腿盤屈外露。裙帶和肌膚暈染變化都有北魏遺風，勾線流暢、灑脫，技巧熟練而高超。

西魏　莫249　西壁龕楣側

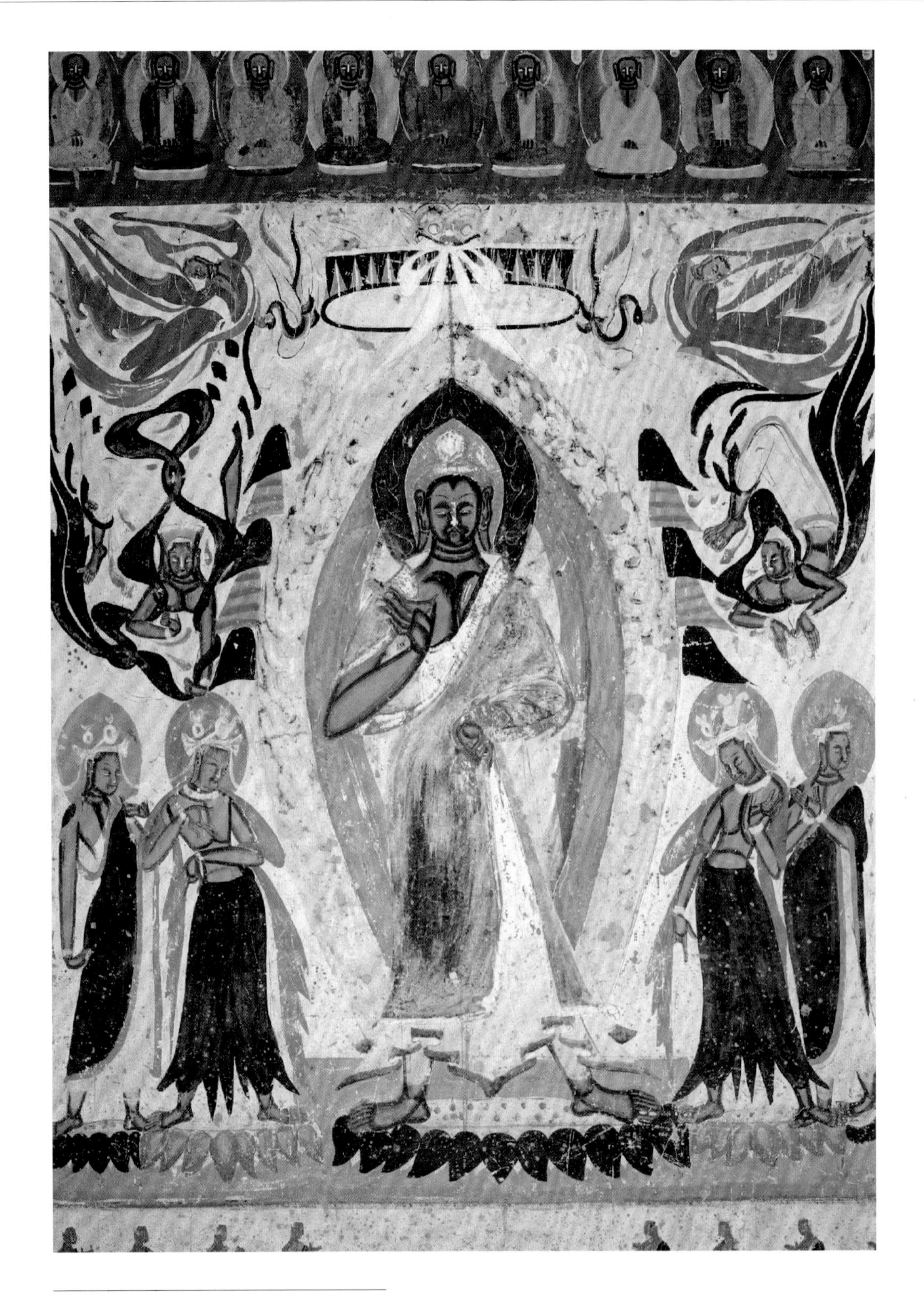

47 説法圖飛天

説法圖中，佛陀立於蓮花台上，菩薩侍立兩旁。華蓋邊有青鸞和飛天護持，上為中原式飛天，下為西域式飛天，服飾色彩鮮明。

西魏 莫249 北壁

48 起舞飛天

此圖是前圖的局部。中原式飛天面目清秀，身穿紅色袍服，鑲青綠色邊飾，凌空起舞；西域式飛天畫“小”字臉，袒裸上身，下着白色長褲，翻身握帶如百戲。形象生動而有裝飾性。

西魏 莫249 北壁

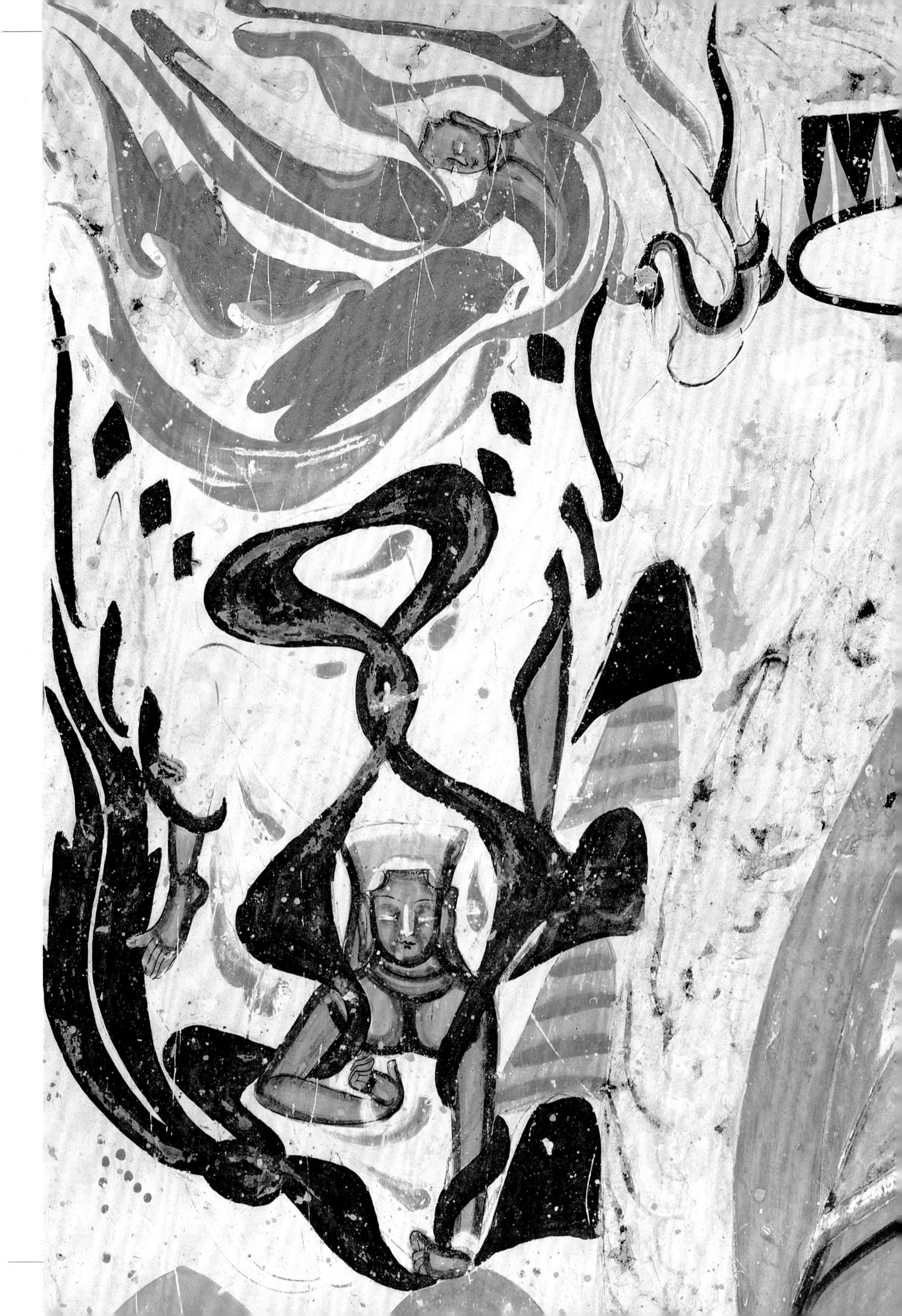

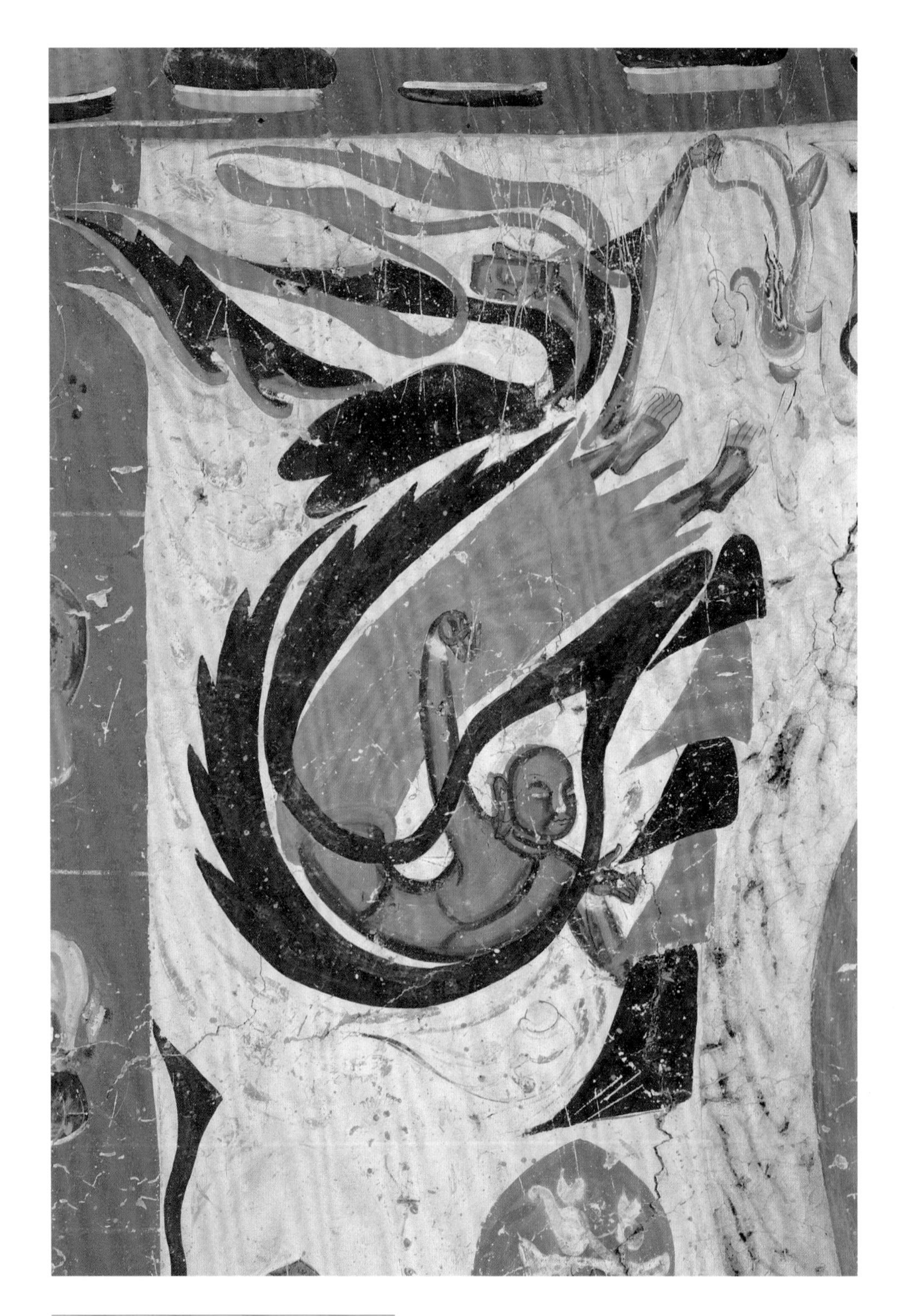

49 起舞飛天

華蓋一側飛天身穿玄色長袍，中原形象，舞蹈中伸手握住龍尾。下一身飛天面相豐圓，身形健壯，袒裸上身，着長裙，雙腳倒垂，作拗腰肢姿態，為西域形象。構圖巧妙有趣。

西魏 莫249 南壁

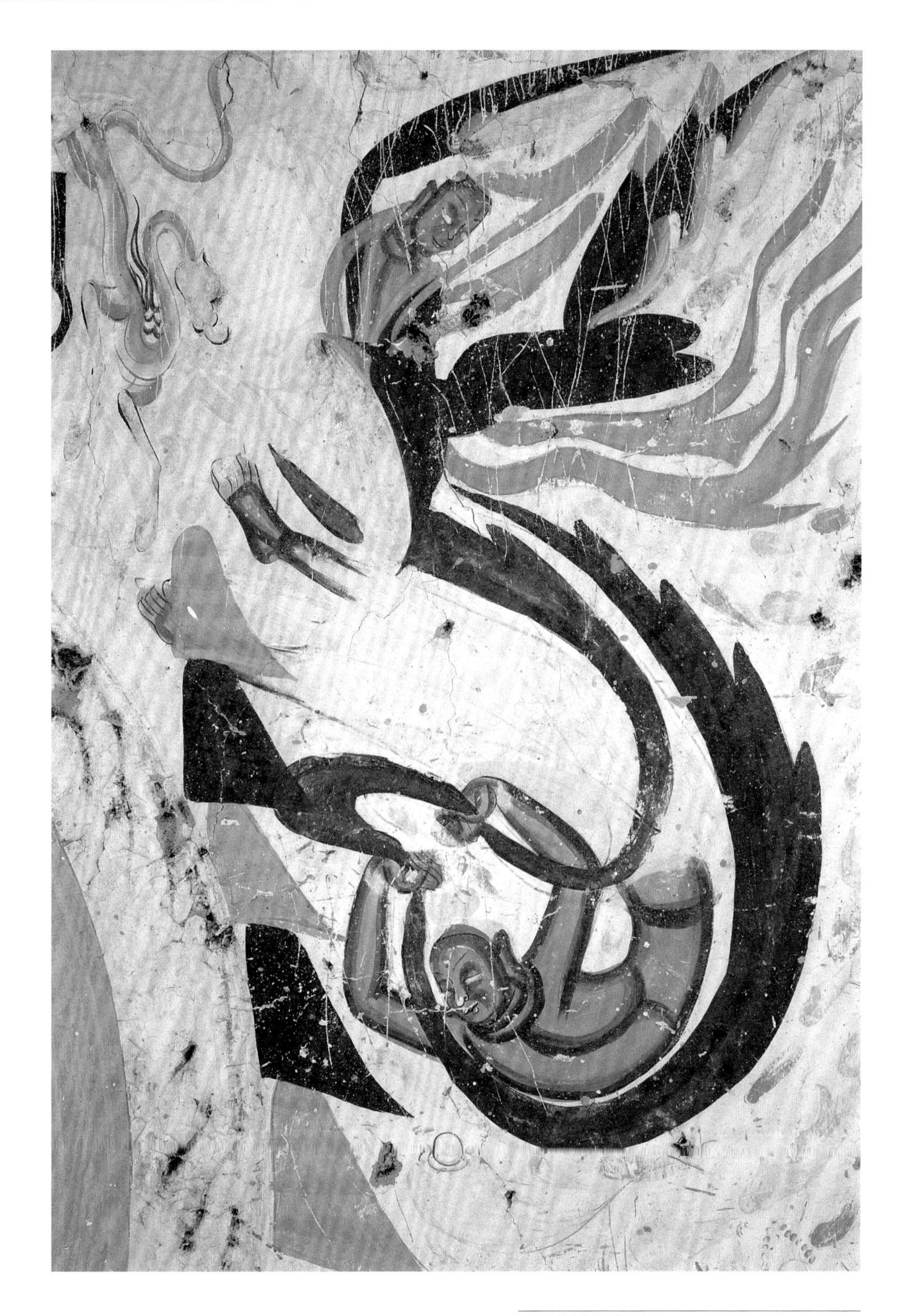

50 起舞飛天

此圖與前圖相對稱。中原式飛天舞動寬袖，長袍裹腿，身姿優雅，風骨飄逸。西域飛天頭戴花冠，高鼻大眼，袒裸上身，着長裙，雙手握飄帶起舞。

西魏 莫249 南壁

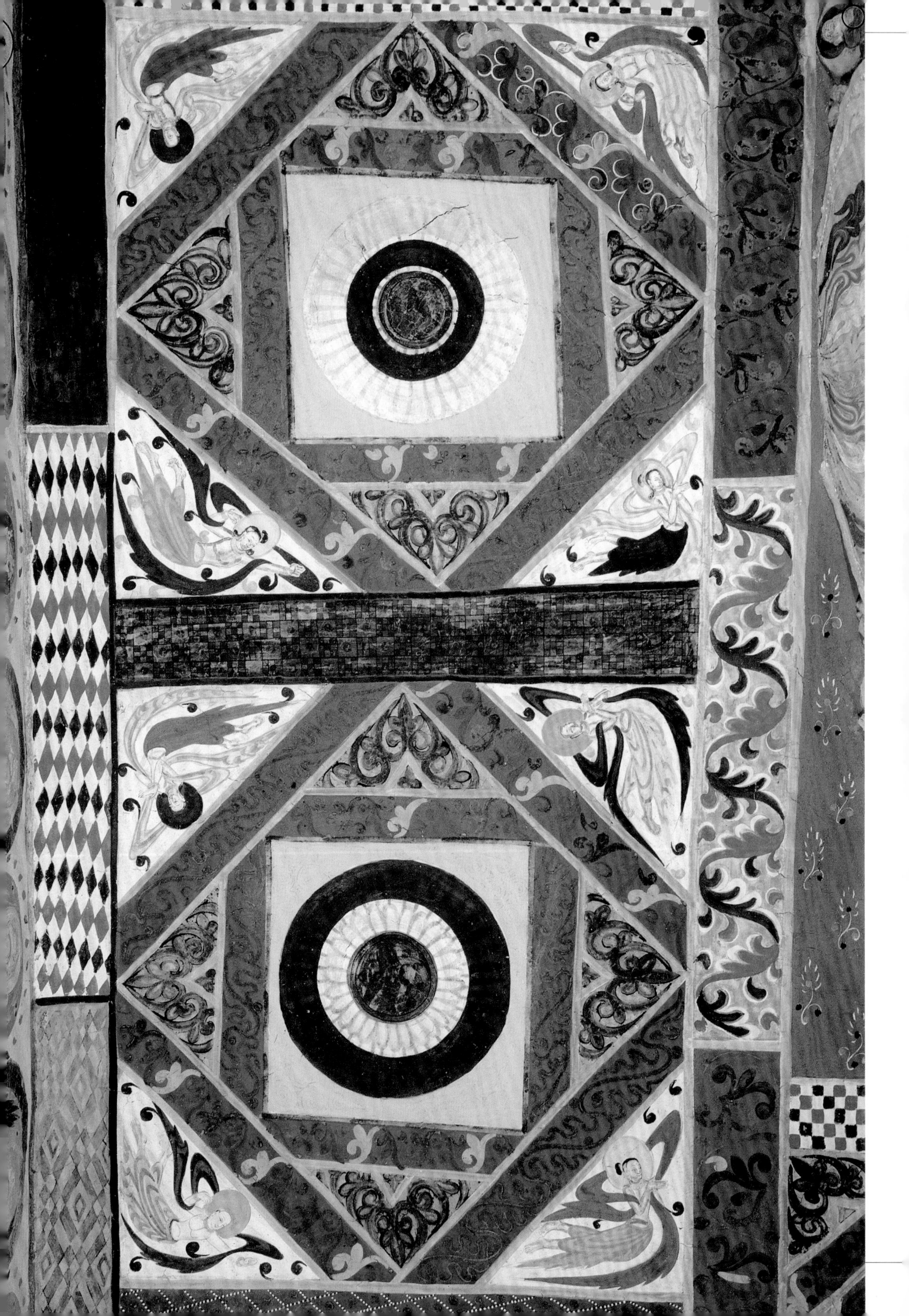

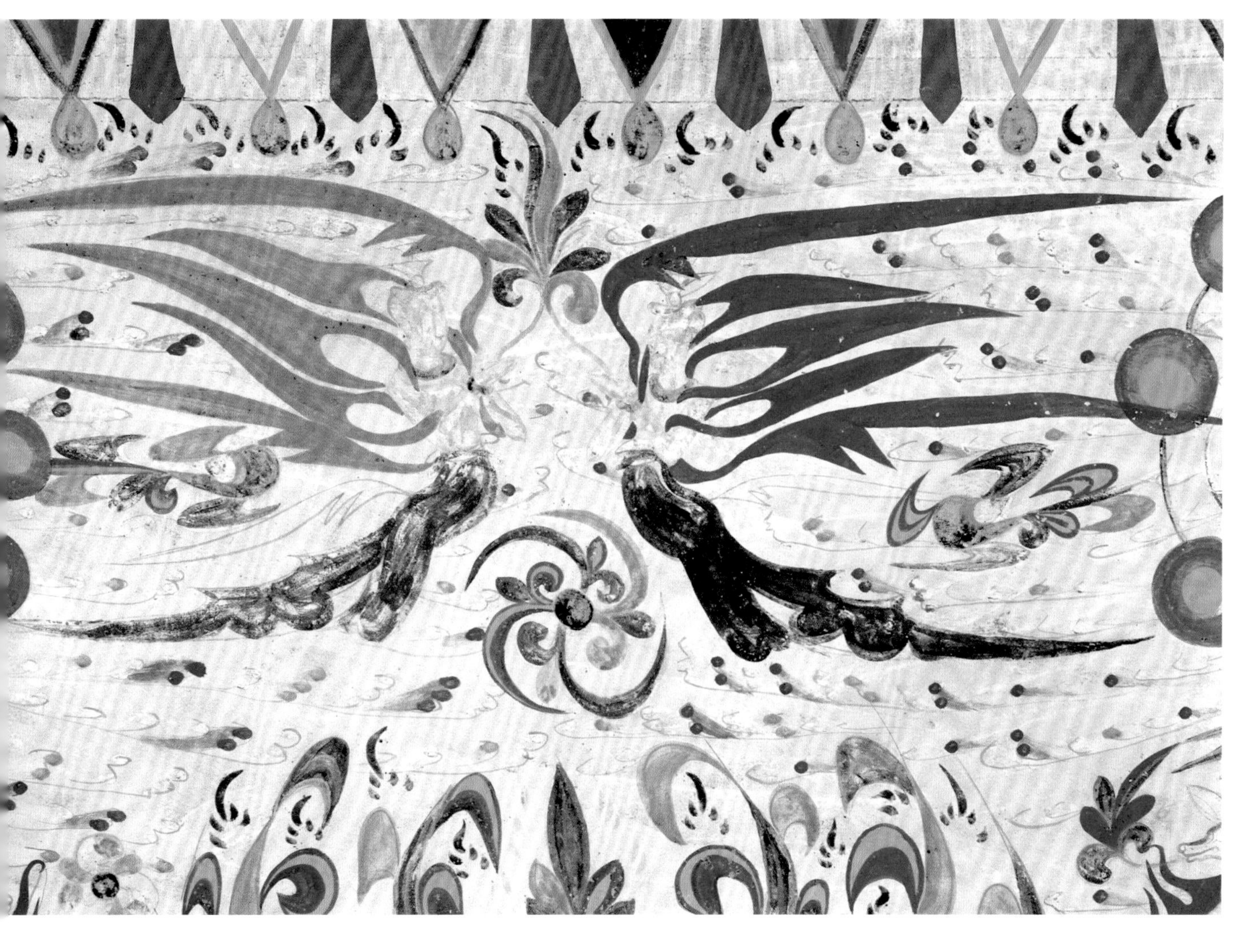

52 **持花飛天**

兩身的飛天頭梳髻髻，裸上身，雙手合十，花葉從手中生出，下穿窄裙繫帶，秀骨飄逸，相對飛翔。面部和服飾均為線描加暈染，增強了立體感。

西魏　莫285　窟頂西坡

51 **平棊飛天**

平棊圖案的外岔角，均繪一身飛天，半裸着裙，身體隨形就範，有的散花，有的雙手合十。繪製精細，色彩豐富，用石綠、土紅、赭黑變換描繪服飾，並加以暈染。

西魏　莫288　窟頂

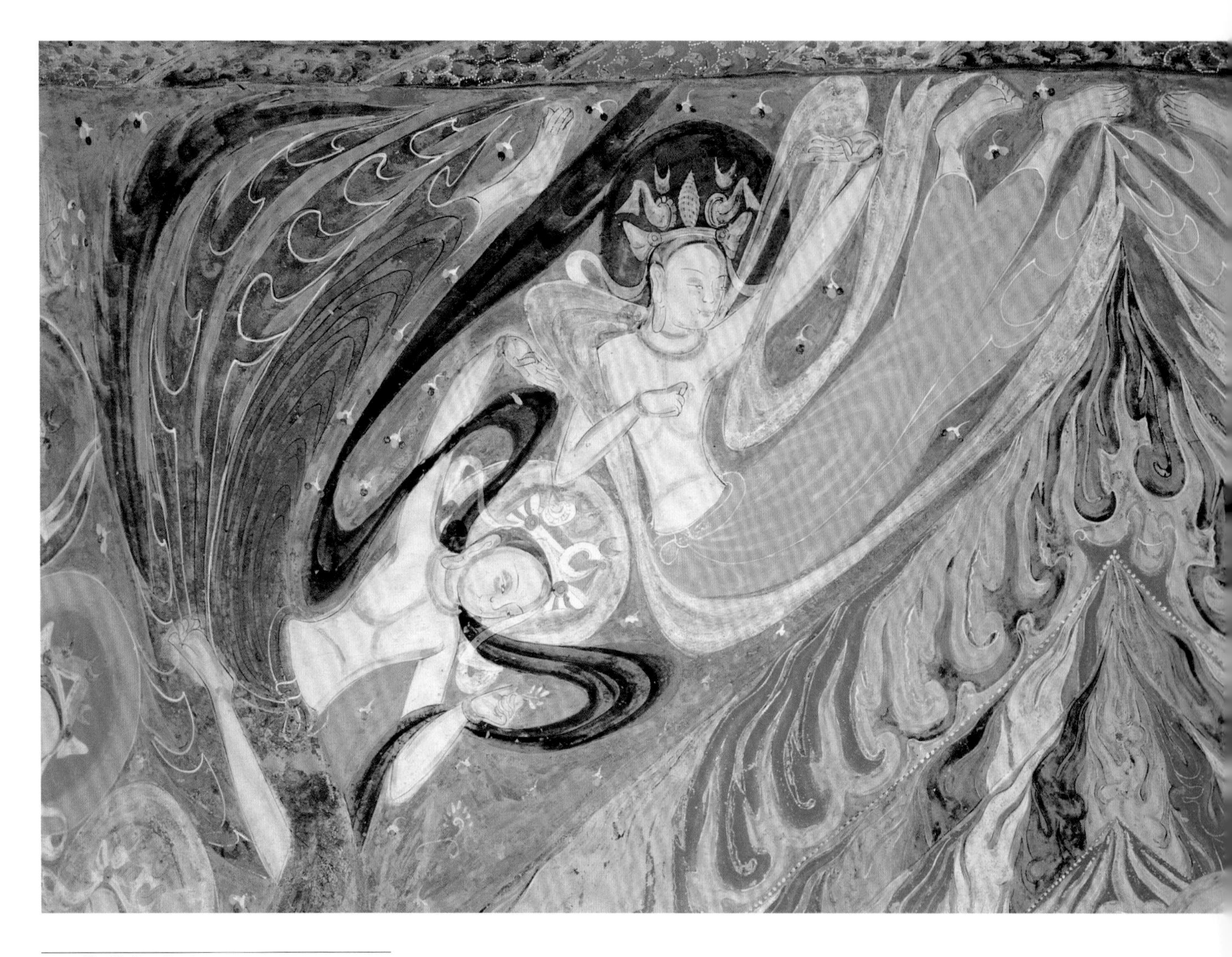

53 佛背光飛天

在佛火燄紋背光一側，飛天頭戴寶冠，圓鼻細眼，袒裸上身，着羊腸裙，轉身飛動。採用西域暈染畫法，以土紅為地，熱烈濃豔。構圖巧妙，勾線技法純熟，令人讚嘆。

西魏 莫285 西壁龕頂

54 佛背光飛天

此圖與前圖相對稱。飛天作散花舞蹈姿態，上一身轉身回首，着石綠色裙，下一身前腿盤曲外露，着赭色裙。眉眼勾畫生動，手勢富有變化，勾線及暈染均佳。

西魏 莫285 西壁龕頂

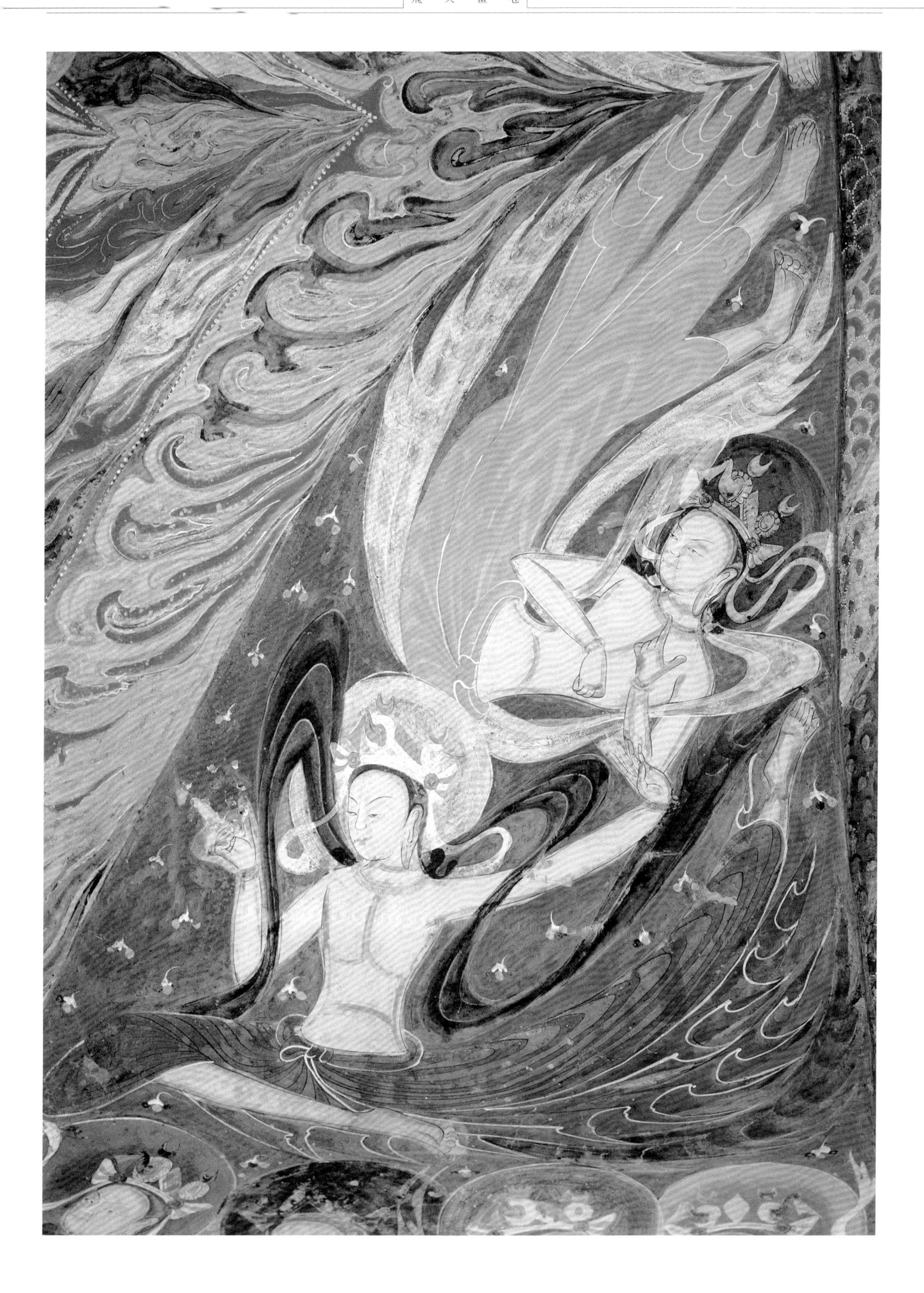

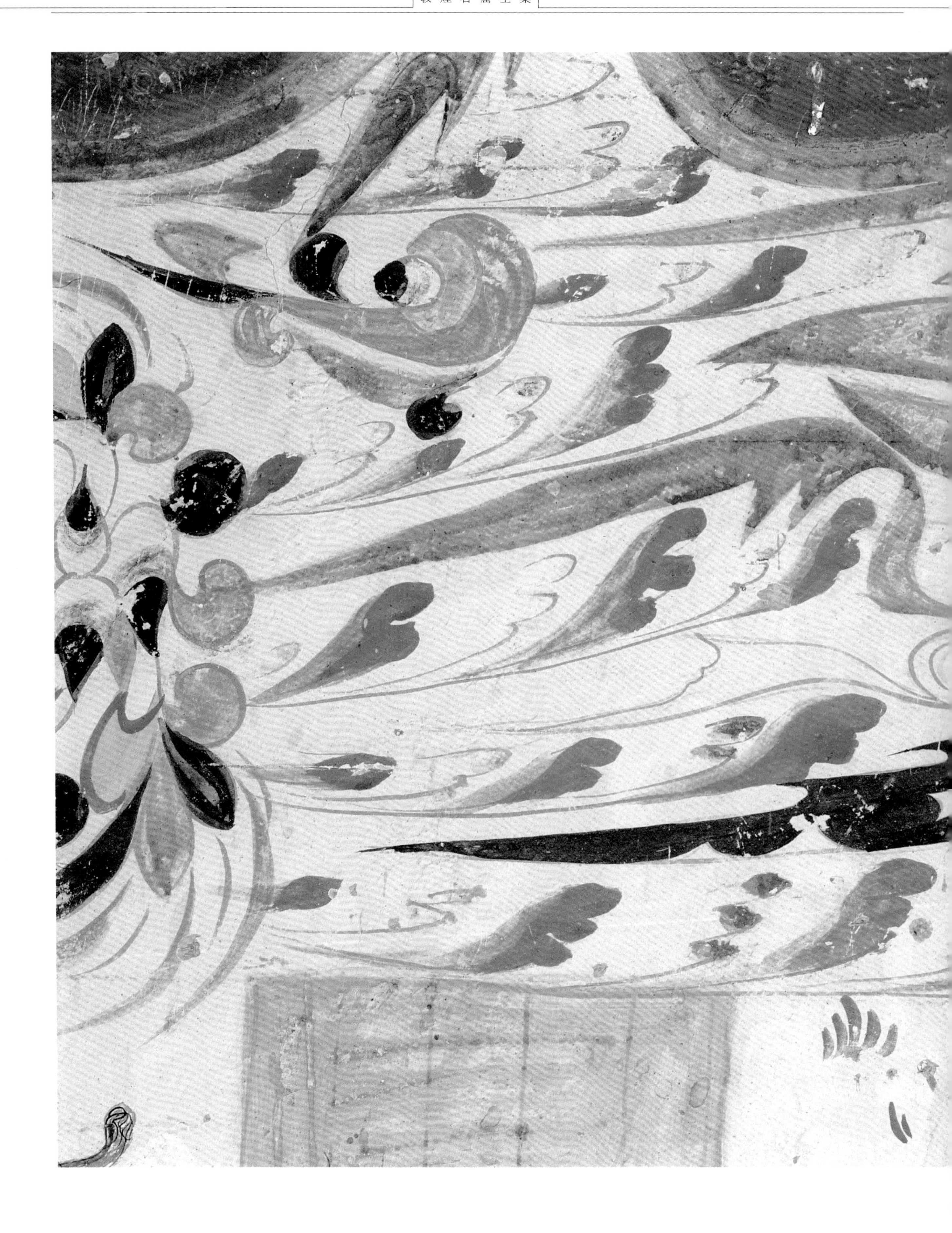

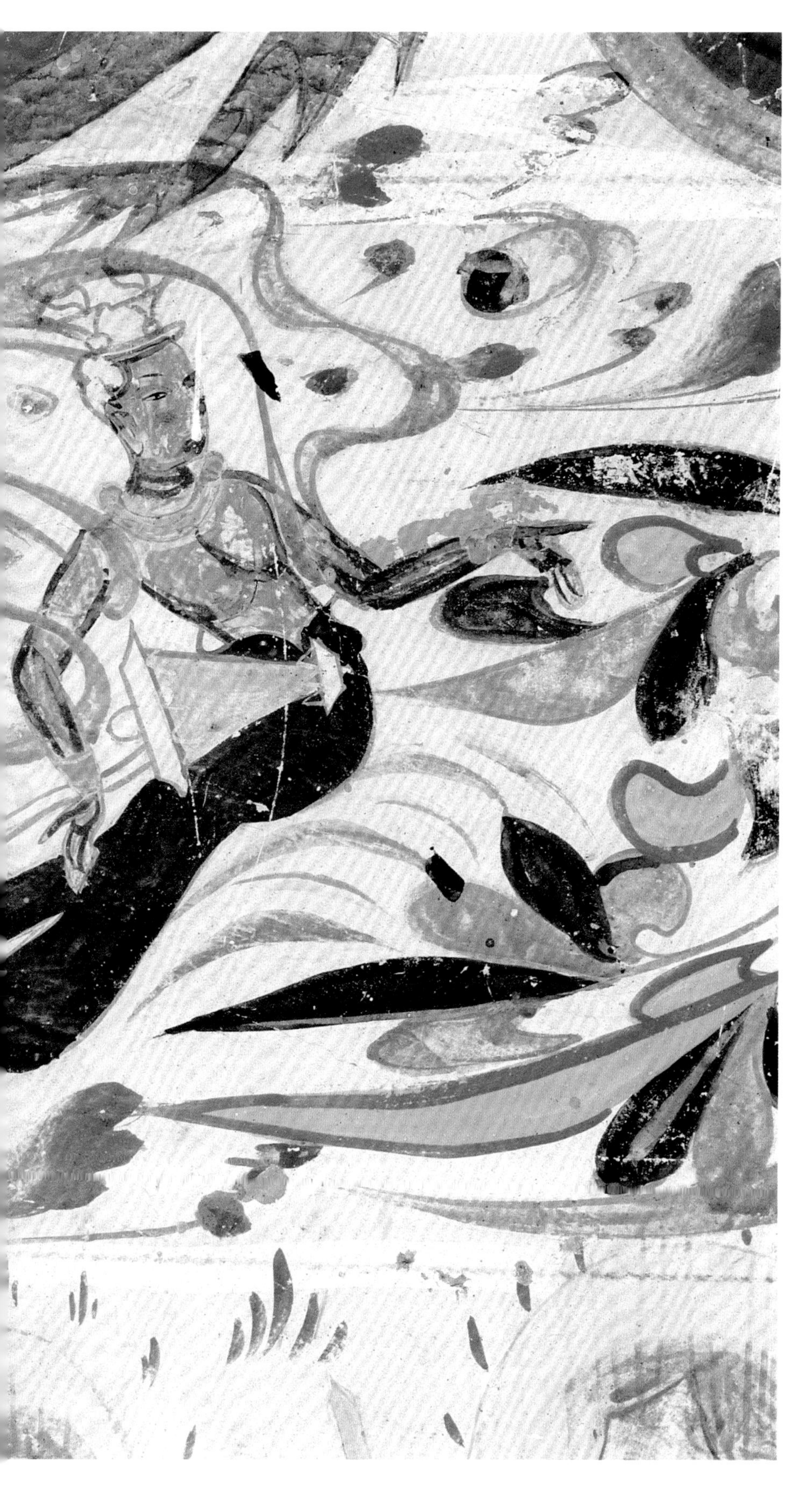

55 擊鼓伎樂飛天

伎樂飛天頭梳雙髻，上身挺立，揮手擊鼓，鼓面有臍。羊腸裙成銳角拖長裹足，長巾飄飛，空中點綴有無數天花流雲，構成整體的動感和裝飾效果。此窟所繪伎樂飛天為秀骨清像造型，動態極有韻律感，堪稱敦煌飛天的精品。

西魏 莫285 南壁

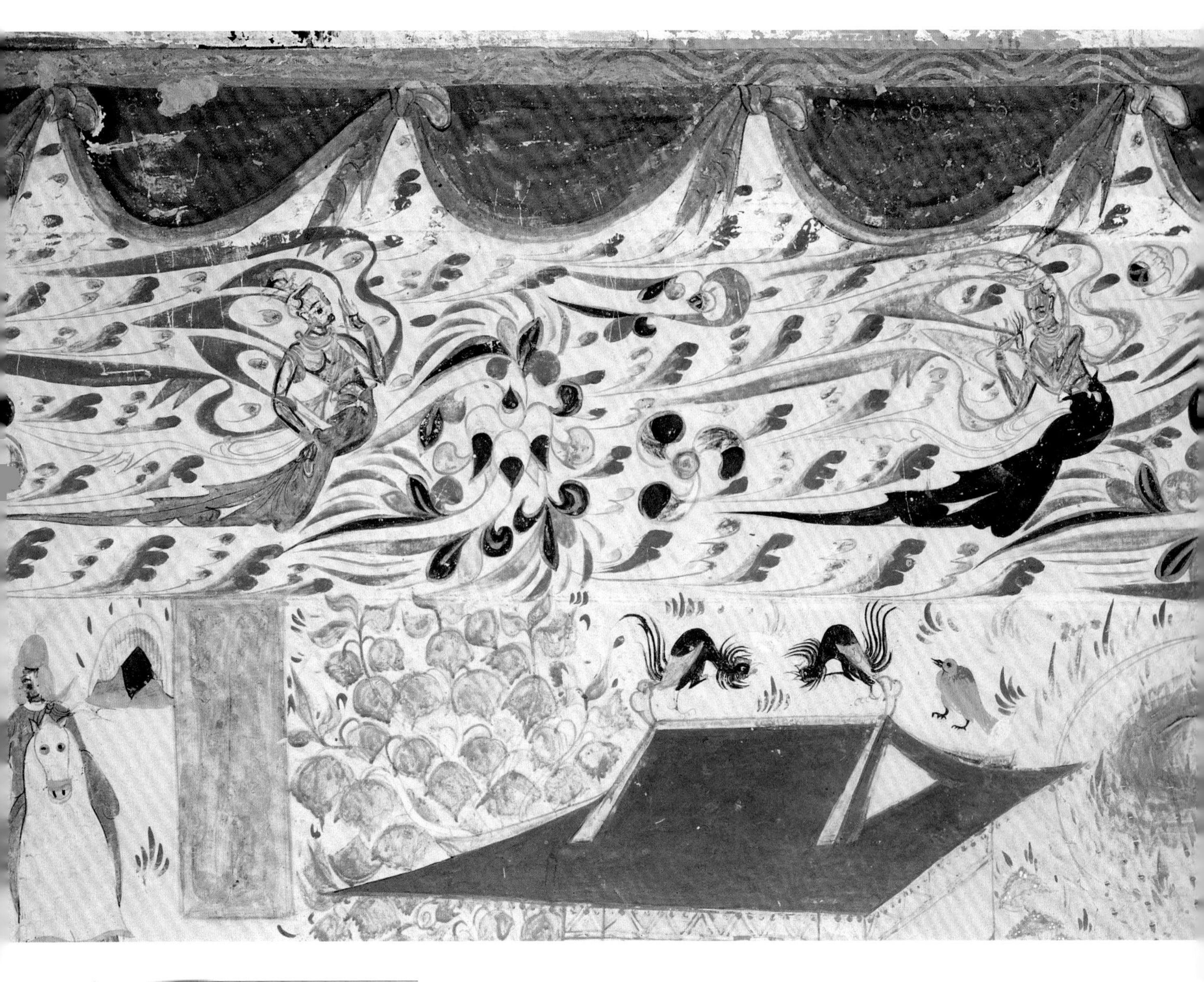

56 伎樂飛天

兩身伎樂飛天，一拍腰鼓，一吹豎笛。拍鼓者，腰鼓斜置胸前，雙手上下拍擊。吹豎笛者返身回首，與之呼應，姿態優美生動。

西魏 莫285 南壁

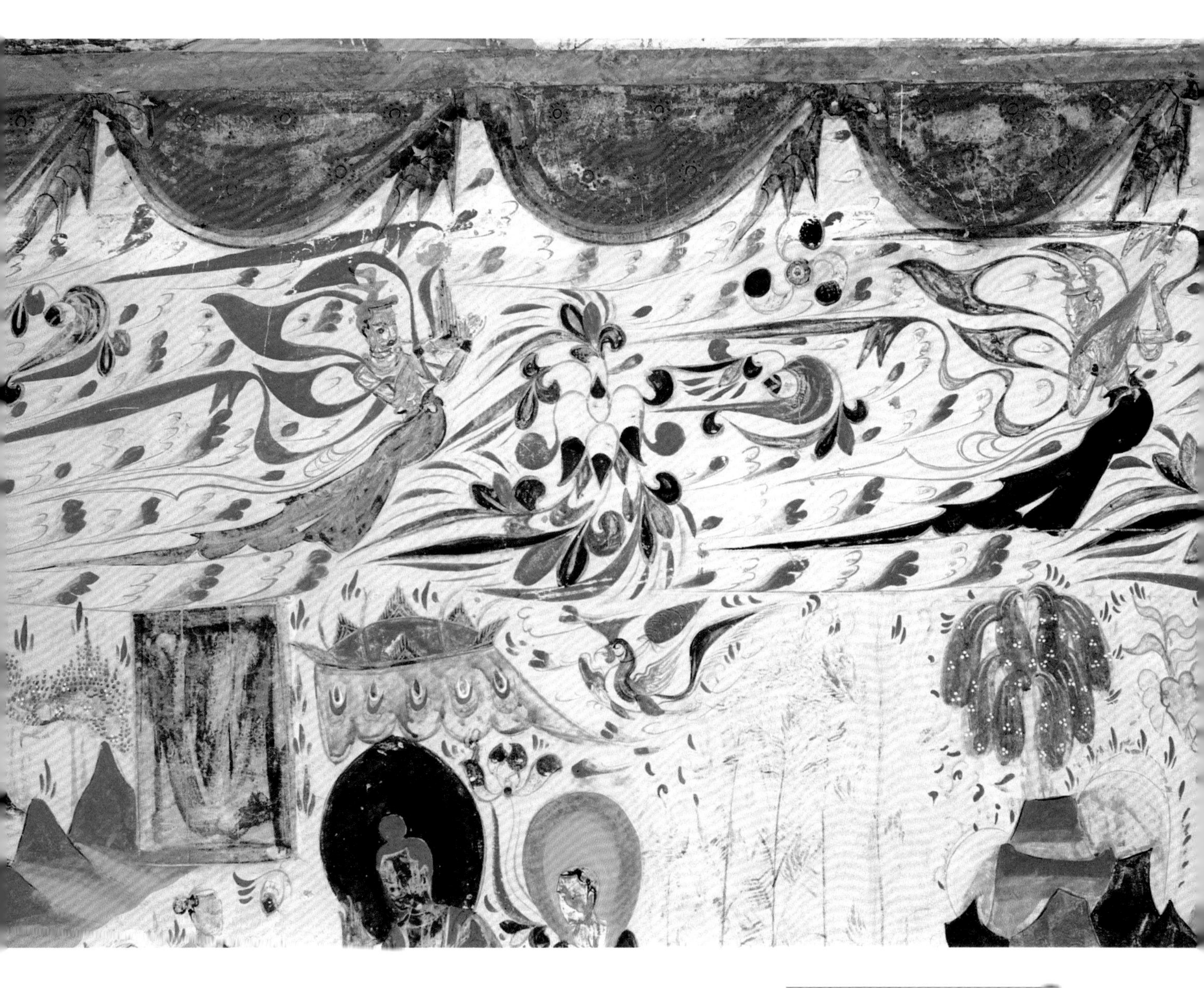

57 **伎樂飛天**

兩身伎樂飛天，一吹笙，一彈琵琶。吹笙者，兩手捧笙，笙管多，嘴長。彈琵琶者側身斜抱琵琶，在高把位上演奏。形象典雅，演奏姿態準確。

西魏 莫285 南壁

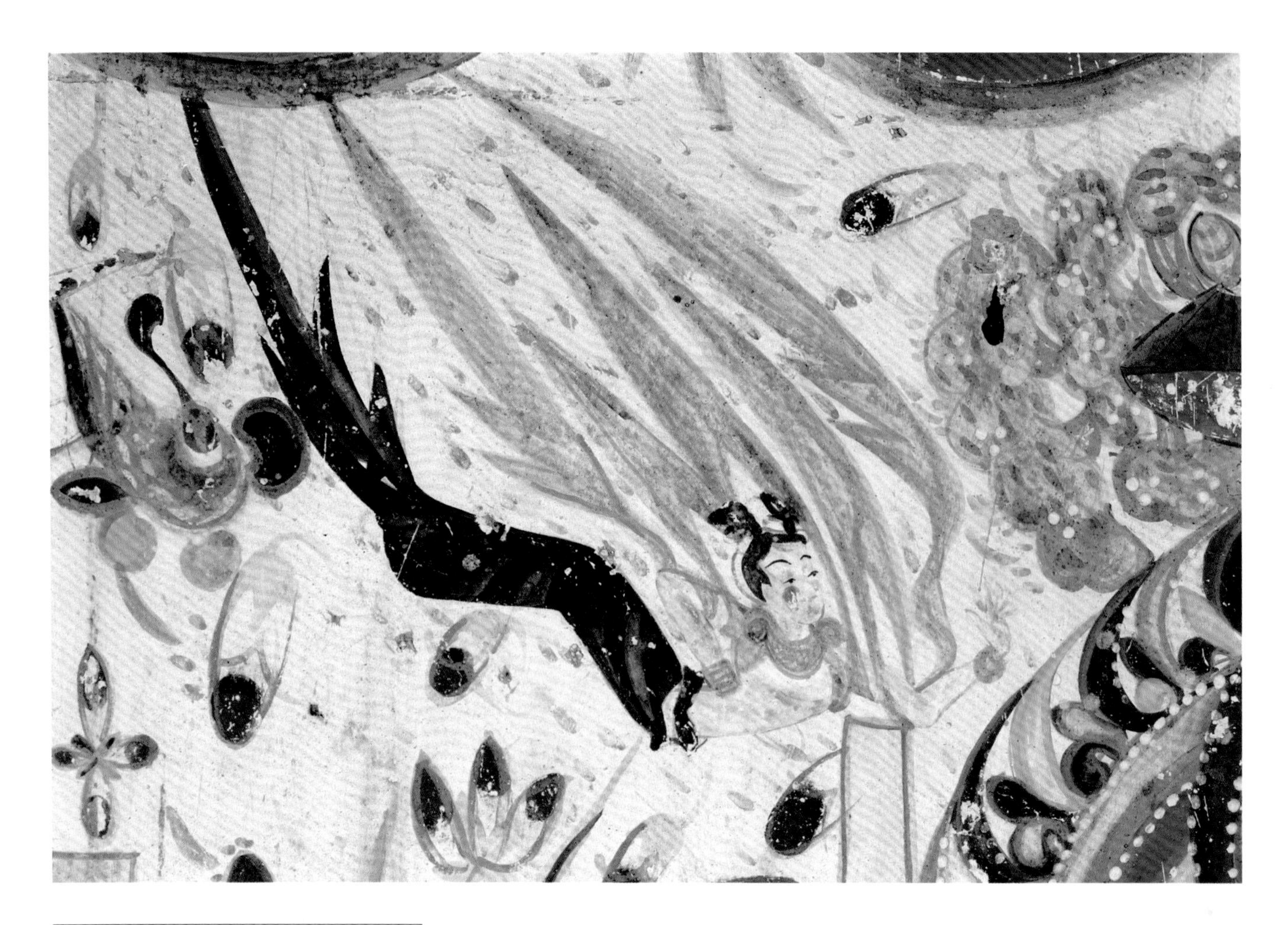

58 聽法飛天

在說法圖中，佛背光及華蓋兩側畫飛天聽法護持。飛天頭梳雙髻，彎眉媚眼，裸上身，飾項鏈、臂釧和手鐲，長裙一波三折，裙尾如羽翼，長巾向上飄動，給人以動感。人物用赭石色定形線，敷色淺淡。

西魏 莫285 北壁

59 聽法飛天

此圖與前圖相對應。白地上畫土紅色長裙，飛天如羽狀飛舞。形象仍為中原式，畫面雖小，人物卻栩栩如生。

西魏 莫285 北壁

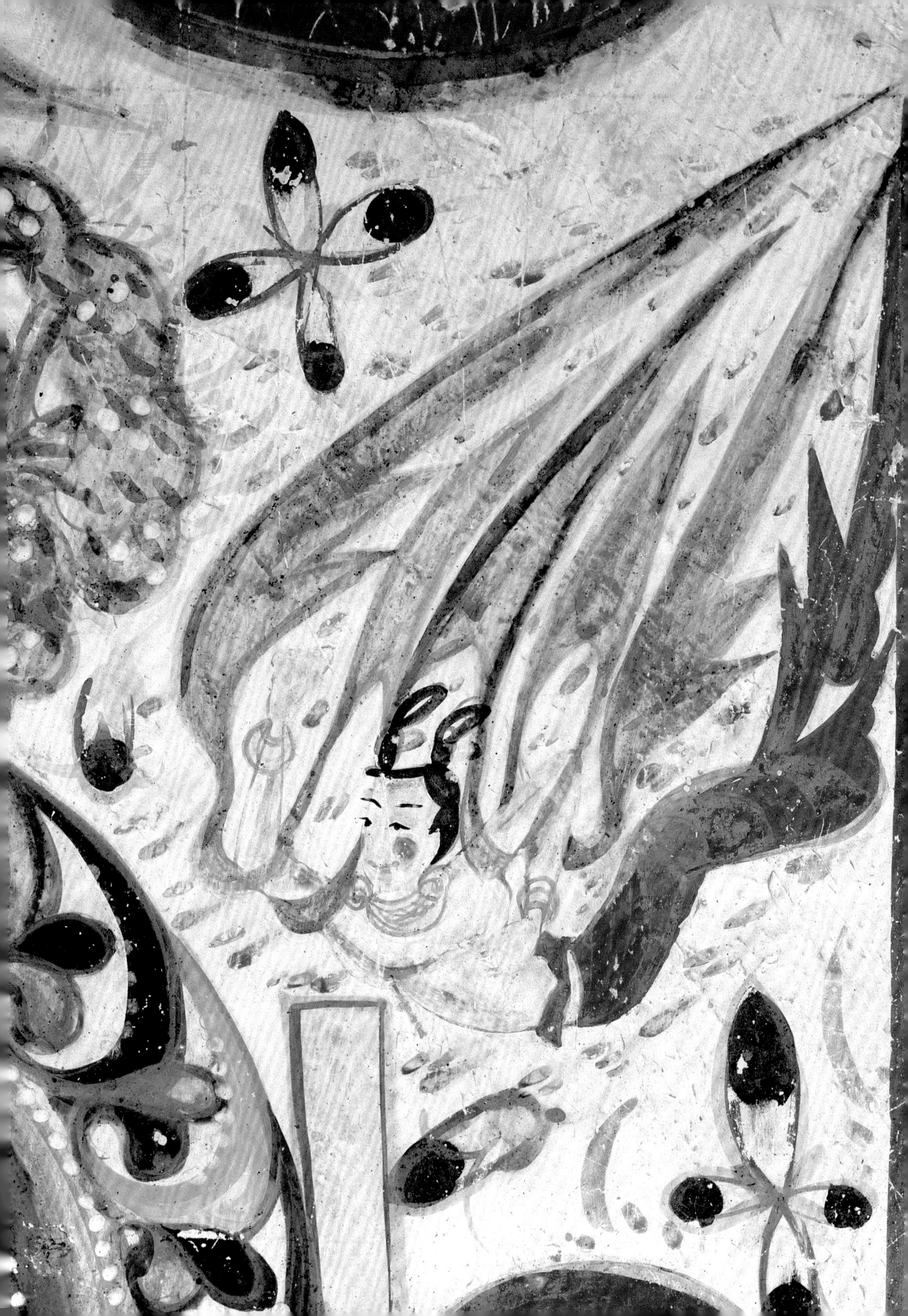

60 佛背光飛天

佛背光外層為土紅、藍、石綠色相間的火餤紋，第二層是托盤獻花的飛天，內層為化佛。飛天呈中原畫風，童子面相，形體雖小，但畫工精細。

西魏 莫285 東壁

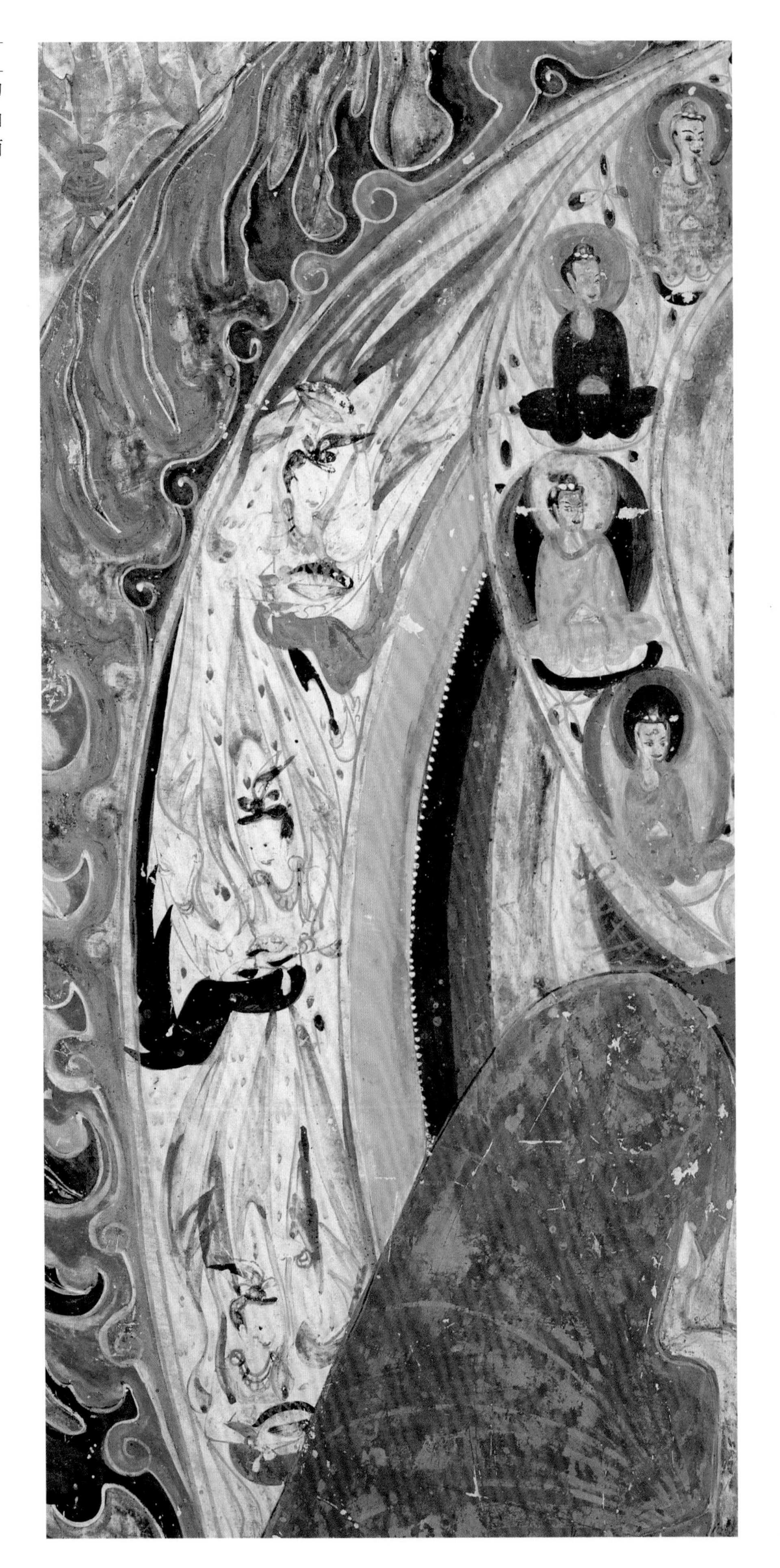

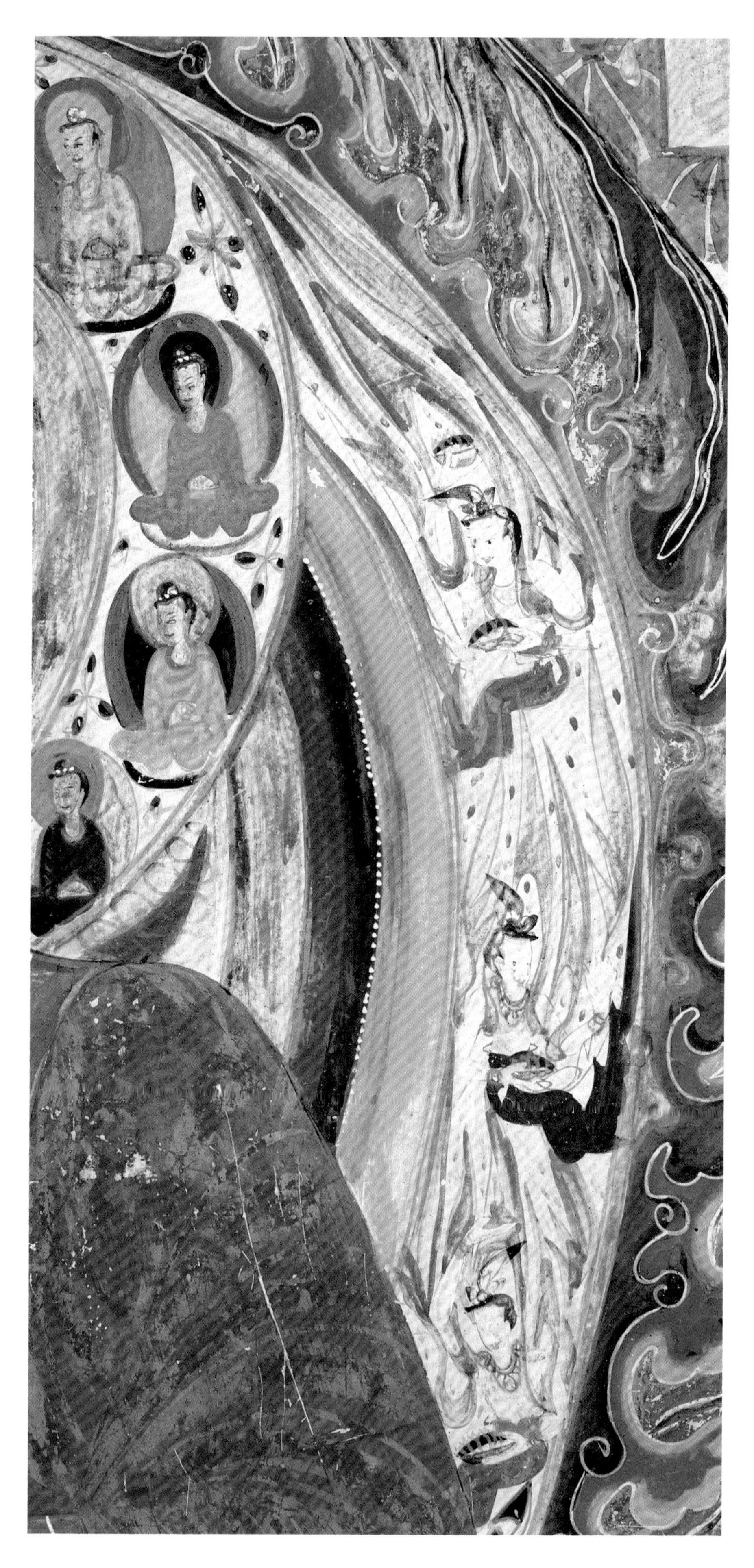

61 **佛背光飛天**

此圖與前圖相對應。背光飛天面容清秀，微微含笑，手捧花盤，虔誠的向佛供奉獻花。升騰的火燄紋與下降的飛天形成對比，整體氣氛和色彩十分協調。

西魏 莫285 東壁

62 裸體童子飛天

裸體童子飛天為男身，白色肌膚，兩頰加色渲染，雙腿上翹，披藍色長巾，赭藍線條勾線。敦煌壁畫中有裸體飛天僅十五身，其中裸童飛天更少，此圖像為代表作，十分珍貴。

西魏 莫285 南壁

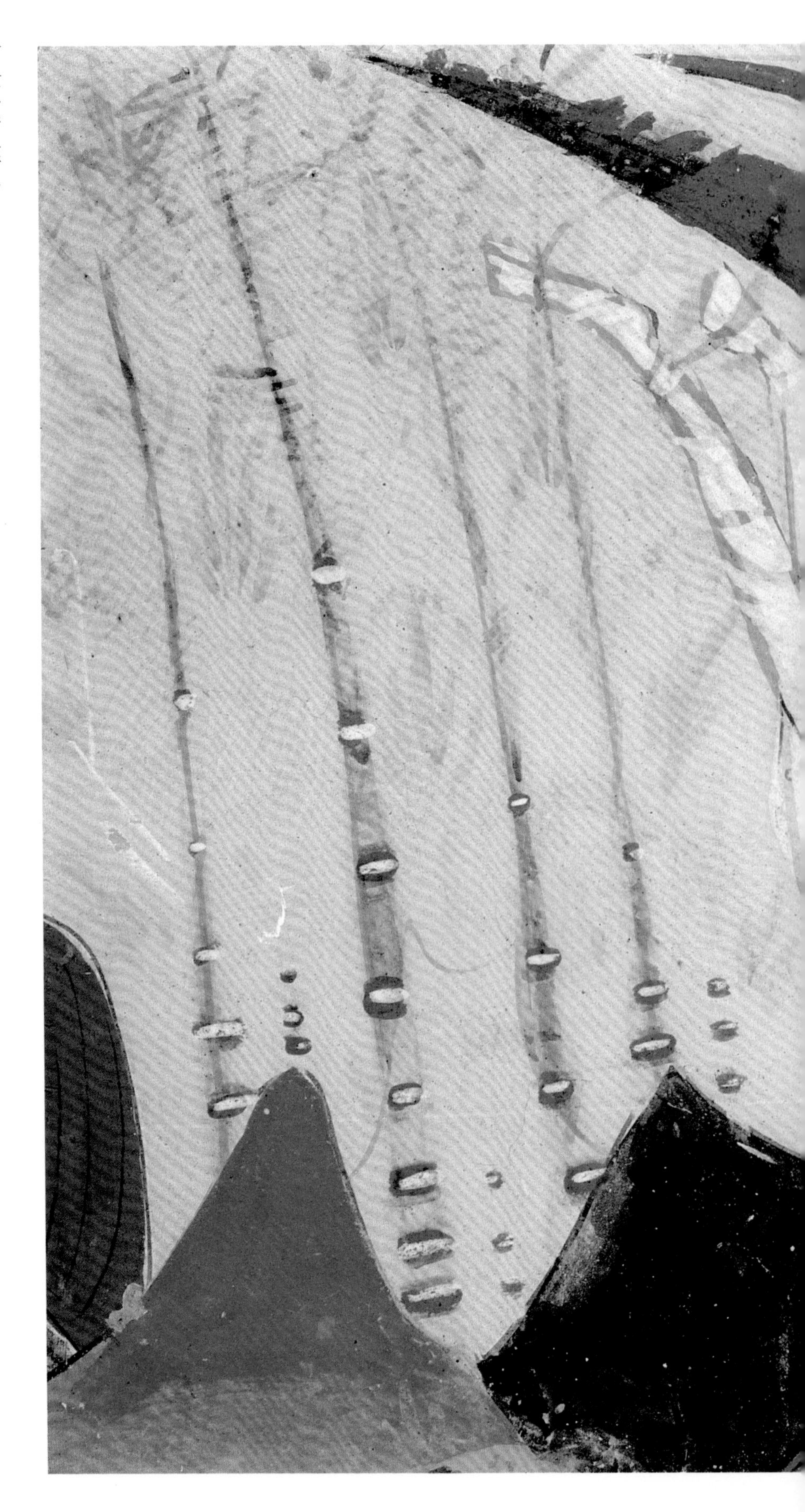

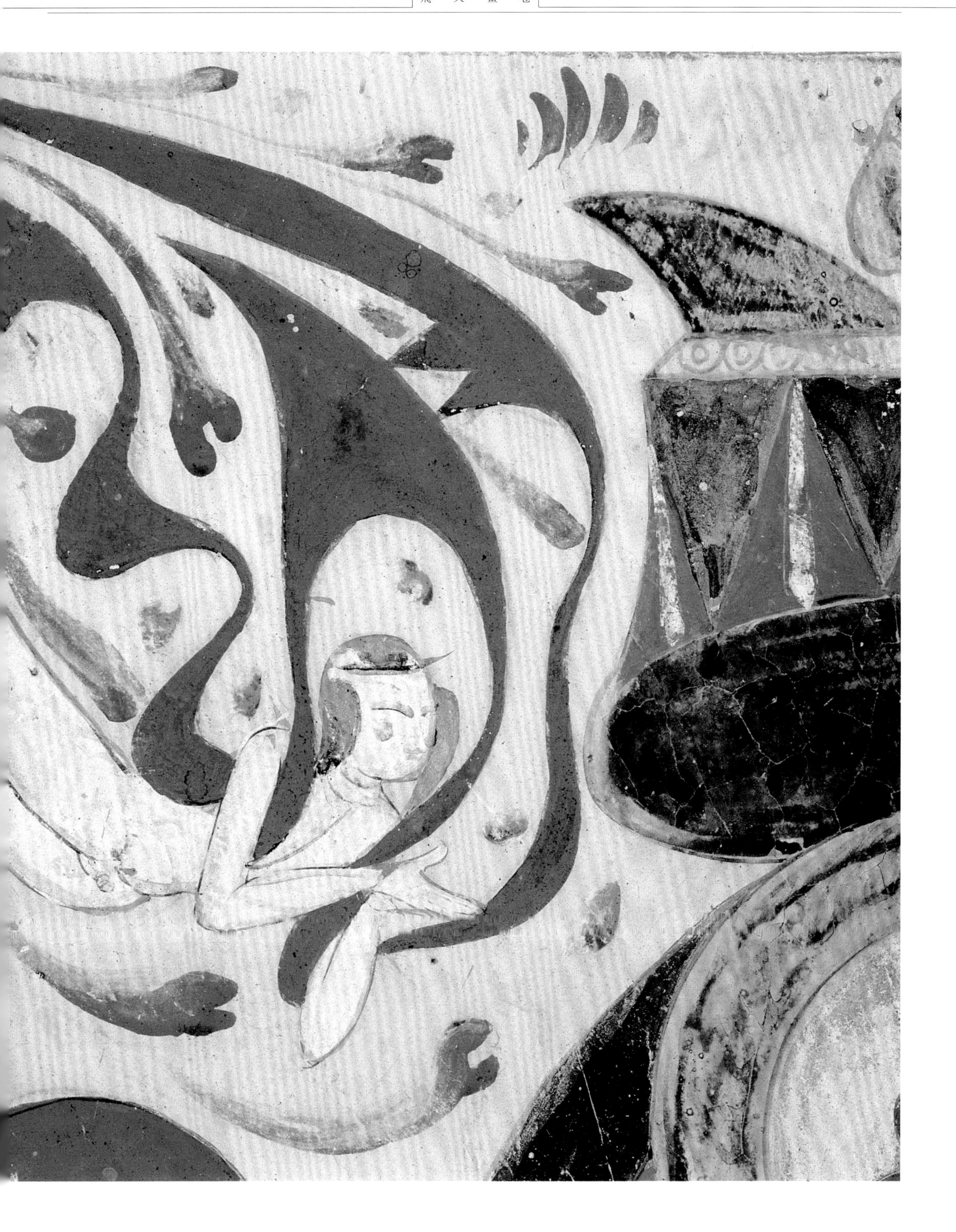

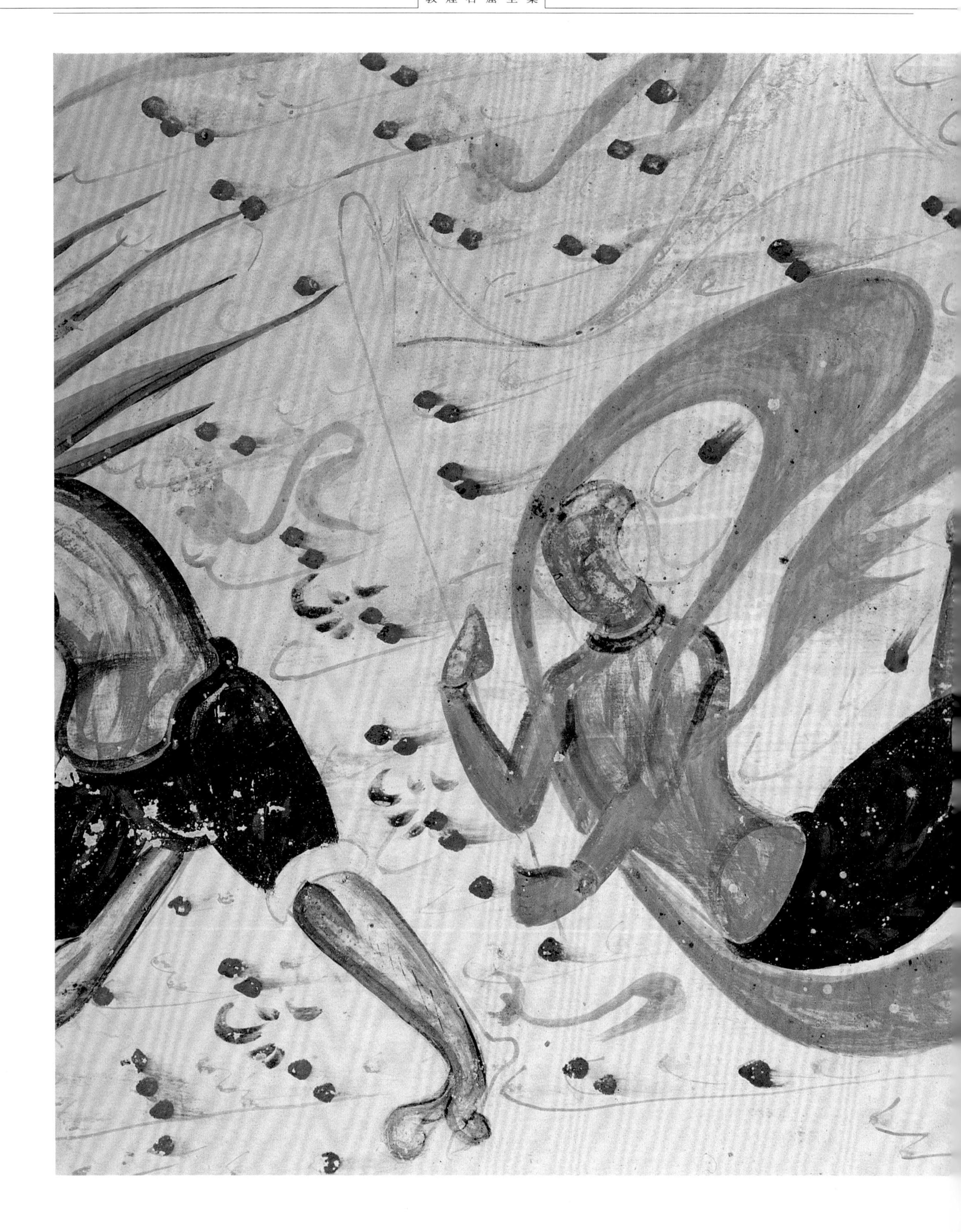

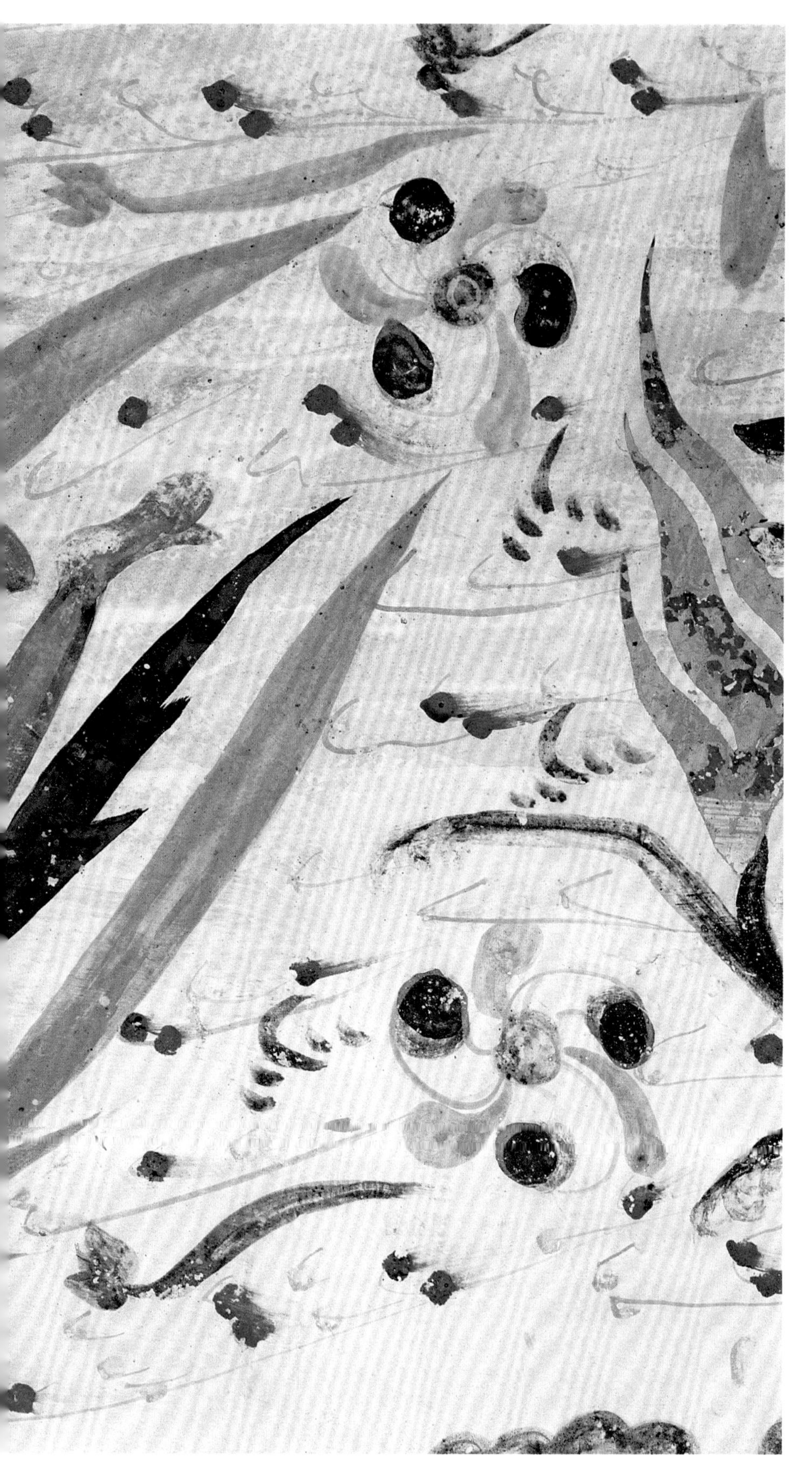

63 **持幡童子飛天**

飛天頭梳雙鬟髻，裸上身，雙手持幡，腰帶繫犢鼻褲，披長巾，巾腳呈銳角飛舞。雙髻勾線後未着色，不知是否是畫工的疏忽，還是有意為之？

西魏 莫285 窟頂北坡

64 **飛天、摩尼寶珠和諸神** 見下頁 ▶

窟頂畫象徵性的天地宇宙、諸神萬物，佛教和中國神話人物交互雜呈。圖中上部為一朵盛開的蓮花，內有摩尼寶珠，雙側兩飛天相對扶持，下有烏獲、飛廉、羽人、青鸞飛翔，天花旋轉，流雲飄掠，滿牆風動。

西魏 莫285 窟頂南坡

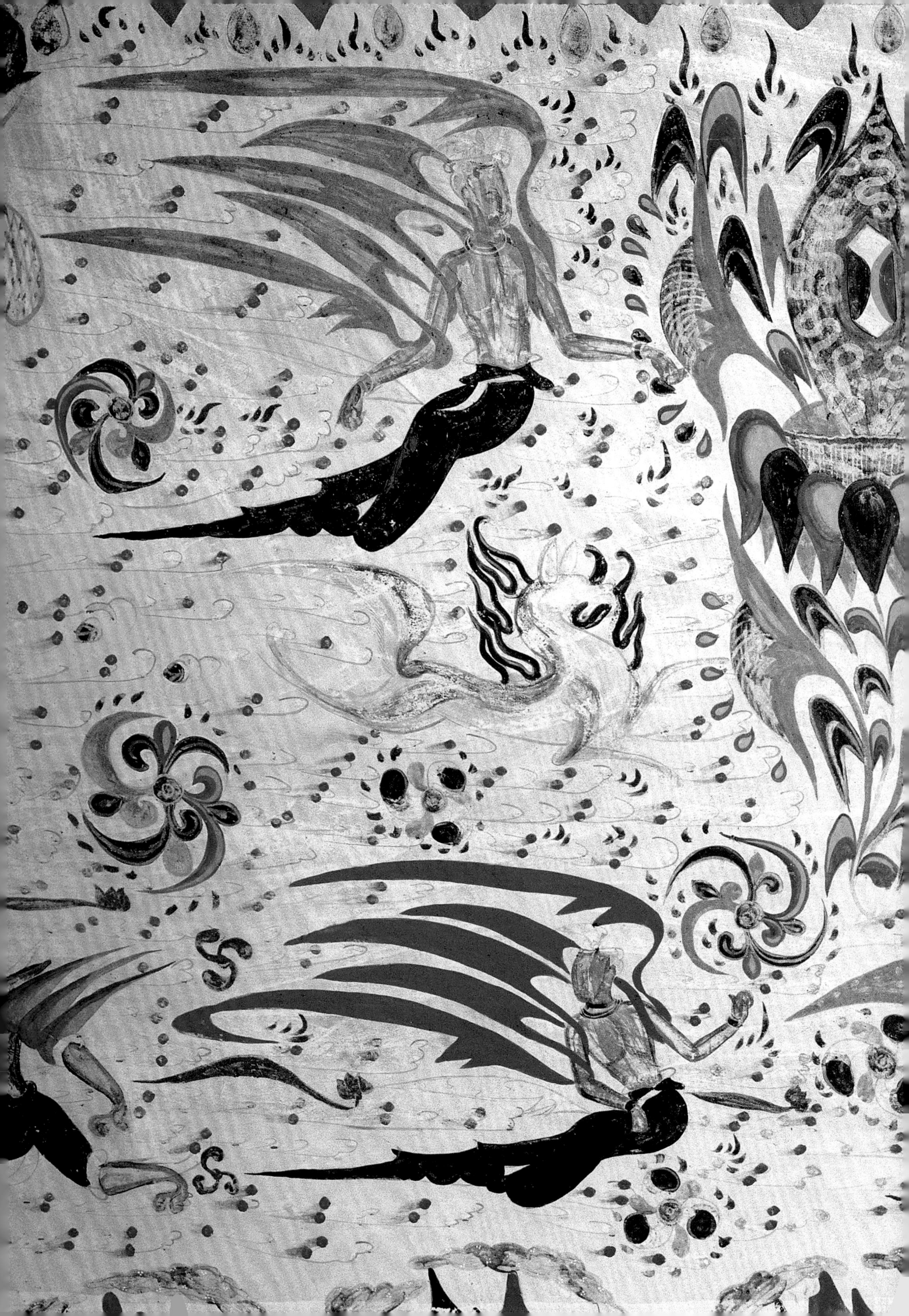

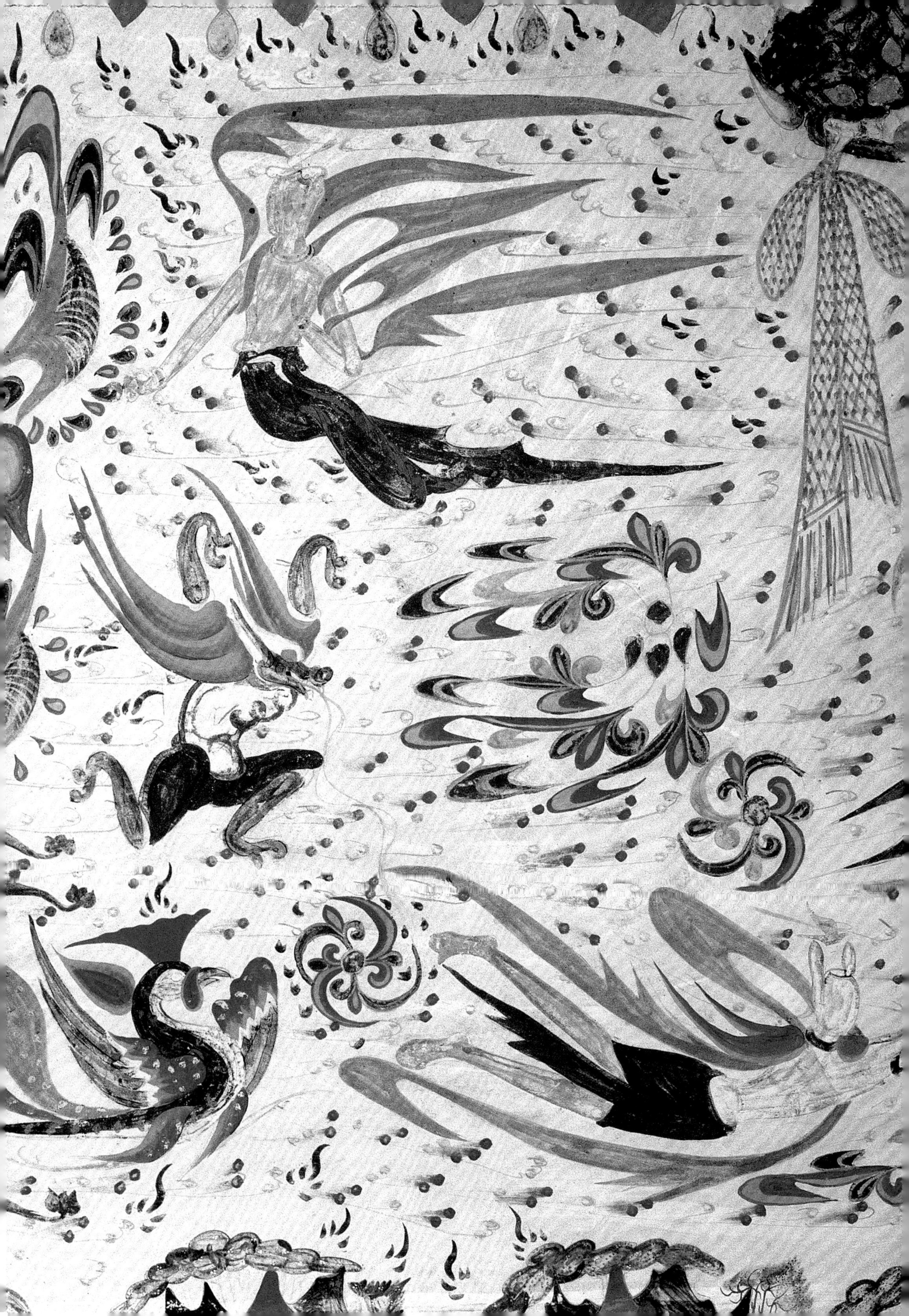

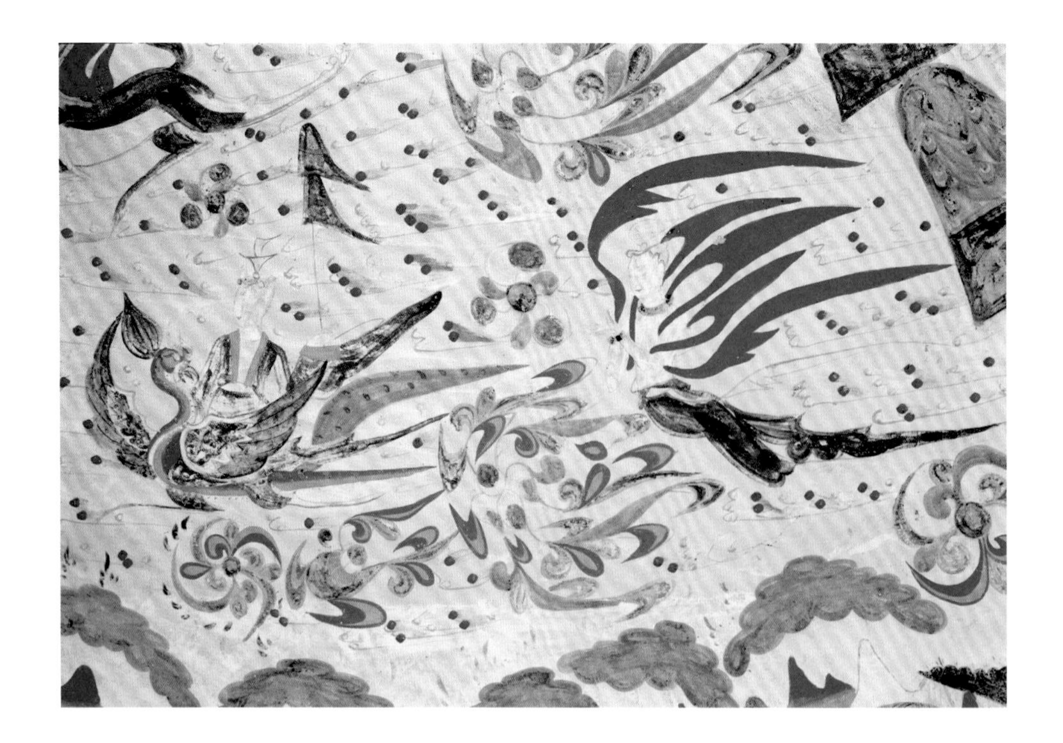

65 飛天與乘鸞仙人

乘鸞的仙人在前，中原形象的飛天在後，飛翔在天花流雲間。飛天梳雙髻，額廣頤窄，披長巾着長裙，裙邊呈鋭角，長巾形成數個鋭角，像羽毛狀飄立，頗具動感。

西魏 莫285 窟頂西坡

66 持節羽人

羽人長耳獸面，臂生藍色羽翼，雙手持節，裸上身，下着犢鼻短褲。體形極其瘦長，表現出急速飛行的效果，兩腿稍顯僵硬，與飛揚的巾帶和周圍旋轉的天花不太協調。

西魏 莫285 窟頂南坡

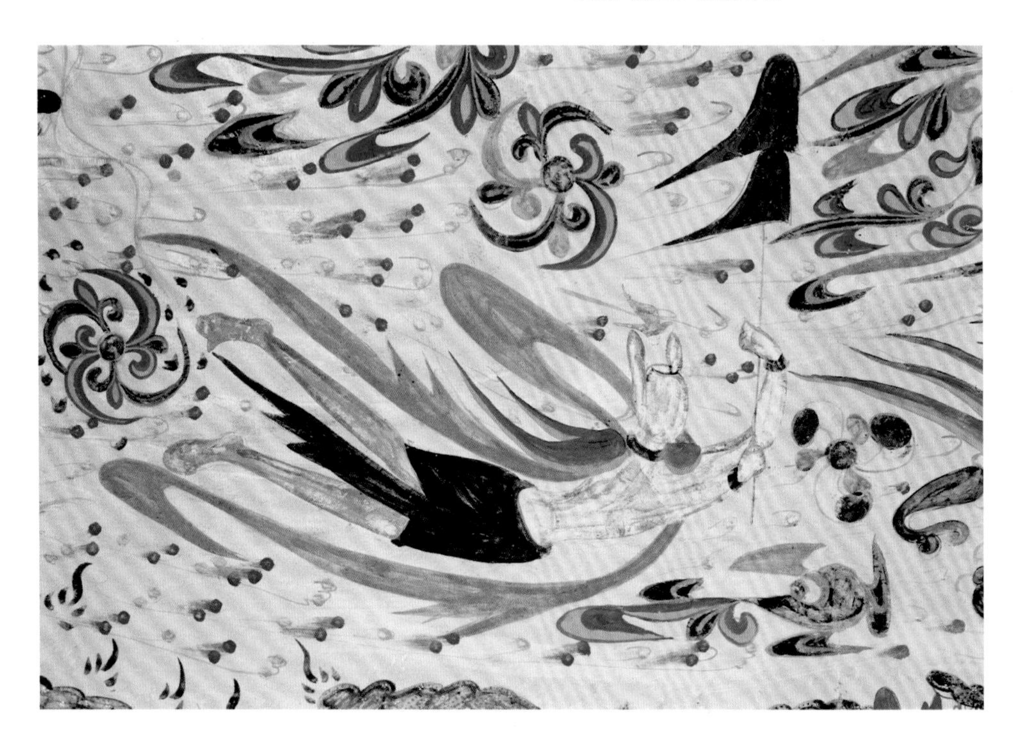

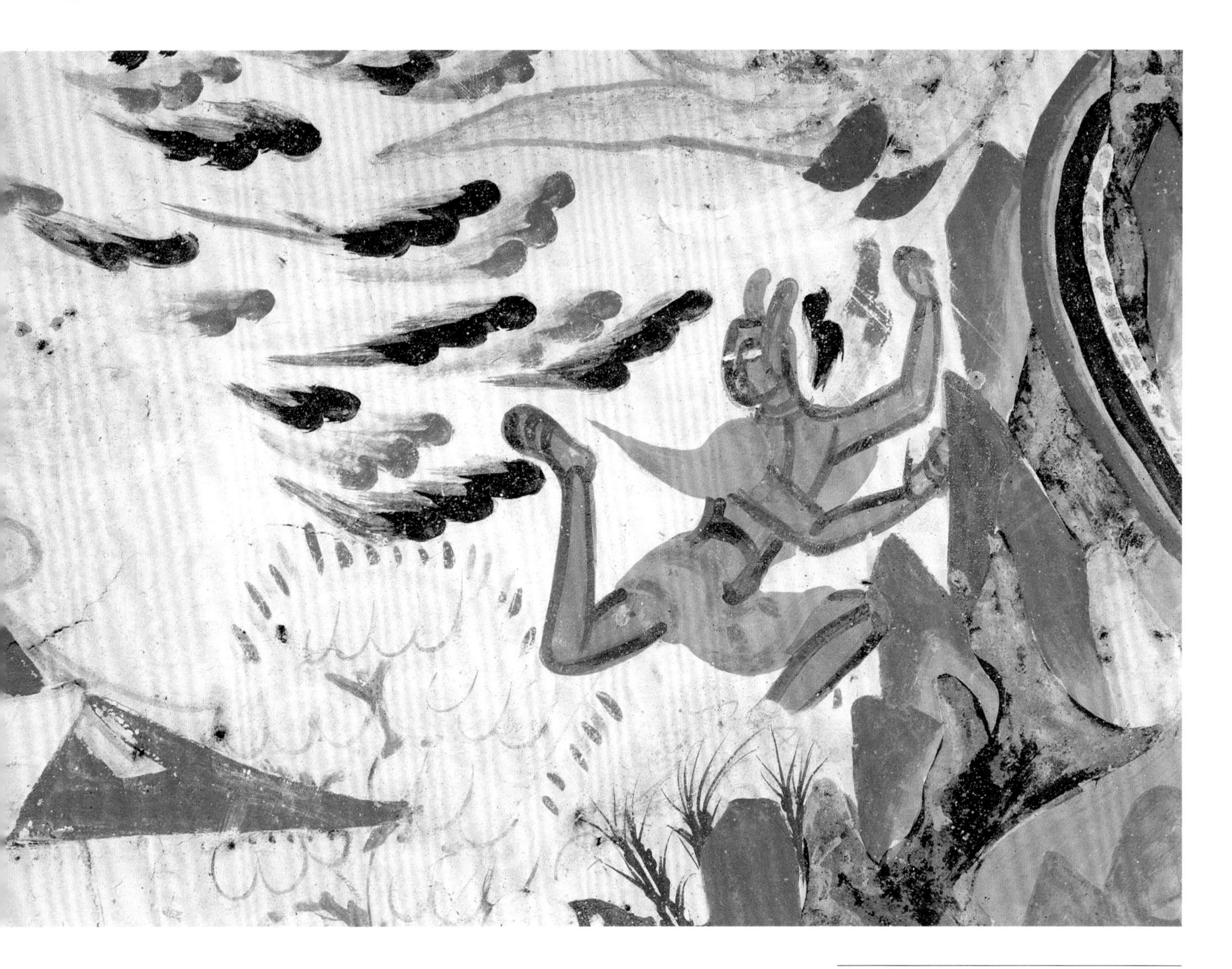

67 **羽人**

羽人是中國古代神話中的飛仙，長耳高聳，面如獸，臂生雙翼，四肢矯健，下着犢鼻褲，正在回首向須彌山中飛奔，姿態生動。

西魏　莫249　窟頂西坡

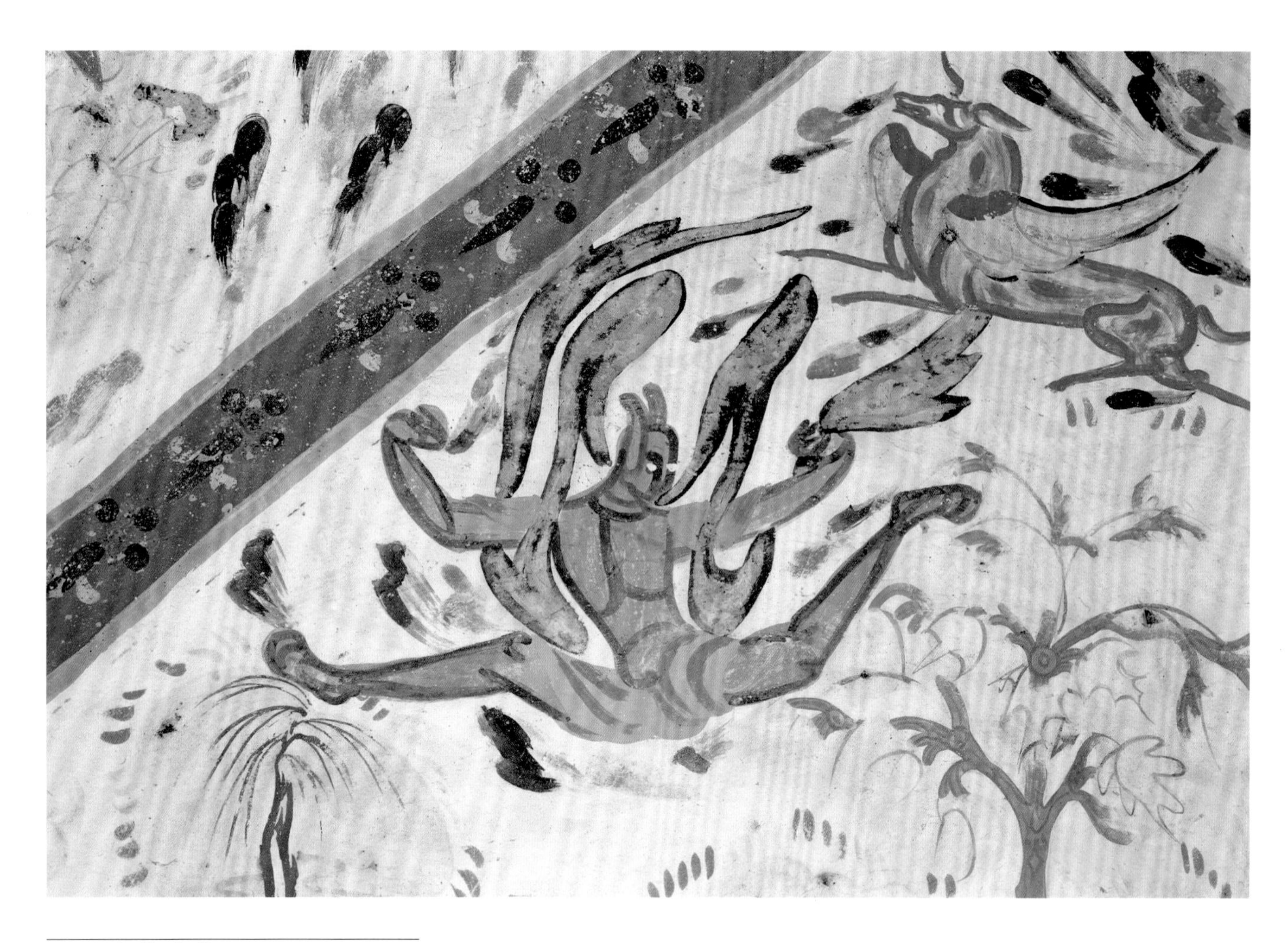

68 **羽人與飛廉**

昂首振翅的飛廉之下，羽人正奮力奔跑，雙翼伏肩隱約可見，腿呈一字形跨跳，騰空而起，雙手握飄帶，表現出淩空飛起情景。

西魏 莫249 窟頂北坡

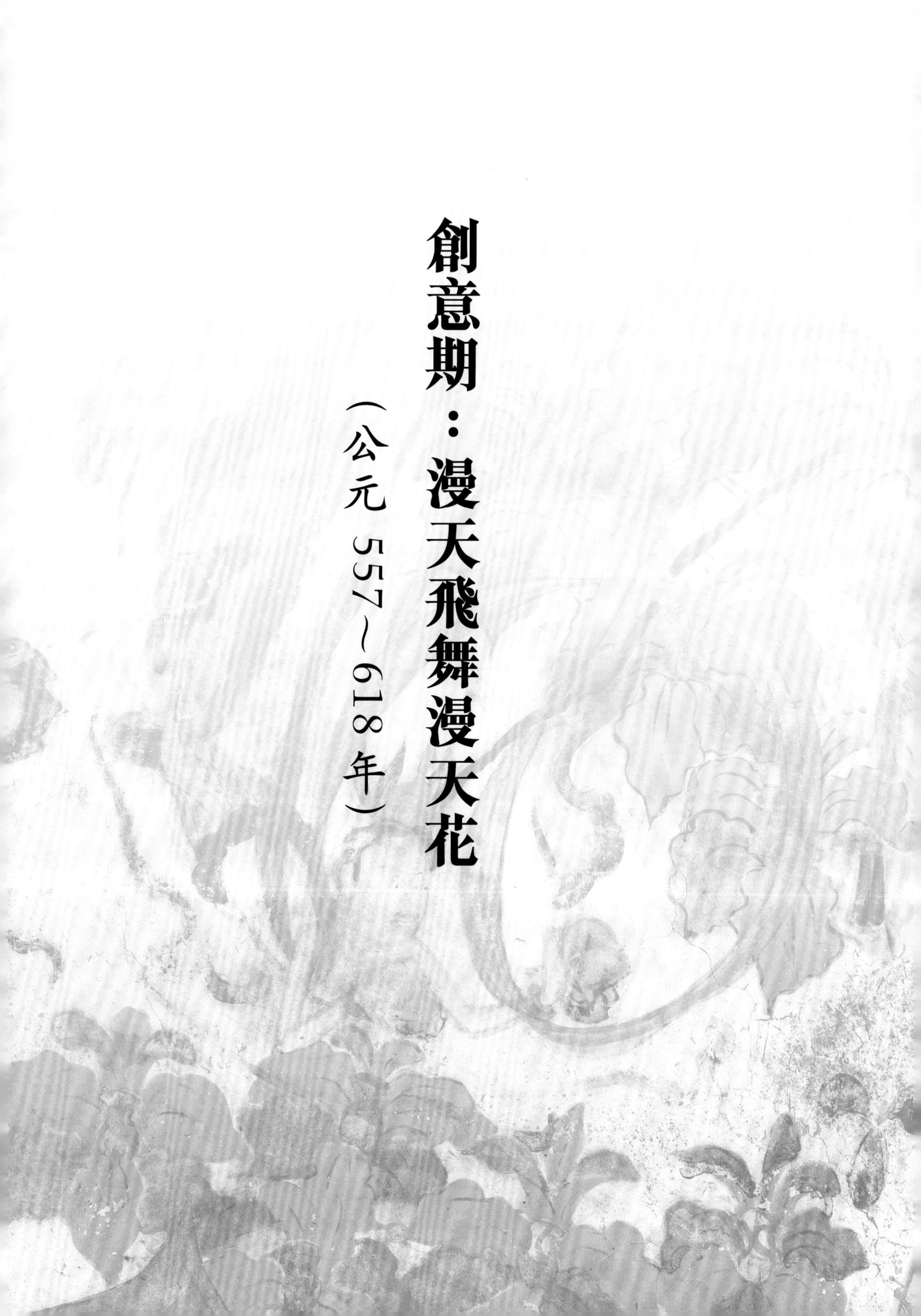

創意期：漫天飛舞漫天花

（公元 557～618 年）

北周和隋代立朝的時間雖然短暫，但開鑿的洞窟卻不少，特別是壁畫的藝術表現力十分突出，而且很有特色。飛天的表現尤其不同凡響，可以說敦煌北周、隋代的飛天最具想象力和藝術魅力，它是飛天藝術的高峯，是早期飛天的終結，盛唐飛天的前奏。

北周時期的飛天繪製有其規定的位置。除龕內外，環繞四壁出現了大量的伎樂飛天，形成《妙法蓮花經》所描述的“諸天伎樂百千萬種，於虛空中俱起，雨諸天花”的歡樂景象。

隋代的飛天，無論在洞窟佈局和繪製技法上都發生了變化，它已完全擺脱了西域畫風的影響，以中原技法取而代之，表現形式多樣，熱烈而絢麗。自隋代起，飛天被描繪成為嫵媚、娟秀的少女或貴婦，女性特徵明顯，且隨着社會的開放，形成了袒胸露背、赤足、豐腴健美的形象。這種世俗化的轉變，使敦煌石窟成為具有時代風尚的畫廊。

創意期的飛天藝術處於轉型階段。

第一節　北周時期

敦煌有一部分洞窟，原被學者們定為隋代，後經仔細考察，從石窟形制、風格、造型、繪塑技法、暈染及線描方法等諸多特點分析，證明存在着一個獨立的歷史時期，即北周，在供養人題記中也找到了有力的佐證。因此，從原來定為隋代的洞窟中，分離出十五個北周洞窟。

北周，一個統治時間短暫的鮮卑政權，敦煌是其西部重鎮。北周武帝娶突厥公主阿史那氏為皇后，他們吸收中原文化，也篤信佛教。這一時期，雖然歷史上有北周武帝宇文邕滅佛之舉，也曾波及敦煌、瓜州，導致一些寺院曾被毀，但並未影響莫高窟的佛事活動，鐫龕造像之風依然方興未艾。

北周洞窟的形制和繪塑風格是西魏之後新湧現的，其主要特點是中原風格強有力地佔領了洞窟。新的內容、形式和繪製技法出現蓬勃的生機。

人物面孔以消瘦型為主，眉目開朗，衣飾呈現多樣化的趨勢，或袒露上身，着僧祇服飾；或為中原大袍，褒衣博帶；或頭束髮髻，着長裙，露足，牙旗形裙帶。

在繪製技法方面有些仍延續早期疊暈渲染法、後褪色為“小字臉”的西域人物風格。與此同時出現了新的中原式畫風，以線描為主，運用中原平塗法敷以色彩，因而色彩對比強烈，爽朗明快，鮮豔濃重，輪廓清晰，一改過去粗獷、簡略的形式。北周時期的飛天已經進入了中原人物畫技法的範疇。

北周典型的飛天洞窟有第428、290窟。

第428窟是較大的石窟，分前後室，有中心塔柱，人字坡、平綦頂均畫有飛天。人字坡椽間畫忍冬藤蔓、蓮花，中有飛天持花盤散花，圓頭披巾，衣裙狀如羽毛。平綦圖案為四方套疊連續，中心畫大蓮花，環周是螺旋形水渦紋，四角畫飛天，全身裸露，揮巾作舞，性別鮮明，體現了當時對文化禁錮的一種突破。裸體飛天可見諸西域和印度的石窟壁畫中，而在敦煌壁畫中僅見於北周的第428、290窟，此後再未發現。

第428窟南壁上繪四身飛天，為持樂器的伎樂飛天，面圓體肥，四肢短粗，變色後呈“小字臉”特徵，線條流暢，色彩簡單，有早期西域飛天的形態。盧舍那佛巨大的身軀上繪有佛教“三界”，天界有佛像、天宮、飛天等，神聖高潔。人界表現人間的各種活動，物慾橫流。下部為地界，地獄惡魔，畫出刀山、劍林、餓鬼等罪孽深重。在佛的身軀內畫有飛天，僅見此例。

第290窟四壁畫千佛，在千佛之上繞窟一周畫飛天伎樂，這是最初出現的以飛天代替天宮伎樂的形式，飛天畫法簡括，線條流暢，為中原式的褒衣博帶，束髻無冠，各持樂器，自由翺翔，妙趣橫生，別開生面。

北周的十五個洞窟裏，飛天的造型改變了早期的模式，結束了西域式人物造型粗獷的畫風。從陰鬱苦悶、粗獷雄奇的沉重情調，轉入了色彩鮮明，線條疏郎，生機勃勃的景象，有一種明顯的情調轉換。但繪畫技法依然簡潔寫意、富有象徵性。北周時期飛天的中原特徵日益成熟，甚至出現了身着漢式大巾長袍、頭結髮髻的形象。同時飛天的造型更加重視音樂和舞蹈的表現，舞樂相隨，使洞窟充滿生機，富有濃厚的詩意。

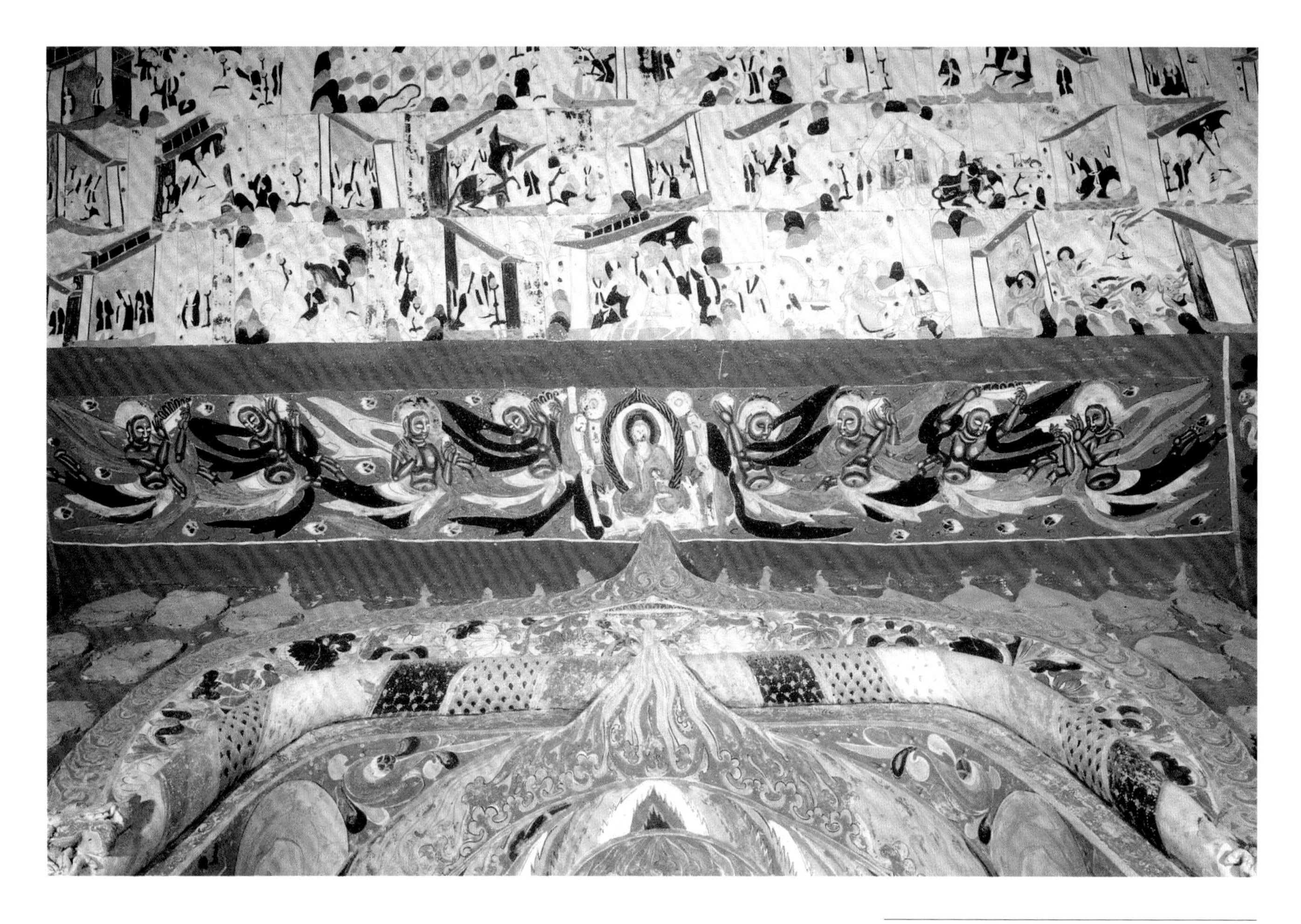

69 說法圖飛天

在鹿野苑初轉法輪的場面兩側，飛天相對而飛，體形健壯，面相豐圓，除畫白眼白鼻白嘴外，還點有白吉祥痣，用紅、黑、白三色畫出裙及巾帶，分外鮮明。湛藍色天空點綴天花。

北周 莫290 中心柱東向龕上

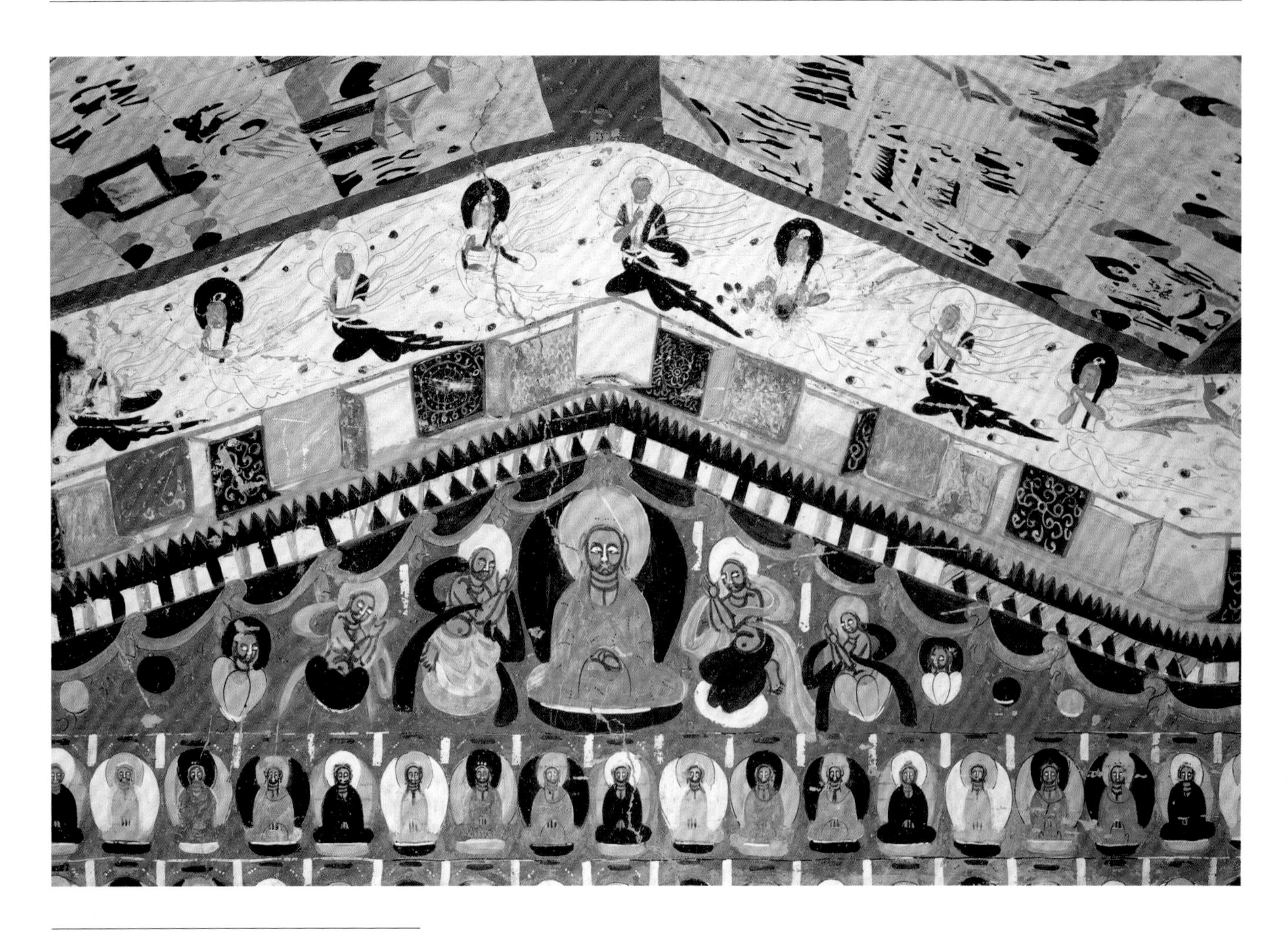

70 **天宮伎樂飛天**

在説法圖上畫有紅、白、藍、黑、綠五色天宮欄牆紋，伎樂飛天在欄牆上飛行，瘦骨清像，結髮髻，上身着寬袖大袍，對開敞領，長裙蔽足，衣裙為牙旗形。裝飾趣味甚濃。

北周 莫290 前室南壁

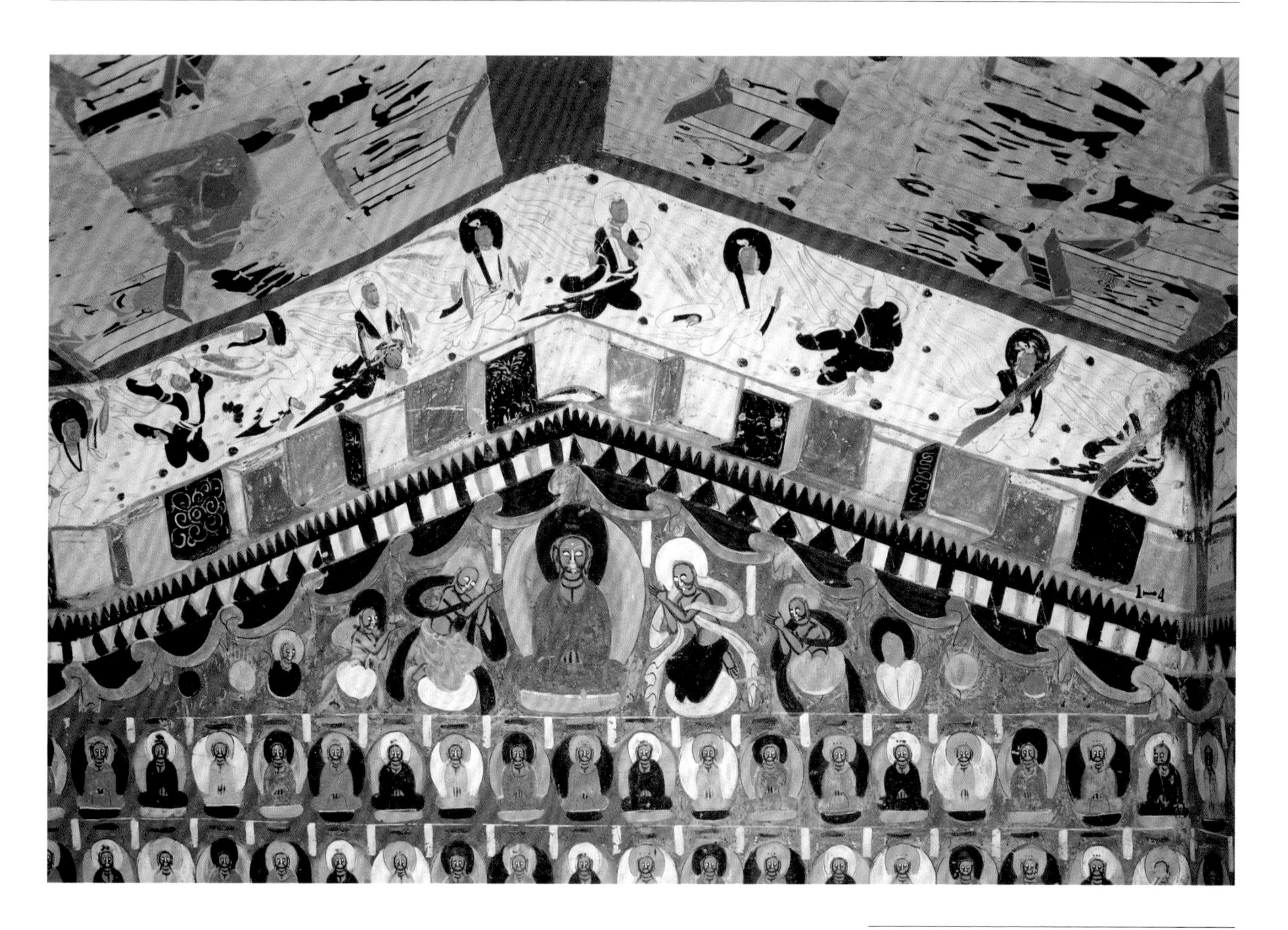

71 天宮伎樂飛天

此圖與前圖相對應。飛天面相清瘦，束髮無冠，着漢式大袍，褒衣博帶，飛翔中變換各種姿態，表現出妙趣橫生的演奏場面。演奏的樂器有腰鼓、橫笛、琵琶、笙等。

北周 莫290 前室北壁

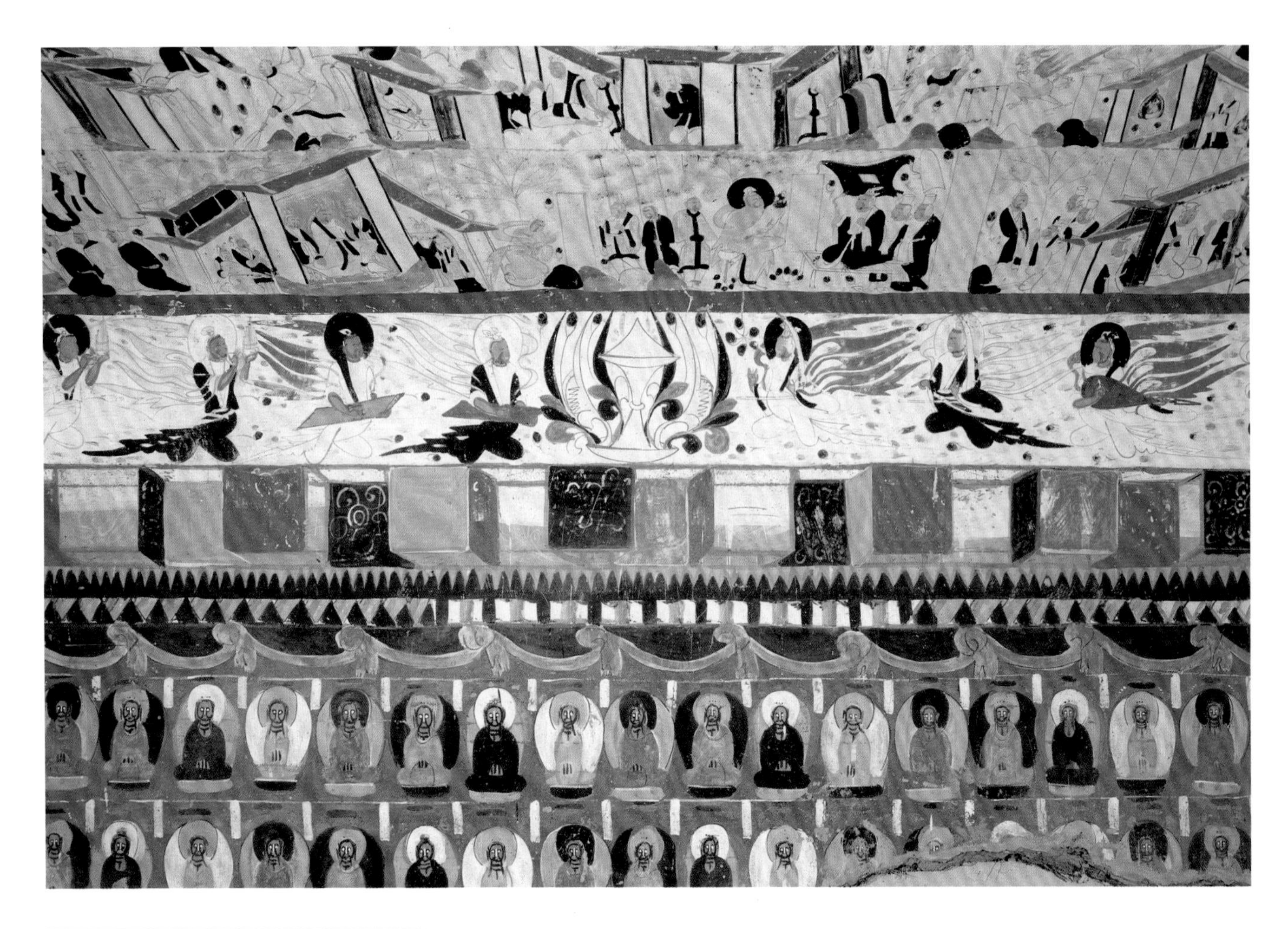

72 摩尼寶珠伎樂飛天

在佛傳故事畫下方，以摩尼寶珠為中心，左右橫排伎樂飛天。飛天束髮無冠，着大袍，有羽狀巾帶，相對演奏笙、箏、箜篌、琵琶等樂器。人物和樂器均線描，簡練、準確，裝飾性強。

北周 莫290 東壁

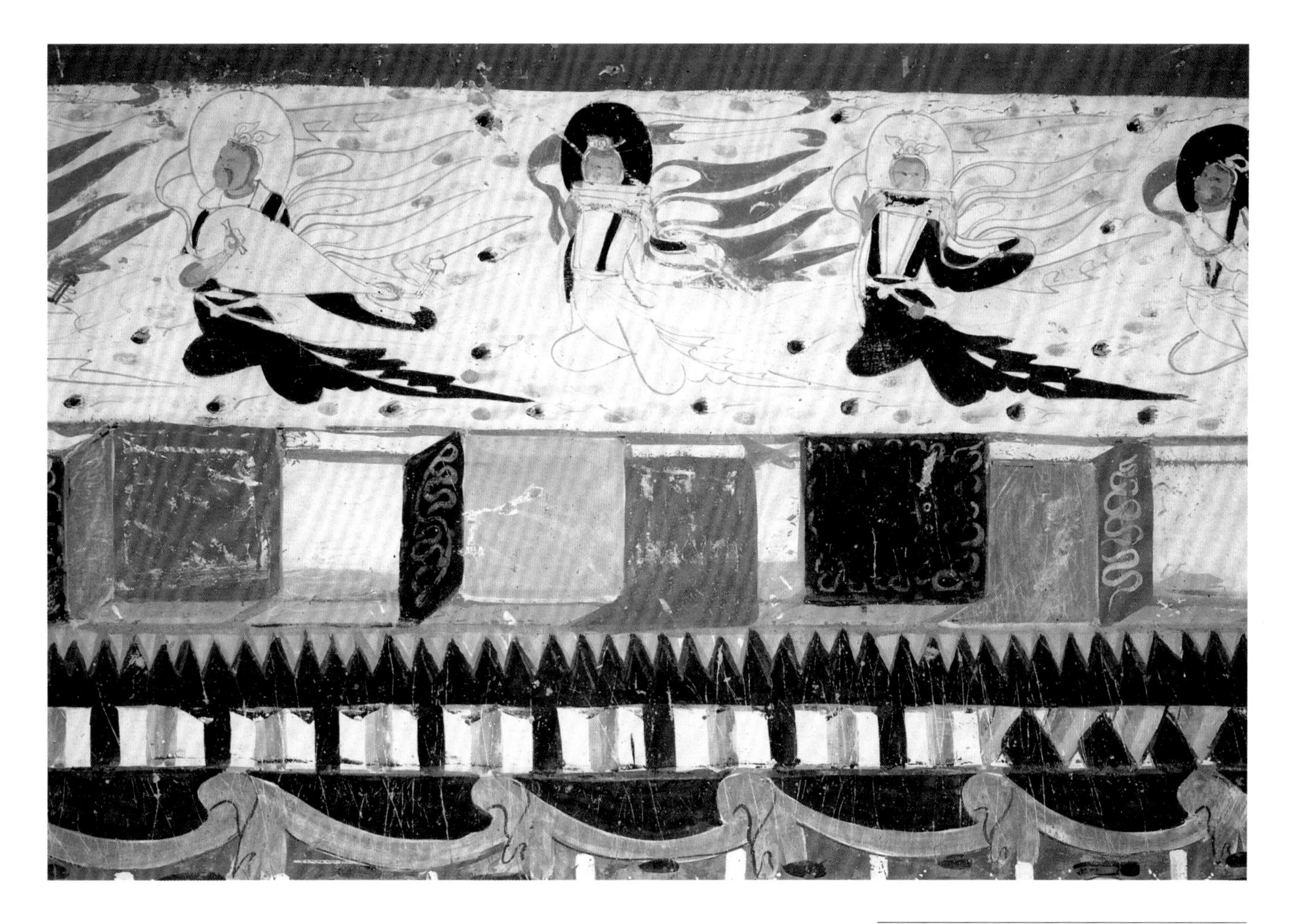

73 伎樂飛天

伎樂飛天，前一身橫抱琵琶，跪彈，髮髻束巾帶，畫兩撇小鬍，身後飄動的巾帶如翅膀。後兩身均吹排簫，排簫為三角形，有腰匝。樂器、衣裙、巾帶色彩均以黑白搭配，簡潔鮮明。

北周 莫290 東壁

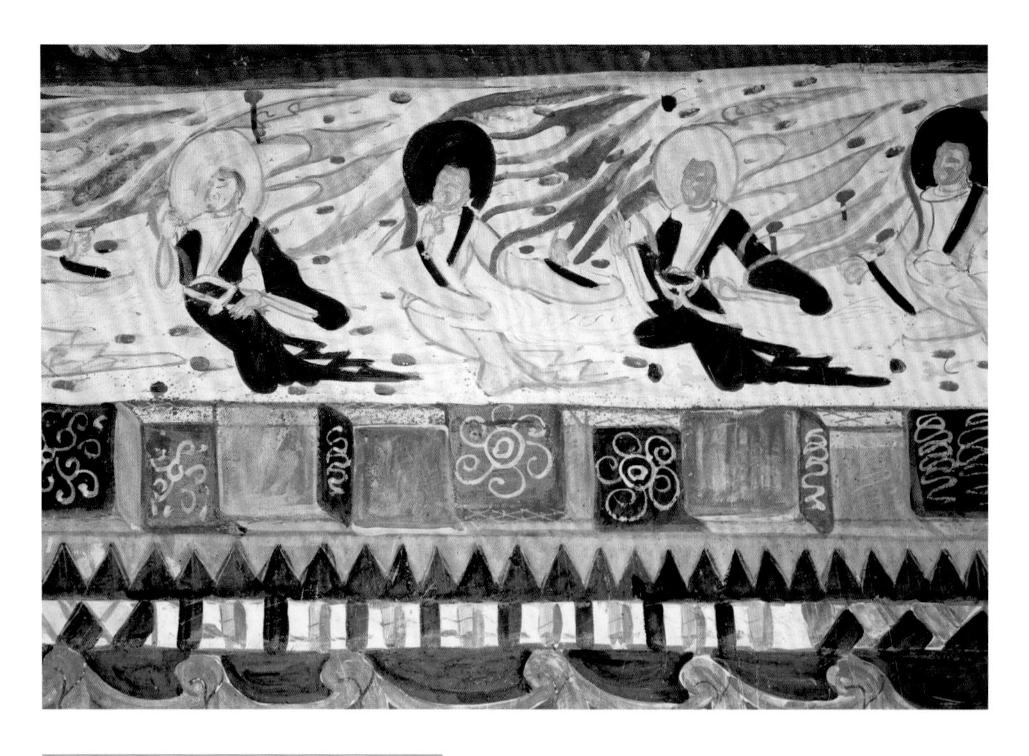

74 **天宮袍服飛天**

在天宮欄牆上方，環窟繪飛天，光頭着袒右僧袍，手執拂塵，姿態悠閒自得，好似中原雅士談經論道。白描重彩，黑白相間，形象生動。

北周 莫290 西壁

75 **天宮袍服飛天**

在天宮欄牆上方，天花亂墜，飛天一副道長形象，身着大袍，手拈法寶，巾帶飛揚，回身相顧，好似鴻儒談笑。

北周 莫290 南壁

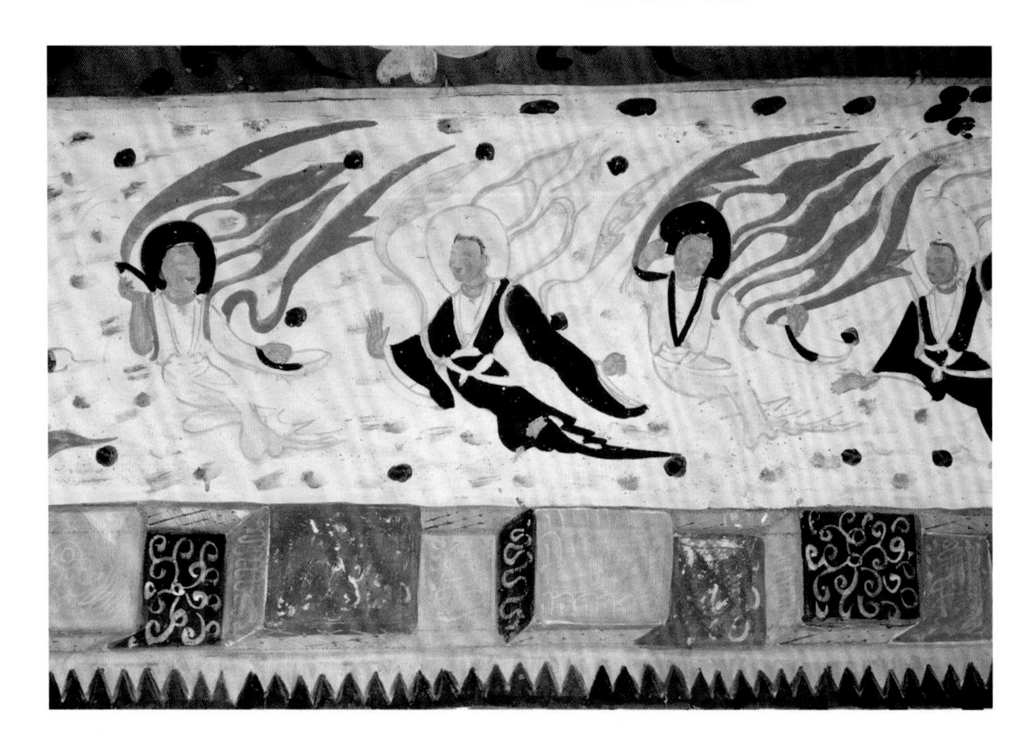

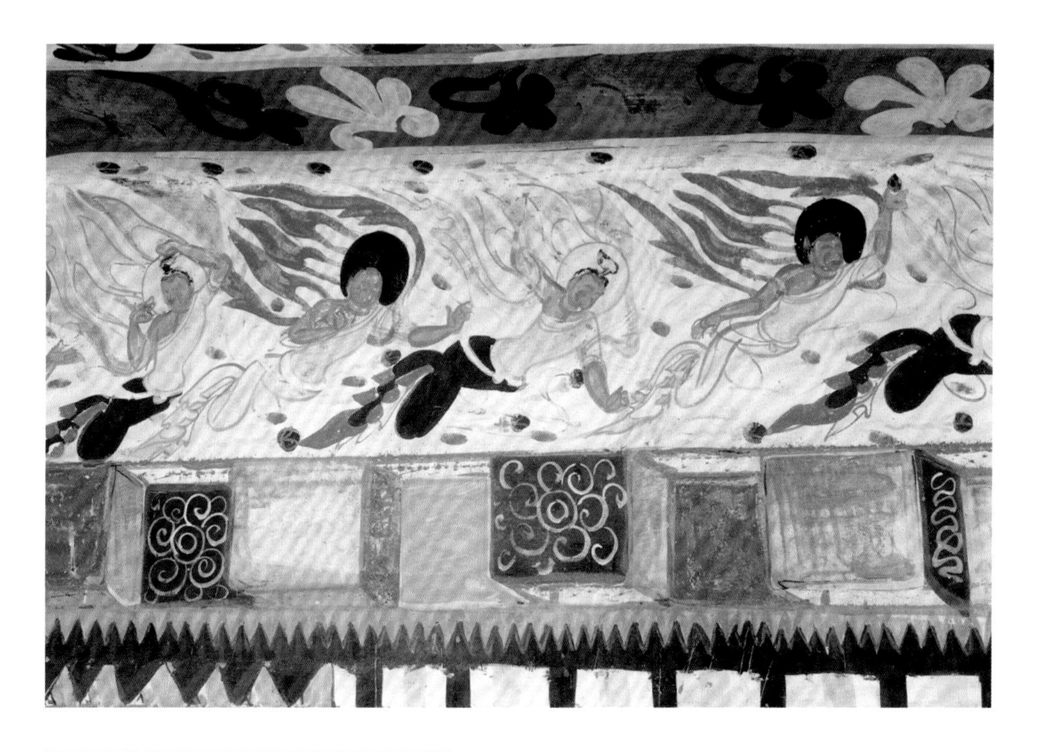

76 僧衣飛天

飛天頭上束髮，着緊身右袒僧衣，下着長裙在雲端穿梭，姿態輕柔，巾帶極具動感。

北周 莫290 北壁

77 僧衣伎樂飛天

伎樂飛天身着右袒袈裟，手持箜篌、琵琶等樂器，飛舞演奏，其演奏姿態描繪得十分準確。

北周 莫290 北壁

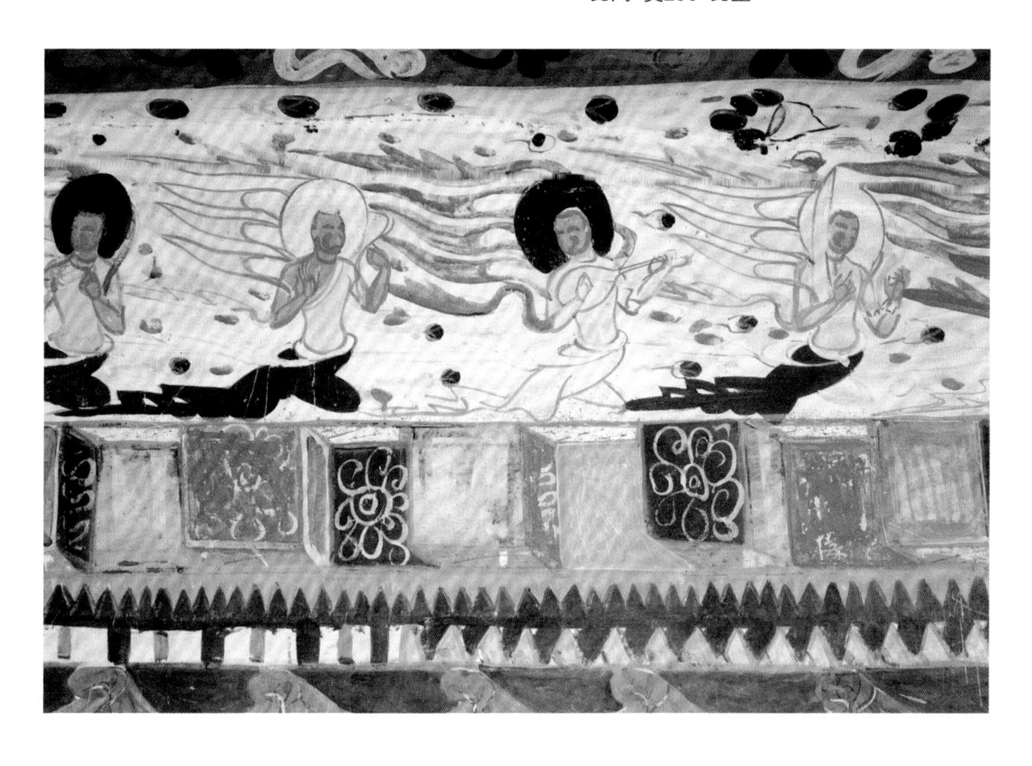

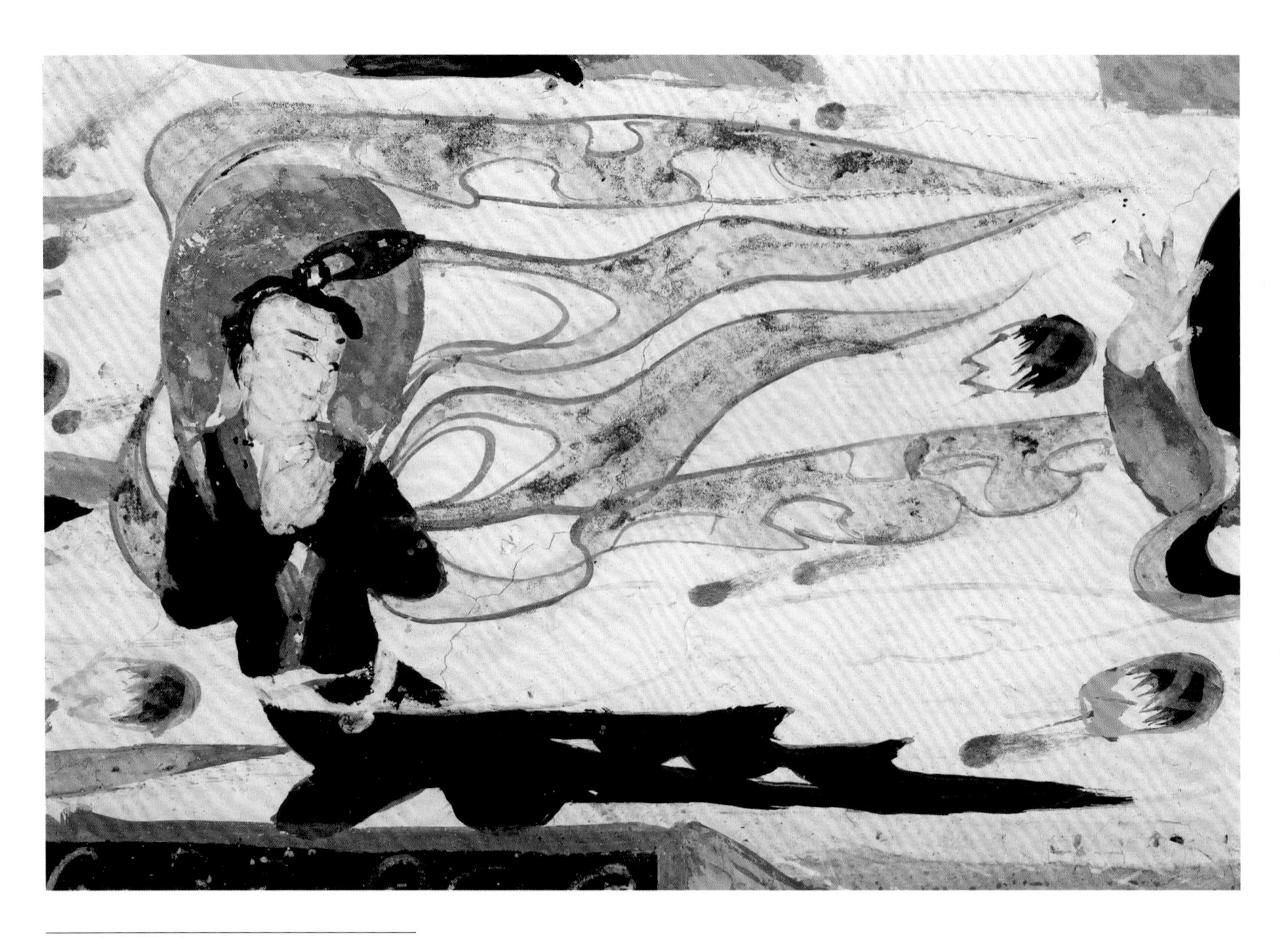

78 **少女飛天**

飛天髮束巾帶高聳，長眉細眼，雙手拈花，上身着有領小襖，下着牙旗形長裙，身後的尖角飄巾逶迤空中。同類描繪還見之於魏晉墓壁畫，其人物造型脱胎自中原少女形象。

北周 莫296 窟頂北坡

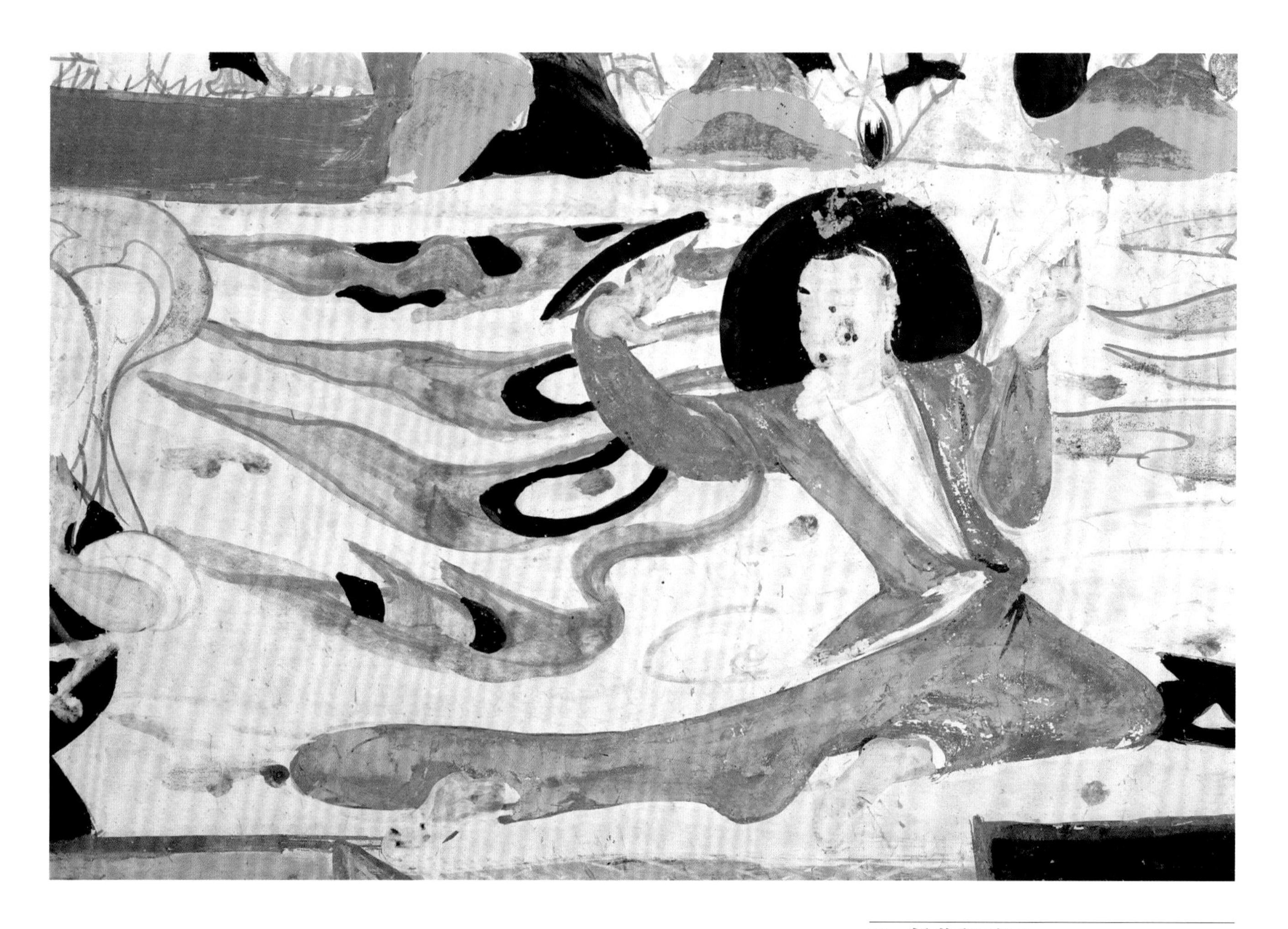

79 **托花盤飛天**

飛天雙手托花盤，側身後顧，動作優雅，着世俗寬袖大袍，充滿生活氣息。

北周 莫296 窟頂東坡

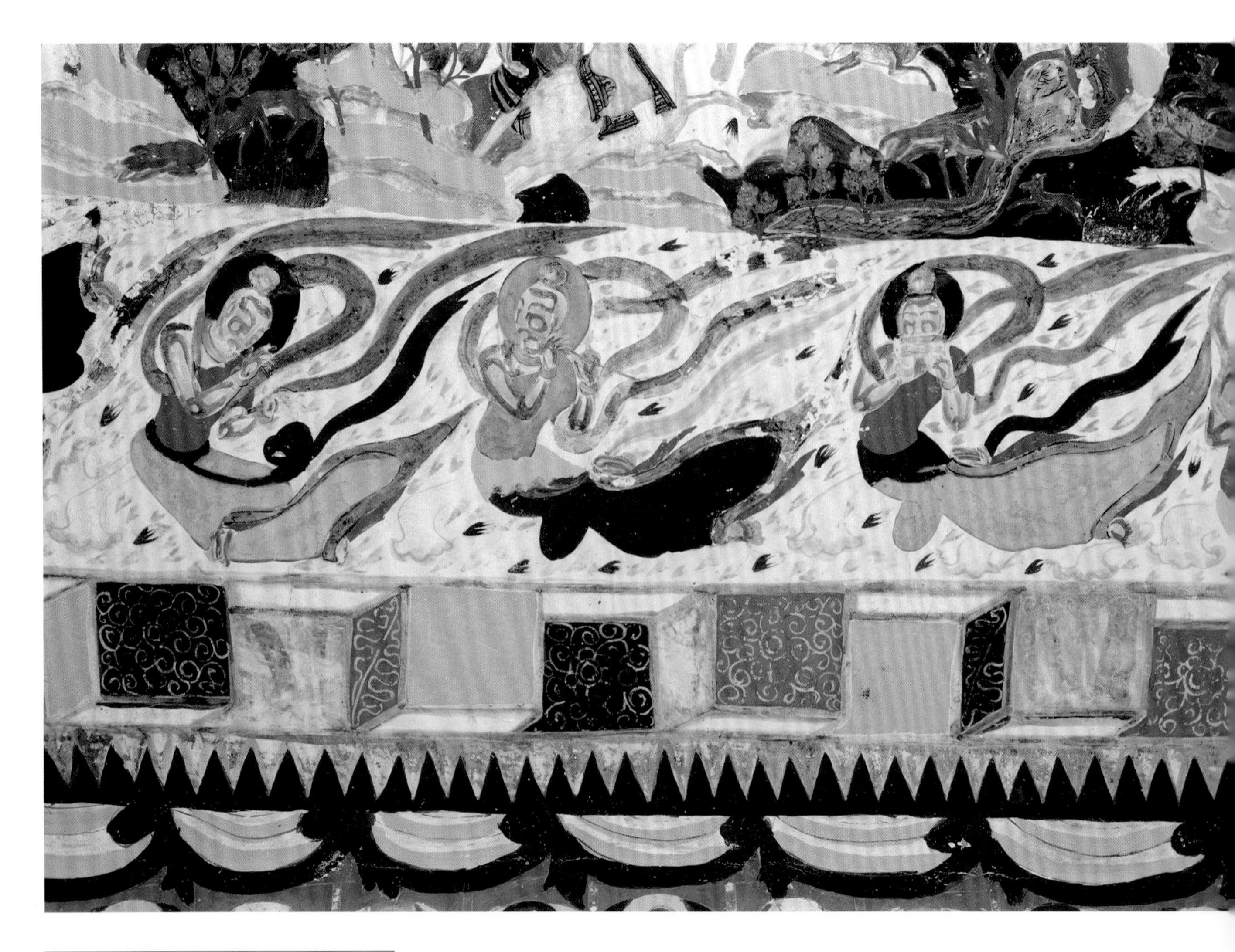

80 伎樂飛天

飛天梳高髻，身着右袒半袖小襦，束裙圍，着寬裙，寬肩短腿，吹奏排簫、橫笛、豎笛，姿態自然。面部用中原式暈染法暈染而成，兩頰的兩團紅色似花臉狀。

北周 莫299 窟頂北坡

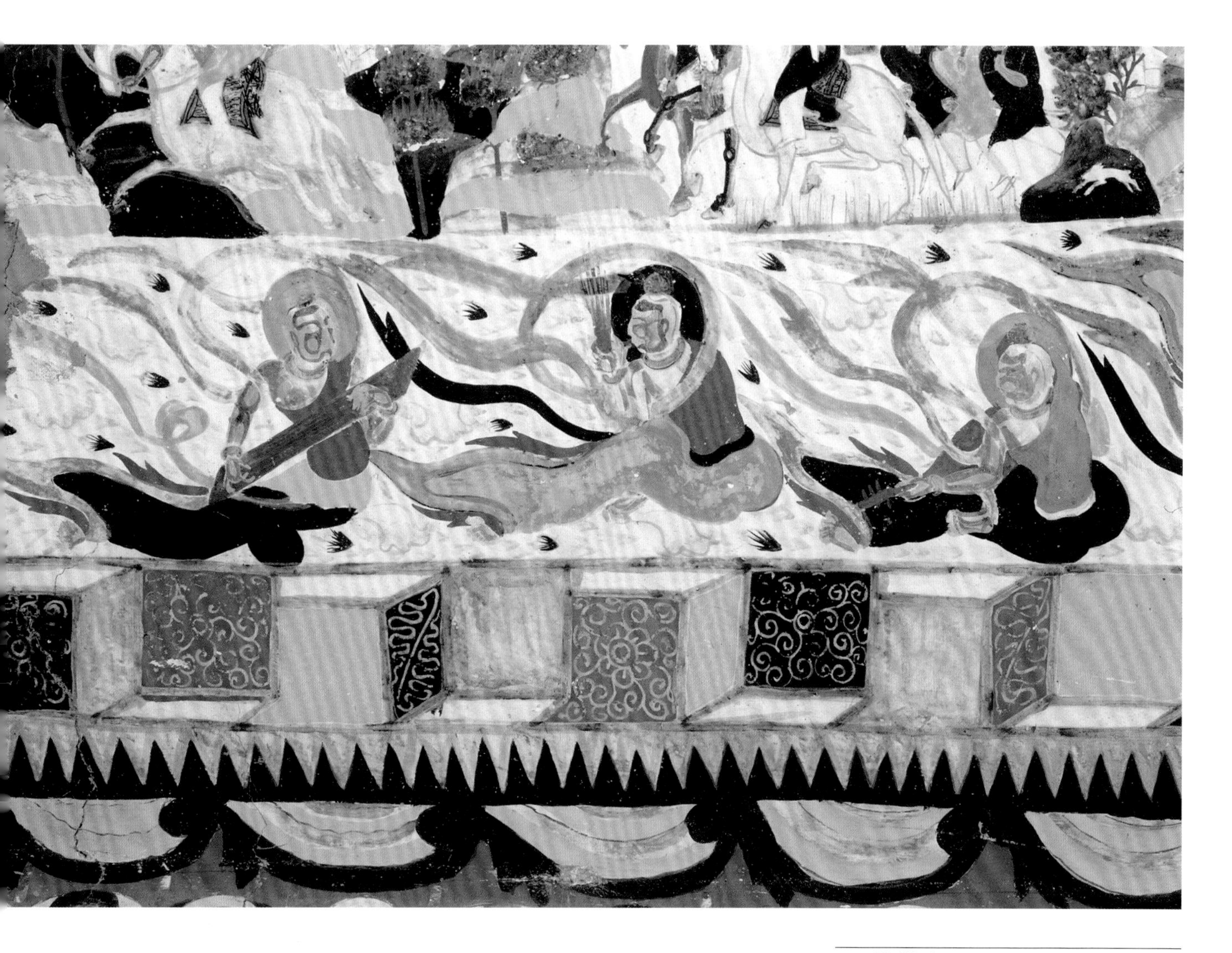

81 伎樂飛天

伎樂飛天梳高髻，戴手鐲，上身右袒，下着長裙，兩身以背身坐姿飛動，與另一身相對演奏，長長飄帶在天花中飛舞。箏、笙、琵琶等樂器畫得比較寫意。

北周 莫299 窟頂南坡

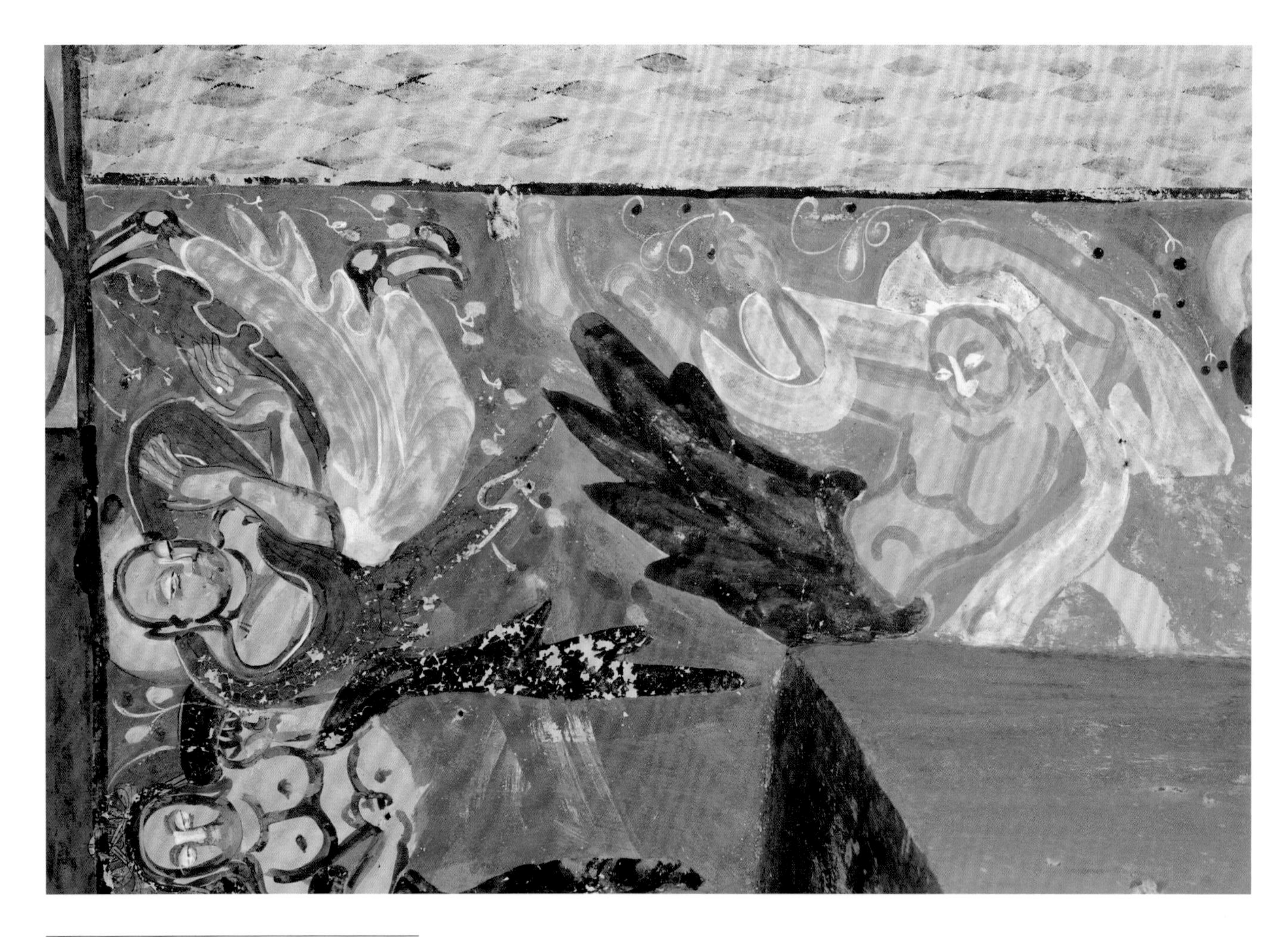

82 持花雙飛天

飛天面相豐圓，身形壯碩，一身雙手持花，回首橫向飛動，另一身與之相望，揮動雙手下飛，動作豪放。

北周 莫428 窟頂

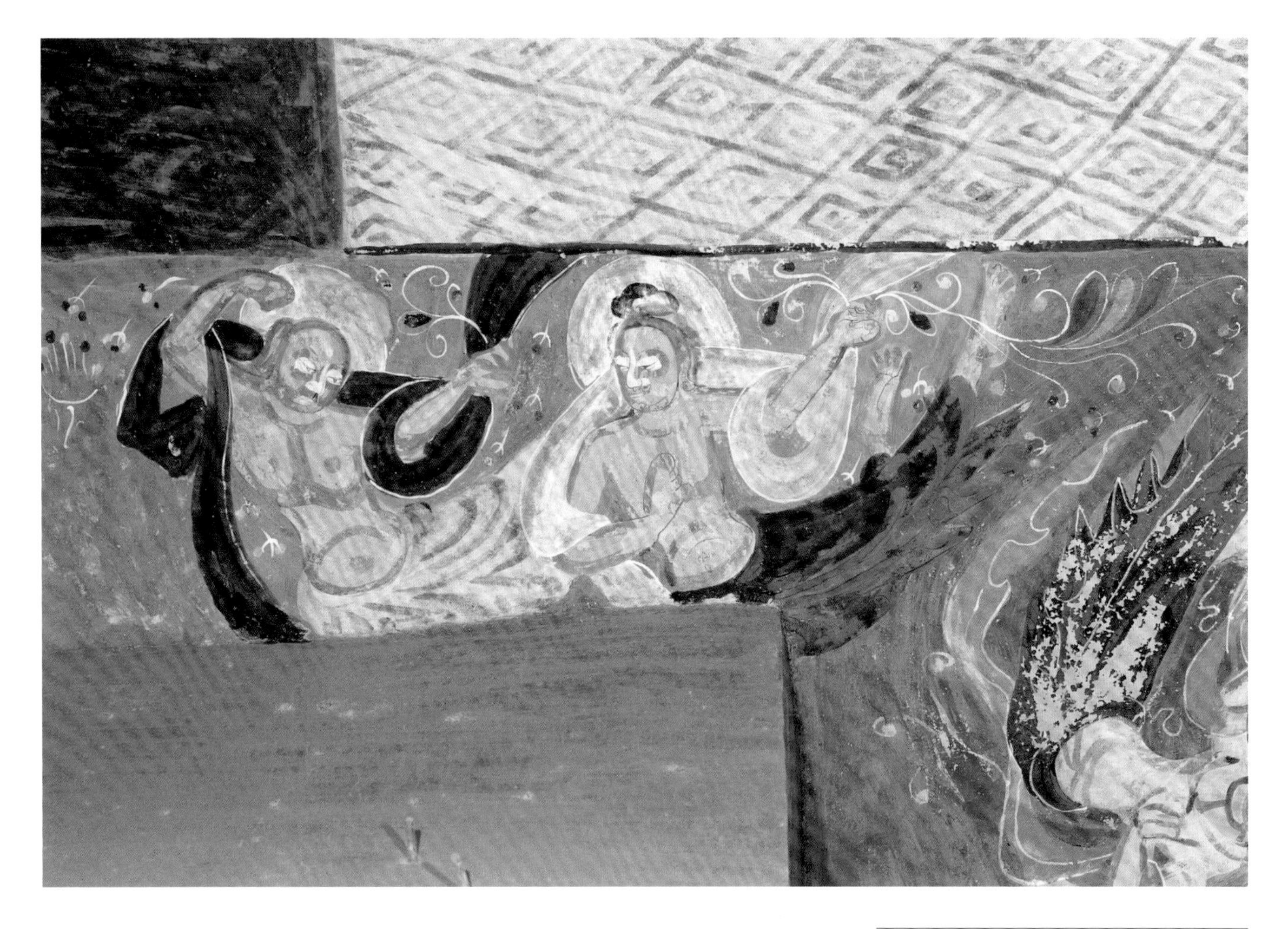

83 **持花雙飛天**

平行飛翔的雙飛天，畫白鼻、白色的大眼眶，一身光頭，眉心有吉祥痣；一身梳髮髻，均袒裸上身，下着花裙赤足，左手持花枝，巾帶環繞手臂，在天花流雲中並列飛舞。

北周 莫428 窟頂

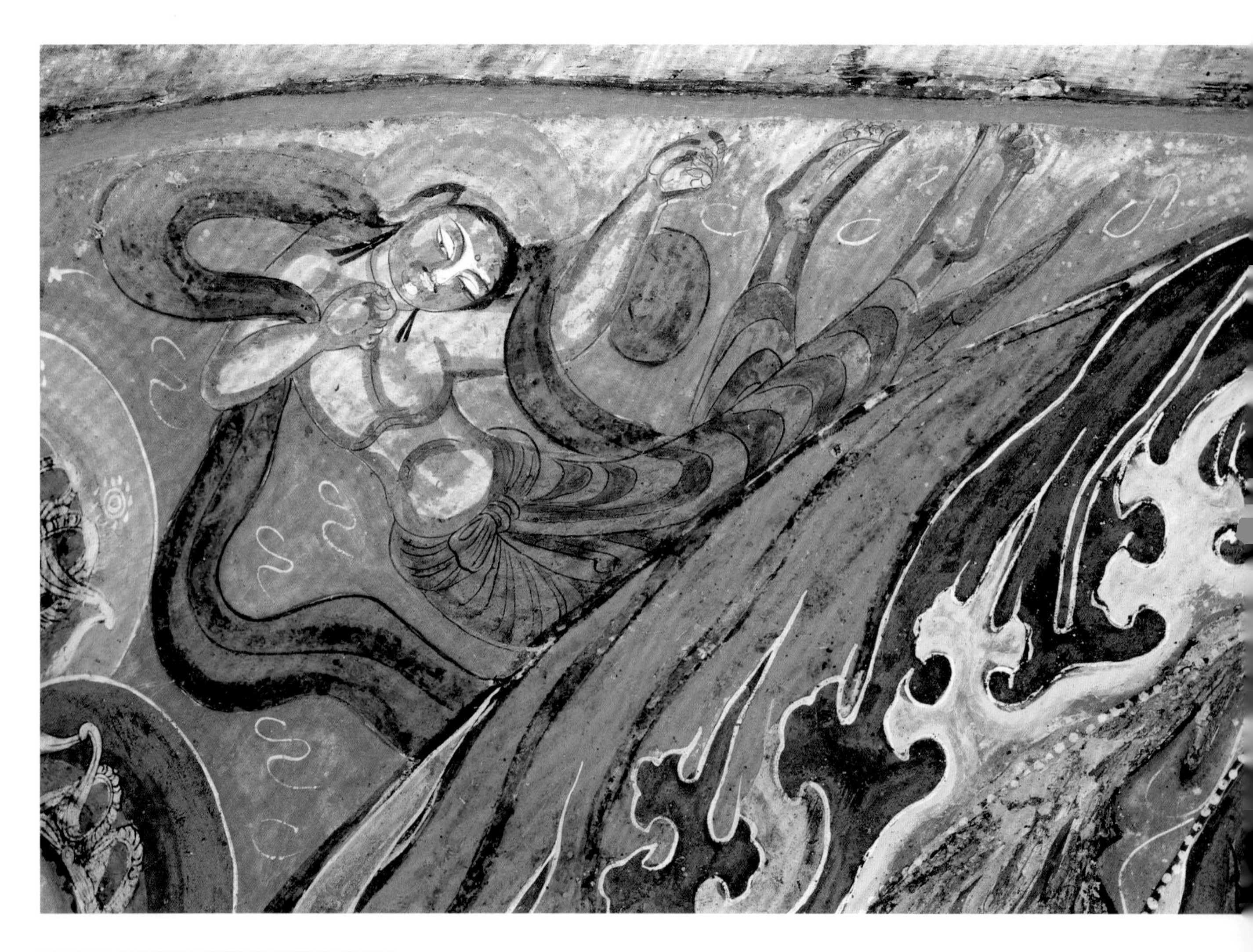

84 佛背光飛天

在佛的火燄紋背光上側，一身飛天從天而降，面相豐圓，長眉大眼，袒裸上身，着羊腸裙。“五白臉”加兩頰暈染，衣紋、巾帶定型線加暈染，層次分明。

北周 莫428 西壁龕頂

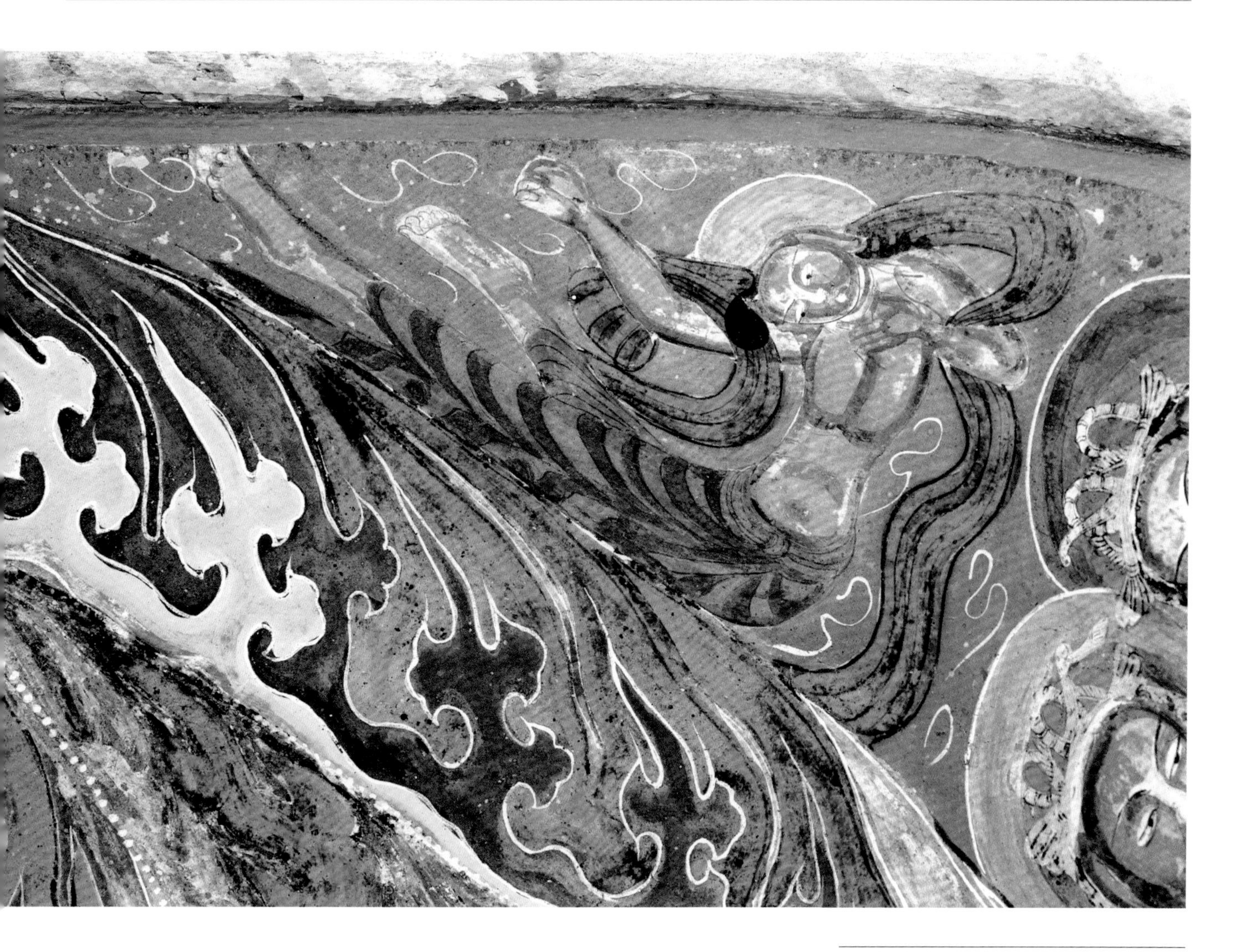

85 **佛背光飛天**

此圖與前圖相對，在火燄紋背光上側的飛天，有頭光，勾首向佛，右手上舉，左手按胸，身形健壯，動作豪放。以曲線勾勒，流暢有力，色彩鮮明。

北周　莫428　西壁龕頂

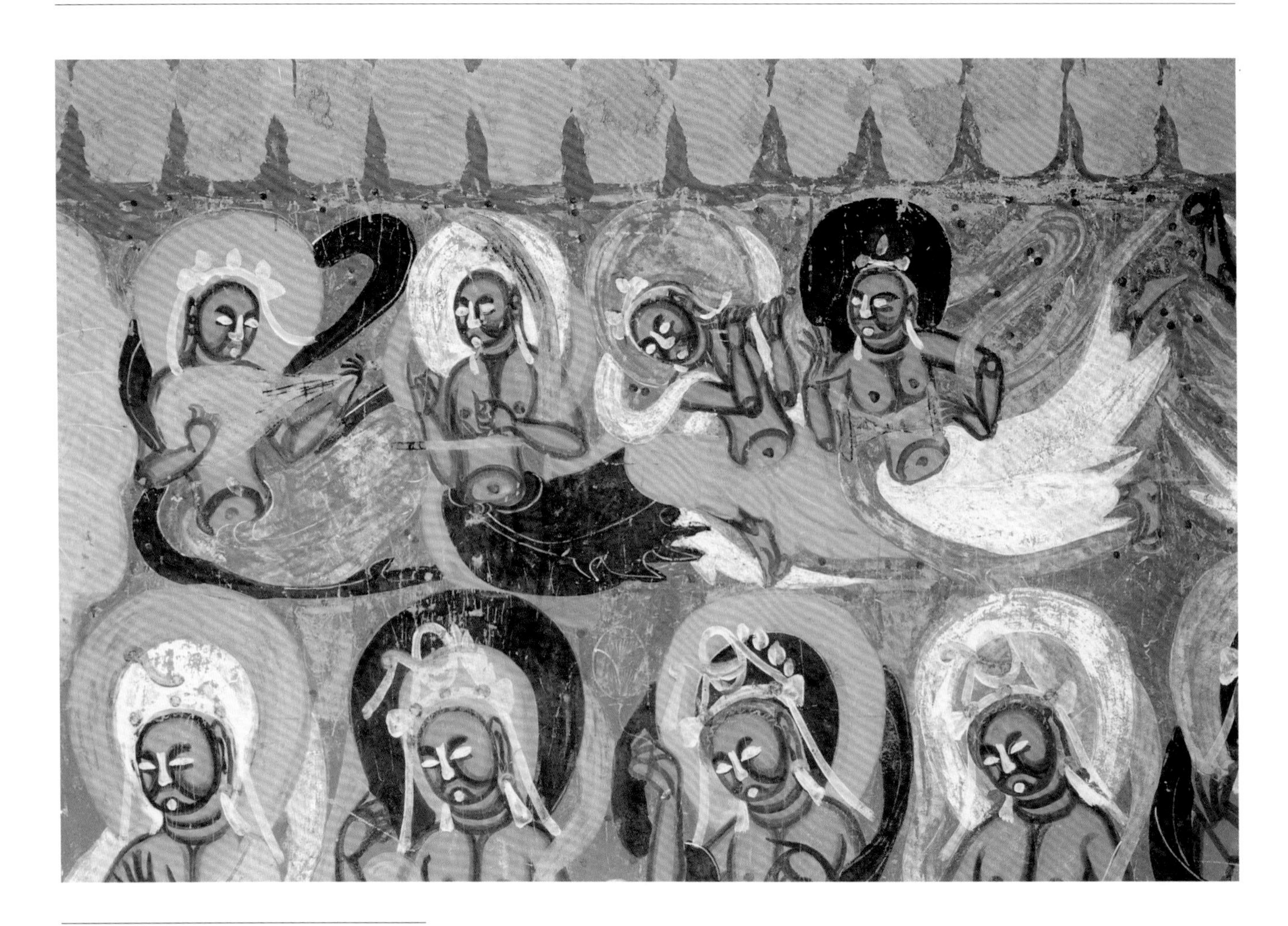

86 **伎樂飛天**

一排伎樂飛天，頭戴花冠，面部、胸部、腹部、肘關節暈染形成圓圈結構，頭光、衣裙用四種顏色間隔排列，演奏琵琶、箜篌、橫笛和腰鼓，氣氛熱烈。

北周 莫428 南壁

87 **平棊裸體飛天**

在上方平棊的外岔角處繪有四身裸體飛天，而下方平棊的相同位置，四身飛天則着長裙。飛天在三角形空間裏做各種舞姿。線描技法純熟，人物造型準確。方井心的蓮花水池中畫有旋渦紋，從中可看出勾線的功力。

北周 莫428 窟頂

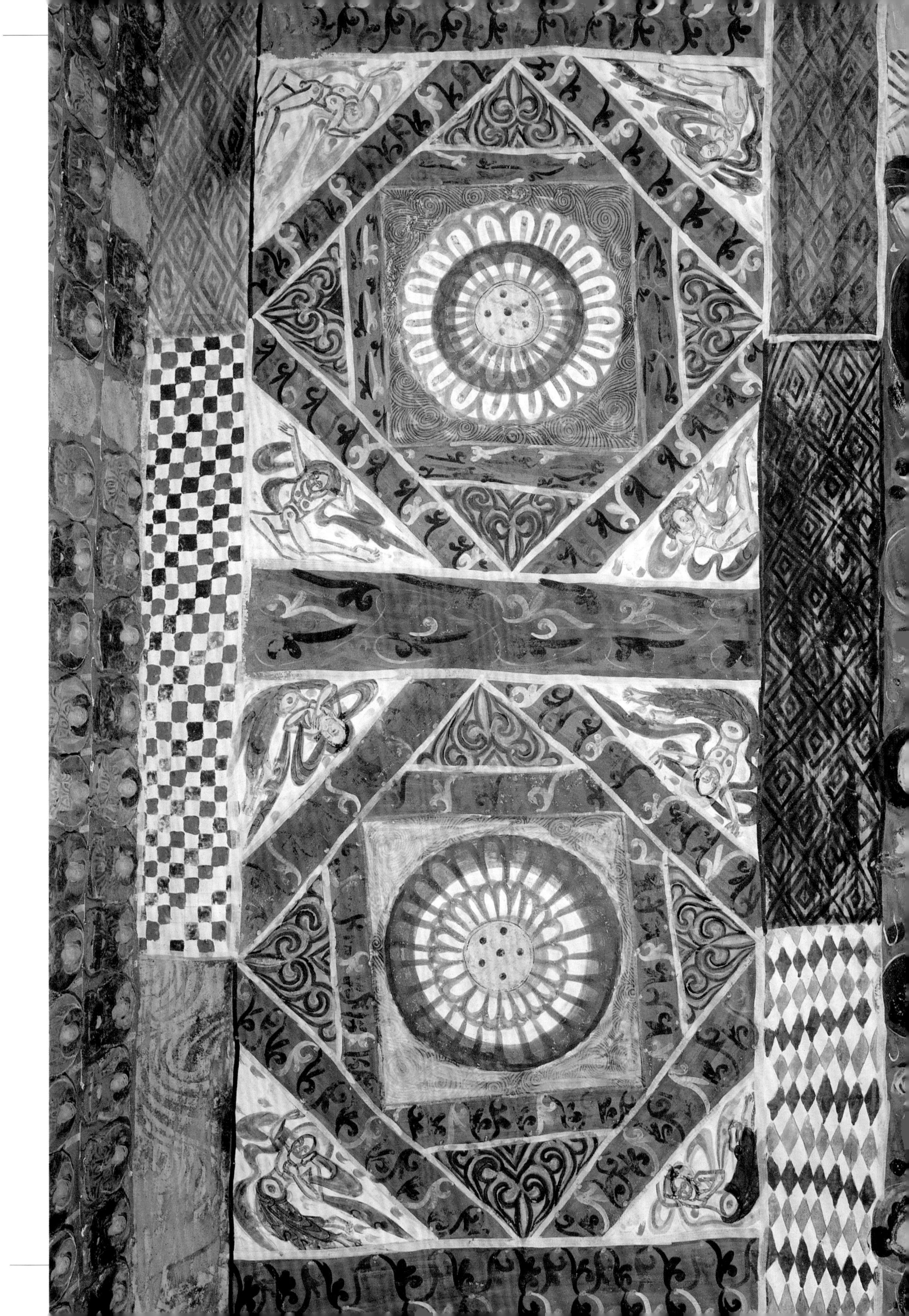

間運動感。

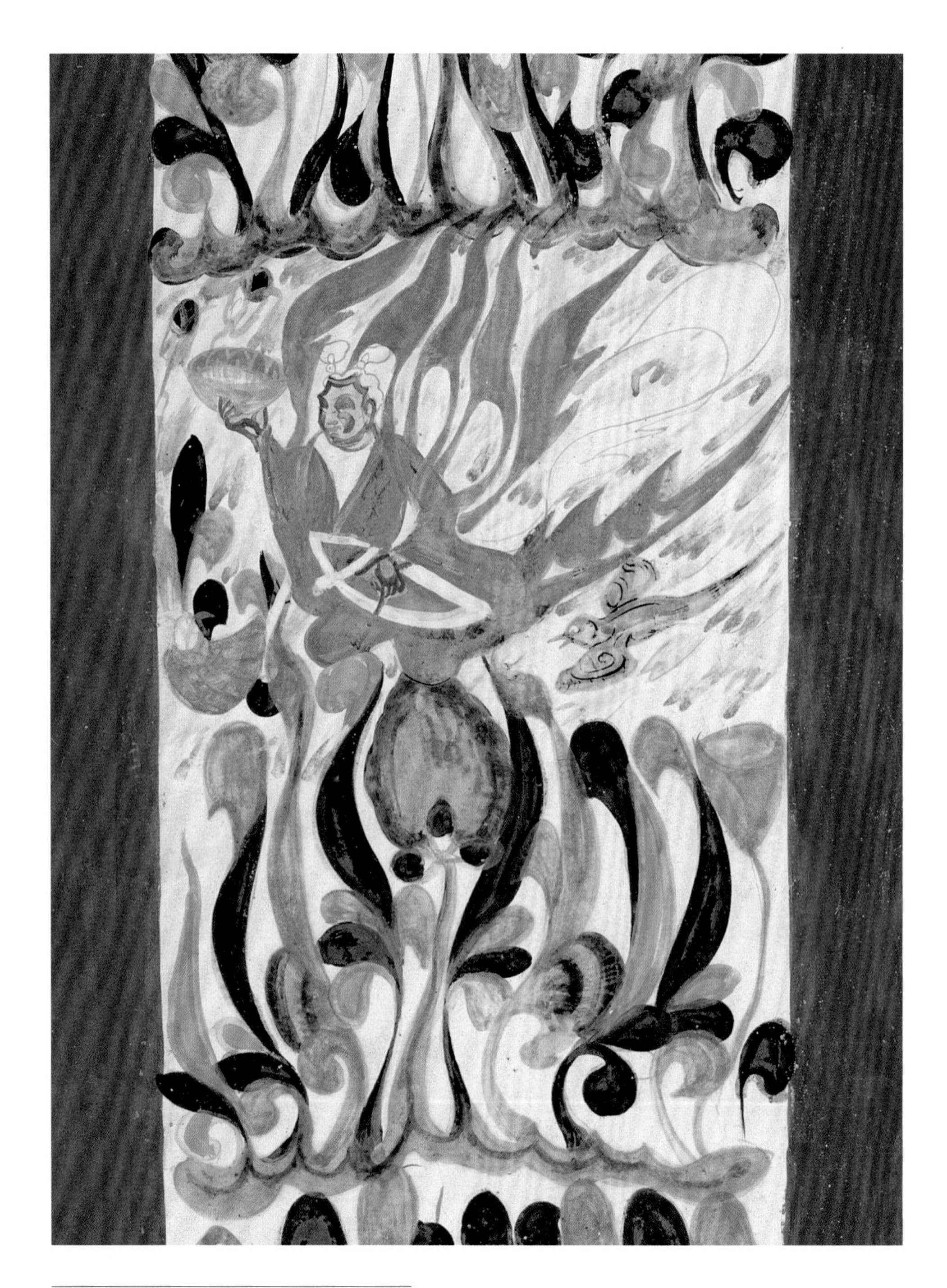

88 飛天與飛鳥

在蓮花叢中畫有飛天，頭梳雙髻，手持內盛蓮蕾的花缽，穿中原式大袍，巾帶似羽毛，身旁一長尾鳥隨其飛翔，有空間運動感。

北周 莫428 前室人字坡

第二節　隋代

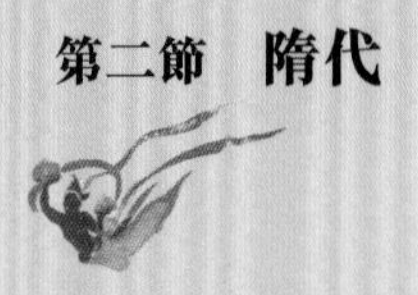

敦煌的飛天藝術以隋代最輝煌、最具創意性和藝術魅力。隋代的飛天可謂無拘無束，任意飛翔，表現出一種動感和生命的活力。

隋文帝取代北周，消滅南陳，統一全國。煬帝時，國勢強盛，出兵西征，破吐谷渾，征服突厥，疏通絲綢之路，使敦煌得以平靜。隋代在全國大興佛寺，雖然只有短短的三十餘年歷史，但卻在莫高窟建了七十餘個洞窟，可以說是莫高窟這座歷史遺跡中最閃光的一部分。這一時期敦煌飛天數目驟增，滿窟皆畫飛天，呈繚繞勢，是和朝廷的倡導畫飛天大有關係。據史籍載：隋煬帝特別喜愛飛天，他在宮中異想天開，曾延匠人為其創造"活動飛天"，在大門上掛帷幕錦幔，裝飾木雕飛天，經過機械傳導，飛天可上下升騰俯仰，捲動錦幔上升。

隋代的洞窟及壁畫極具特色，主要是受中原文化的影響，又結合本土的創造。窟形繼承人字坡、中心柱及覆斗形，窟內出現三壁開龕，及雙重內外開龕的形式，在中心柱四面，龕內外都佈滿飛天。另外，原來四壁上端，環窟繪製的天宮伎樂逐漸消失，代之改繪為飛天伎樂。

隋代繪製的飛天數量最多，形象最生動，可謂繪製精美，色彩斑斕。隋代的飛天基本為中原式女性造型，或面相清瘦，身材修長，纖腰玉臂；或豐肌麗質，婀娜多姿，眉宇含情。飛天的動態多變，俯抑斜正，騰飛俯衝，不拘一格。衣裙巾帶式樣皆出中原，裙邊多呈牙旗、三角狀，為隋代特徵。飛天佈局多為羣體，自由飛翔在佛的周圍，首尾銜接，各有姿態。

隋代的飛天表現形態豐富，繪畫技法也日臻成熟，造型不以線為主，而是線、色並用。大量用顏色鋪排，色彩濃重，效果極其強烈。加之飛天多用幾種色彩排列出火燄紋樣襯托，顯得光輝爛漫，極富想象力。飛天羣體構圖，使人感到隋代的洞窟琳琅滿目，確是飛天的世界。

隋代飛天的典型表現形式及具有代表性的洞窟如下：

一、藻井飛天。隋代的藻井，構圖變化多端，各個洞窟都不相同，但有兩個相同特點，一是中心都畫蓮花，二是都畫飛天。藻井多是方形，圍繞方形的中心，繪有一層或兩層飛天，如第305窟。有的飛天之處還加繪其他禽鳥，如第401窟藻井中繪蓮花四身旋轉飛舞的飛天，間隔繪有四種飛鳥，其中還有一人首鳥身的迦陵頻伽鳥。

二、環窟飛天。在窟的四壁，環窟繪帶狀飛天一周，有天宮欄牆紋為界線，以飛天代替過去的天宮伎樂，如第244、390窟，這是隋代飛天變化的特徵。飛天呈輻射形式，或沿一個方向，或兩側相對稱的飛行，或奏樂，或散花，或禮拜，千姿百態，輕捷快速，飄逸秀美，與洞窟肅穆的氣氛相對照，充分顯示出古代畫工的智慧才藝。

三、佛龕飛天。龕內外，特別是龕頂、龕左右及龕楣、背光，是飛天繁密聚集之處，如第420窟，飛天與火燄紋交織成輝，飛天的衣裙巾帶與火燄的色彩線條，構成火熱竄動的形態，成羣結隊的飛天，在土紅底色熊熊的火燄之上，猶如映照天空的火光，飄帶與火燄的方向一致，使畫面呈現出十分熱烈的氣氛。

四、故事畫飛天。飛天也飛進了故事畫中，為數最多的“乘象八胎”及“夜半逾城”，就是以飛天羣體捧着大象足和尾端飛行前進的造型，如第397窟。說明飛天的侍奉和供養，為佛服務的職能。

五、特殊形態的飛天。第276窟有反彈箜篌飛天一身，在莫高窟反彈琵琶圖形甚多，反彈箜篌僅見此例。該飛天頭飾雙髻，按巾衣裙，依托流雲置箜篌手背後，雙手反彈悠然自得。反彈樂器有悖於人體自然規律，實屬想象中的藝術造型。

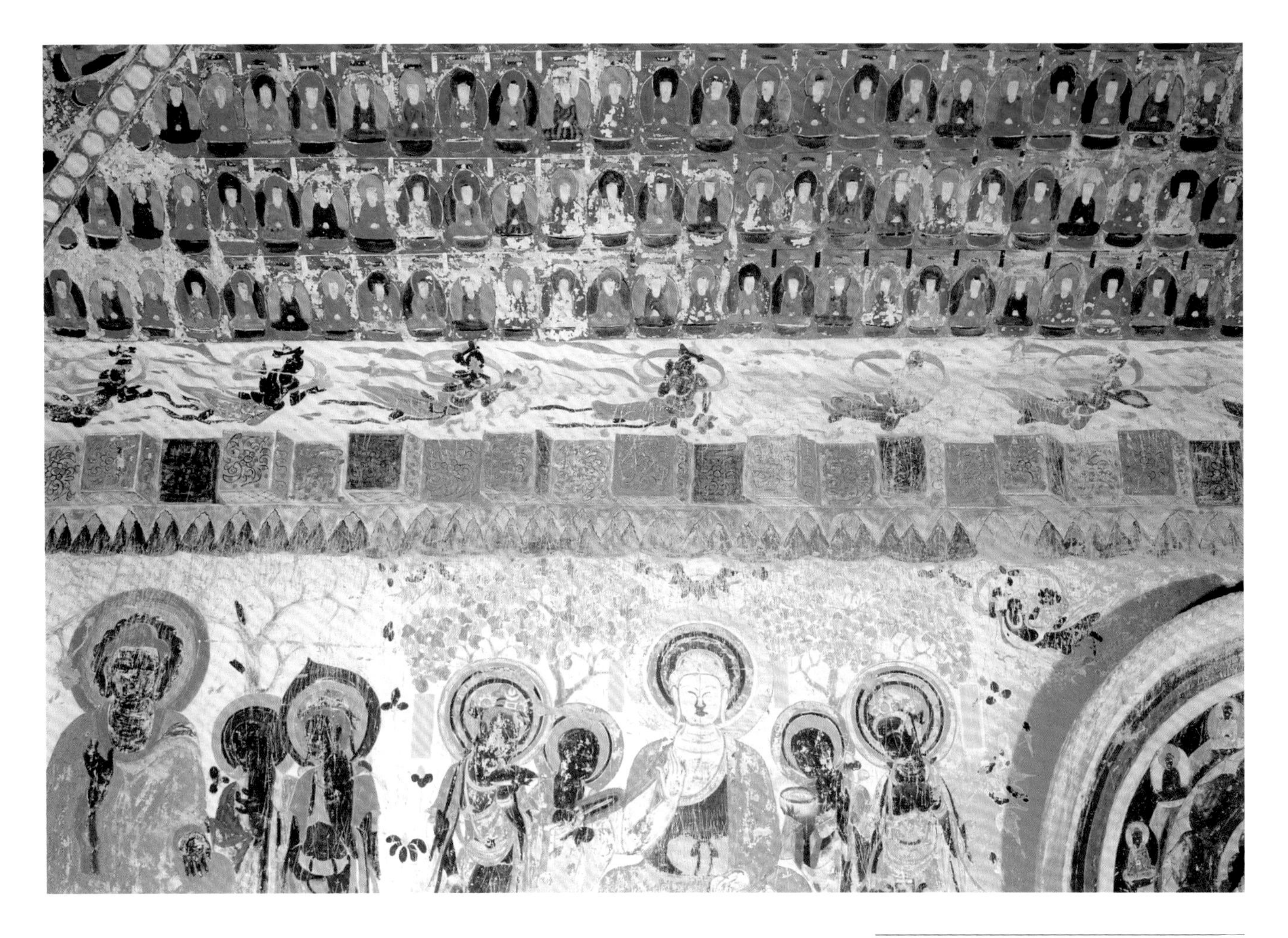

89 天宮散花飛天

在千佛和天宮欄牆之間，飛天動作自如娟秀，婀娜多姿，衣裙、巾帶用各種顏色搭配，以天花流雲顯示出飛動的速度感。隋代飛天畫法色線並用，很有顏色魅力。

隋 莫244 南壁

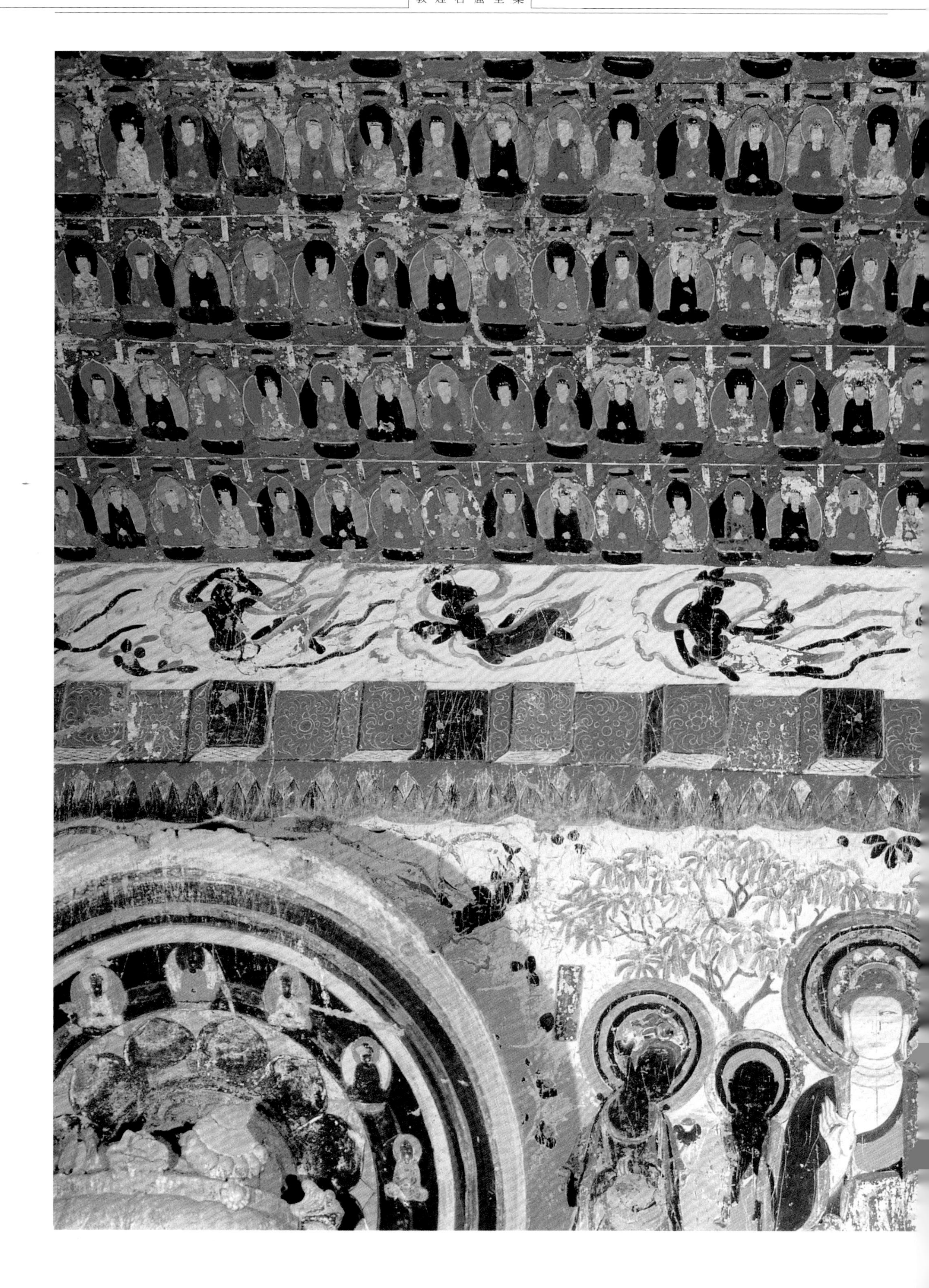

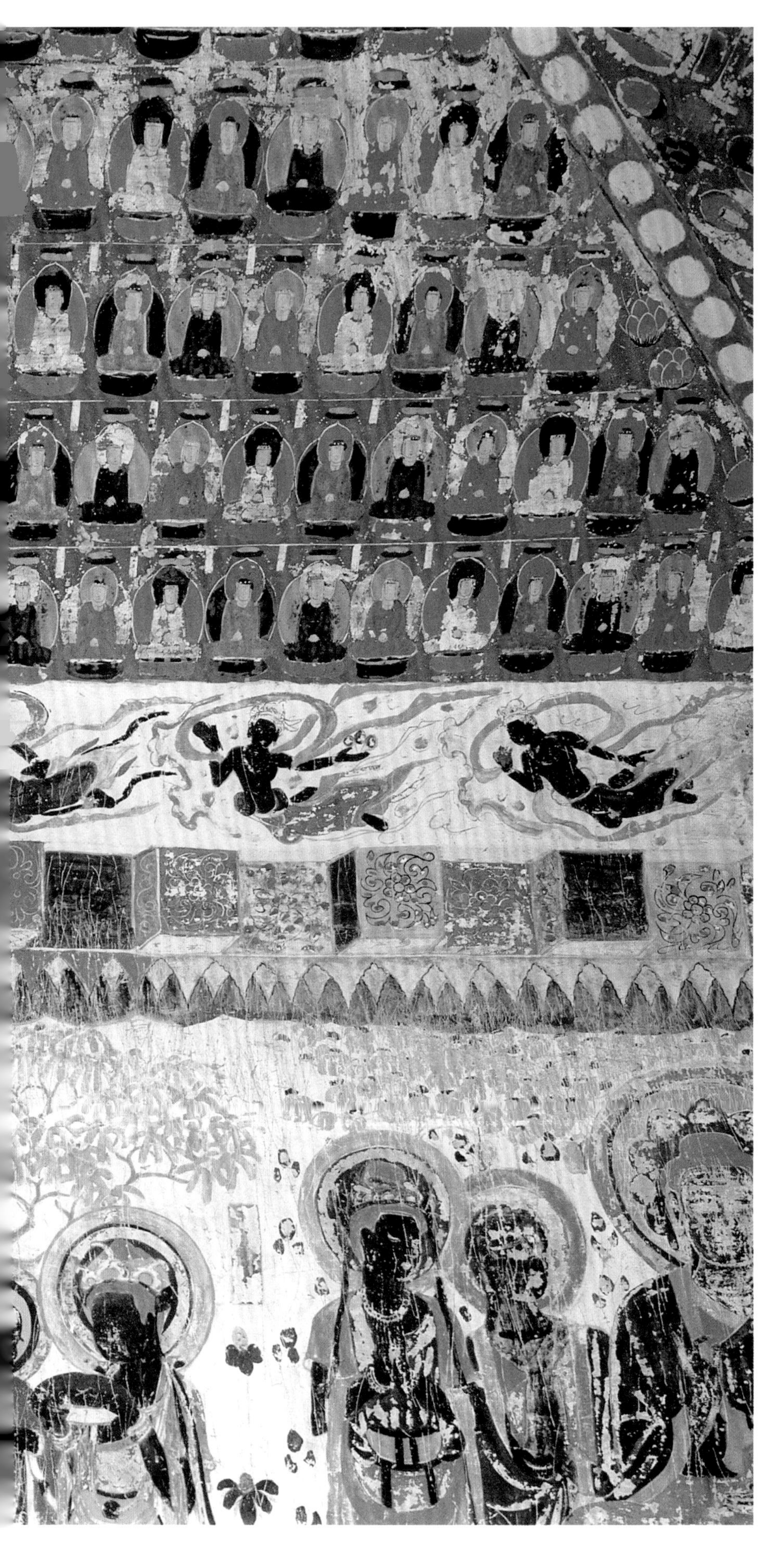

90 天宮散花飛天

此圖與前圖南北相對。飛天袒裸上身，膚色光潤，呈黑褐色，下着裙，舞姿各異，反映出女性曲線美。石綠色長飄帶，有天花流雲點綴。背景為白色，顯出天空曠遠之感。

隋 莫244 北壁

91 天宮散花飛天

見下頁 ▶

在天宮欄牆之上，飛天體態纖細輕盈，或托舉花盤，或拋撒花瓣，動作舒展，巾帶隨天花流雲一起飛揚，給整個畫面增加動感和活力。隋代飛天非常講究色彩的變化，以色彩表現意境。

隋 莫427 南壁

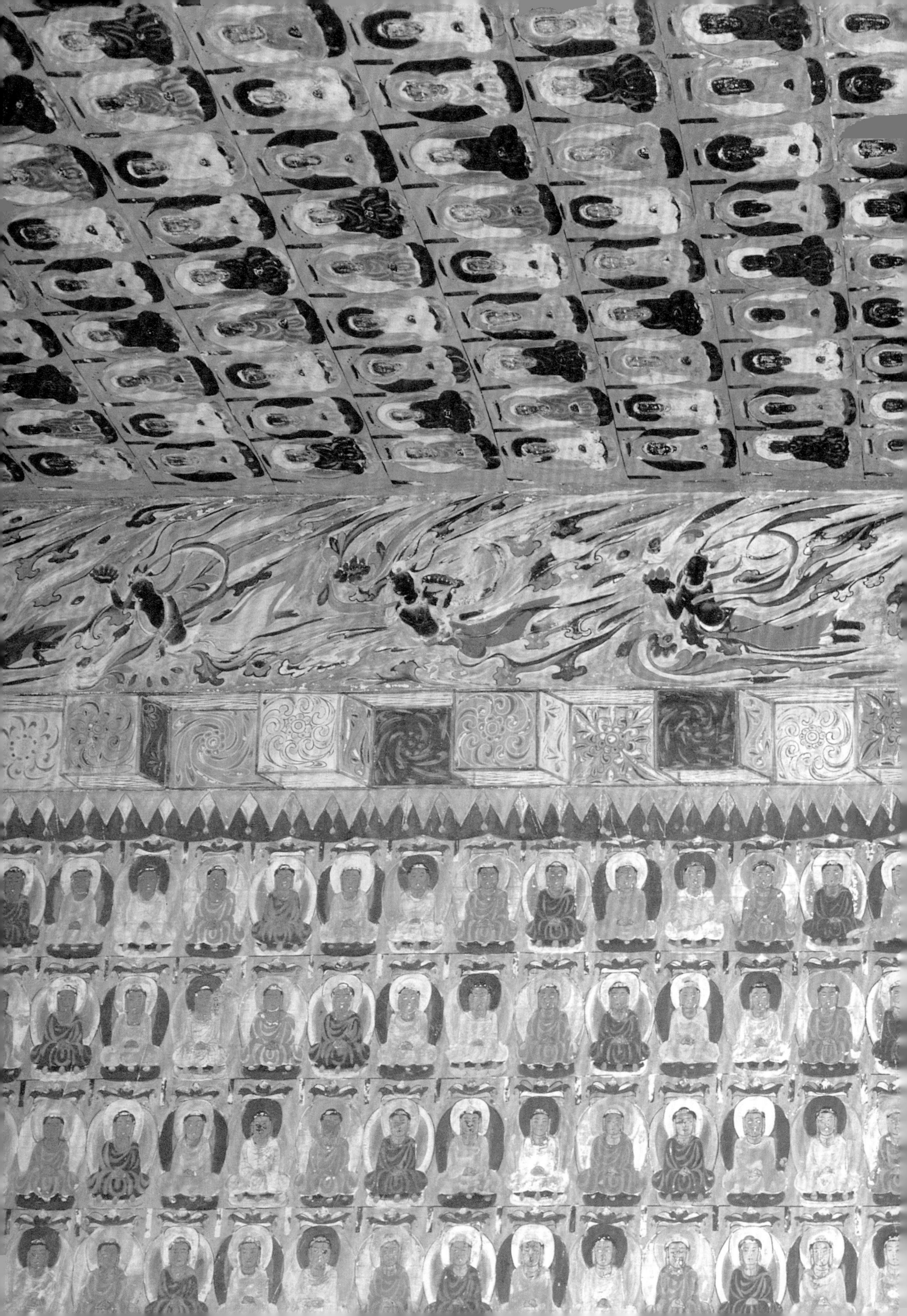

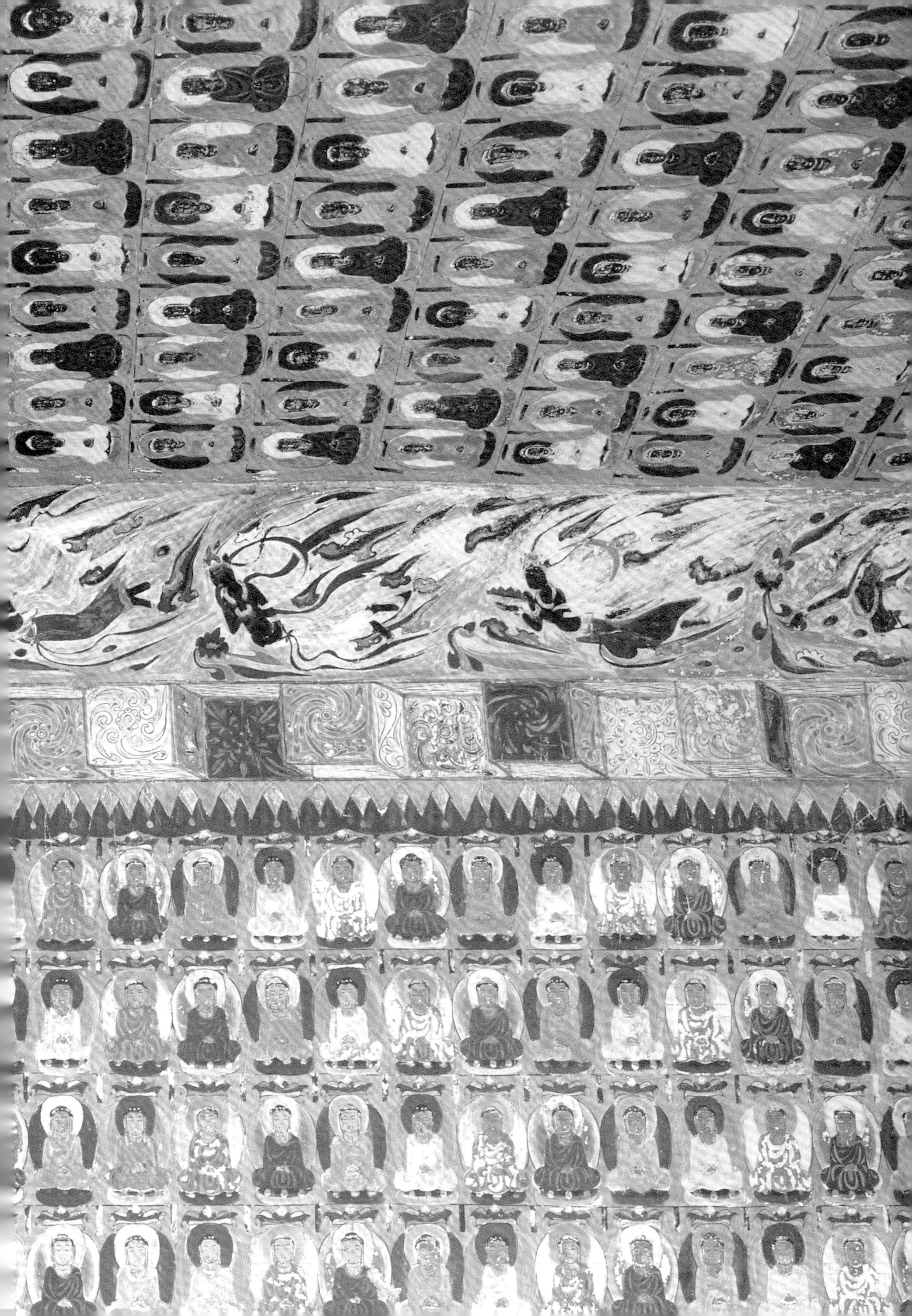

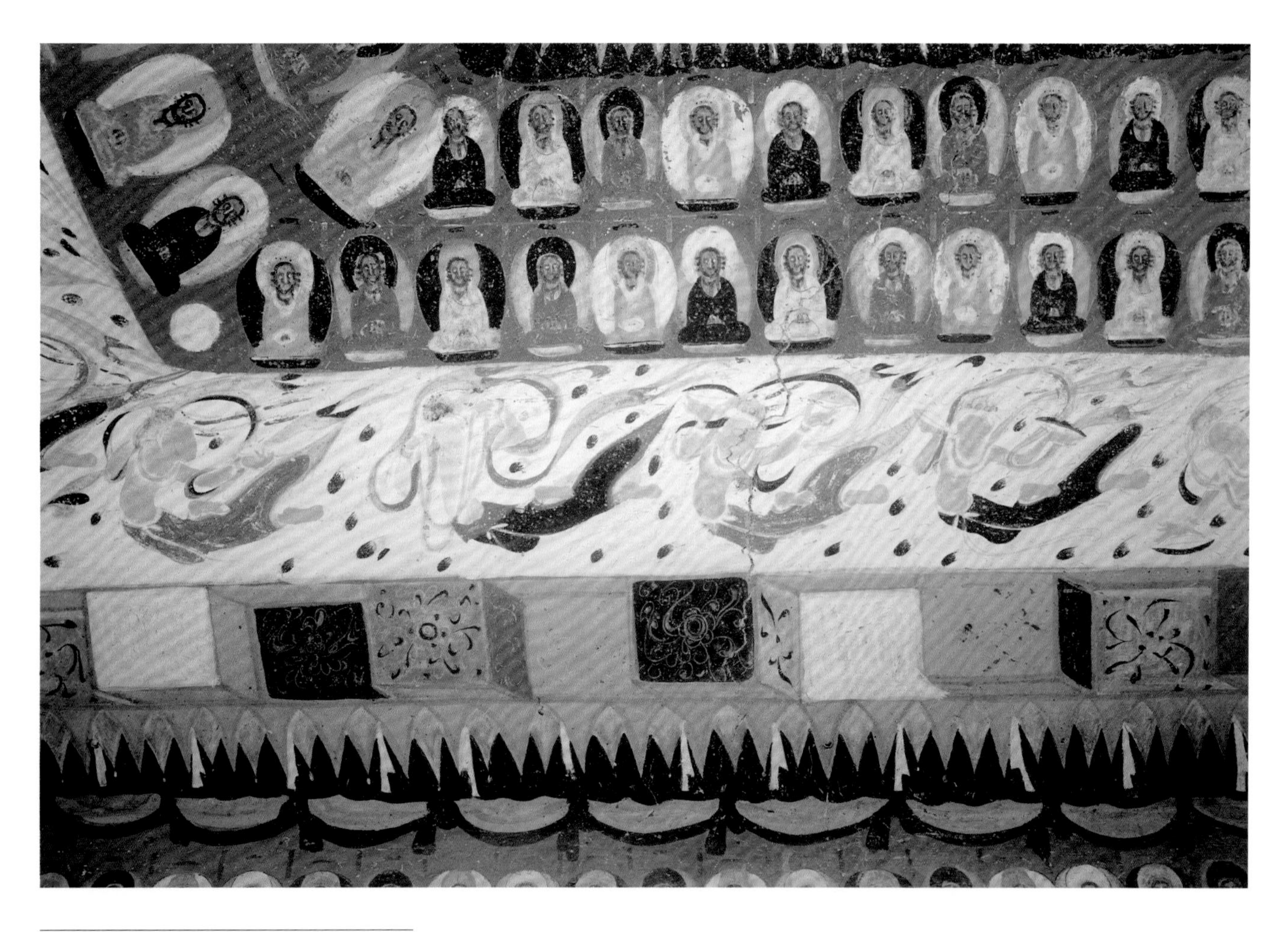

92 天宮散花飛天

天宮欄牆上方飛天手托花盤散花，空中佈滿花瓣。四身飛天姿態各異，頗為生動，但面目不清，色彩也顯得單調。

隋 莫266 窟頂北坡

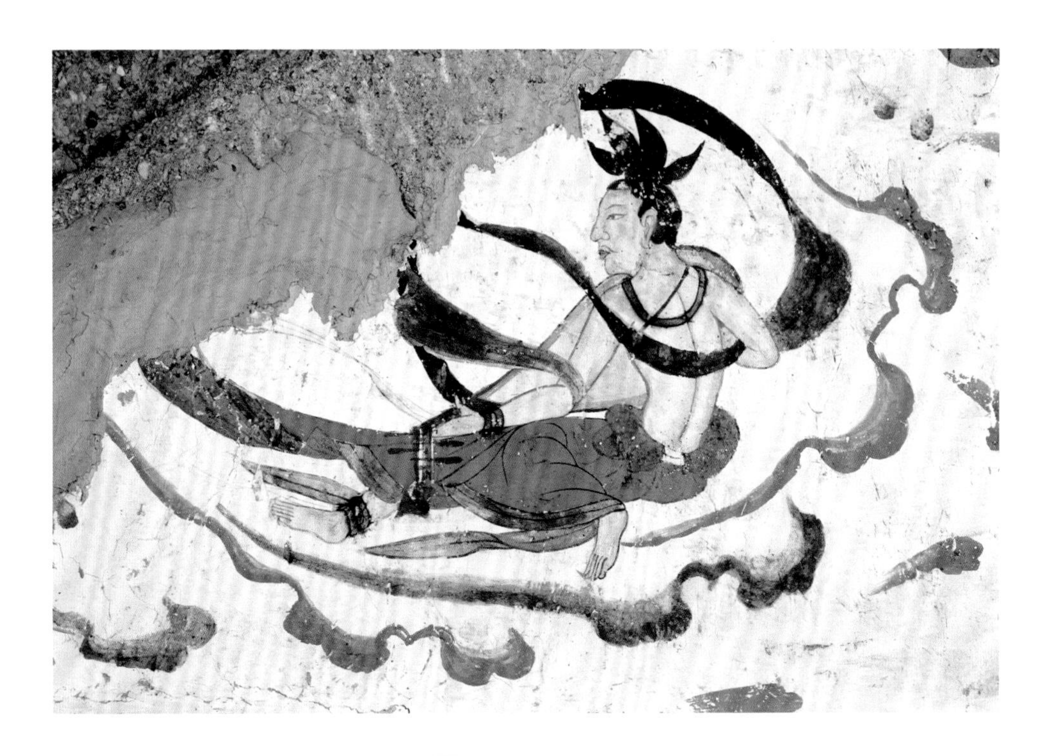

93 琵琶伎樂飛天

飛天有髫鬚，束髮髻巾呈花瓣狀在一排伎樂飛天中有意安排背身演奏的形式，避免了構圖上的單調。

隋 莫276 窟頂北坡

94 箜篌伎樂飛天

此圖與前圖對稱排列。飛天頭束雙髻，身佩聖線，背身彈箜篌，動作很寫實，亦不多見。飄帶飛揚，成大環，形象極為瀟灑。

隋 莫276 窟頂北坡

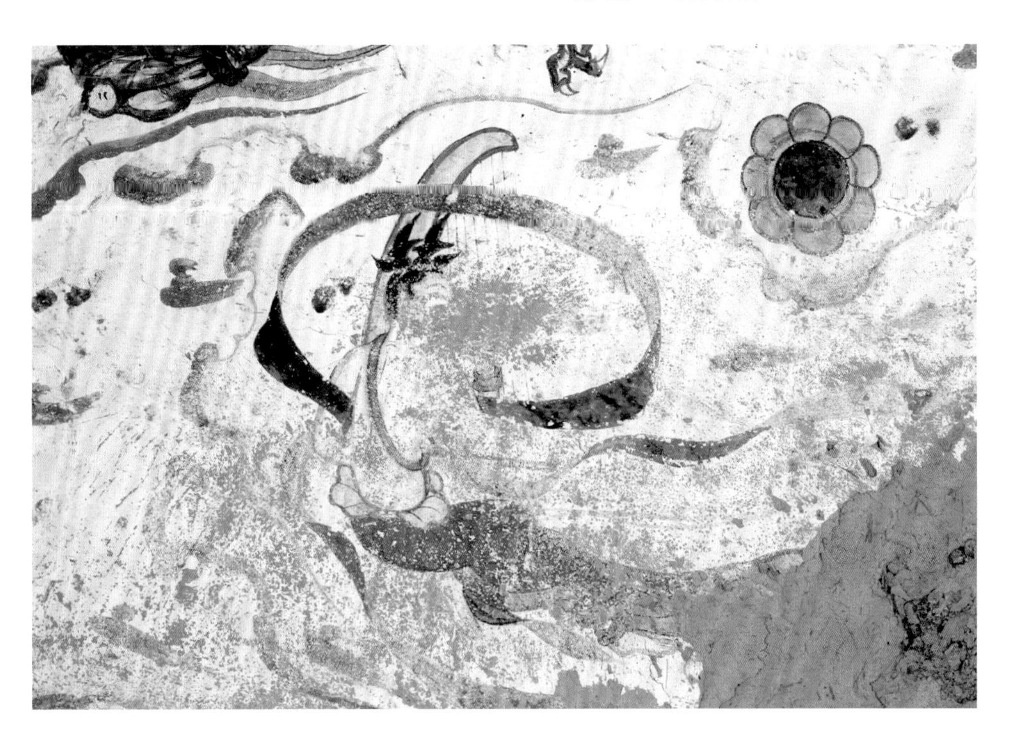

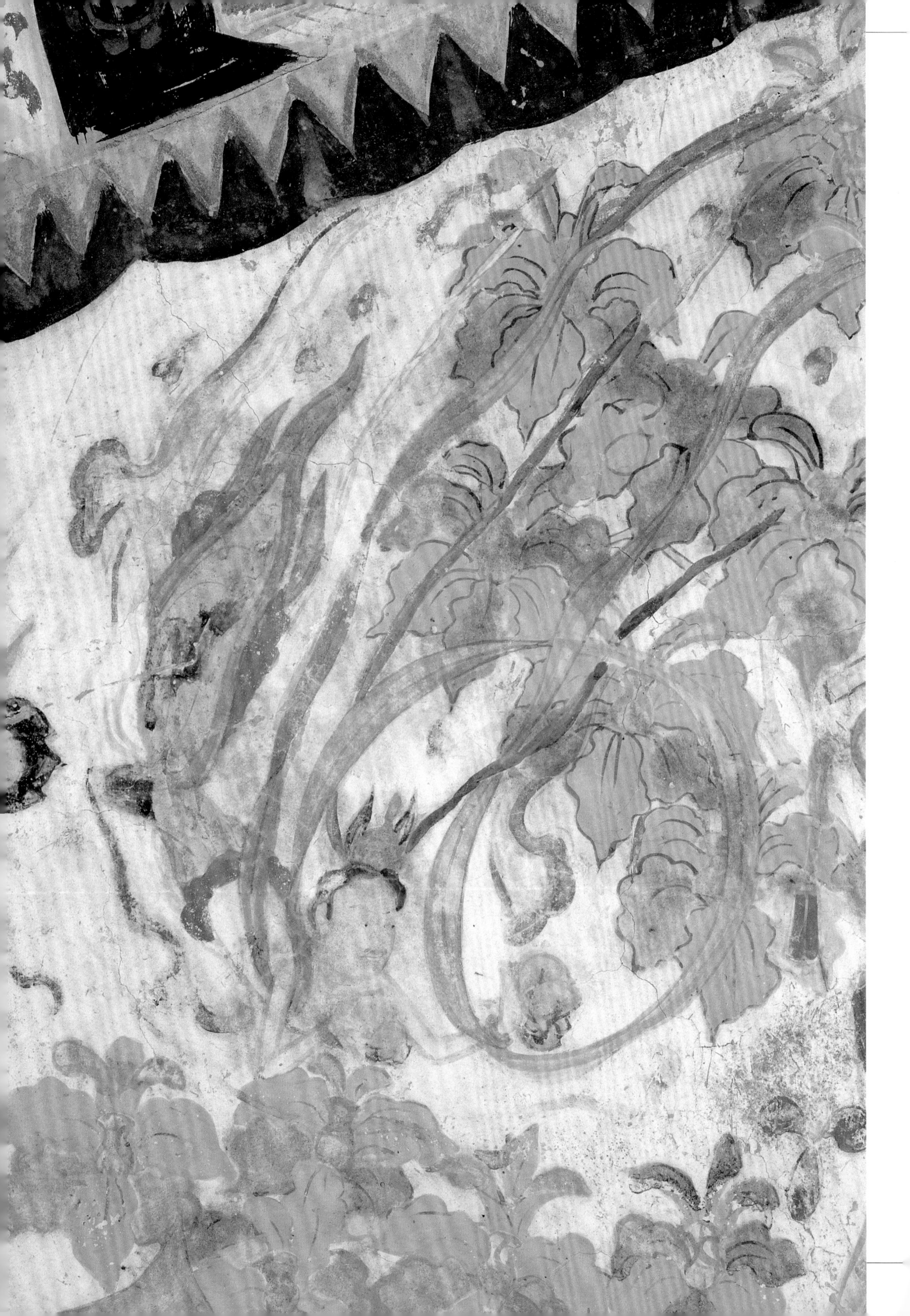

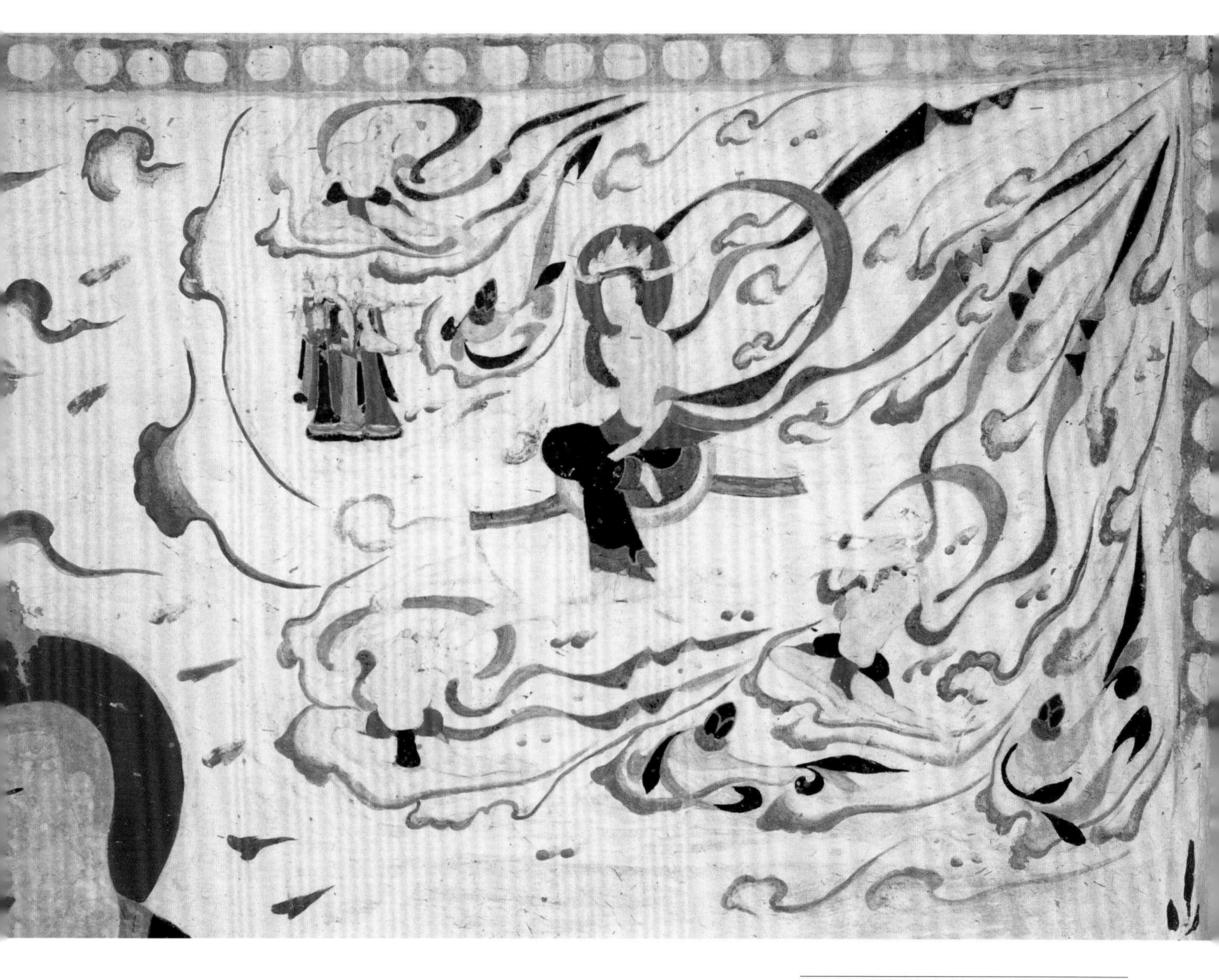

96 乘象入胎中的飛天

在佛傳故事“乘象入胎”中，太子着菩薩裝乘象奔馳而至，前方有伎樂引導，象蹄由飛天抬舉，騰雲駕霧。此處飛天僅着短褲，舉雙手如力士，是飛天的另一種形象。

隋 莫280 西壁龕上

95 散花飛天

飛天有髯鬚，束髮戴冠，置身於花木之中，雙手捧花自天而降。勾線流暢，色彩協調，但頭大，手臂細小，造型不成比例。

隋 莫278 北壁

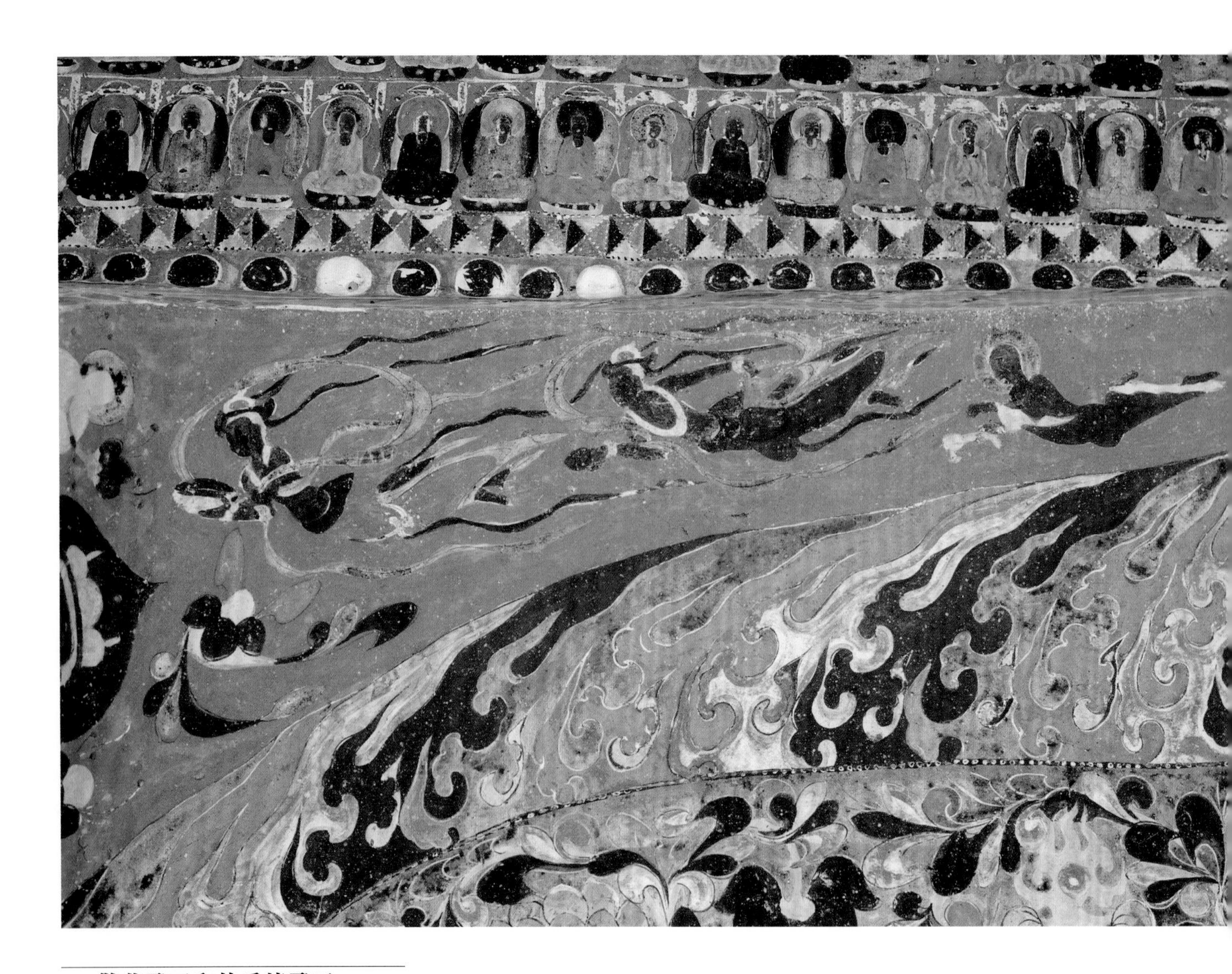

97 散花飛天和持香爐飛天

在火燄、蓮花、忍冬的上方，兩身飛天苗條娟秀，袒裸上身，手捧蓮花盤提飄帶飛翔；另一身光頭為比丘形，手持長柄香爐，焚香供養。

隋 莫282 西壁龕楣

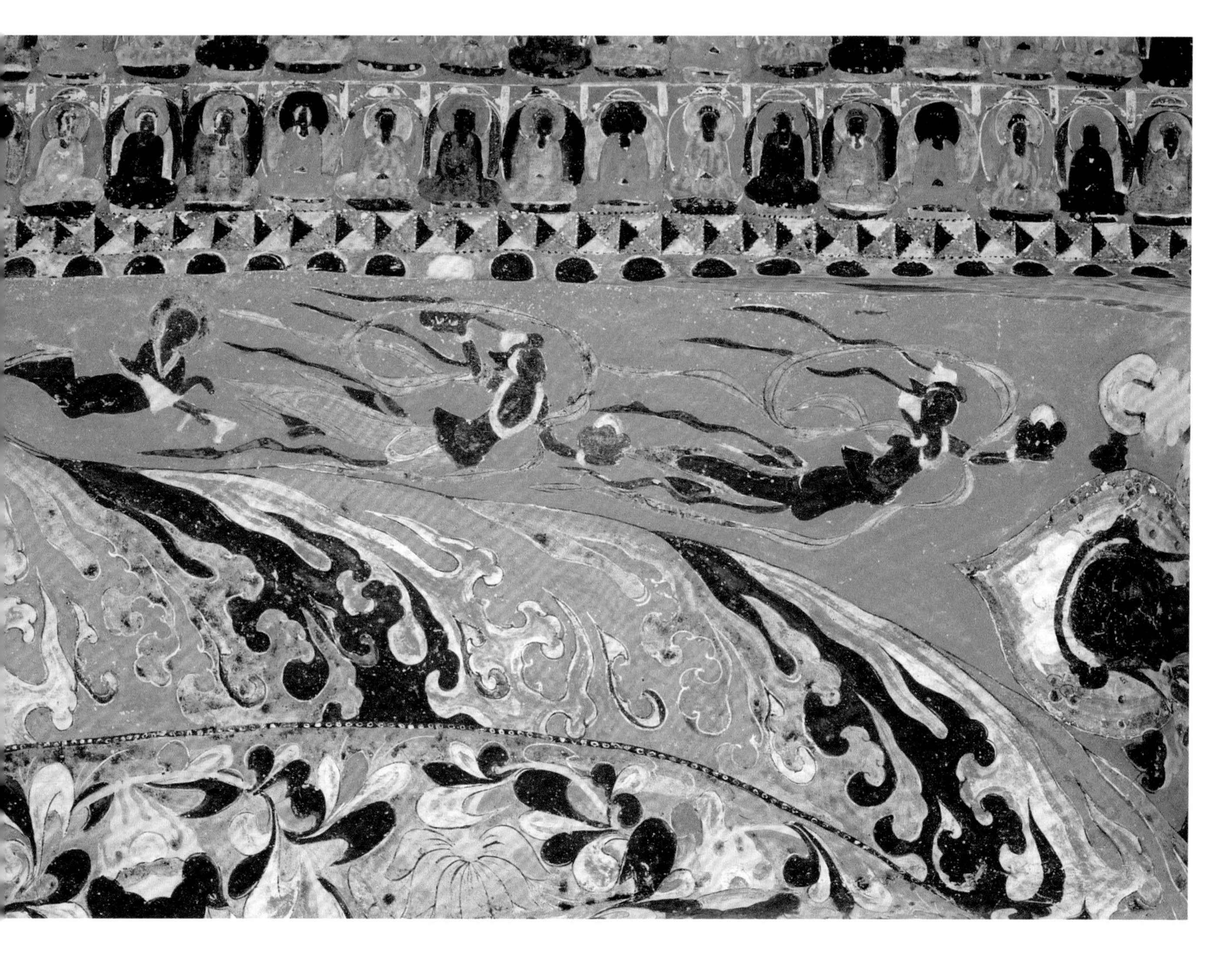

98 散花飛天和持香爐飛天

此圖與前圖相對稱。兩身托花盤飛天在前，一身持長柄香爐在後，造型優美準確，勾線精細。土紅色地，着黑褐色衣裙白色飾物，石青色飄帶，色彩鮮明。

隋 莫282 西壁龕楣

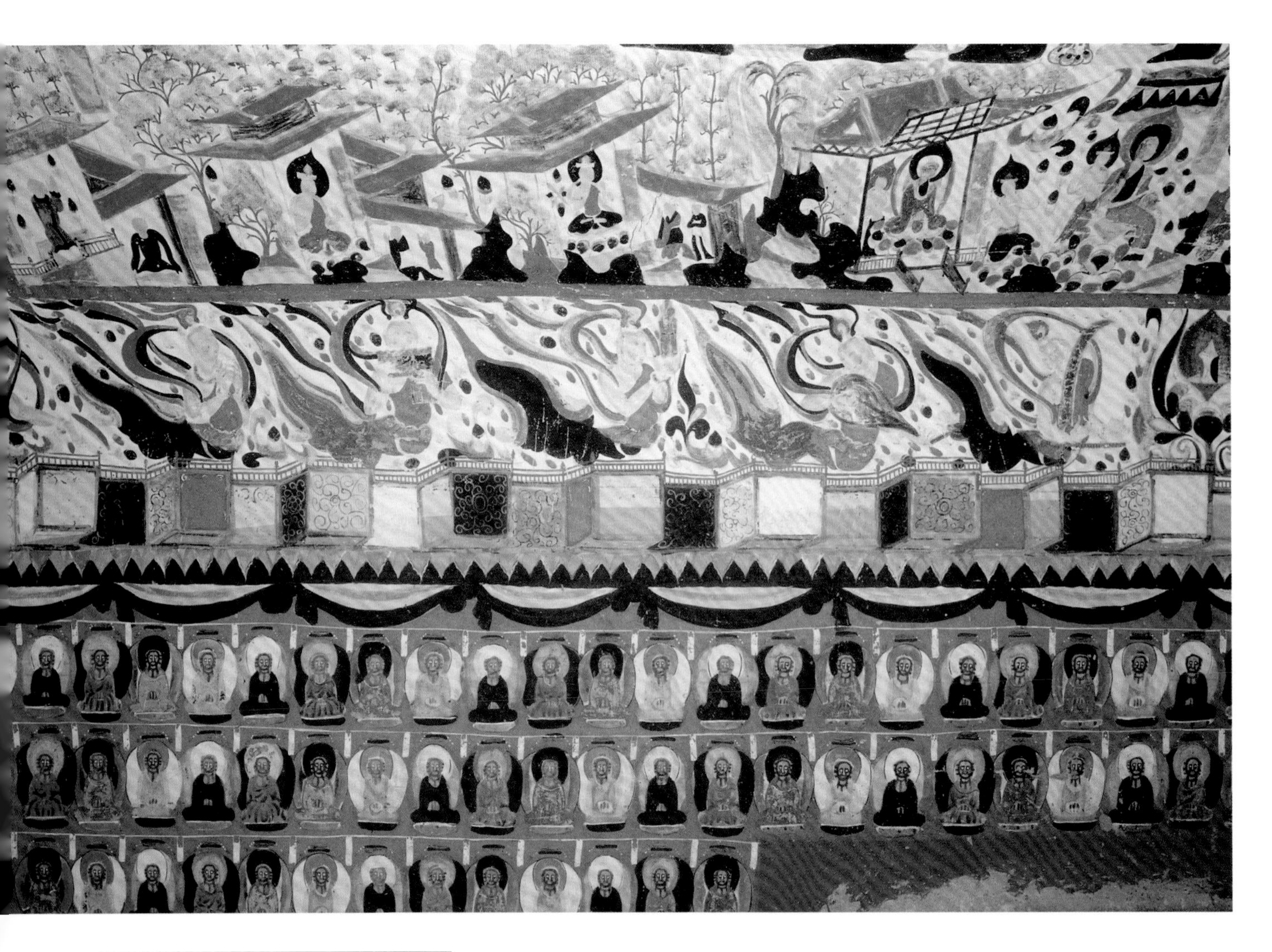

99 天宮伎樂飛天

在天宮欄牆上方飛動一排飛天，束髮戴冠，熱烈地演奏着箜篌、琵琶、笙、排簫和海螺，裙襬如火燄，飄帶飛揚，點綴天花。裙、帶用赭、藍、黑、灰相間塗飾。

隋 莫303 前室人字坡

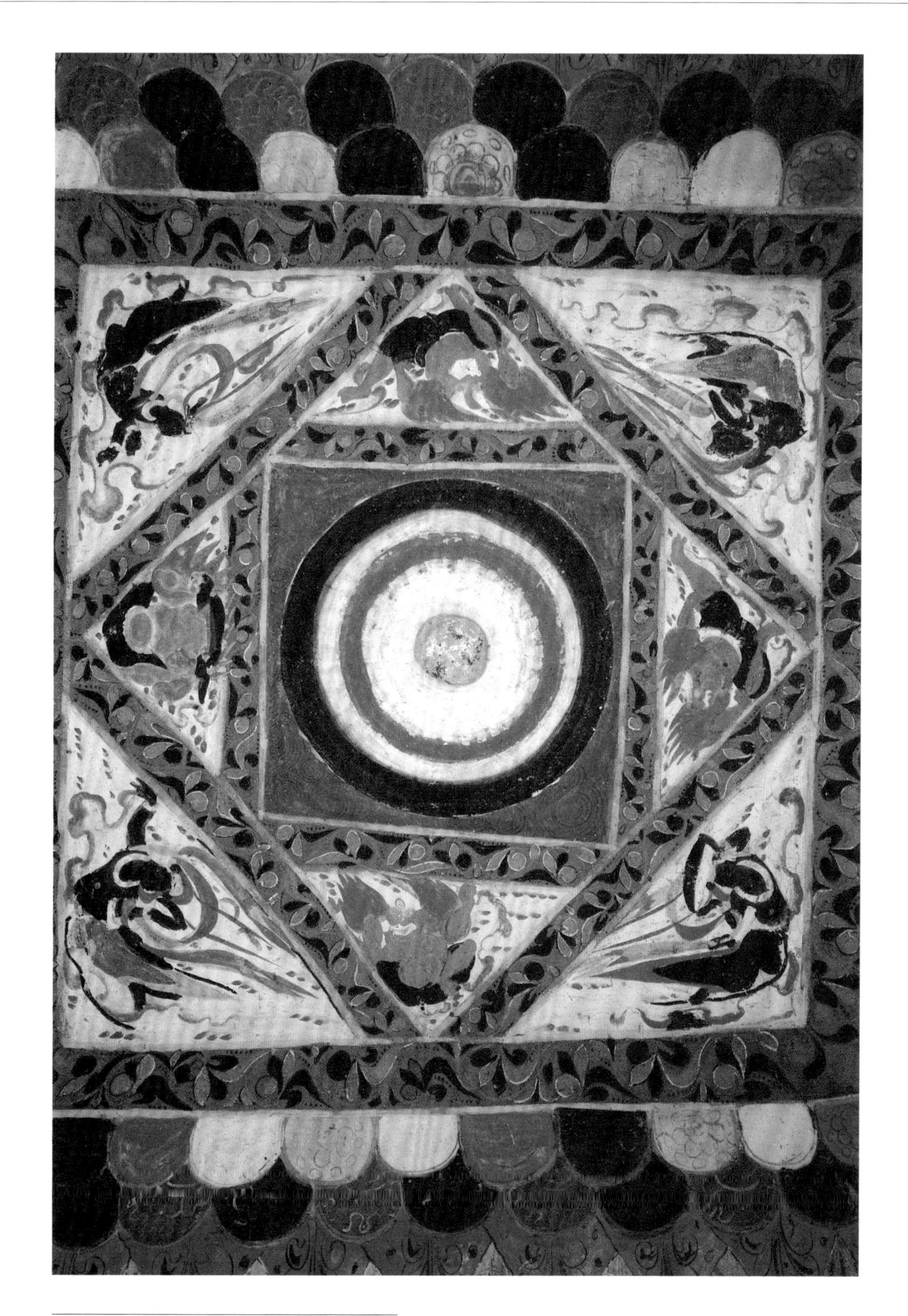

100 藻井飛天

藻井的井心為大蓮花浮在繪滿旋渦的水池中。內四岔角有雙翼怪獸，外岔角繪四飛天，梳髮髻似女性，戴項飾臂釧，托盤散花。紅色束髮髻巾帶，藍色飄帶，紅或赭色裙，用色豐富細緻。

隋　莫305　窟頂

101 環寶蓋飛天 見下頁 ▶

藻井四周飾流蘇垂幔，表示華蓋，華蓋下天人環宇飛行。東王公、西王母（一說為帝釋天和帝釋天妃）乘龍車鳳輦，飛天、羽人散花引導，氣氛熱烈而莊嚴，顯示出道釋合一的盛況。

隋　莫305　窟頂四坡

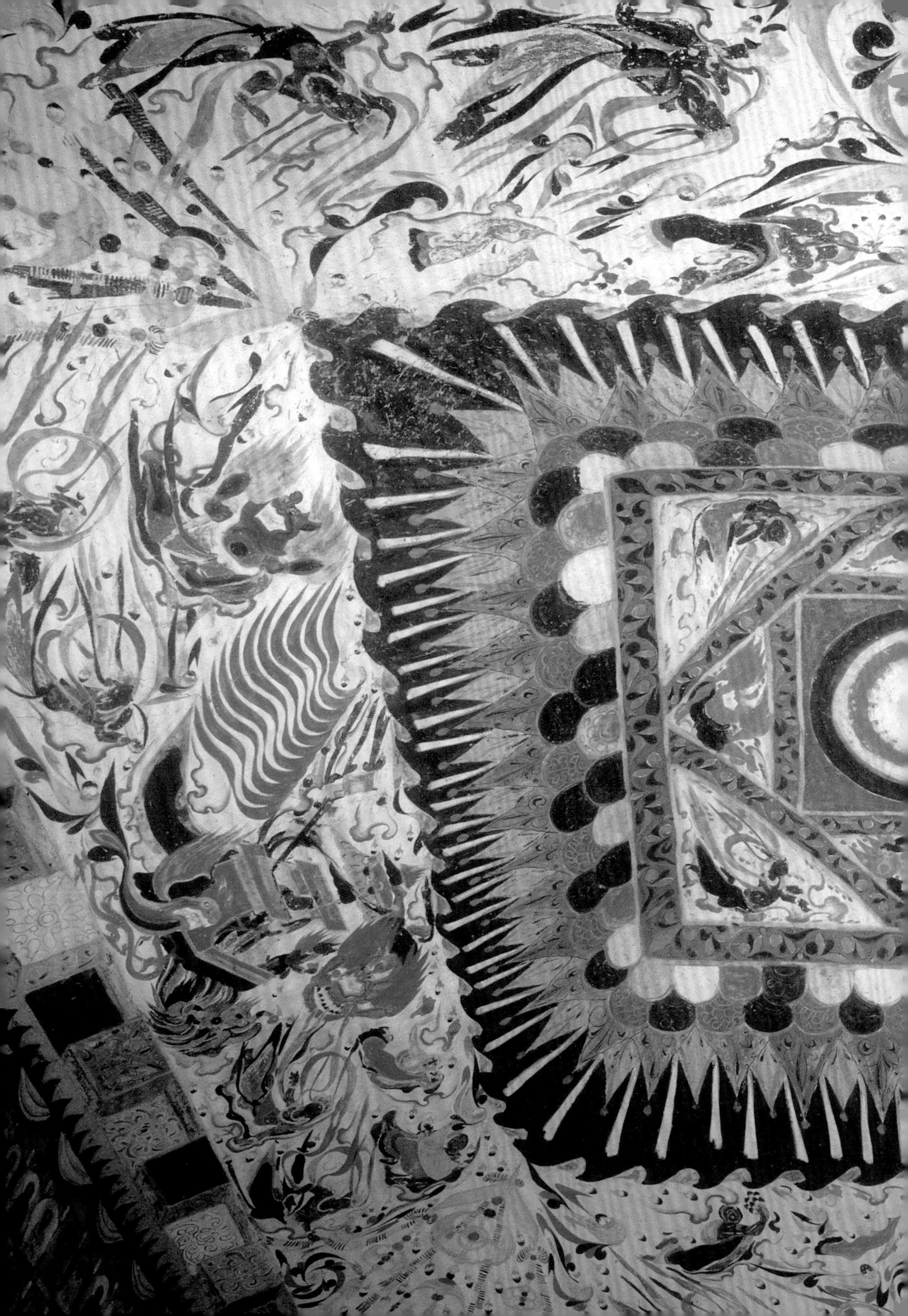

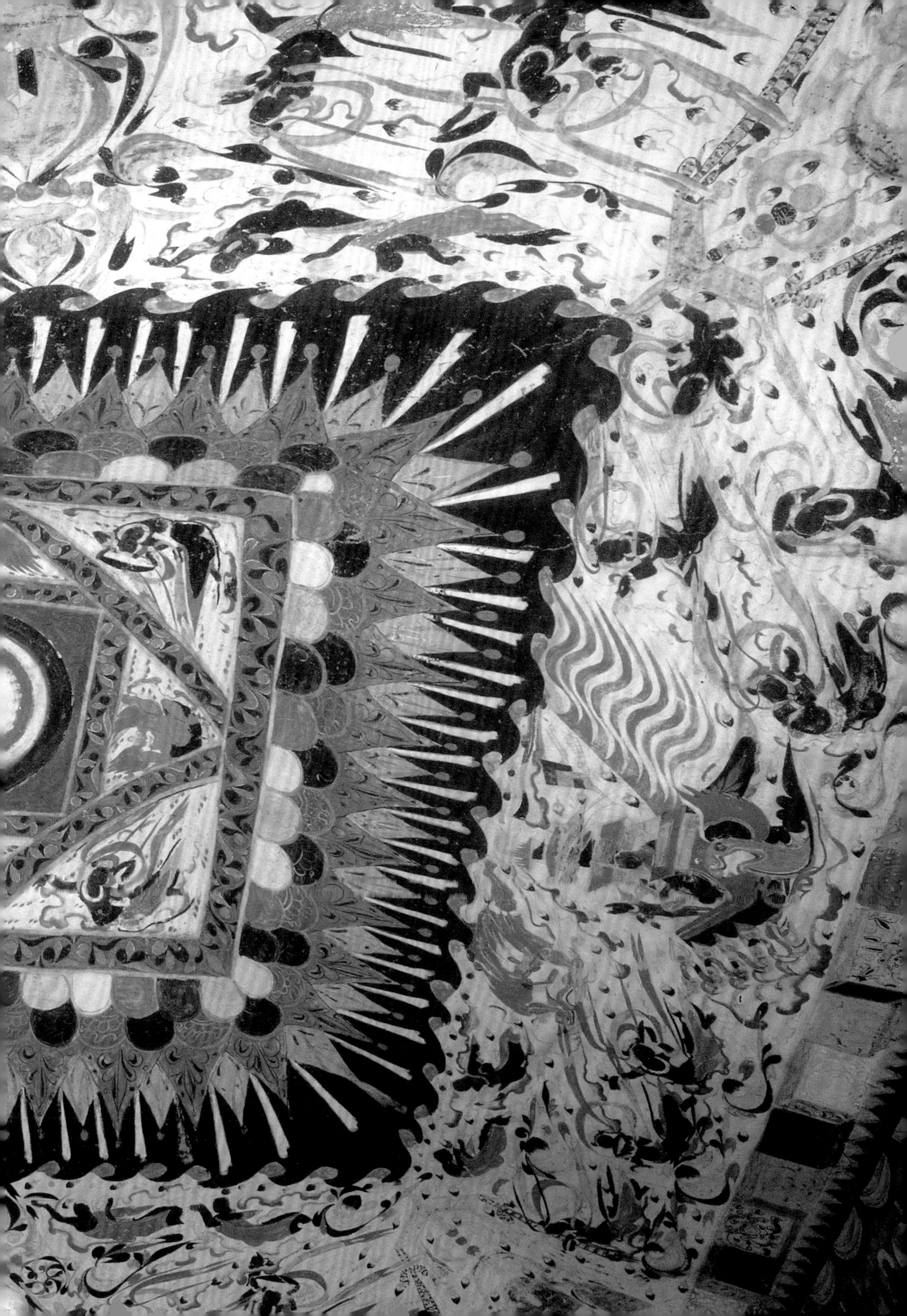

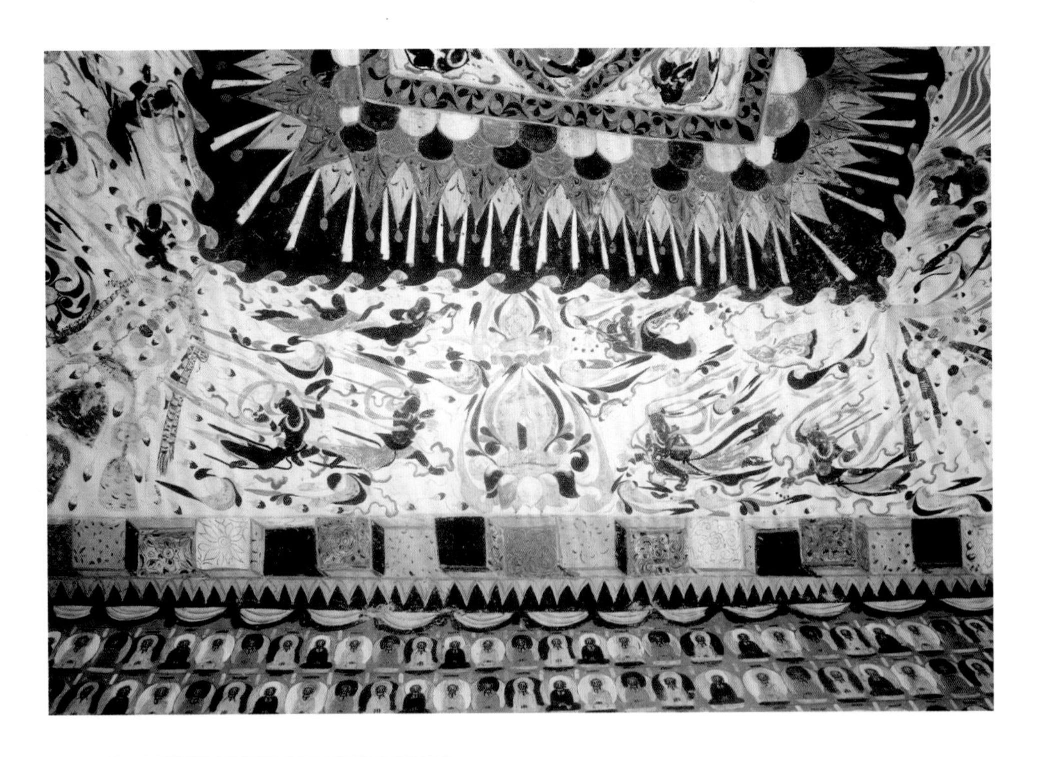

102 **摩尼寶珠飛天羣**

以蓮花火燄摩尼寶珠為中心，一羣飛天在天花流雲中穿行，姿態瀟灑，不拘於形式。造型顯出世俗化，有的梳雙髻像少女，有的穿右袒袈裟似比丘，服飾有長裙、袈裟、裙圍、長腳褲，多種多樣。

隋 莫305 窟頂東坡

103 **摩尼寶珠飛天羣**

此圖與前圖相對應，繪蓮花火燄摩尼寶珠和八身飛天。其中上方四身為比丘裝，下方四身飛天為穿着色長裙及裙圍的少女，他們姿態優美，有如春燕在彩雲間穿梭。

隋 莫305 窟頂西坡

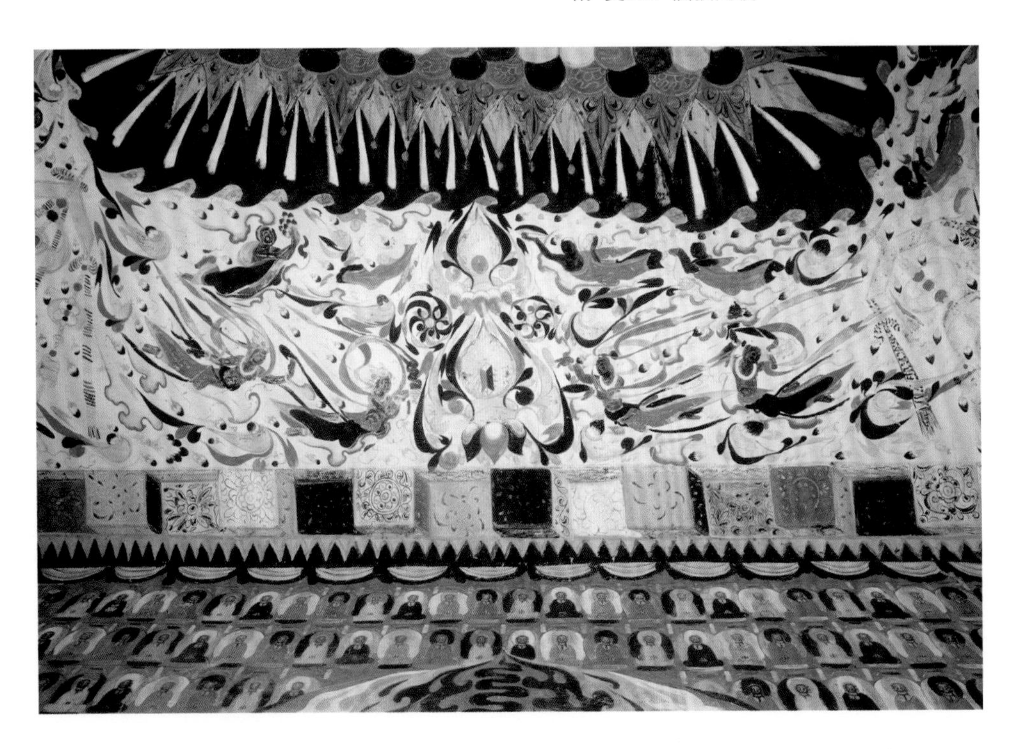

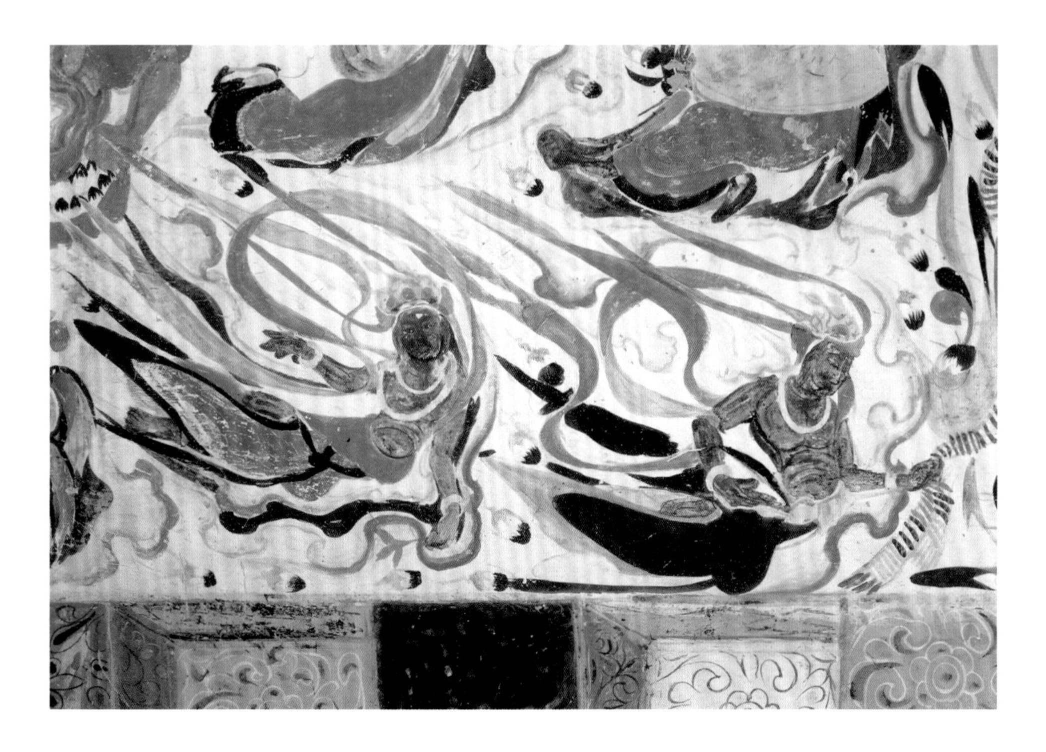

104 散花飛天

東王公（一説為帝釋天）的龍車前繪兩身飛天，頭戴三珠寶冠，帶項鏈、釧鐲，前一身手握流蘇，表現出飛天的輕盈。身體比例適度，用暈染表現肌膚。

隋　莫305　窟頂北坡

105 散花飛天

此圖與前圖相對應。西王母（一説為帝釋天妃）的鳳輦前繪兩身飛天，戴蓮花寶冠、項圈和手鐲，一身雙手托花盤，一身左手托盤，右手散花，動作舒展，衣裙如燕尾，空中飄着豔麗的花雨，表現出一種流速感。

隋　莫305　窟頂南坡

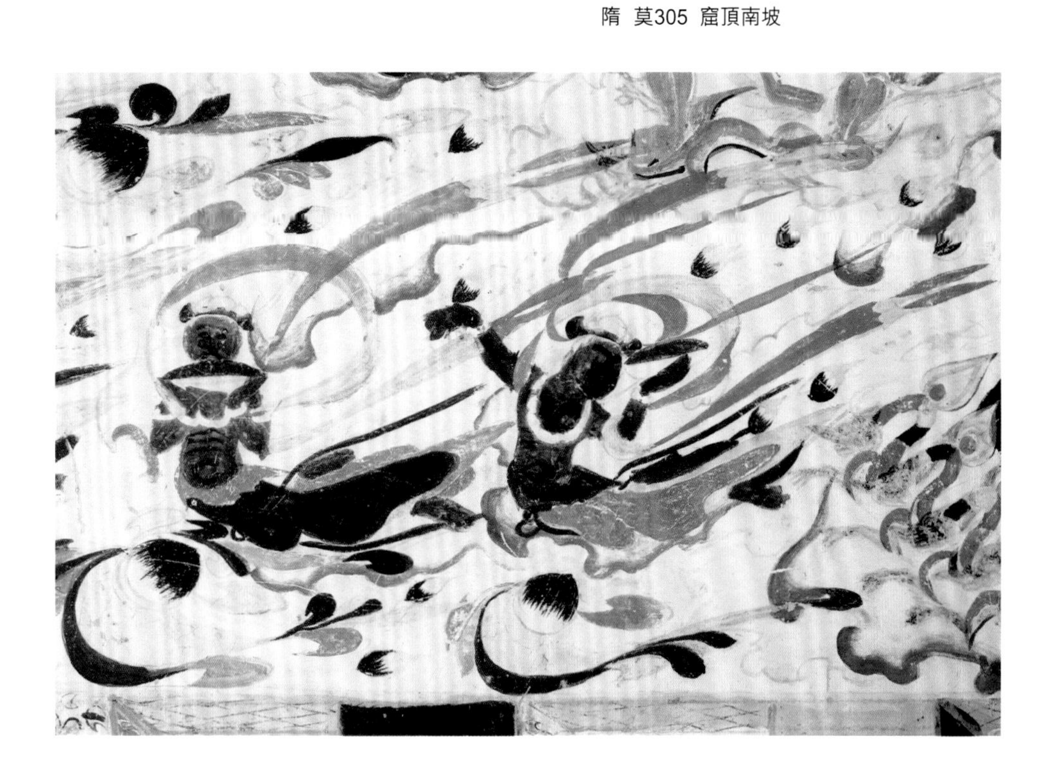

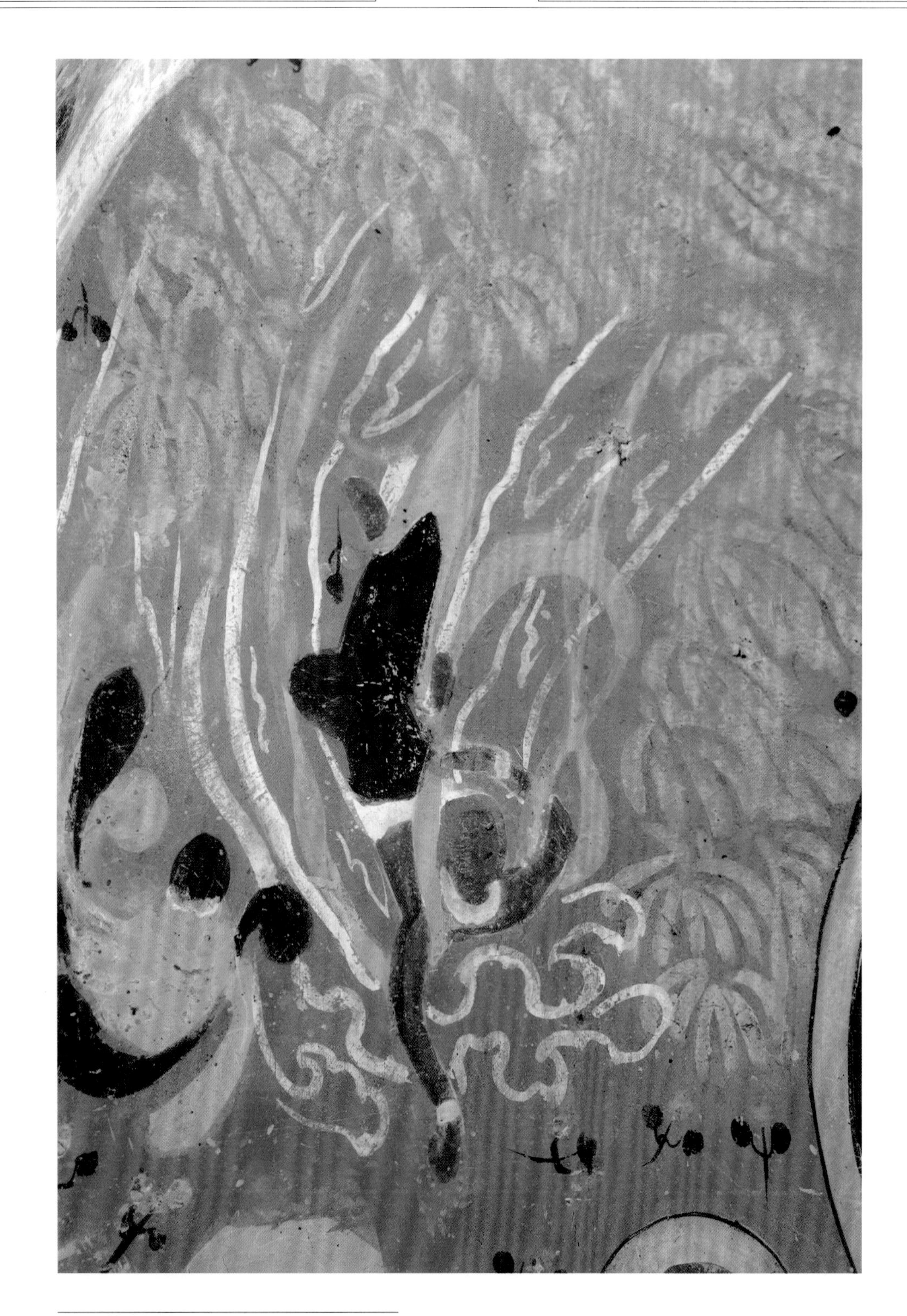

106 菩提樹飛天

菩提樹一側飛天自上俯衝而下，襯以白色的流雲，很有速度感和力度。飛天兩臂圓潤，一臂下探，一臂後揚，抬頭張望，動作優美生動。畫面只用顏色寥寥數筆畫出，十分寫意。

隋 莫312 西壁龕頂

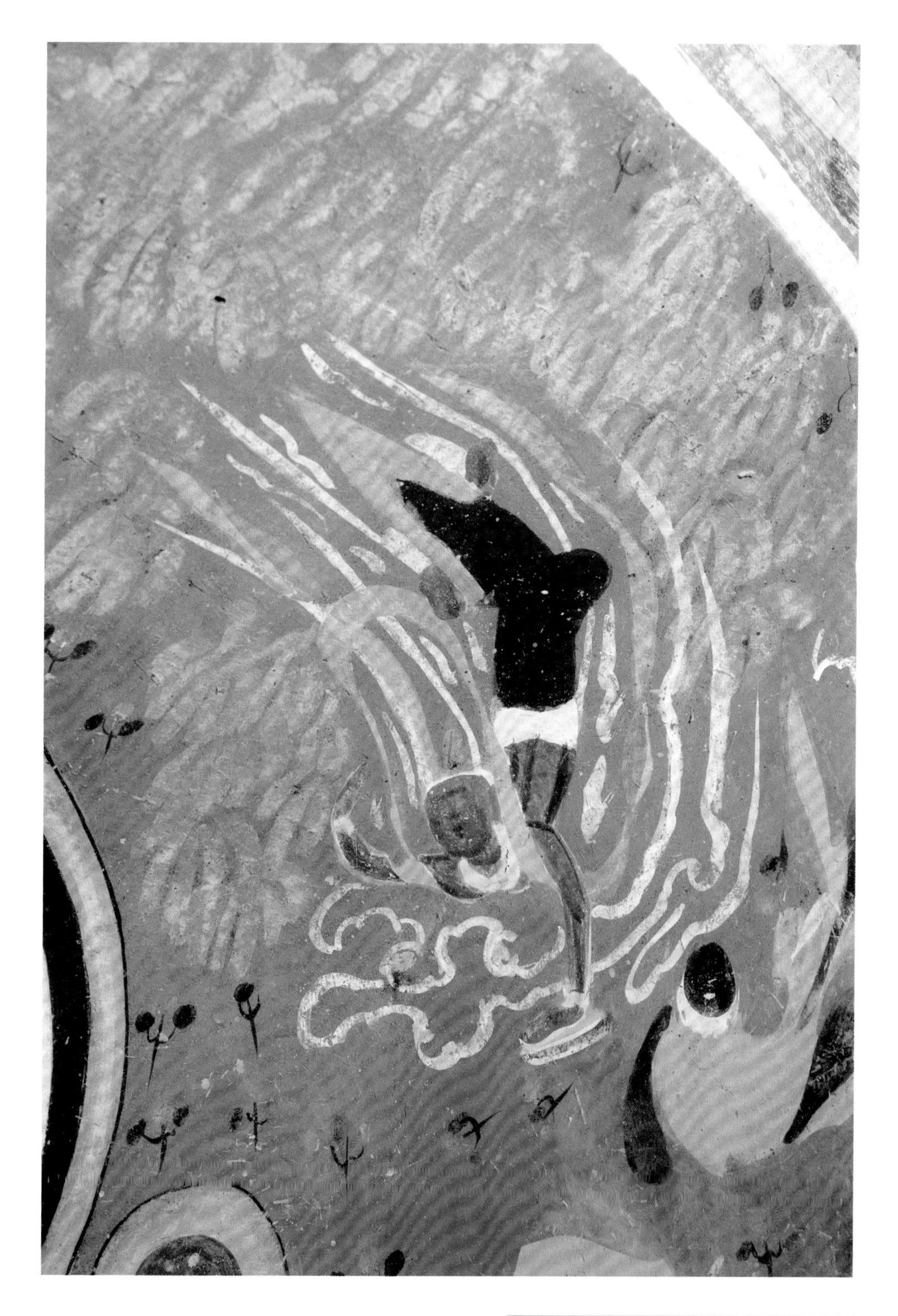

107 菩提樹飛天

此圖與前圖相對應。飛天自菩提樹的葉間降下，左手捧花盤，右手散花。土紅色地，石綠的菩提樹，白色的流雲，把深褐色的飛天襯托得更加典雅。

隋 莫312 西壁龕頂

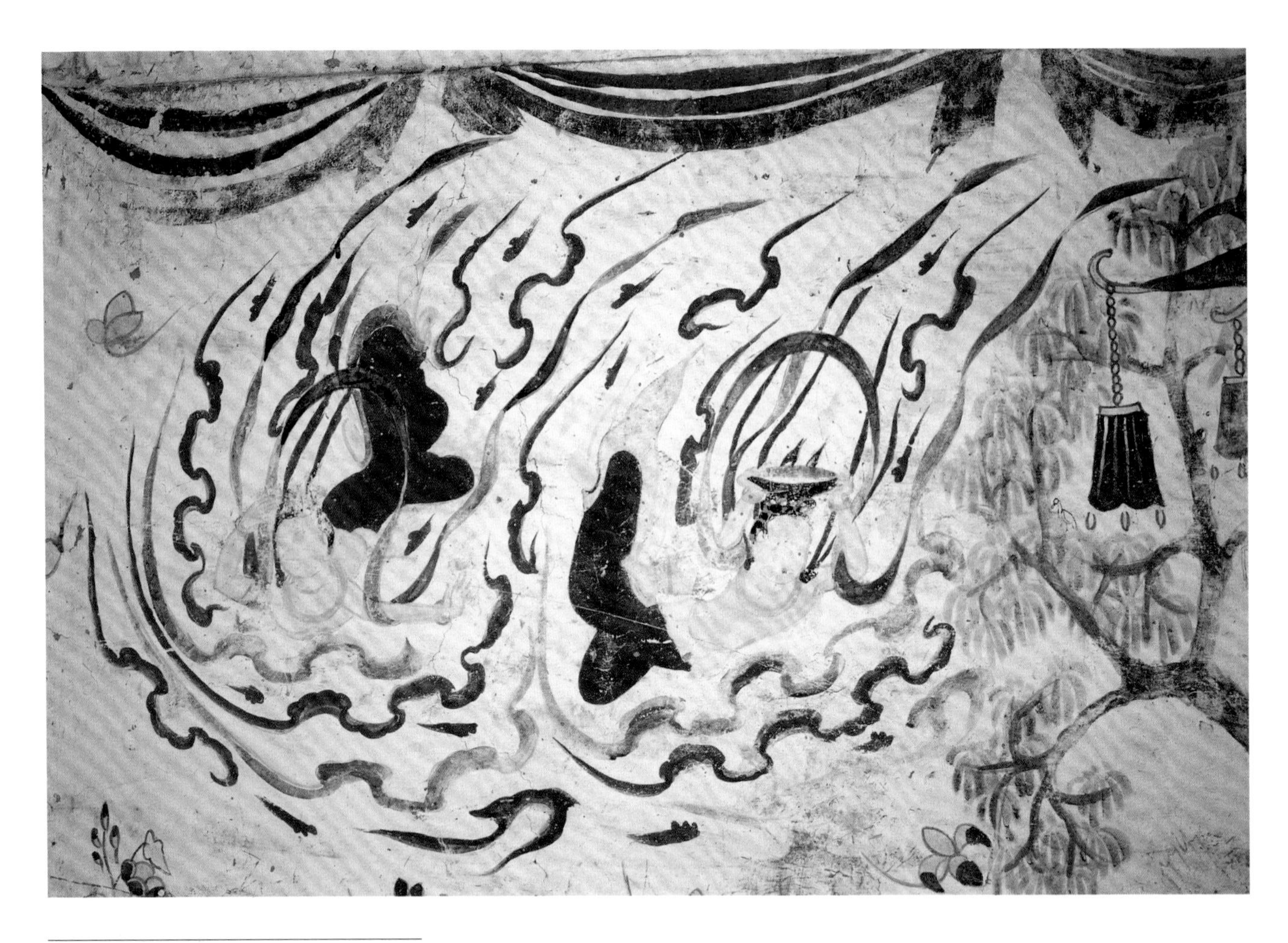

108 **說法圖飛天**

在彌勒說法圖上繪的飛天，從天而降，赴會聽法。東側兩身飛天，一頭頂花盤，一手持花枝，昂首橫飛。用赭紅線勾描，淺淡而協調。

隋 莫313 南壁

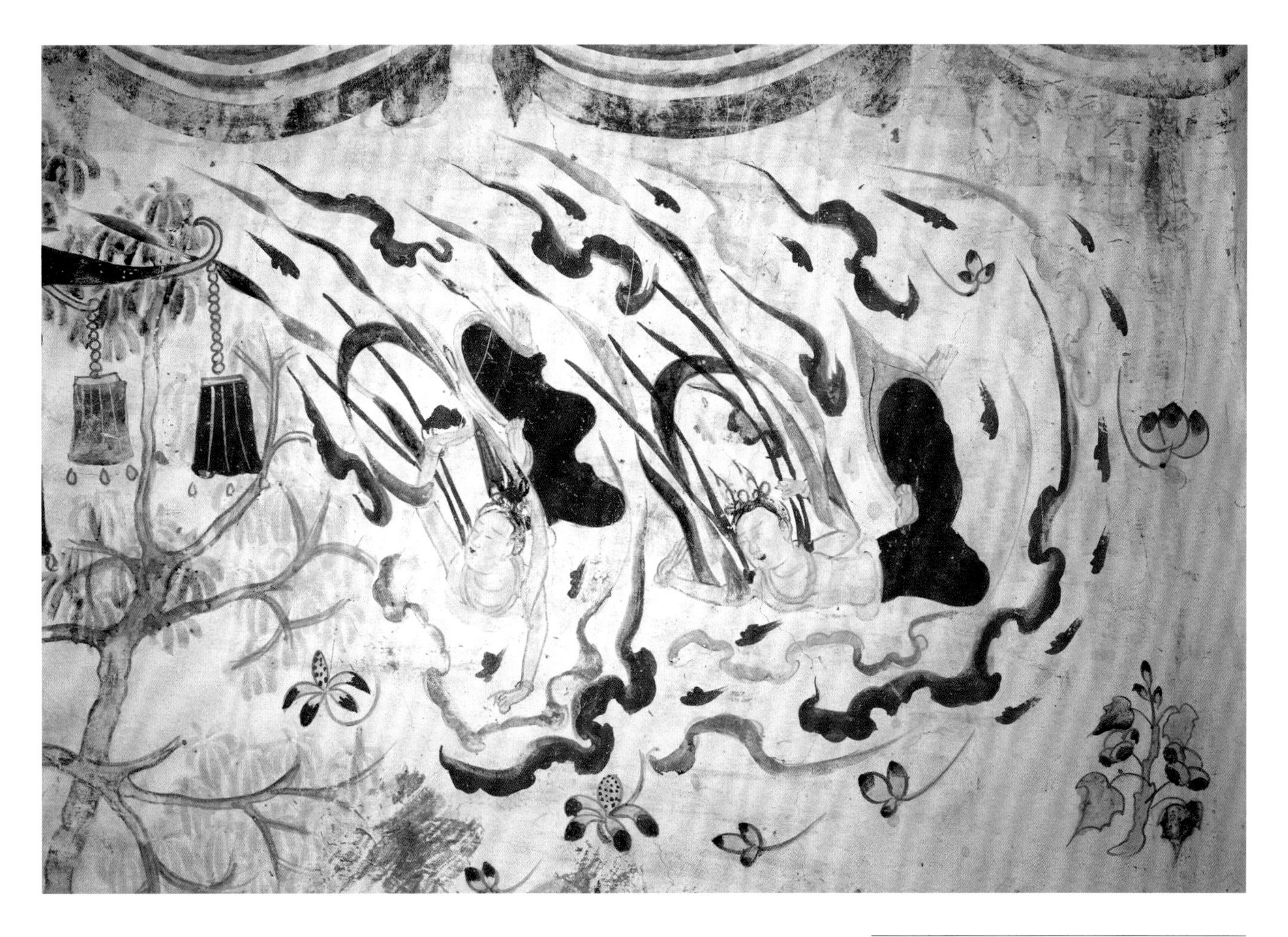

109 **説法圖飛天**

此圖與前圖相對應。西側兩身飛天從天而降，或手托蓮花，或手握巾帶。空中有百合花、蓮花點綴。素白色作底，赭紅為主色調，加少量石綠，色調清新，簡潔大方。

隋 莫313 南壁

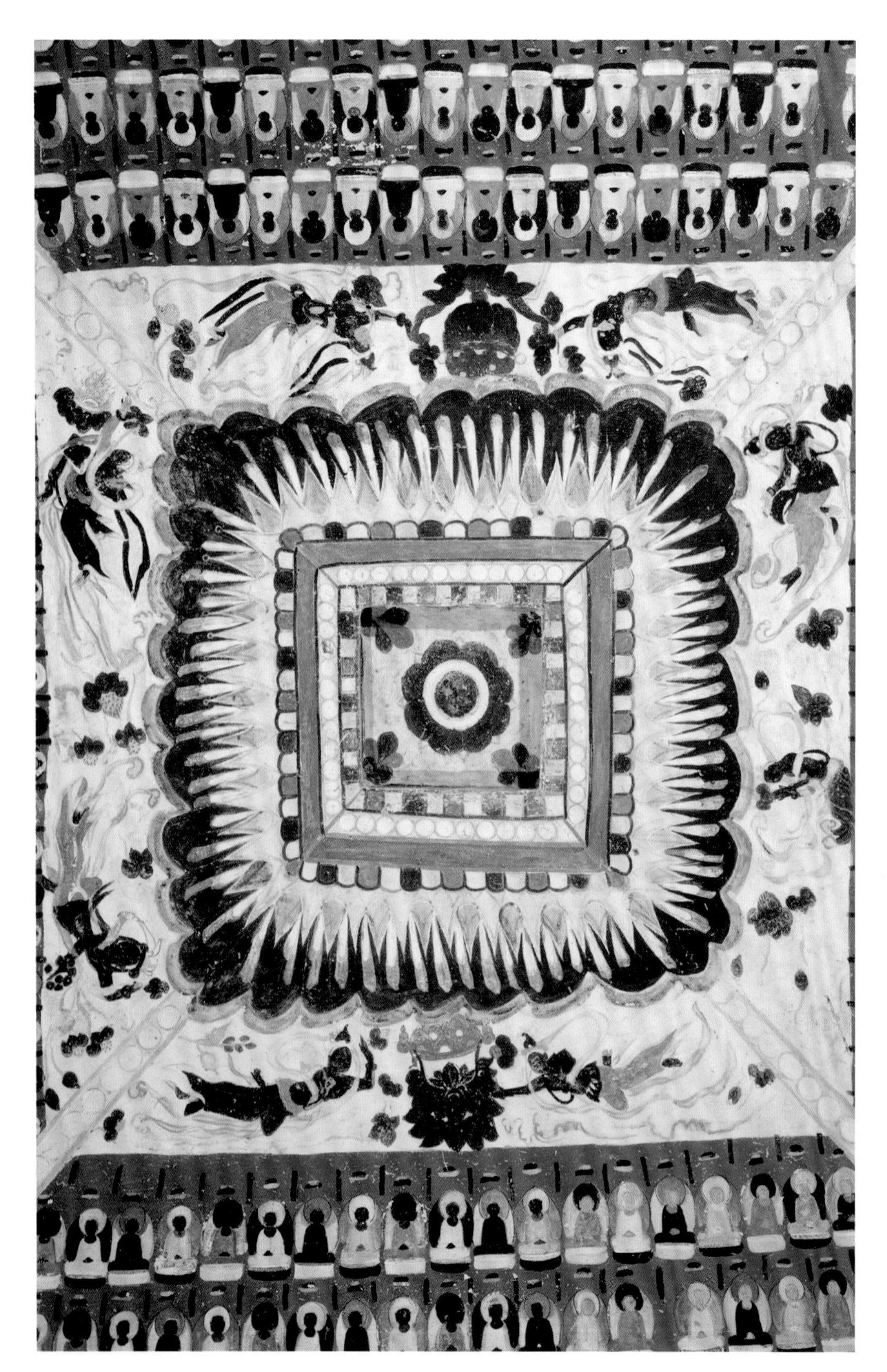

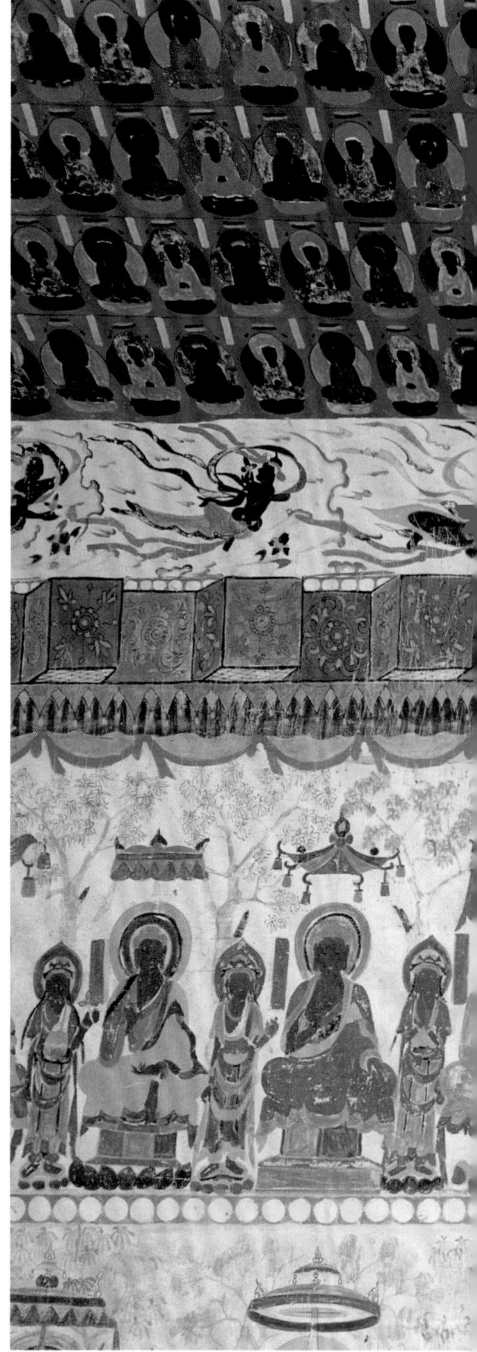

110 蓮花供寶飛天

藻井流蘇垂幔下繪飛天一周，表示飛天環繞華蓋飛行。東西兩側飛天相對飛翔供寶，南北兩側飛天飛翔散花，姿態有俯、仰、坐、臥，各不相同。飛天的畫法已臻成熟，顏色搭配井然有序。

隋 莫388 窟頂

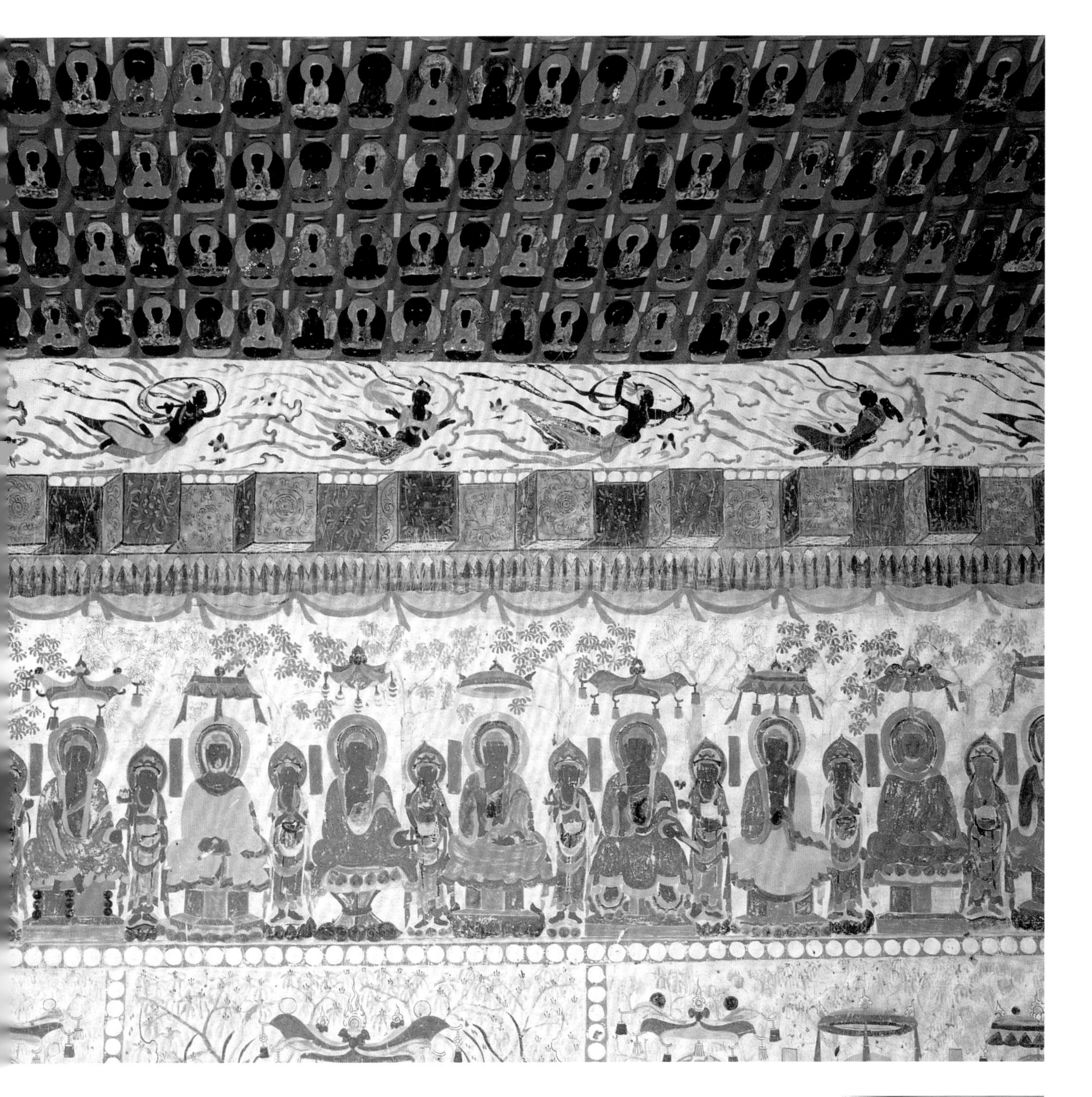

111 天宮伎樂飛天

在說法圖和天宮欄牆之上，畫有飛天繞窟一周，或持花，或演奏橫笛、拍鼓，體態婀娜秀麗，造型準確，有韻律感。此窟是隋代壁畫繪製最精美、最具代表性的一個窟。

隋　莫390　南壁

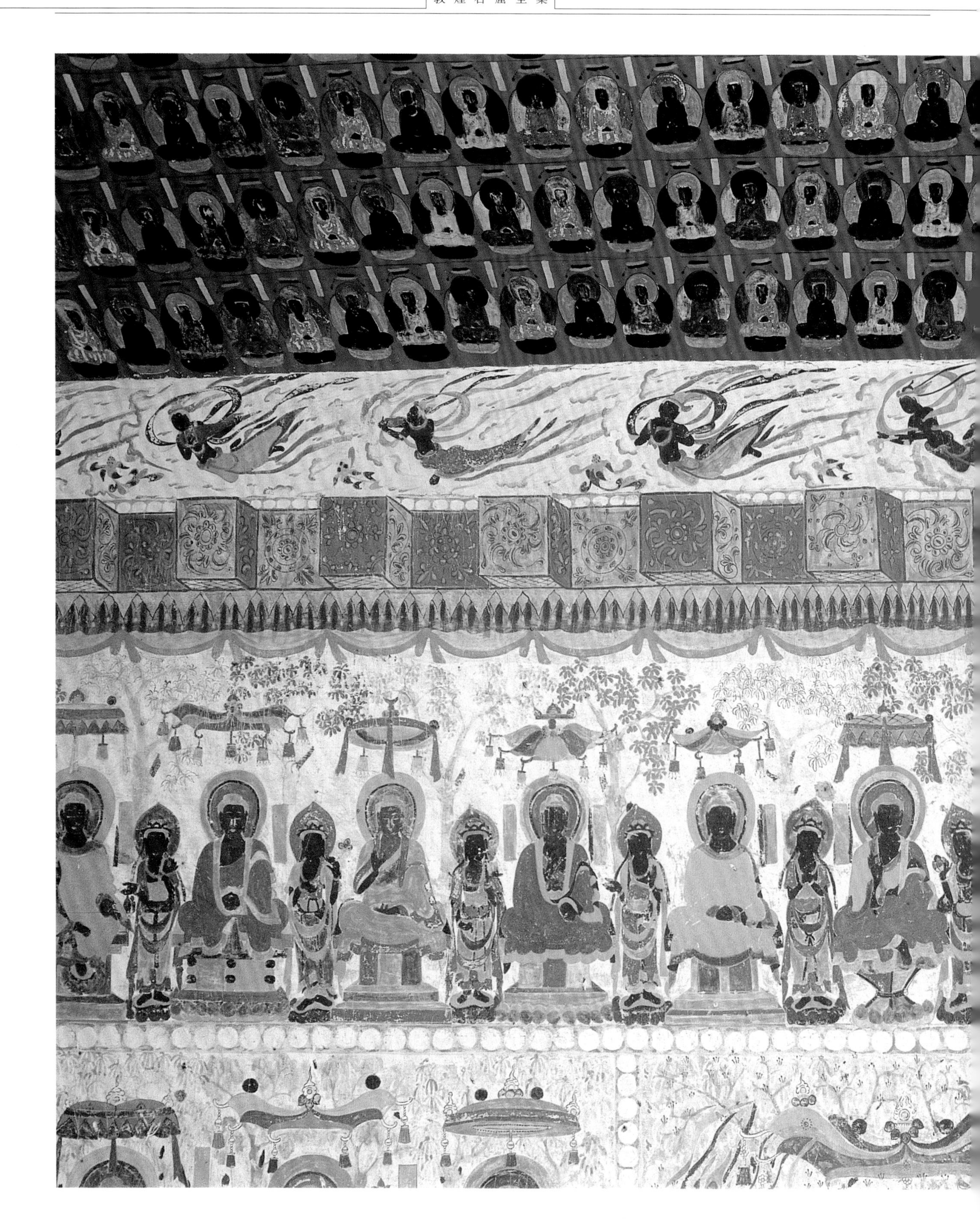

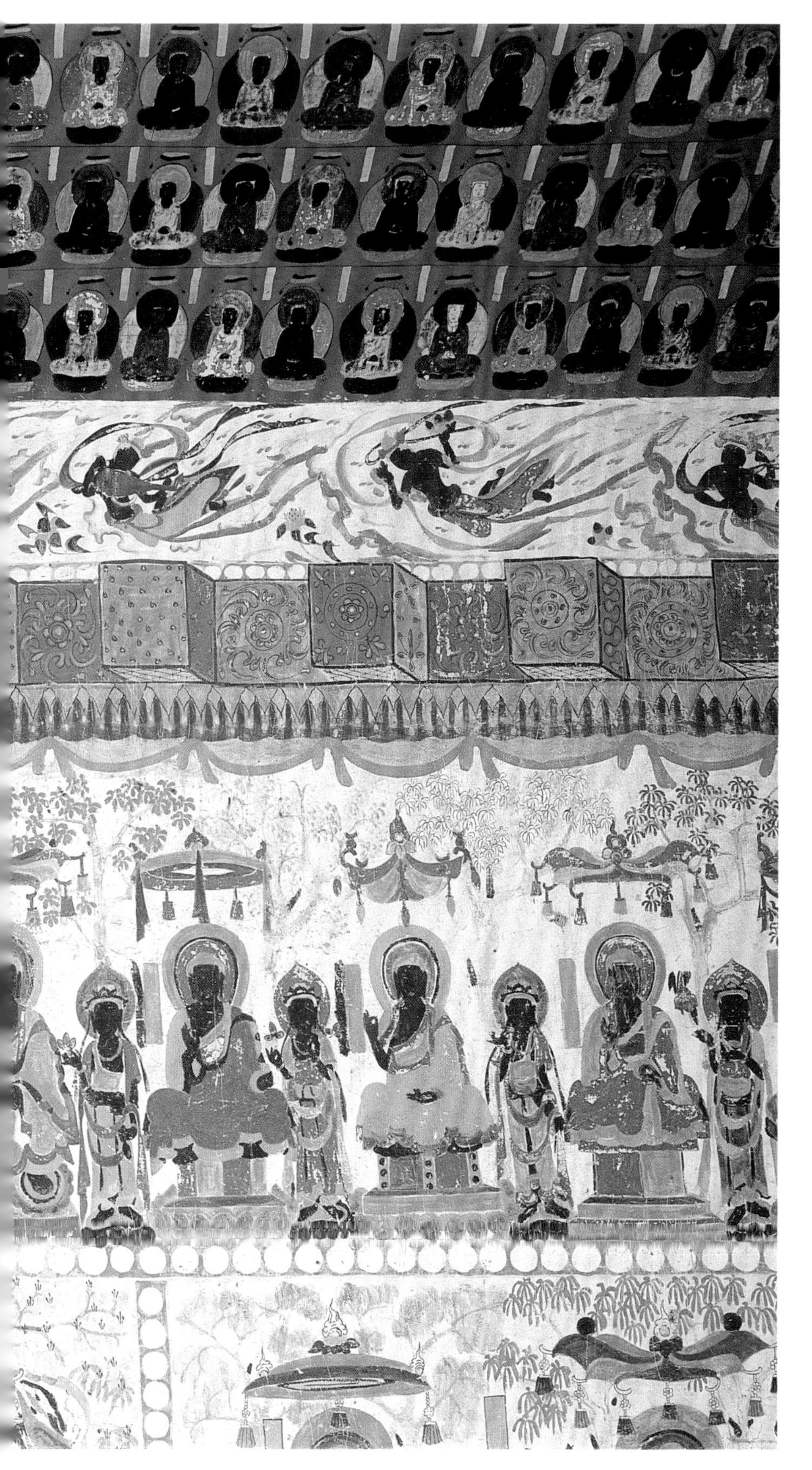

112 天宮伎樂飛天

此圖與前圖相對應。在說法圖和天宮欄牆之上畫有飛天繞窟飛翔，有的散花，有的演奏琵琶、排簫。色彩淡雅，以青綠、灰、黑、土紅為主色，畫面清新爽目。

隋　莫390　北壁

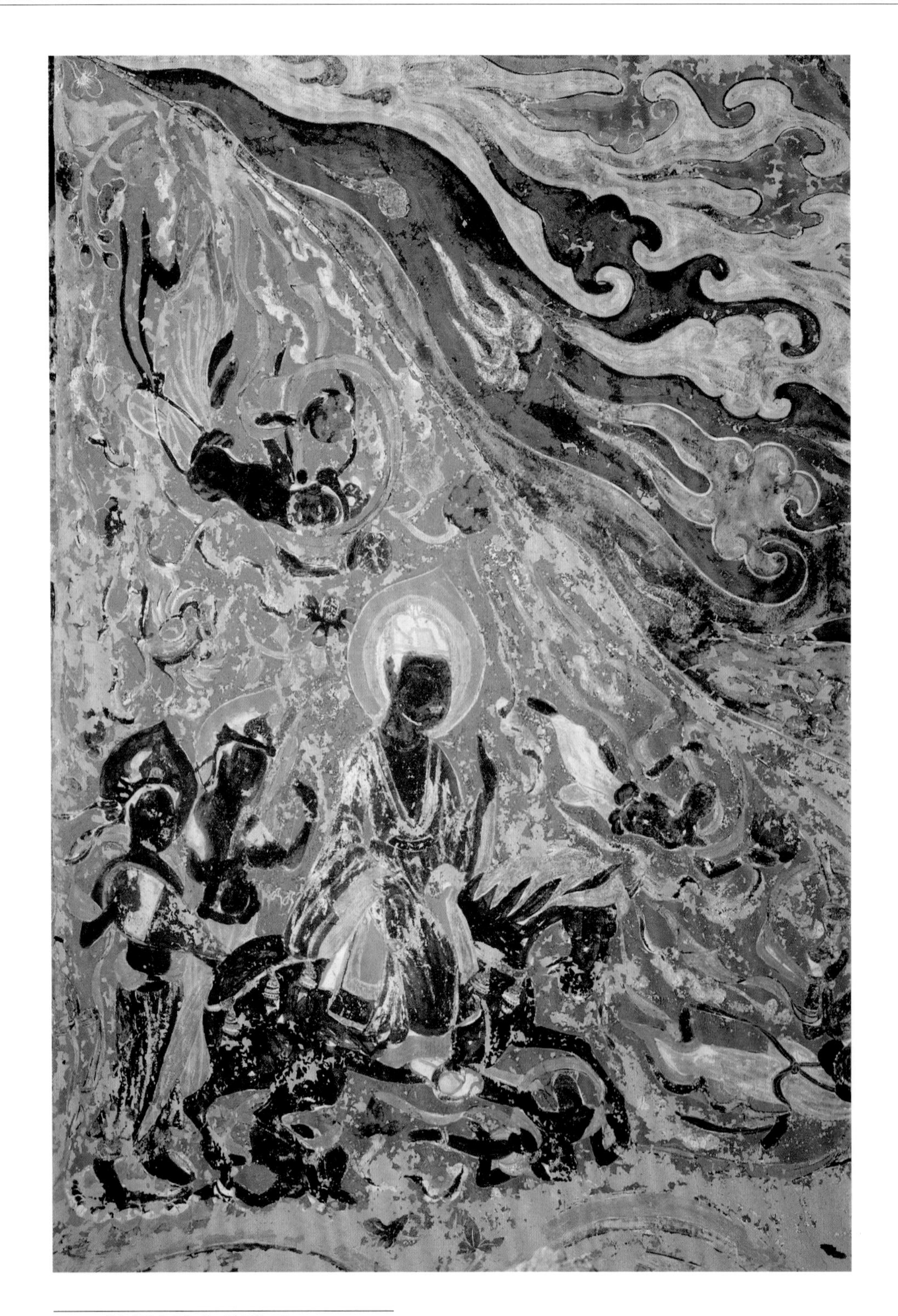

113 **夜半逾城中的飛天**

佛傳故事“夜半逾城”中説，悉達多太子夜半騎馬飛越出城，入林修行，前有飛天引導，後有天女奏樂，下有天神似的飛天托着馬蹄飛行。畫面有動有靜，有張有馳，很富浪漫色彩。

隋 莫397 西壁龕南側

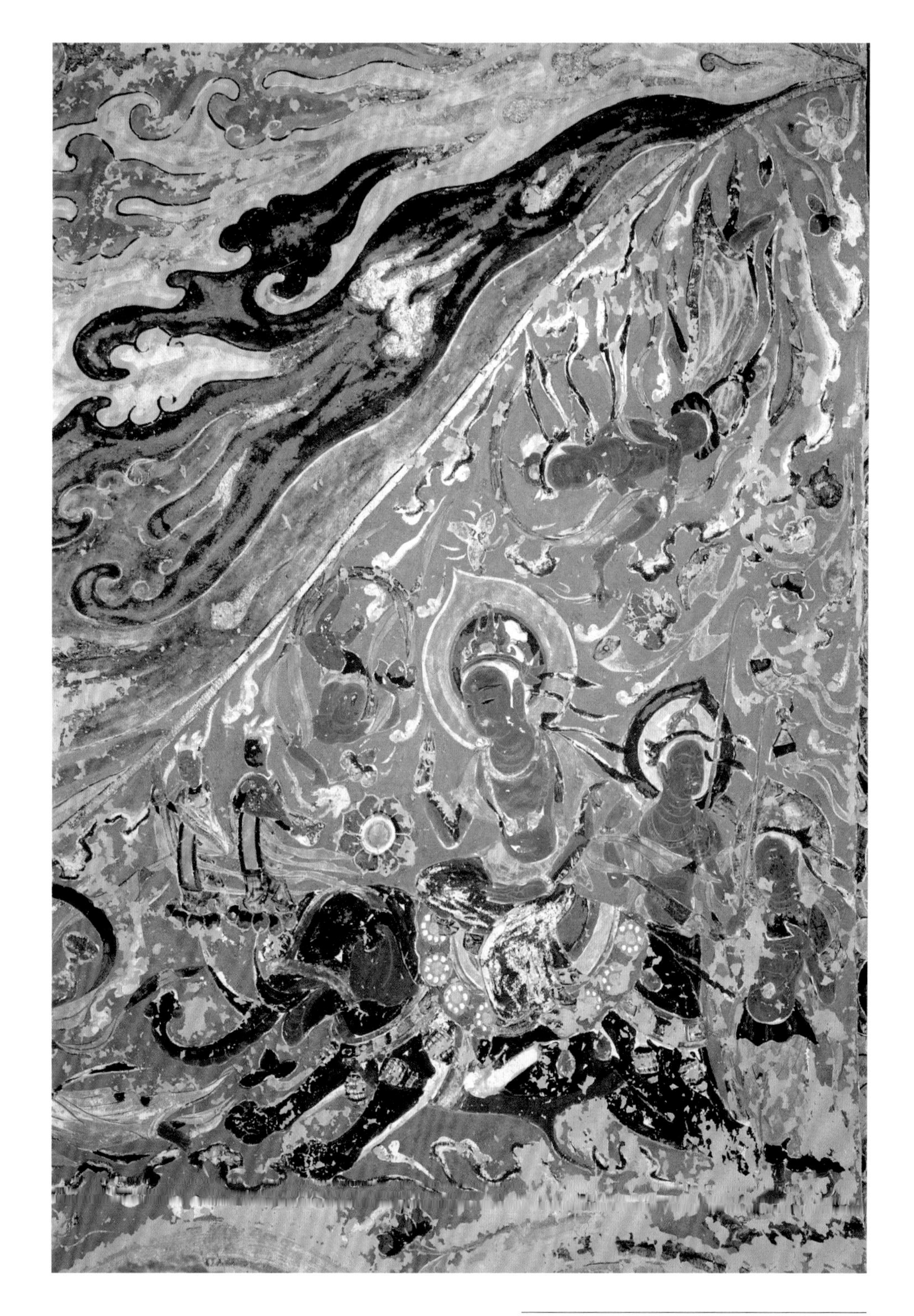

114 乘象入胎中的飛天

此圖與前圖相對稱。佛傳故事“乘象入胎”説的是摩耶夫人夢見太子乘白象投胎，驚醒後太子降生。畫面為太子乘象飛馳而來，有樂隊、飛天、天神相簇擁。

隋 莫397 西壁龕北側

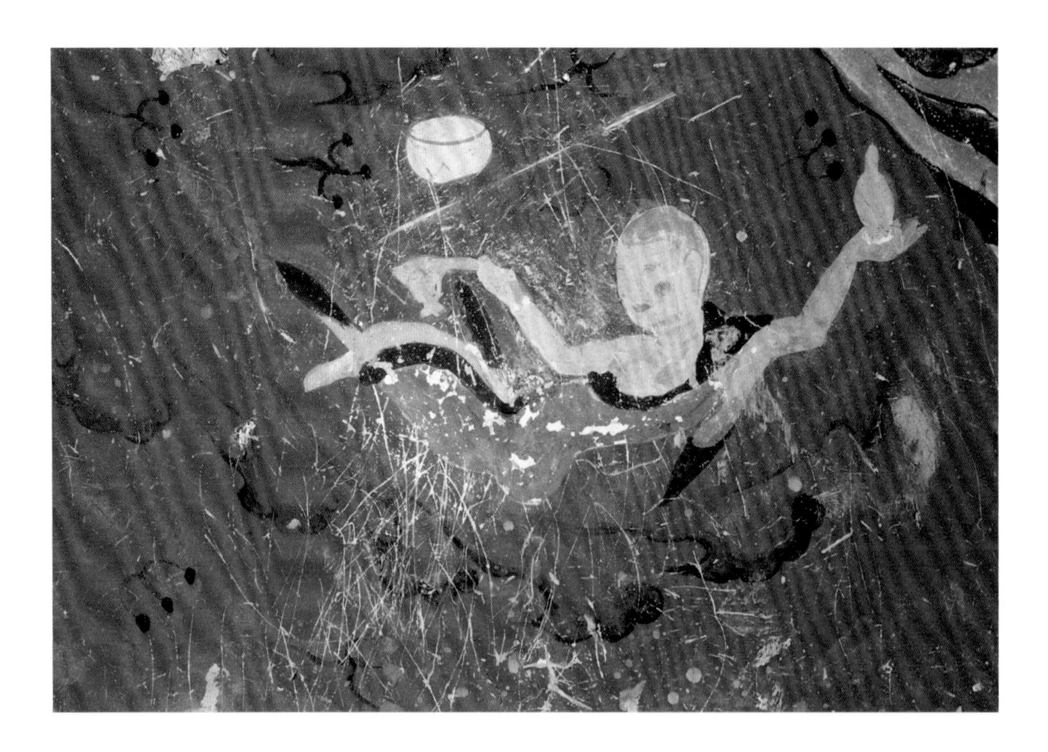

115 童子飛天

飛天光頭圓大，為童子相，披右袒袈裟，雙臂展開，一手持長柄香爐，一手托瓶，彩雲在身下飄動，空中降下天花、供缽。畫面以紅色為地，濃豔厚重，增強裝飾性。

隋 莫398 西壁龕內

116 童子飛天

此圖與前圖相對應。飛天光頭，長眉大眼，右袒，穿寬袖大袍，右手持長柄香爐，左手持缽。頭大身短，具有隋代造型特點。

隋 莫398 西壁龕內

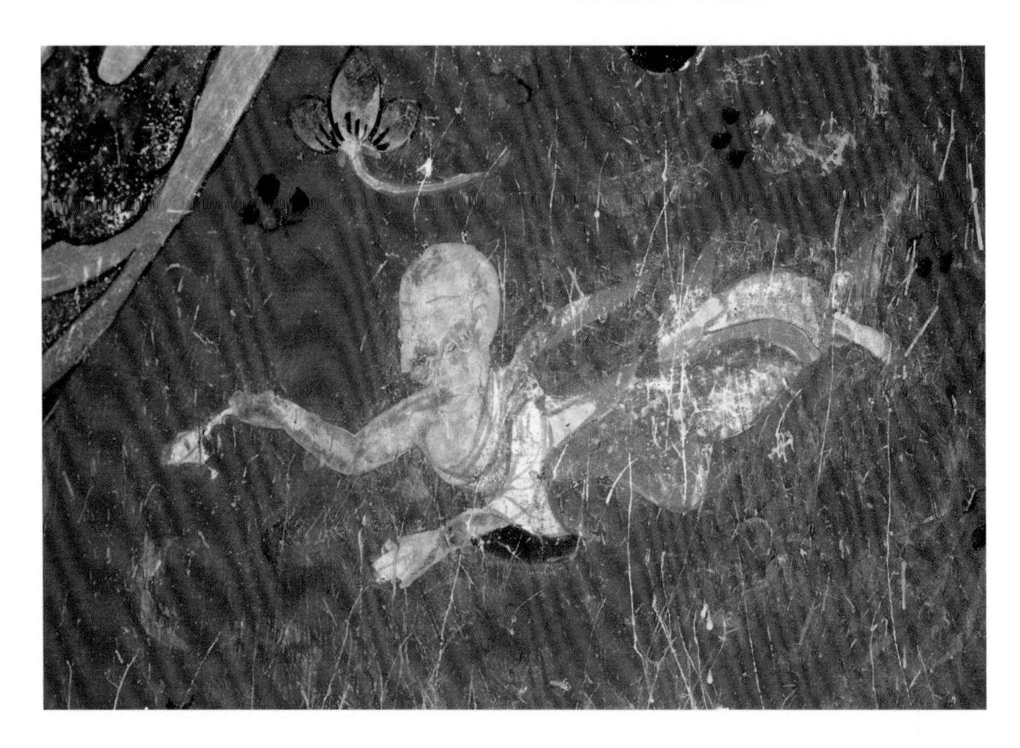

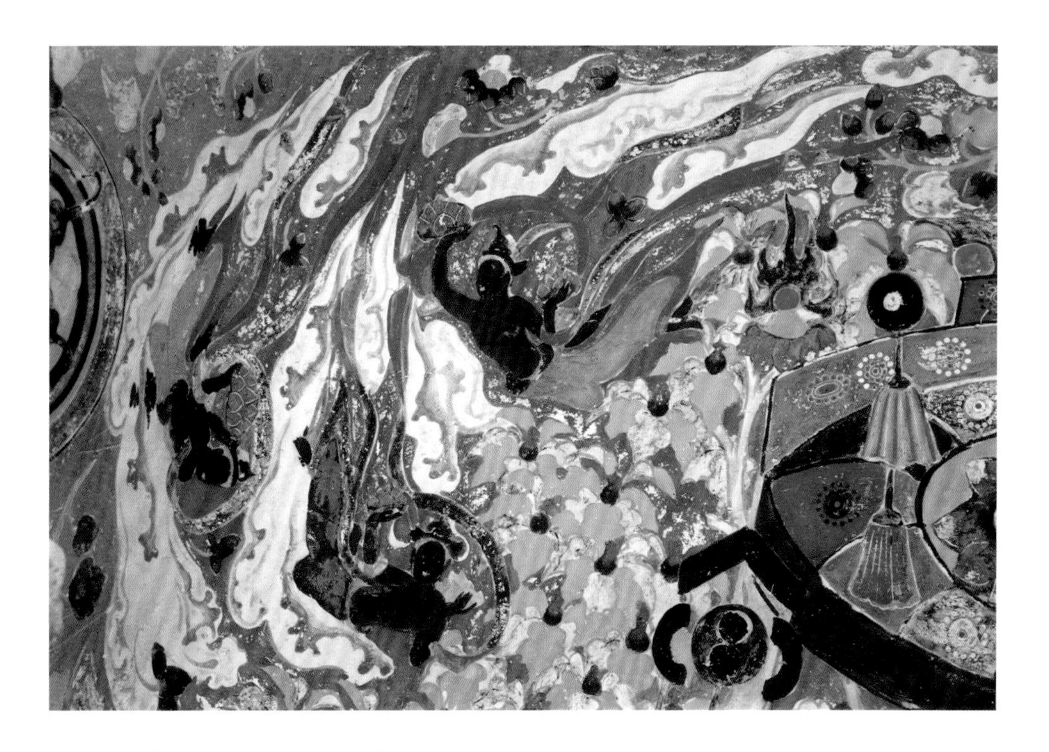

117 佛寶蓋飛天

佛寶蓋一側的飛天，頭戴寶冠，隆胸細腰，有女性身材特徵，手捧蓮花或花盤散花，淩空在祥雲中盤旋，自由翱翔，色彩豔麗熱烈。在龕頂描繪眾多的飛天是隋代洞窟的特點。

隋　莫401　北壁龕頂

118 佛寶蓋飛天

此圖與前圖相對應。佛寶蓋後的花樹枝繁葉茂，飛天雙手托蓮花飛翔。赭紅色地襯托着白雲綠葉，分外鮮明。

隋　莫401　北壁龕頂

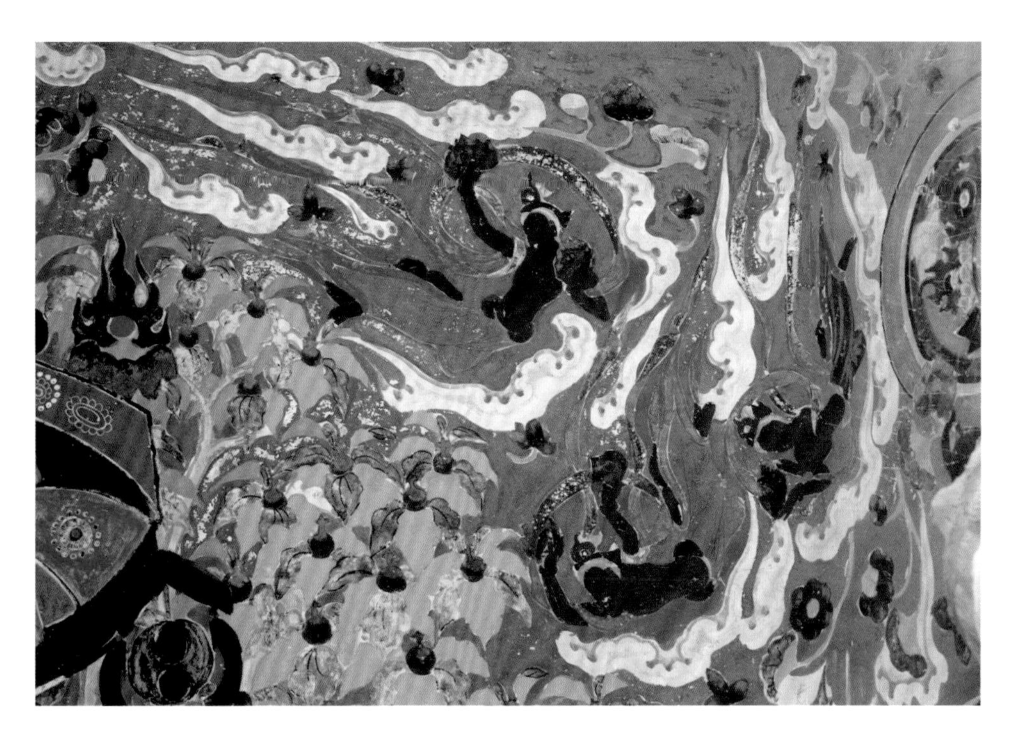

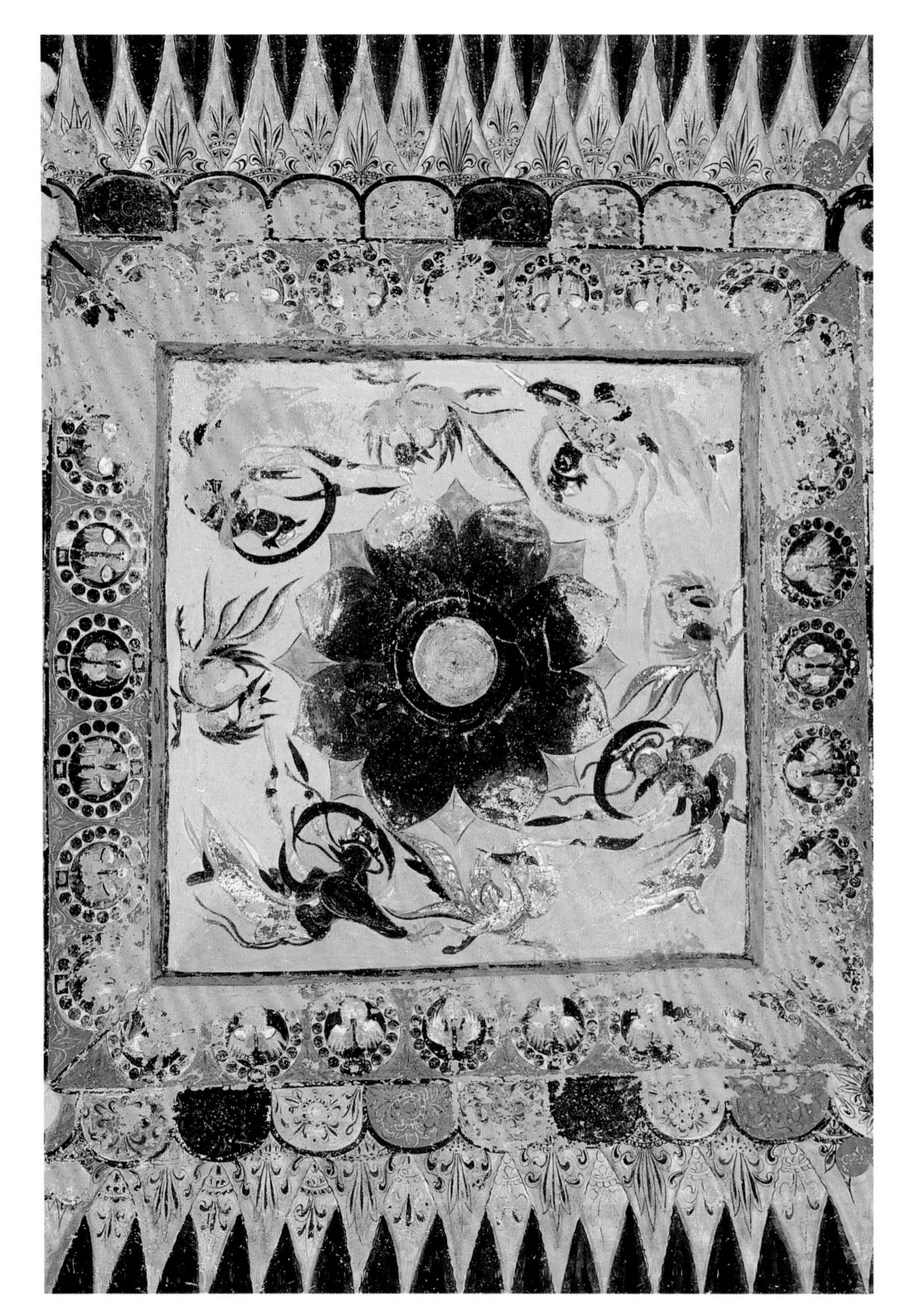

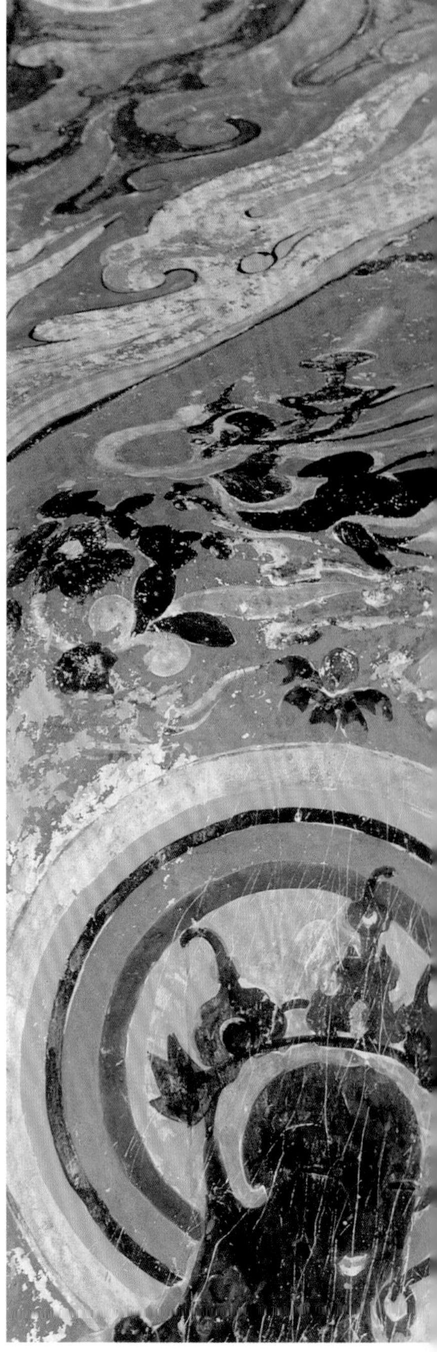

119 飛天與祥禽瑞獸

藻井中心為大蓮花，四周畫有飛天、鳳凰、玄鳥、伽陵頻迦鳥、翼馬環繞飛翔，井心外有新奇的禽鳥聯珠紋邊飾。飛天持樂器與鳥獸齊歌，寓意吉祥，有民間裝飾趣味。色調以石綠為底色中間加有金色，清新而華麗。

隋 莫401 窟頂

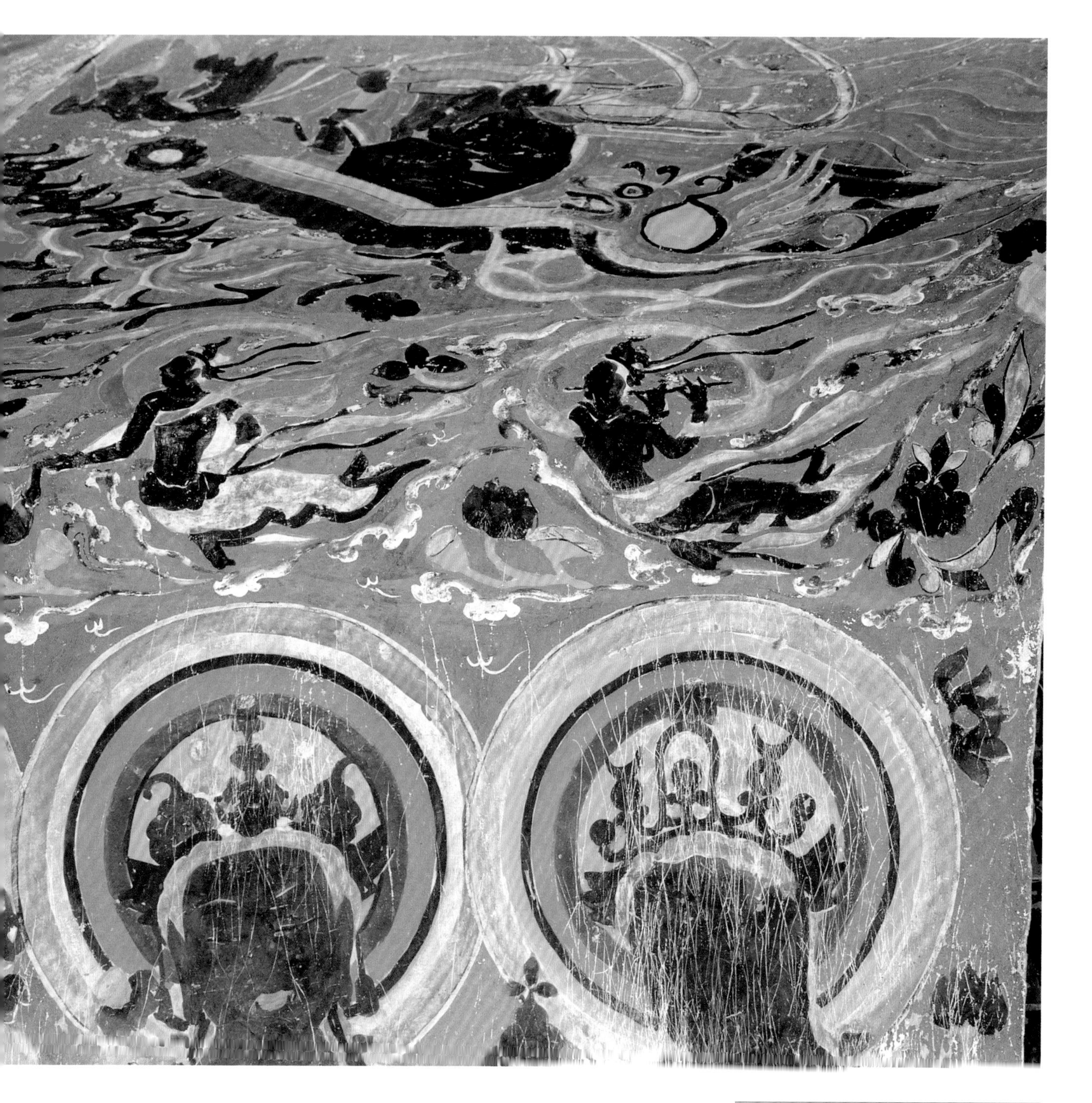

120 **伎樂飛天**

在東王公（一說為帝釋天）的龍車下方，有伎樂飛天奏樂相隨，一持腰鼓，一抱琵琶，一吹橫笛，或側身，或轉身飛翔，造型別致，動感十足。反映出當時道釋合一的信仰狀況。

隋　莫401　西壁龕內

121 散花飛天

飛天聞佛說法，手捧大蓮花飛舞供養。上一身急速下降，回首向佛，體態優雅。下兩身持蓮飛向菩薩，腿勢生動。巾帶畫法頗有特色，末端回勾，表現出流動中的力量感。

隋 莫419 龕內

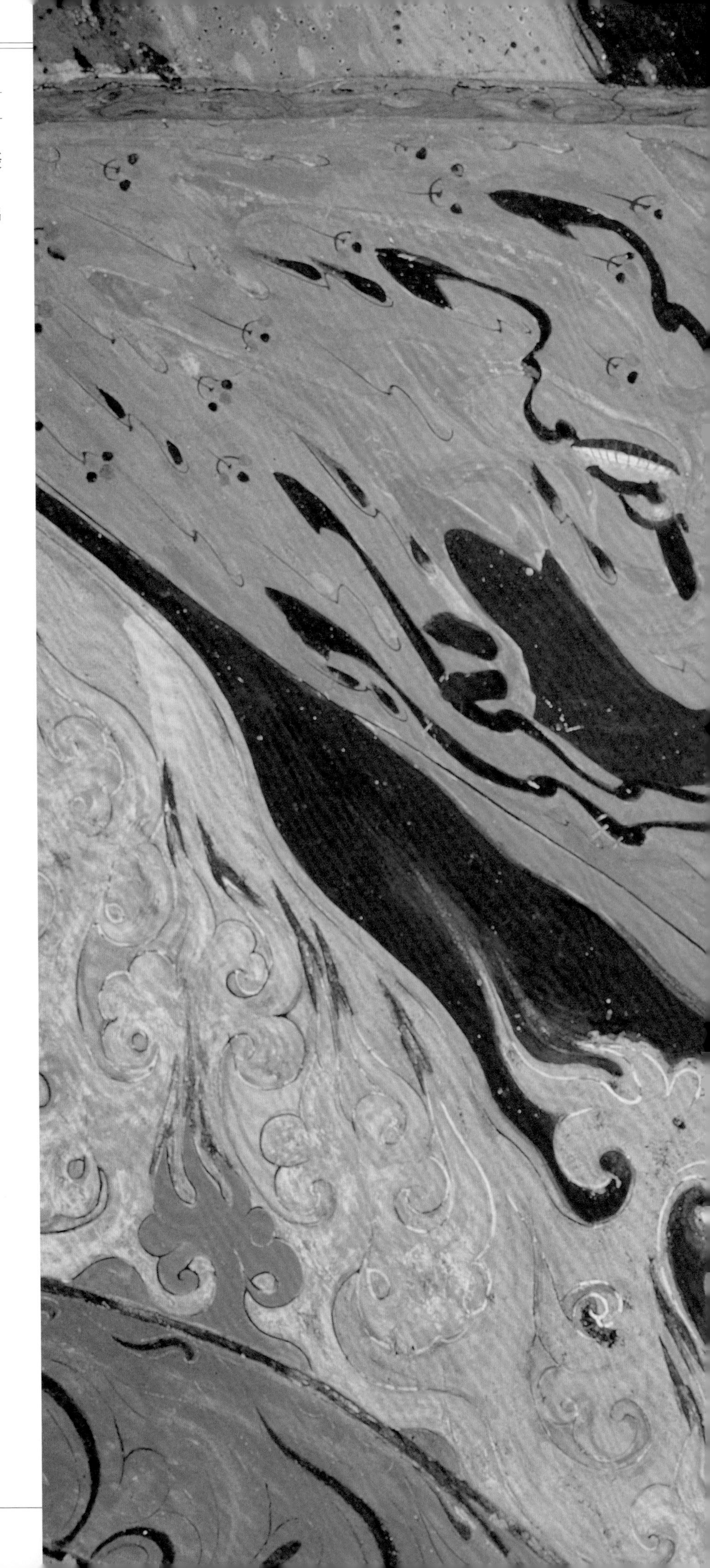

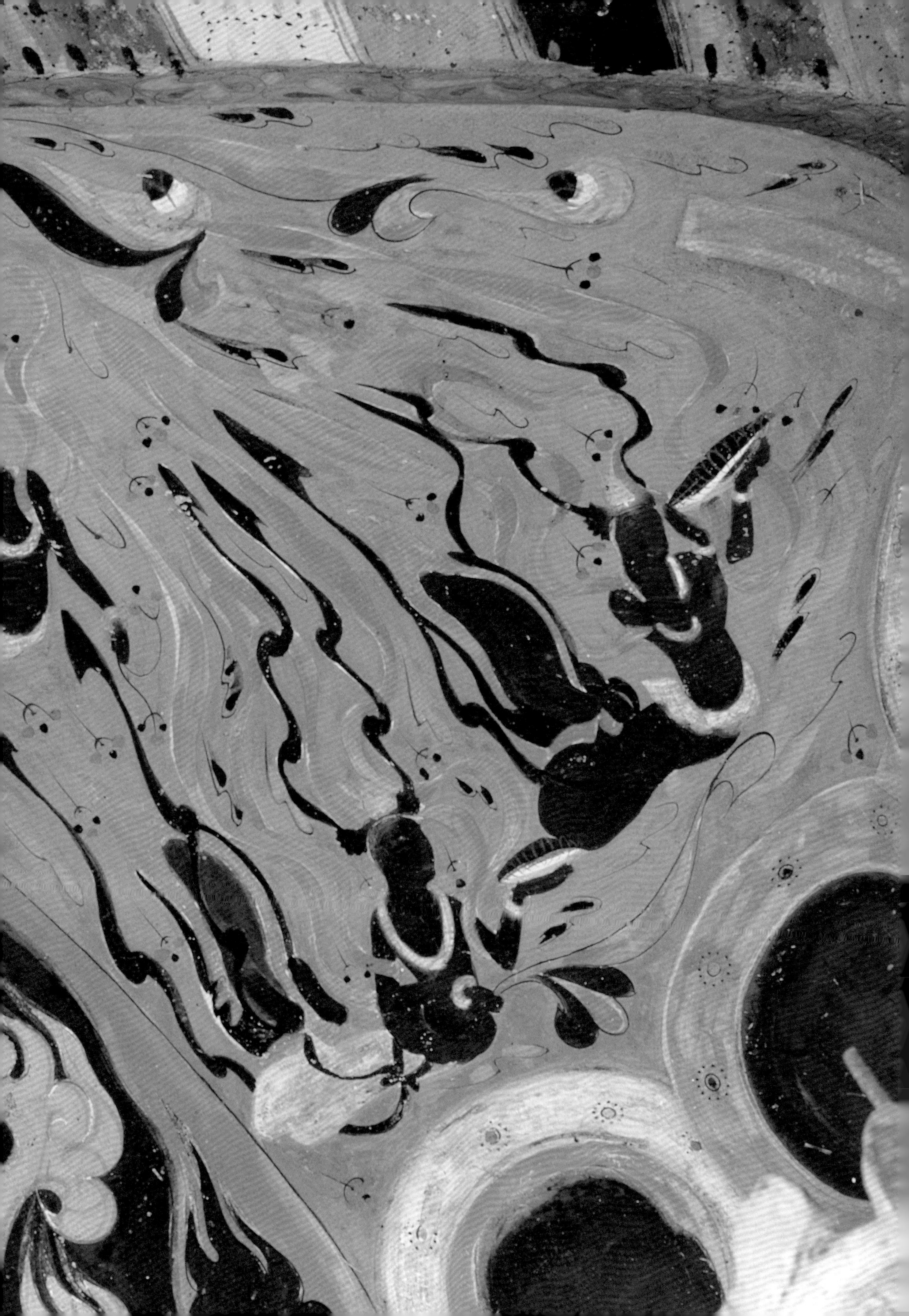

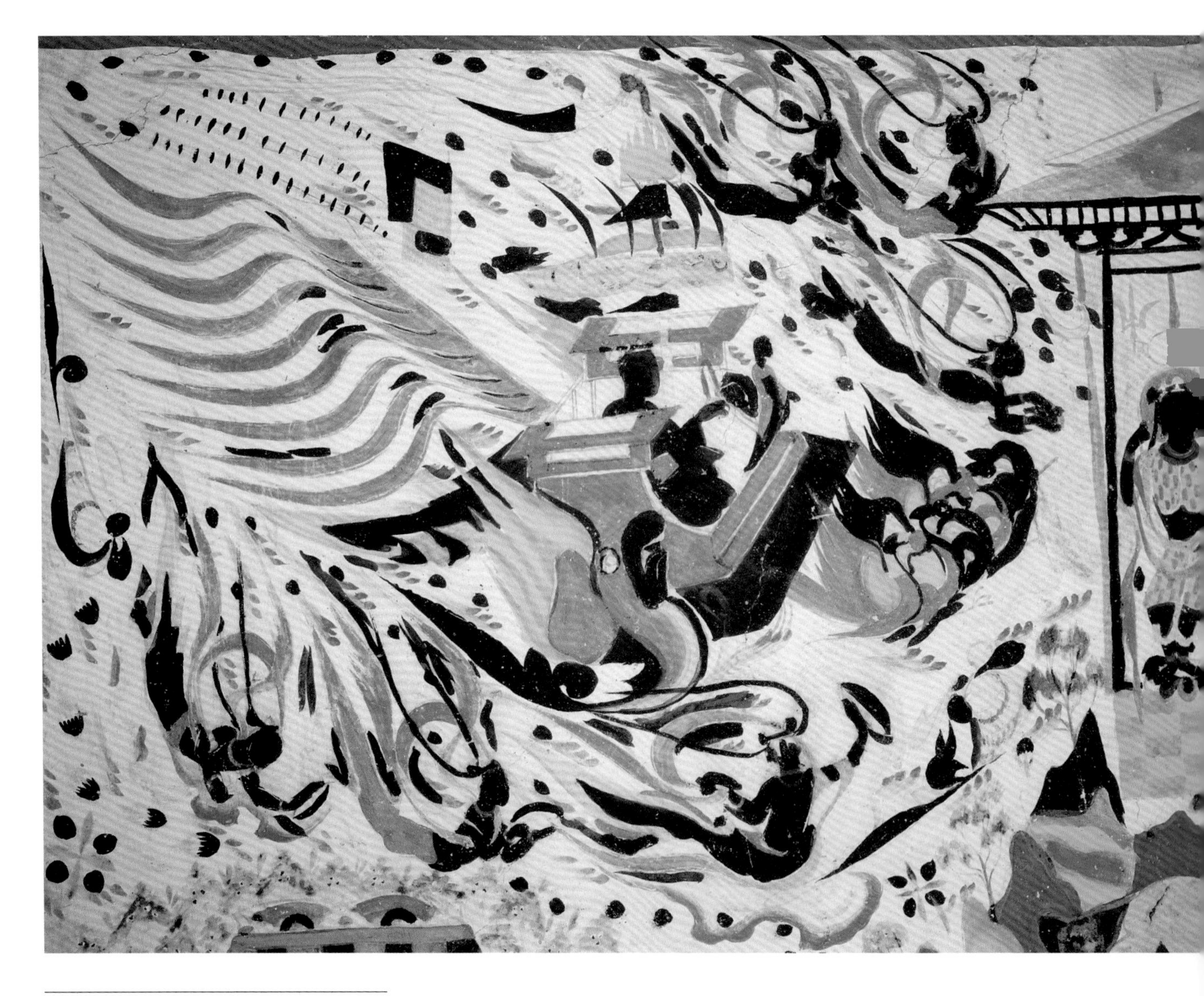

122 西王母赴會中的飛天

西王母（一說為帝釋天妃）乘四鳳輦，旌旗飛揚，左右有飛天簇擁，捧花盤散花，氣氛熱烈。

隋 莫423 窟頂南側

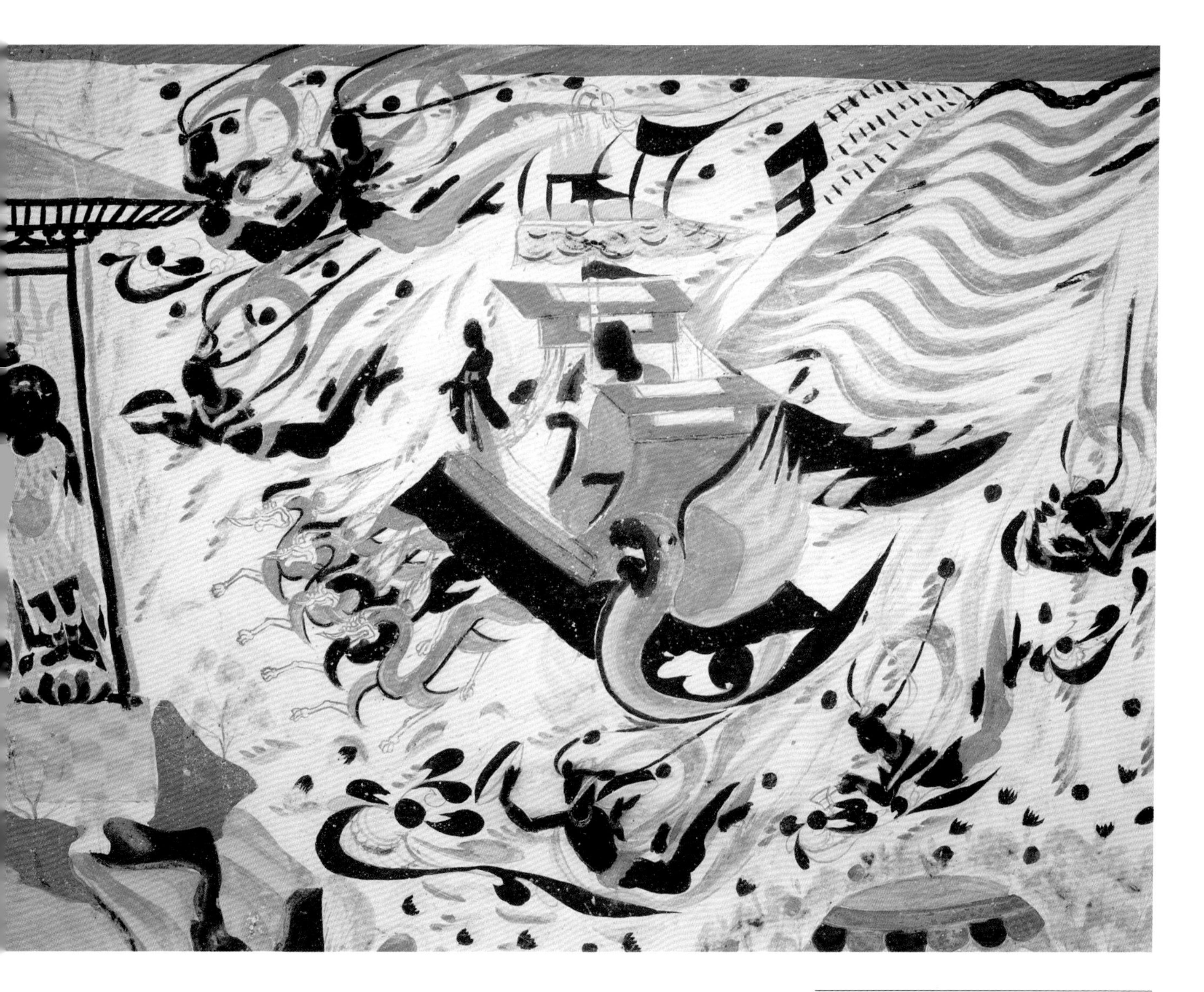

123 東王公赴會中的飛天

東王公（一說為帝釋天）乘四龍車赴會，有飛天持香爐，花瓶和花盤前呼後擁而來，場面生動壯觀。以白為底色，襯以青綠、土紅和黑色，色彩豐富而素雅。

隋 莫423 窟頂北側

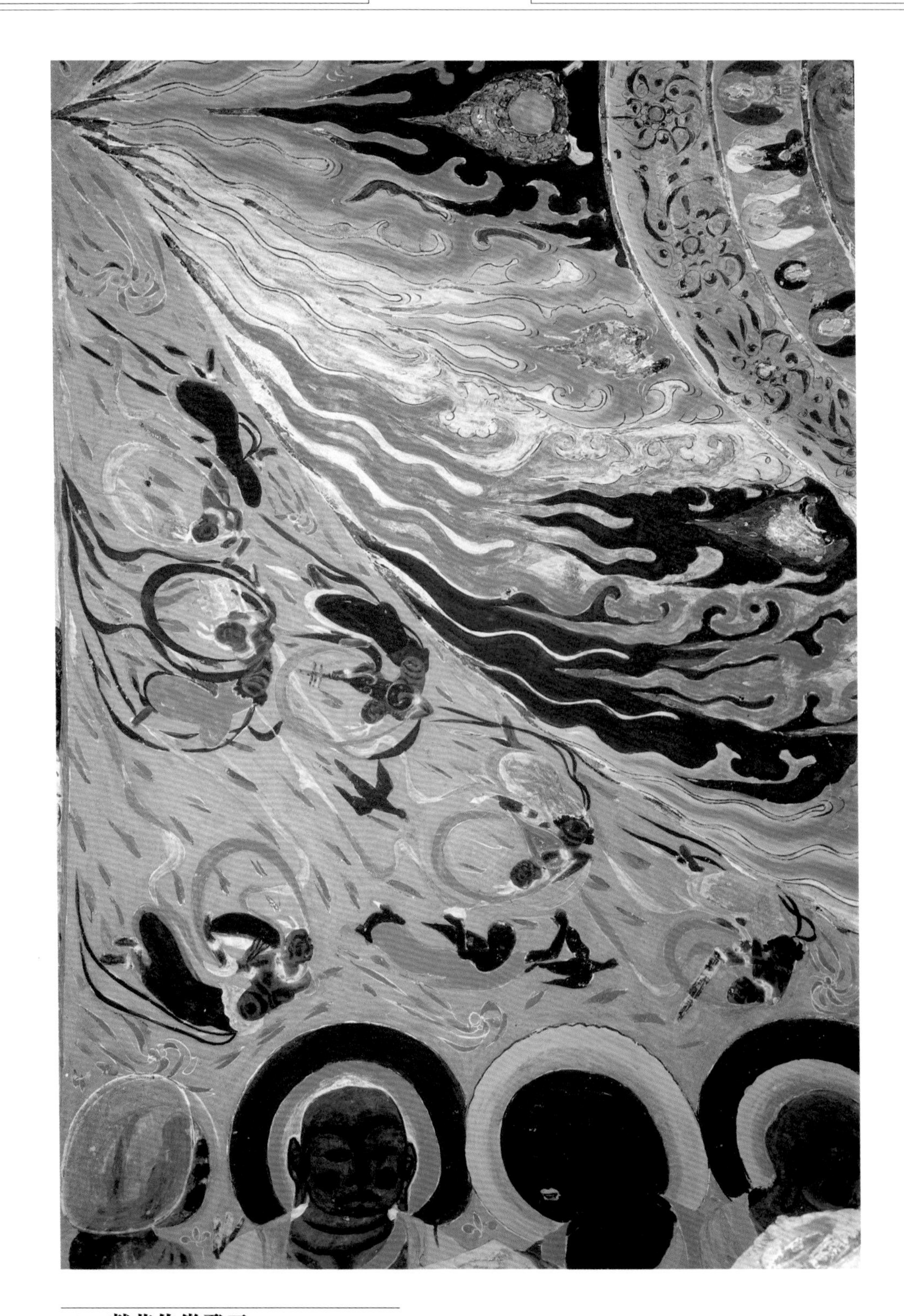

124 **獻花伎樂飛天**

飛天在火燄紋背光上方的三角形空間飛行，袒裸上身，裙尾是圓形，有的捧花盤，有的奏樂，使用樂器有笙、琵琶、葫蘆琴、方響和碰鈴，空中有飛雁。飛天畫法別致，面部、身體用深色暈染。

隋 莫420 西壁龕內

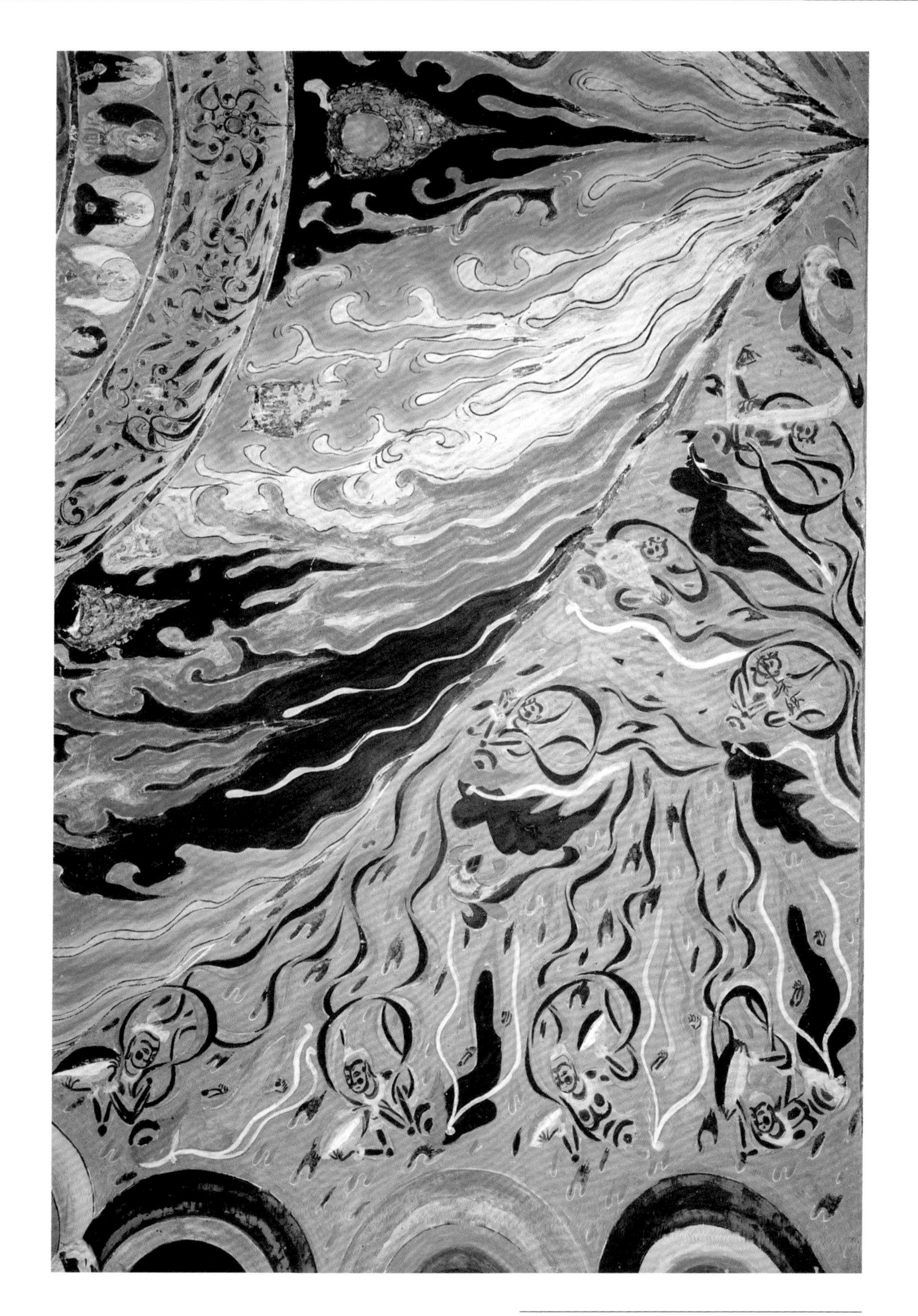

125 **獻花伎樂飛天**

此圖與前圖相對稱。飛天在火燄背光上方飛行，有的捧花盤供養，有的彈奏箜篌、琵琶，有的吹橫笛和笙，有聲有色。畫法是用粗重的黑線勾出面部，頭髮和寶冠並不用粗線勾勒，形成奇特畫面效果。

隋 莫420 西壁龕內

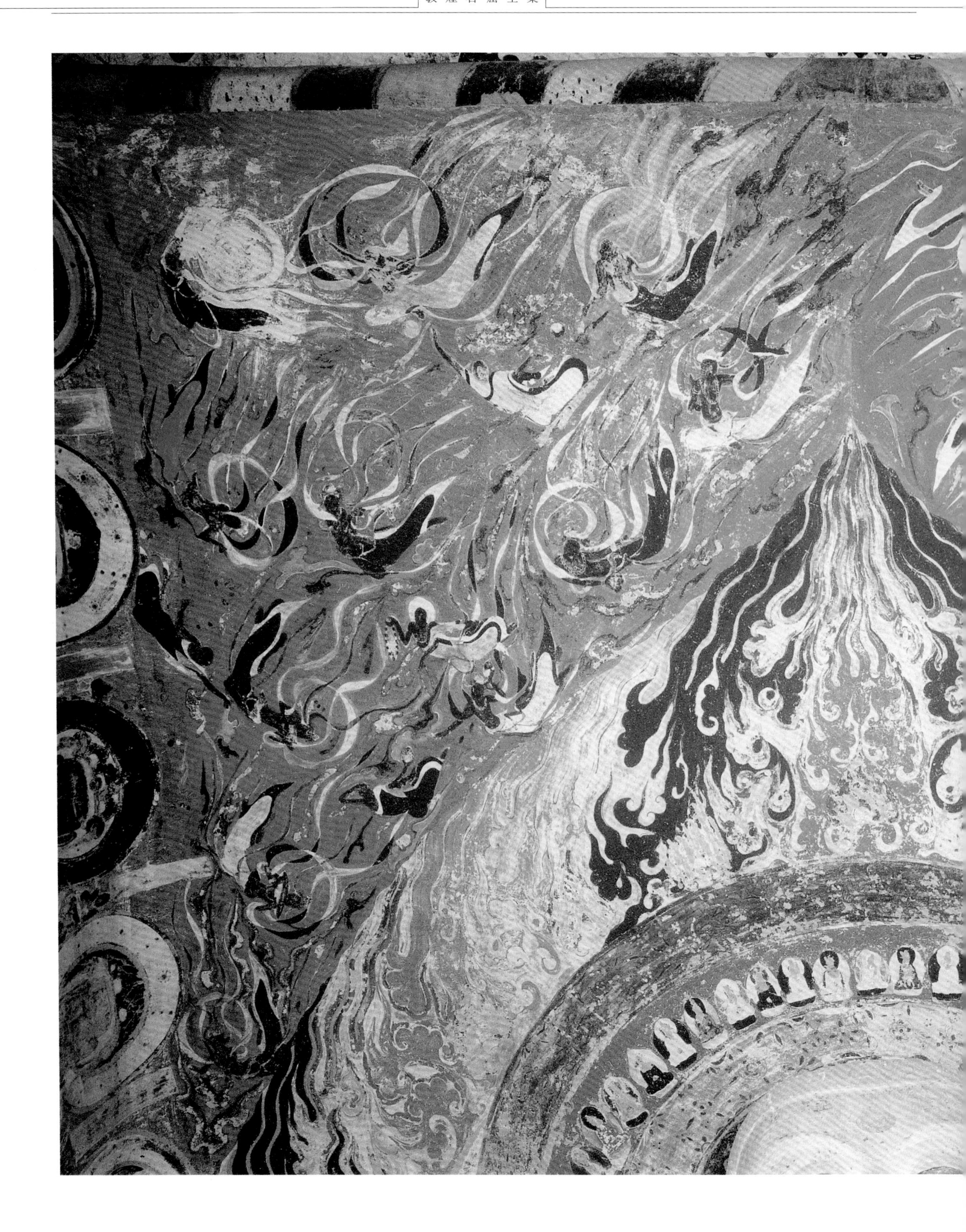

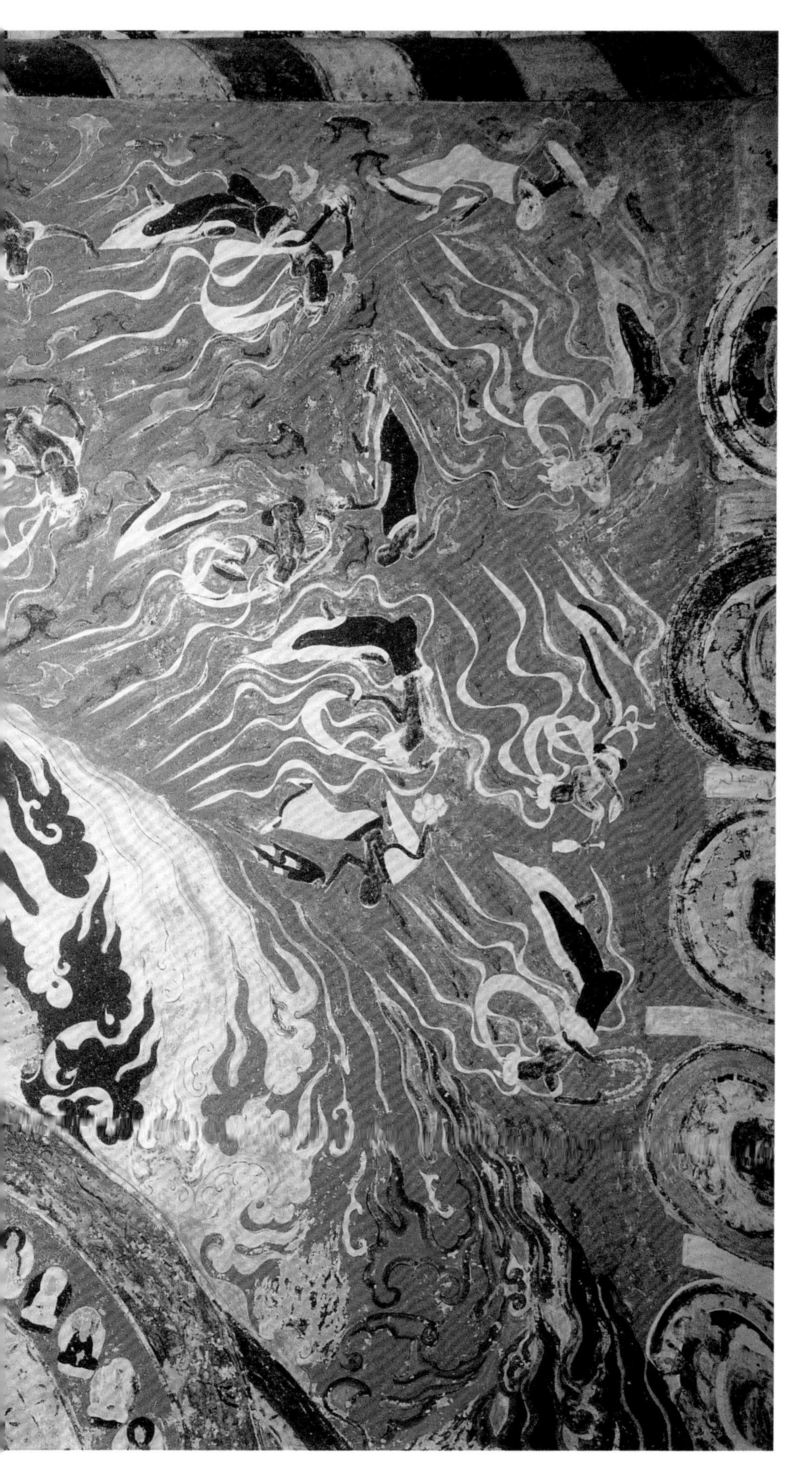

126 **龕頂飛天羣**

這是龕頂繪製飛天最多的一窟，非常壯觀。有的袒裸上身，有的着比丘裝，或散花，或奏樂，追逐翻騰。衣裙飄帶的走勢與火燄紋配合協調，以高超的色彩技巧，加強了歡快熱烈的氣氛。

隋 莫412 西壁龕頂

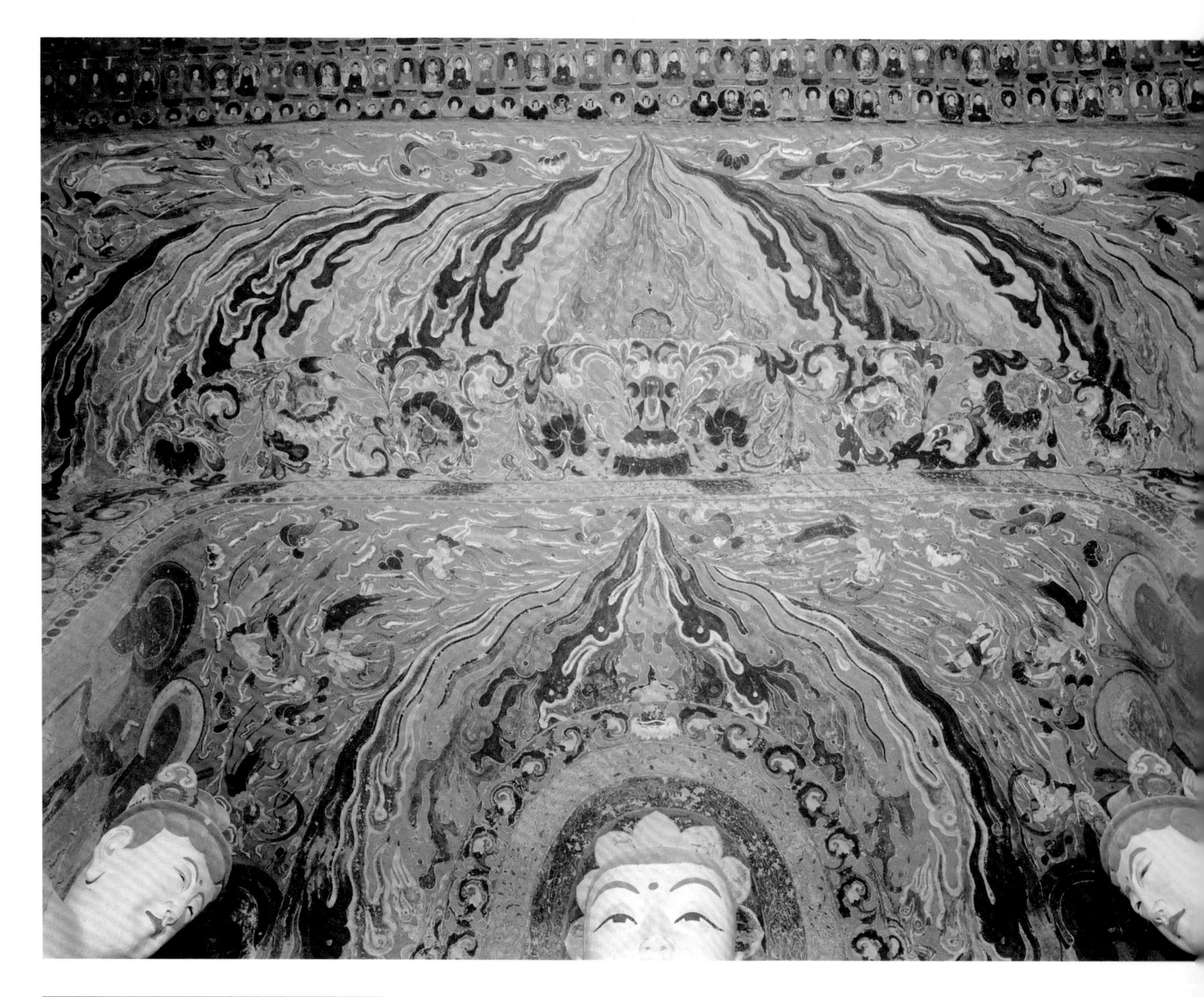

127 火餤紋飛天

在龕內背光及龕楣繪雙層飛天。飛天翱遊在火餤紋兩側的三角形地帶，狹小的空間，卻如春魚游水。飛天動態各異，飄帶、流雲構成瑰麗的圖案，與火餤紋交織一起，極具形式美，難得隋代畫工竟有此浪漫的創造意識。

隋 莫407 西壁龕頂

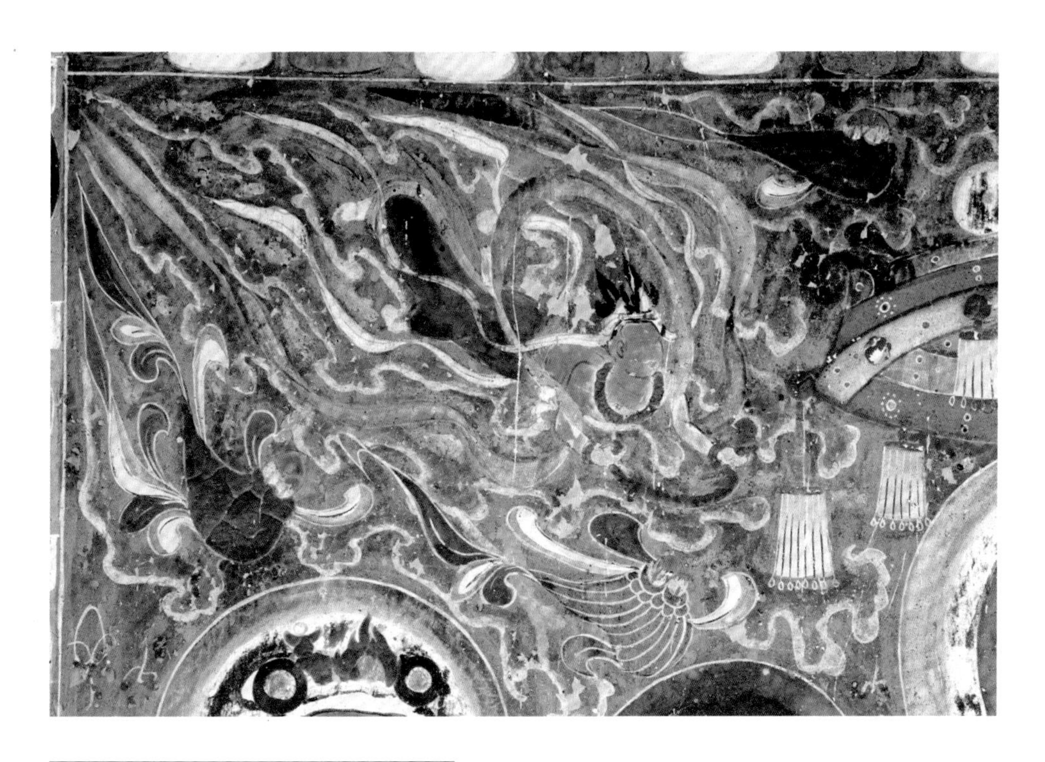

128 獻瓔珞飛天

佛寶蓋一側，飛天頭戴寶冠，梳雙髻，圓臉紅脣，袒裸上身，佩飾項圈、手鐲，下着長裙，雙手獻瓔珞，從天而降。

隋 莫407 東壁門上

129 獻瓔珞飛天

此圖與前圖相對應。飛天袒裸上身，下着長裙，手獻瓔珞。造型準確，勾線流暢，用暈染法畫出的流雲富有層次。

隋 莫407 東壁門上

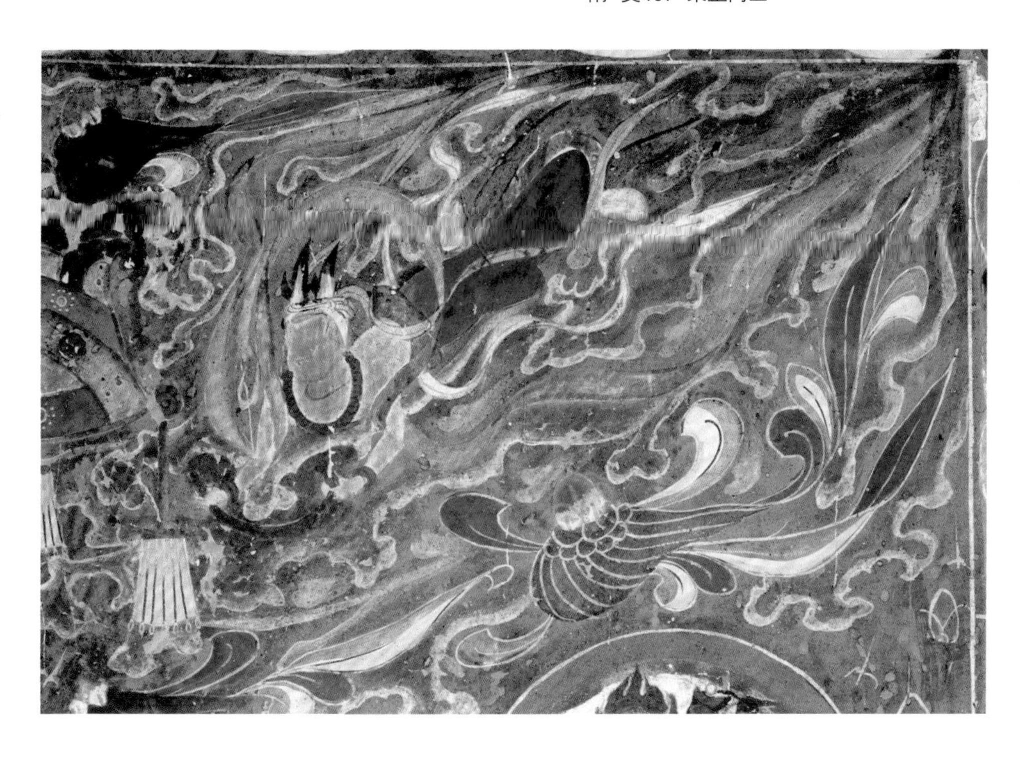

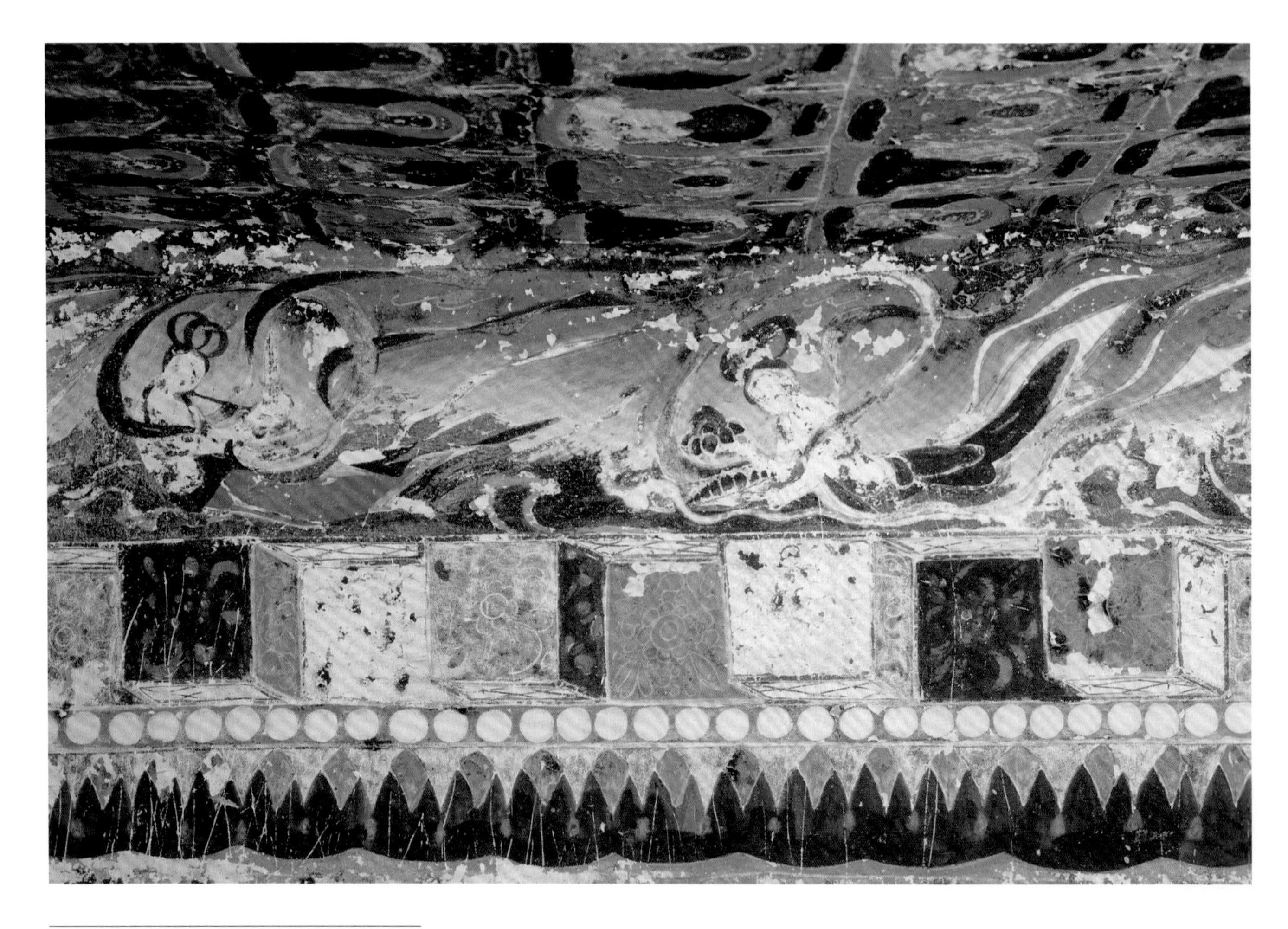

130 藍天雙鬟飛天

天宮欄牆上飛翔的飛天如世俗伎樂少女，梳雙髻雲鬟，削肩娟美，着土紅和黑色長裙在蔚藍色天空中飛翔，一回身吹笙，一雙手捧鮮花和花盤。天空藍色由下至上逐漸暈染加深，有真實感，這種畫法十分少見。

隋 莫404 北壁

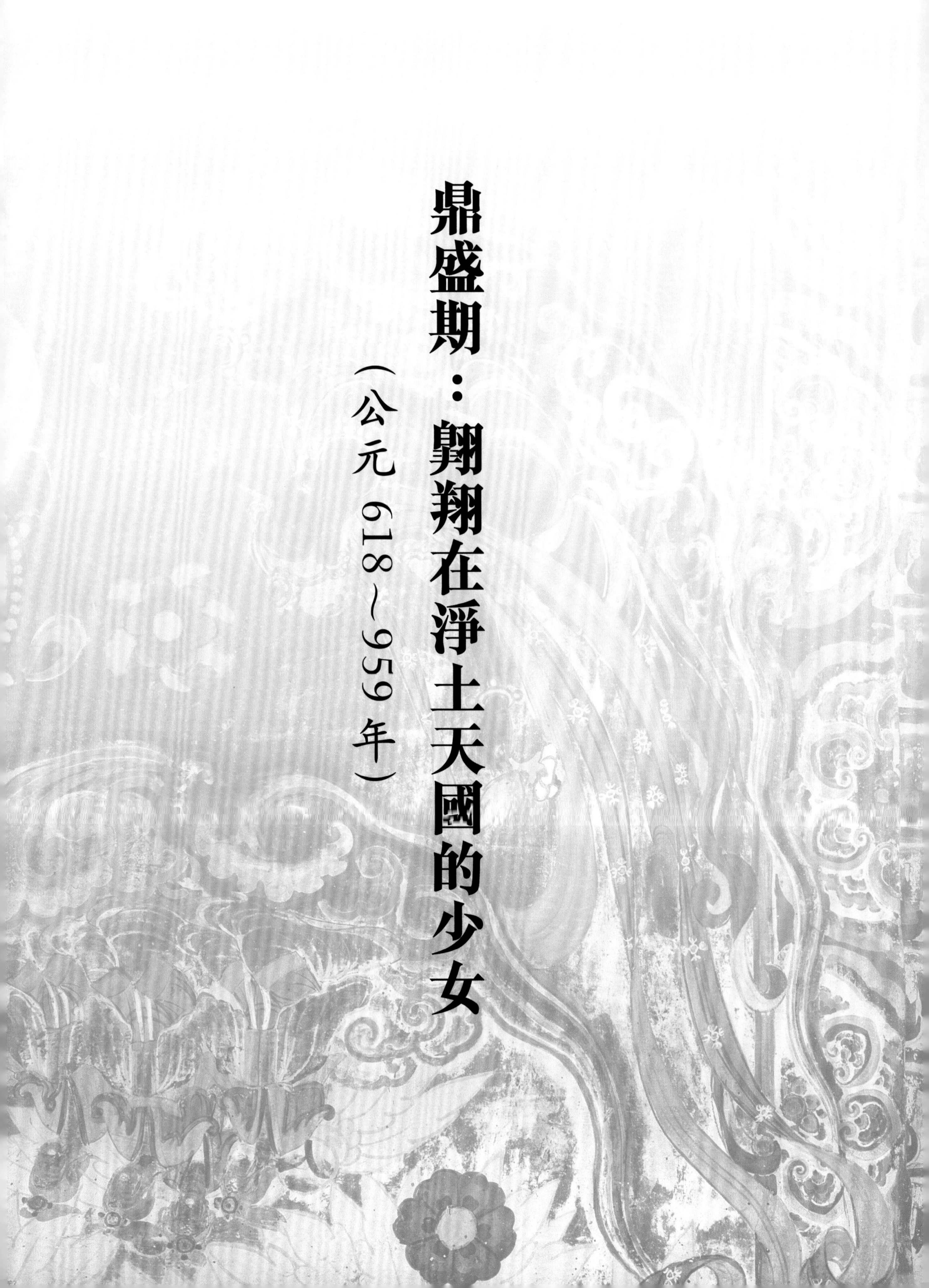

鼎盛期：翱翔在淨土天國的少女

（公元 618～959 年）

雄居世界的大唐帝國統治中國近三百年，其間是佛教的鼎盛時期。唐代以吐蕃佔領敦煌為界，分為前後兩期。唐前期國家蒸蒸日上，石窟壁畫絢爛華彩，風格清新爽朗。唐後期，吐蕃佔領敦煌，由於吐蕃人也篤信佛教，加之唐代文化根深蒂固，因此，藝術風格一脈相承，變化不大。唐至五代敦煌藝術進入了成熟、定型、並趨於程式化的時期。

敦煌莫高窟現存唐代洞窟二百三十六個，佔全部洞窟的一半。唐代壁畫的內容極大豐富，技法表現出極高的水平，並形成了濃鬱的民族風格。由於東西高僧的交流，人們對佛教信仰的熾熱，畫工的技巧不斷創新，以至競相出奇，已經達到了爐火純青地步。

飛天在經變畫中處於陪襯地位，畫面製作宏偉，飛天數量多，造型已基本形成白描敷色的工筆人物仕女的模式，精工彩繪，雄渾舒展，娟秀飄逸，展現出一種富麗堂皇的新境界。

鼎盛期的飛天藝術處於定型階段。

第一節　唐前期

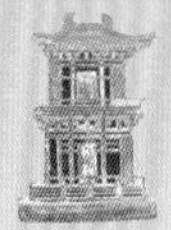

初唐和盛唐，敦煌的佛教藝術進入了鼎盛時期。石窟壁畫呈現出空前輝煌的局面，大量的經變畫竭力表現佛陀世界的理想空間。壁畫上佛陀位於天宇中心，以主尊地位，主宰上下四方。佛陀背後有光環，左右有侍從、弟子、神將、護衛簇擁，宮殿樓閣鱗次櫛比，前有橋廊曲池，下有露台樂舞，上有不鼓自鳴的仙樂，飛天盤旋繚繞，翩翩起舞，構成一幅理想的天國模式。不難看出，唐代出現的經變說法圖畫幅巨大，內容豐富，畫面折射出當時以皇帝為中心的宗法制度，喻示着至高無上的皇家權勢和等級森嚴的社會秩序，滿足了統治者的權力慾望。從某種意義上講，經變畫也是皇權的視覺標誌。由於經變畫的渲染沖淡了宗教氣氛，把佛教概念中的抽象和神秘，轉向人間的現實，驟然增強了世俗性。

隨着洞窟數量的增加和繪畫技藝的提高，飛天的繪製技巧發展到了頂峯。各類壁畫題材在唐代都開始進入規範化和程式化的軌道，飛天是洞窟常規裝飾中必不可少的內容，但只是在規定的區域出現，如藻井、龕內外、牆壁上端以及經變畫的說法圖之中。藻井紋樣中必畫飛天，多姿多彩，表現形式互不雷同。飛天又是經變畫的附屬內容，但大多只局限在狹窄的橫幅中，偶然也被畫進經變畫之內。

飛天的畫法有了很大的改變，由浪漫、誇張步入現實，由天人轉變為楚楚動人的宮娥舞女，粉壁丹青完全進入了人物畫的範疇，工筆勾勒，重彩平塗，形象鮮明。

唐前期的飛天，在造型上具有世俗化傾向，貼近現實生活，甚至把飛天的造型繪成一種最具時尚的女性寫照，完全成為一種中國式線描寫實的仕女畫，有着鮮明的中國特色和民族風格。無論髮式、服裝首飾、衣裙飄帶，還是臉上的貼花，都反映了當時的社會習俗。不僅如此，飛天的臉型也轉為中原的面孔，西域形象已蕩然無存，依然保存的飛天基本特徵是半裸、露臂、赤足、帶有釧鐲裝飾等。天人與世人融合的形象，把佛界與人間的思想感情也融合在一起，因此深受世人的青睞，恆久不衰。

唐前期的飛天具有代表性的洞窟有第329、 331、 320、 148窟。

第329窟窟頂繪蓮花飛天藻井，中心繪一朵蓮花，周圍飛雲流動，四身飛天圍繞蓮花旋轉散花，順勢飛舞，長巾逶迤，姿態優美。藻井周圍，有十二身飛天樂伎持各種樂器，圍繞藻井旋轉飛舞，兩層飛天與蓮花、祥雲以及外圍的葡萄、捲草、聯珠紋，交映成趣，給人五彩繽紛的感覺。這是飛天藻井很有特色的一幅圖案。在西壁開鑿的龕頂畫有佛傳故事“乘象入胎”和“夜半逾城”，空中飛天散花，追逐前進，披巾飄帶迎風飛舞，天花亂墜，瑞氣浮動，將畫面裝點得五彩繽紛，氣氛祥和。

第321窟北壁繪西方淨土變，上部藍天空曠，彩雲飄蕩，天花亂墜，天宮的飛天披巾飄揚，樂器不鼓自鳴。樓閣高聳，飛天穿遊其間，俯仰翻騰，勢若流星，表現出一派天宮極樂世界的空靈、和悅的景象。

第320窟南壁的千佛之中，有一鋪阿彌陀經變，在佛的上方繪四身飛天，兩側相對稱的飛天揚手相互追逐，呼應。這是莫高窟最生動的飛天，造型優美，線條流暢，神韻突出，色彩豔麗，倍受後人稱道。因歲月侵蝕，顏色氧化蛻變，形成黑色肌膚，故又被後人稱作“黑飛天”。這幅唐代飛天中的傑作，常被現代裝飾工藝品採用，成為敦煌的標誌性圖案之一。

第148窟，在南壁龕頂繪一身六臂飛天，六隻手各持樂器，掠空而來，飄帶長曳，衣裙飄逸，極富音樂韻味。

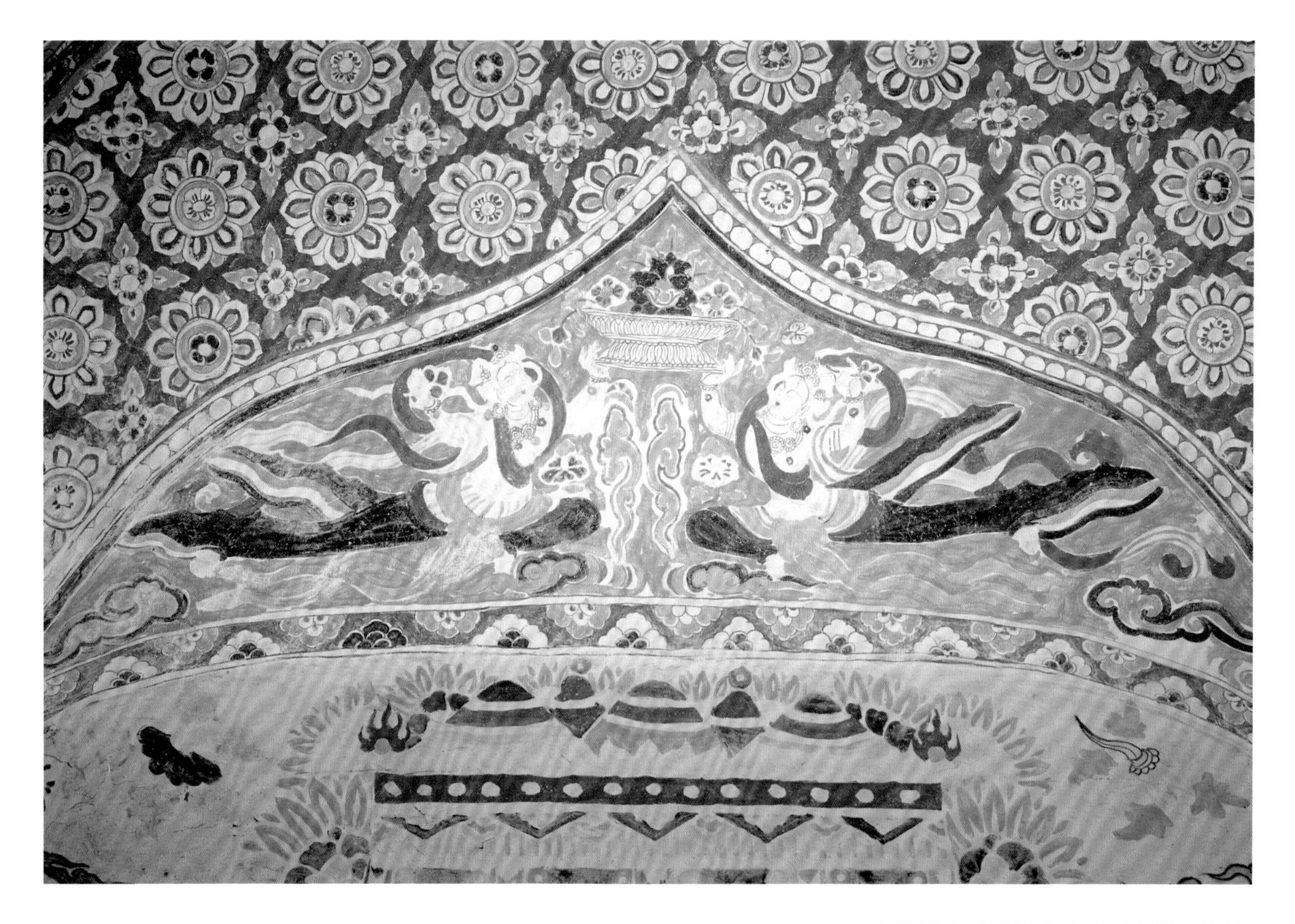

131 獻花飛天

兩身飛天相對，一隻手共同托起花籃，另一隻手散花。其面相豐圓，頭戴寶冠，身飾耳璫、項圈、手鐲、斜披大[illegible]
穎，富有裝飾性。

初唐 莫207 西壁龕楣

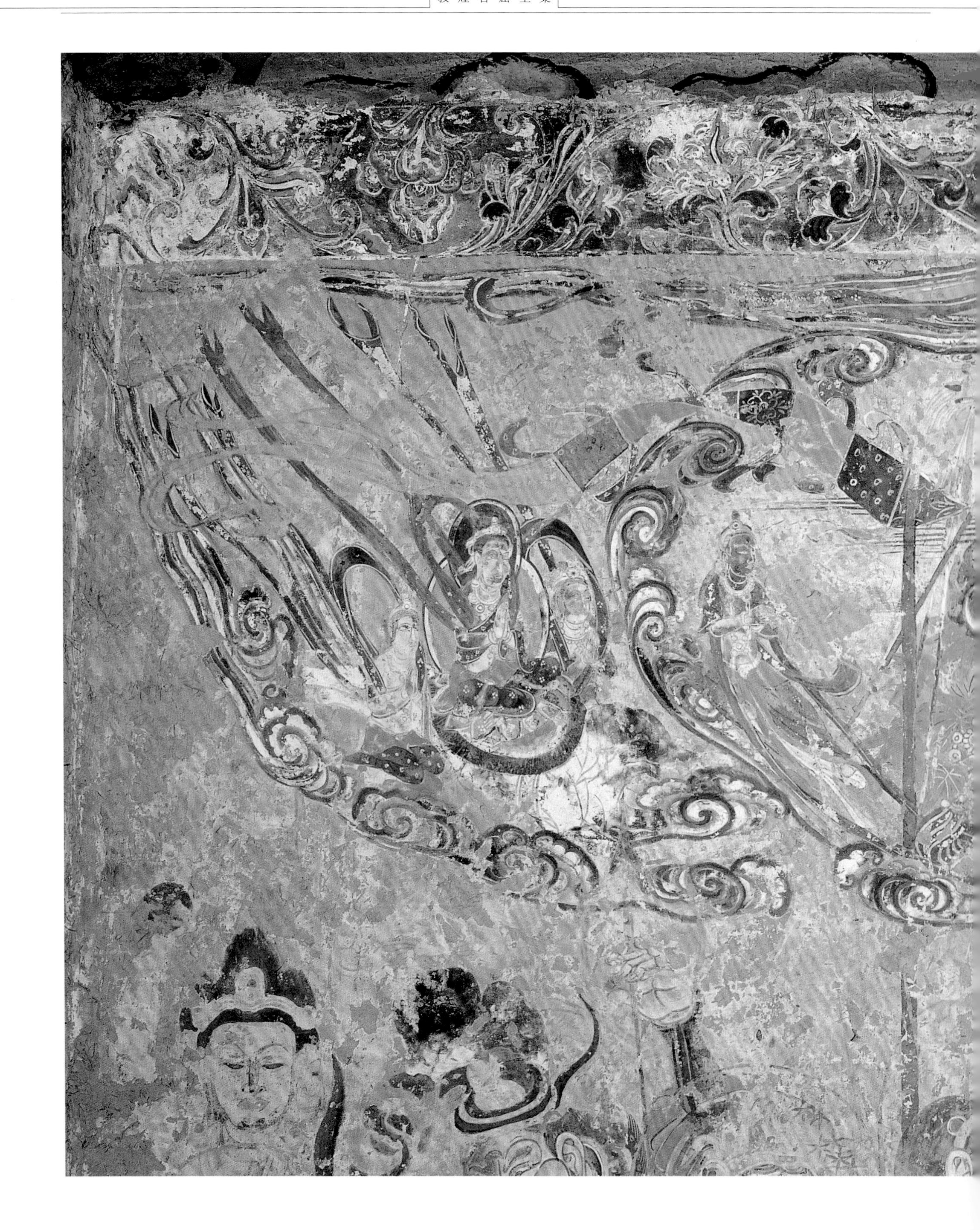

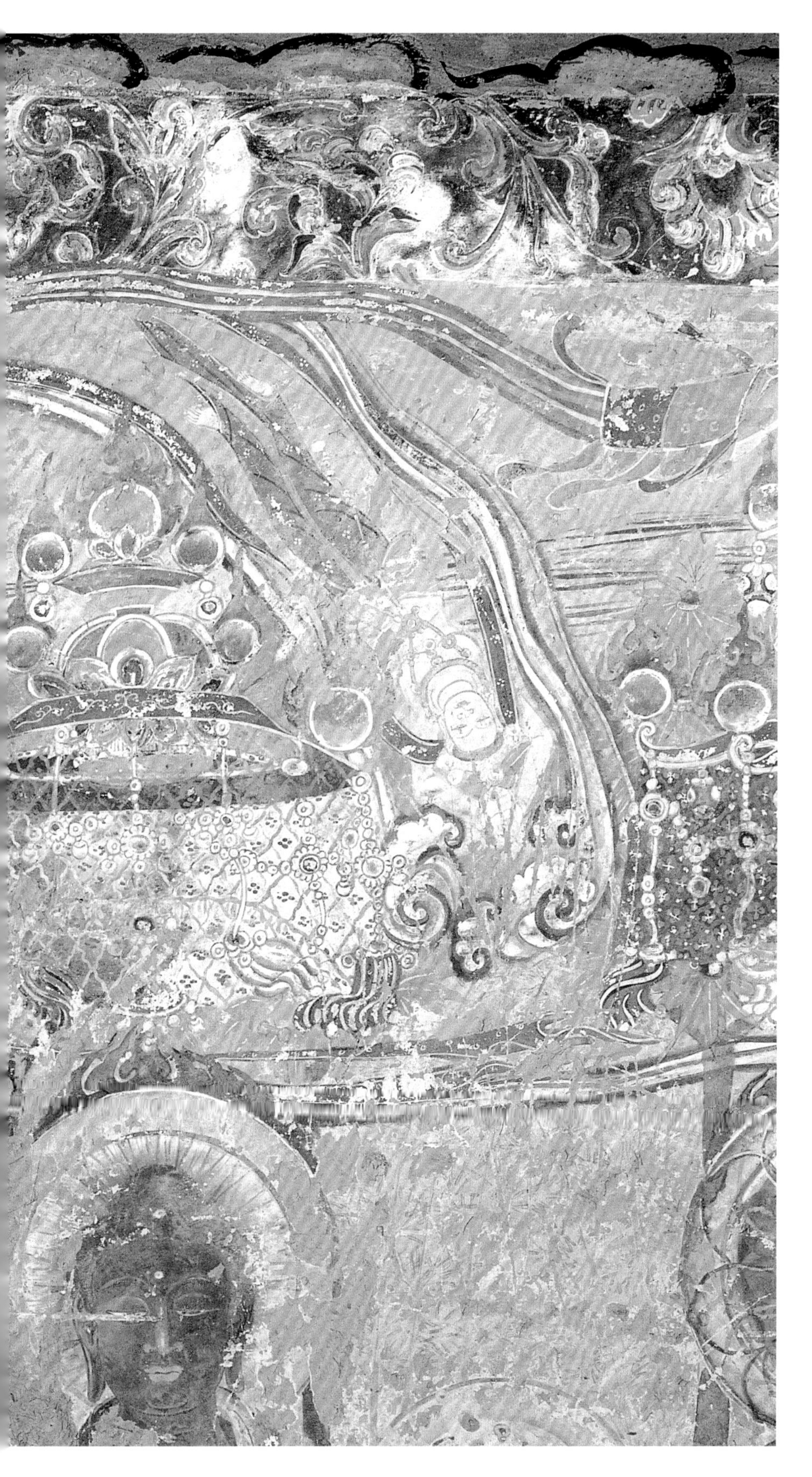

132 **藥師寶蓋飛天**

在藥師佛蓮花寶蓋左右，兩身飛天盤旋飛翔，一身上升，一身俯衝，赴會菩薩端坐蓮花座上與兩脅侍駕祥雲而至。人物的造型、服飾、紋樣、雲朵都出現新的式樣和變化。

初唐　莫220　北壁

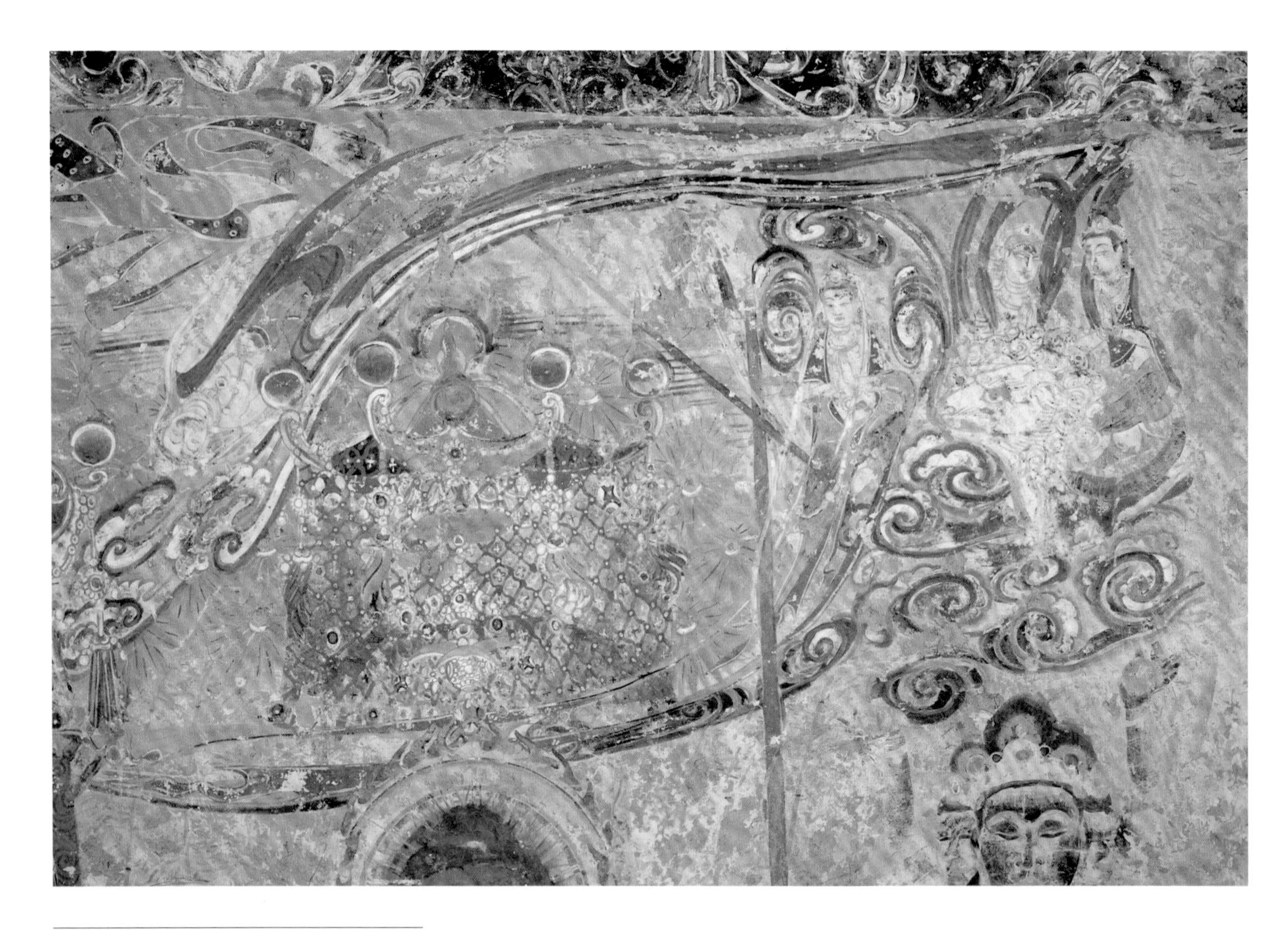

133 藥師寶蓋飛天

兩身飛天風馳電掣般環繞藥師佛珍珠寶蓋急速旋轉，其面龐豐腴，頭戴三珠冠，身着花襦，飾瓔珞、臂釧。一飛天提身向上，另一投身速降，長長的飄帶和祥雲拖在身後。兩菩薩坐於雲端，徐徐降落，前來聽法。色彩典雅華美。

初唐 莫220 北壁

134 菩提樹雙飛天

飛天身體輕盈，姿態優美舒展，長裙裹足，巾帶隨風飄揚，雖暈染變色，但安祥欣喜的眉目、裝飾華麗的瓔珞臂釧仍清晰可見，華麗而別致。在菩提樹襯托下，美不勝收。這是敦煌壁畫中著名的雙飛天。

初唐 莫321 西壁龕頂

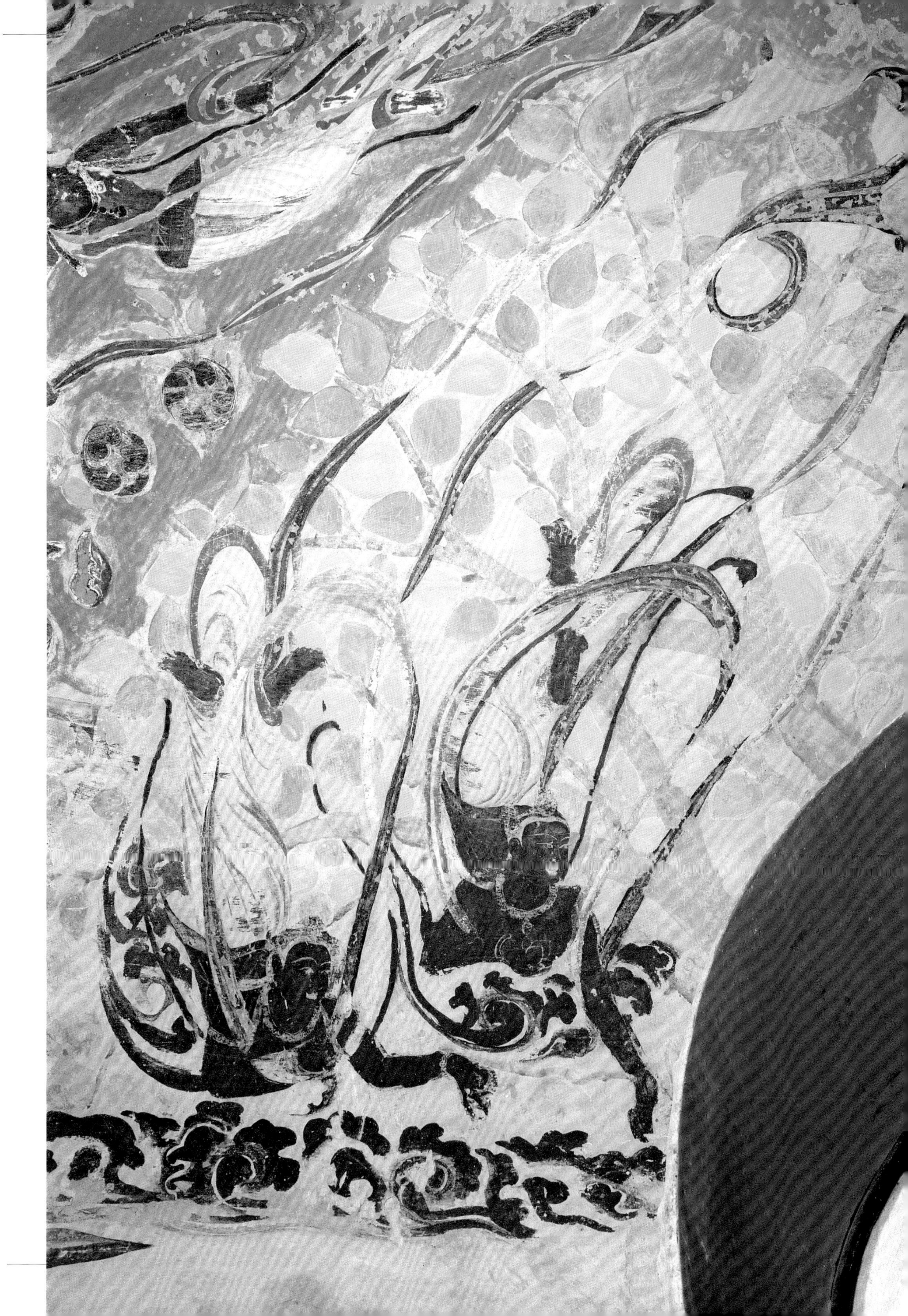

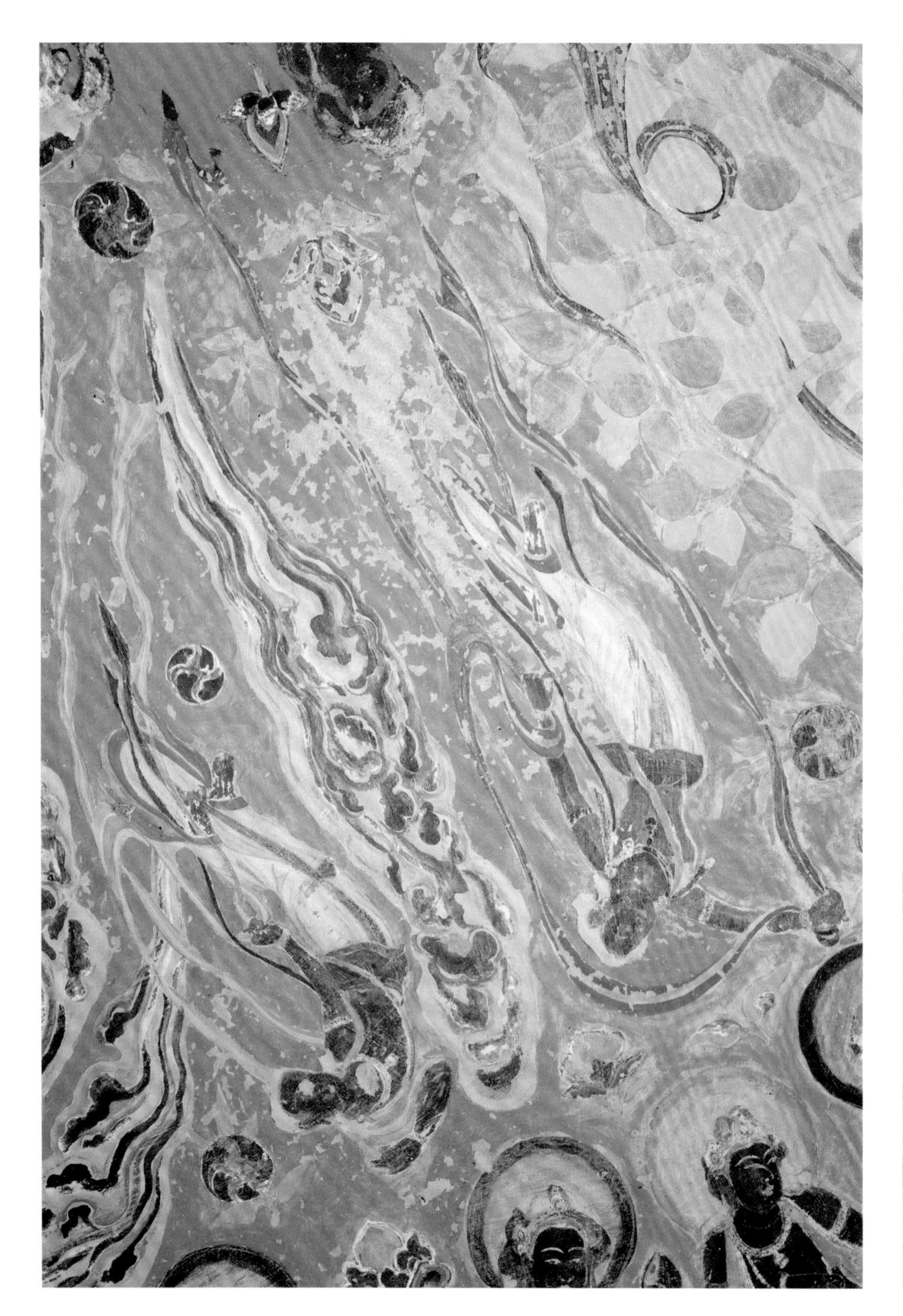

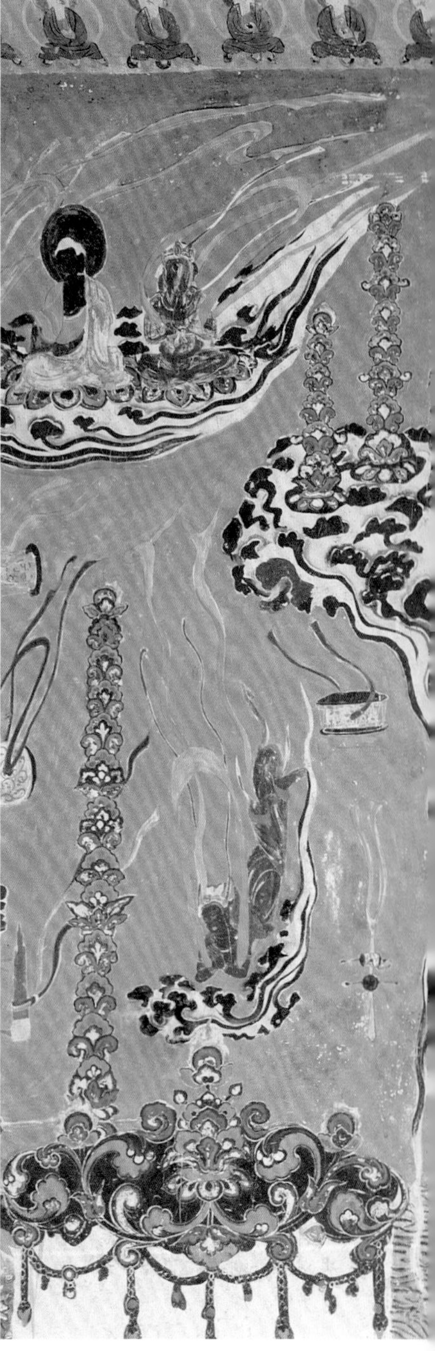

135 **菩提樹雙飛天**

此圖與前圖相對應。兩身飛天在天花、彩雲中疾風般下降，身輕如燕，手執巾帶，動作靈巧柔美。身體比例適度，湛藍的天空使畫面分外明亮。

初唐 莫321 西壁龕頂

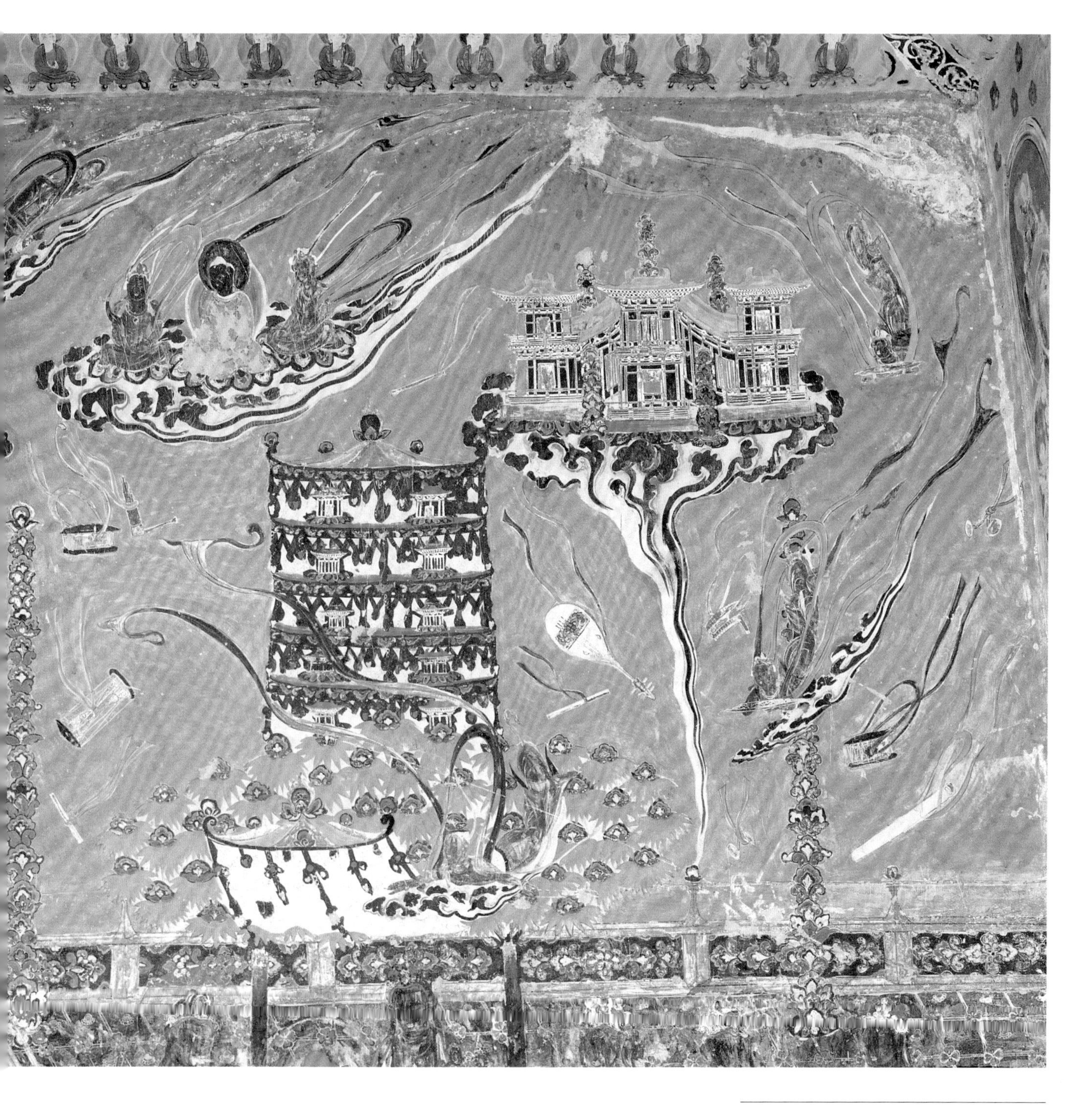

136 淨土世界裏的飛天

在阿彌陀經變中，寶幢、樓閣、花柱、祥雲間，有赴會菩薩端坐蓮台乘雲而降，空中飄蕩着不鼓自鳴的樂器。在這樣一個極樂場面中，更少不了飛天穿梭其中，或捧供品，或持香爐，前來禮佛，長裙彩巾在藍天飄逸，顯得更加絢麗多彩。

初唐 莫321 北壁

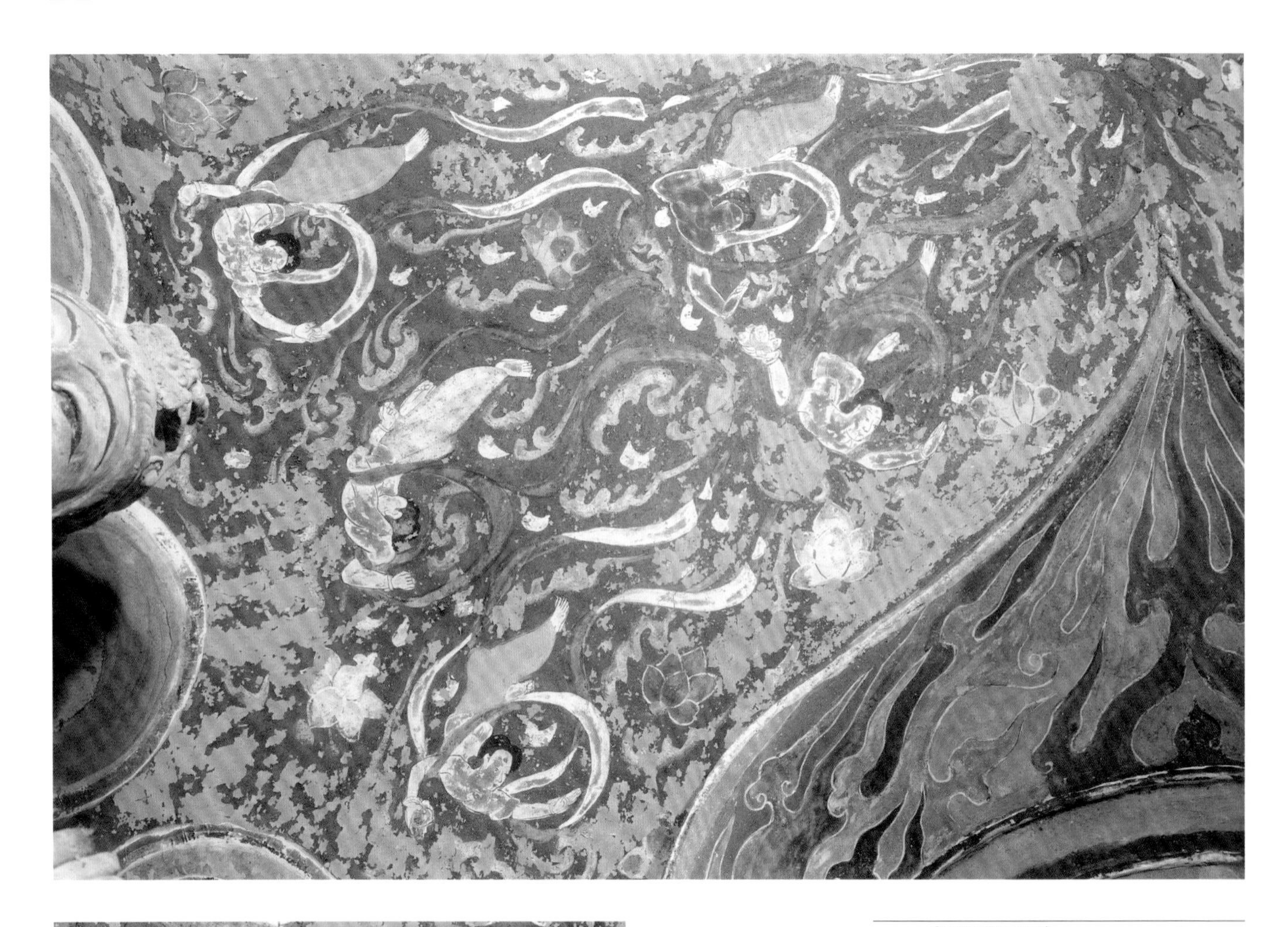

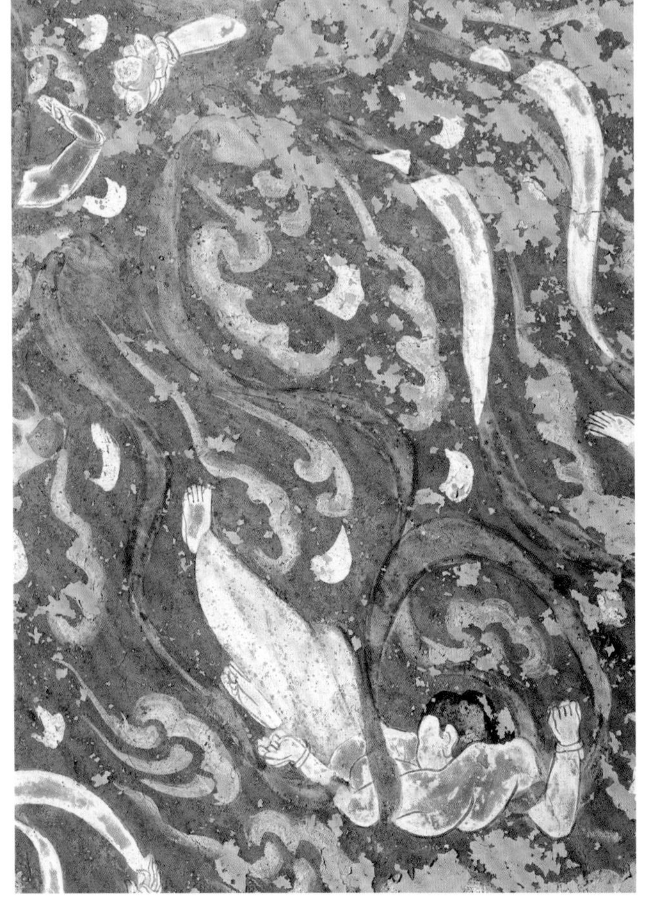

137 龕頂飛天羣

五身飛天在火燄紋背光側盤旋飛翔，既無頭光，也不戴寶冠，而似人間少女梳雙髻，面圓而秀美，服飾簡樸。肢體和衣紋為線描加暈染而成。

初唐 莫322 西壁龕頂

138 反身飛天

此圖是前圖的局部。飛天反身勾頭，形象特別，袒裸上身，顯露出健壯的肢體。

初唐 莫322 西壁龕頂

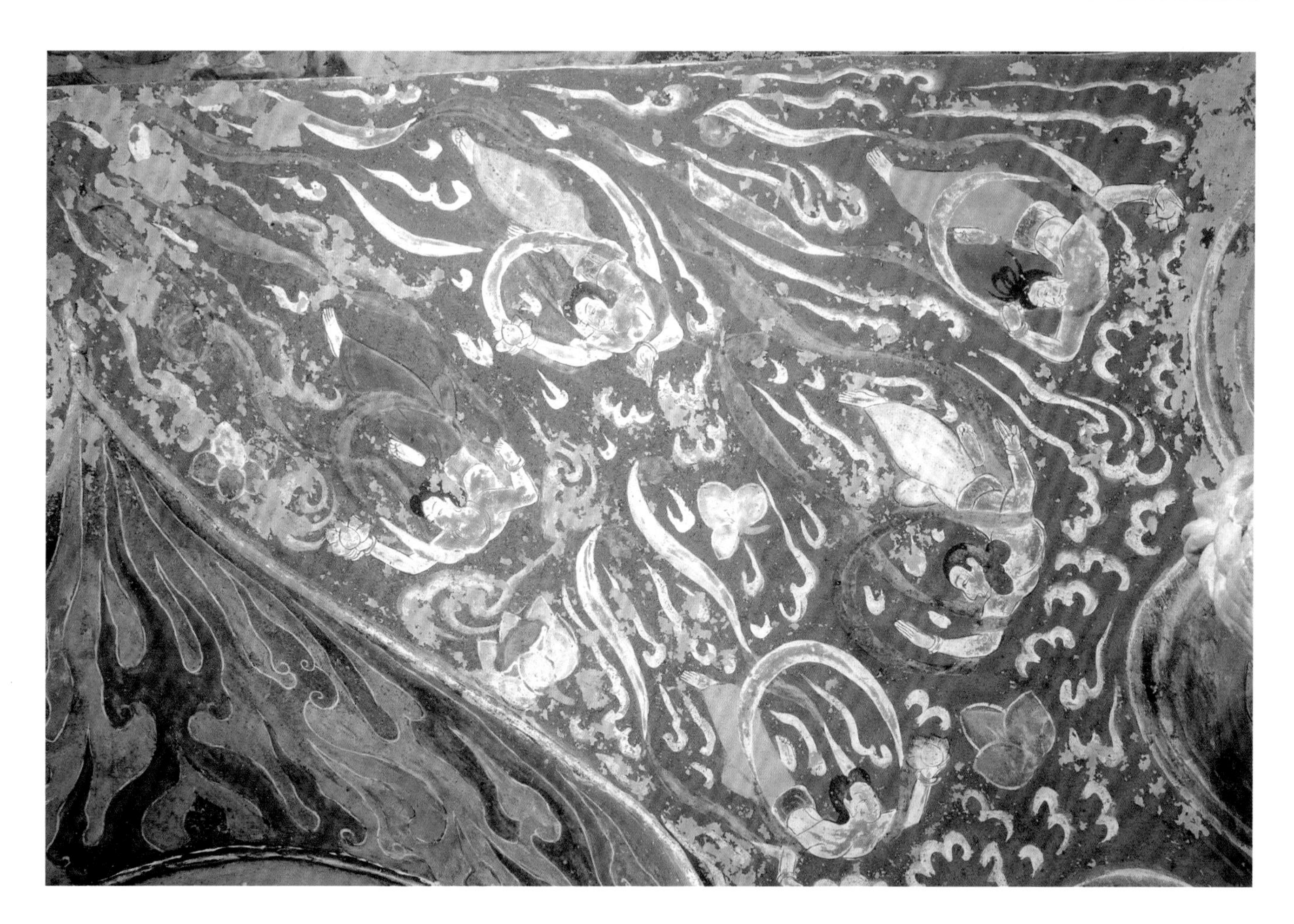

139 龕頂飛天羣

五身飛天頭梳各式少女髮髻，肩上蓄鬚，袒裸上身，腰束長裙，以不同的姿態散花。造型追求變化，勾線生動，色彩熱烈。

初唐 莫322 西壁龕頂

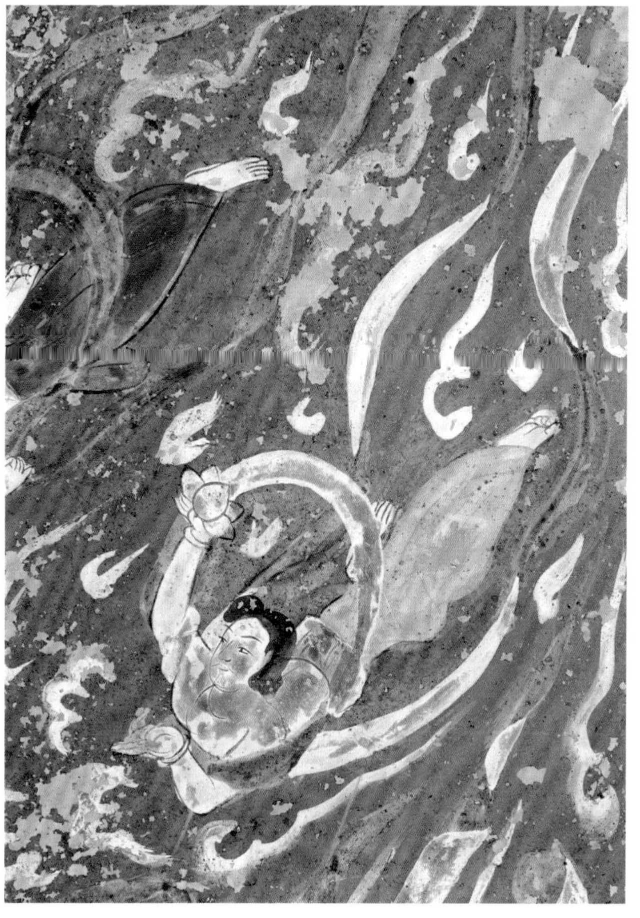

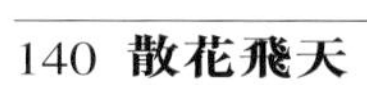

140 散花飛天

此圖是前圖的局部。飛天頭上梳髻，修眉細眼，肢體柔軟，一手托蓮花，一手散花，手勢生動，像女性；而橢圓形面龐上又畫着兩撇小髫鬚，當為男扮女裝。

初唐 莫322 西壁龕頂

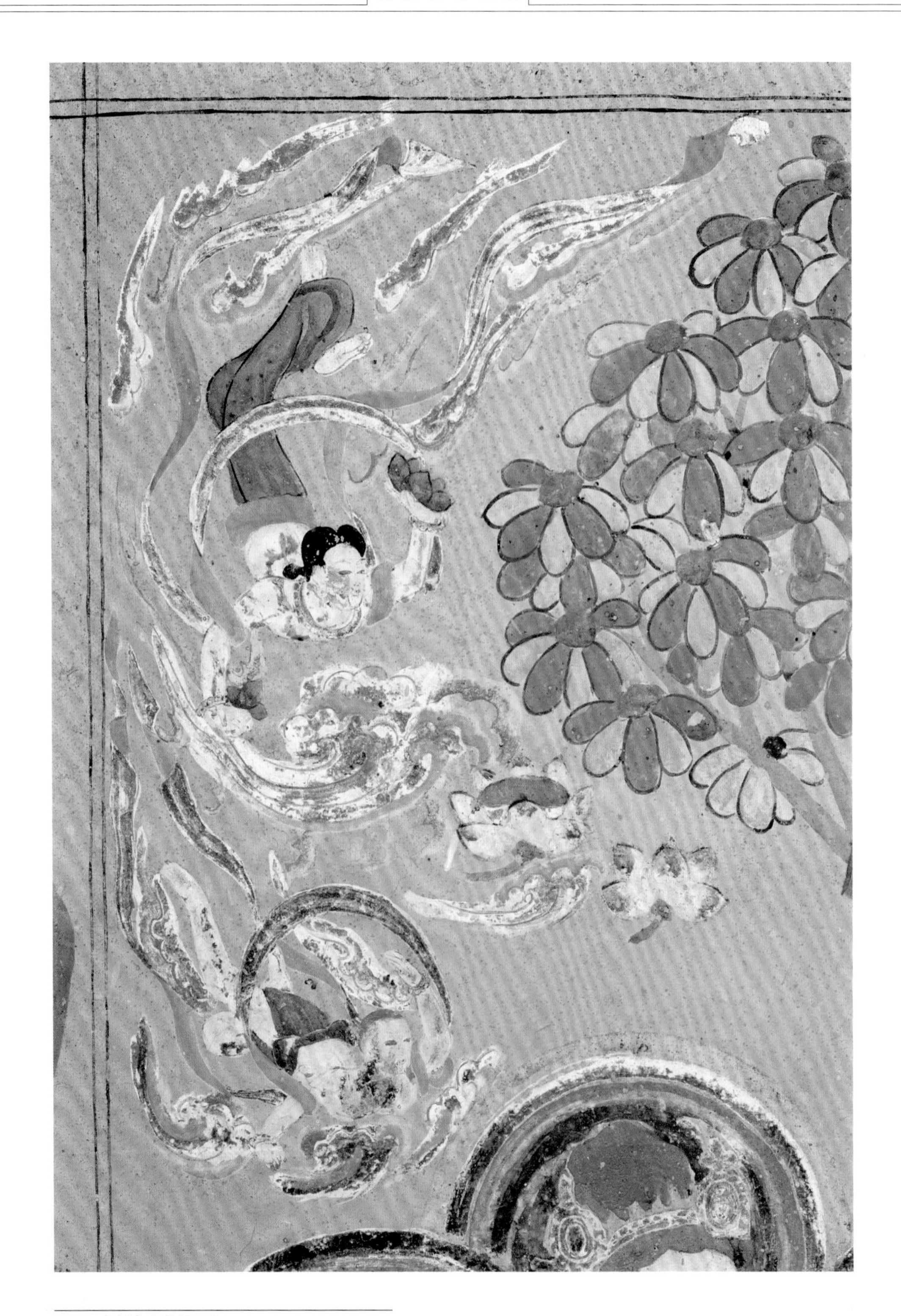

141 説法圖飛天

兩身飛天在樹一側下降飛行。上方一身為梳髻少女，佩珠寶項圈、手鐲，長裙裹足，托蓮散花；下方一身為光頭童子，上身袒裸，下穿犢鼻褌，無飾物，向佛供養。

初唐 莫322 南壁

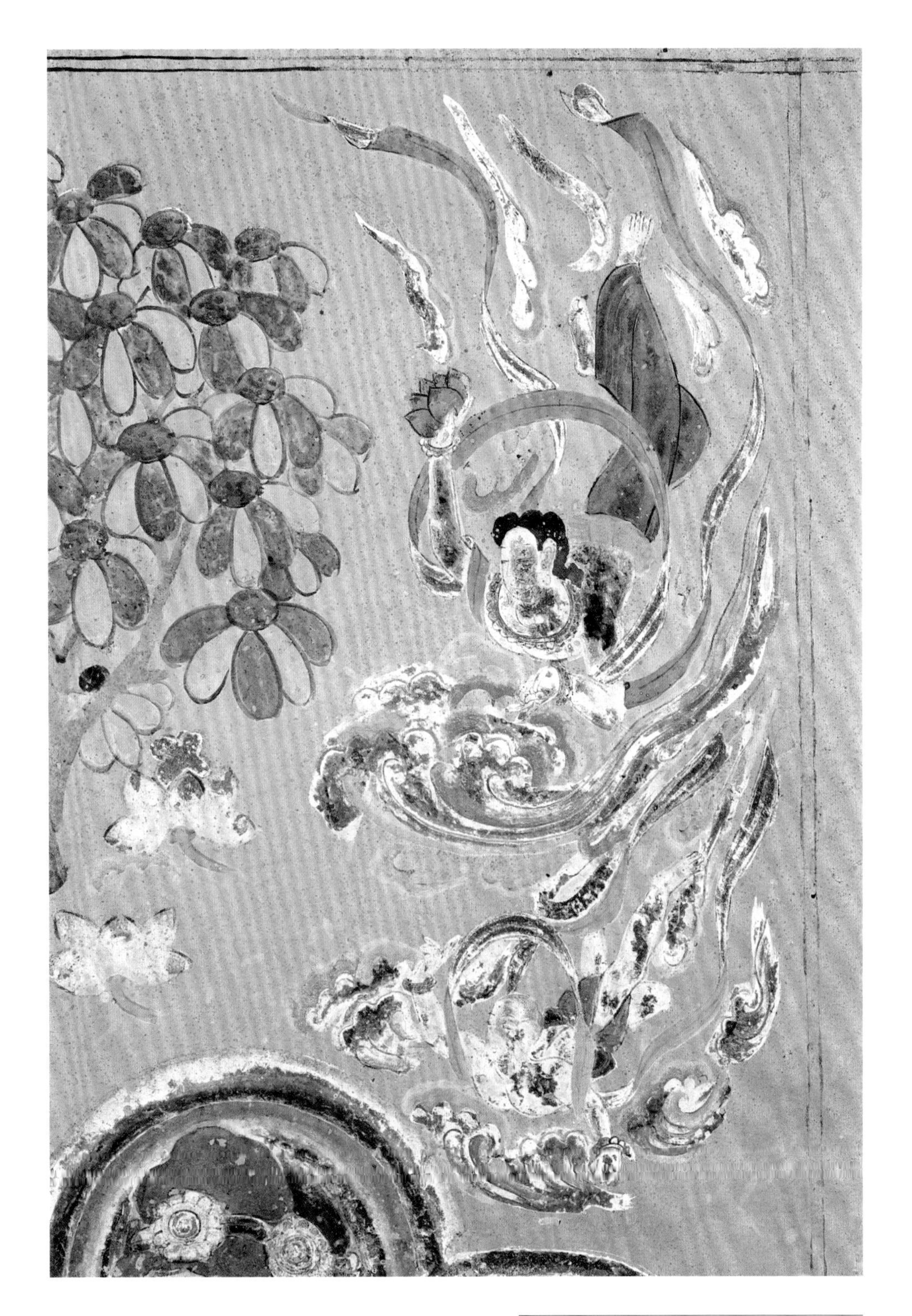

142 說法圖飛天

此圖與前圖相對應。兩身飛天環繞綠樹，上為少女散花，下為童子供養，姿態生動，手勢靈活。畫面以土黃色為地，施以石綠、石青、白、黑和赭石色，淡雅而清新。

初唐 莫322 南壁

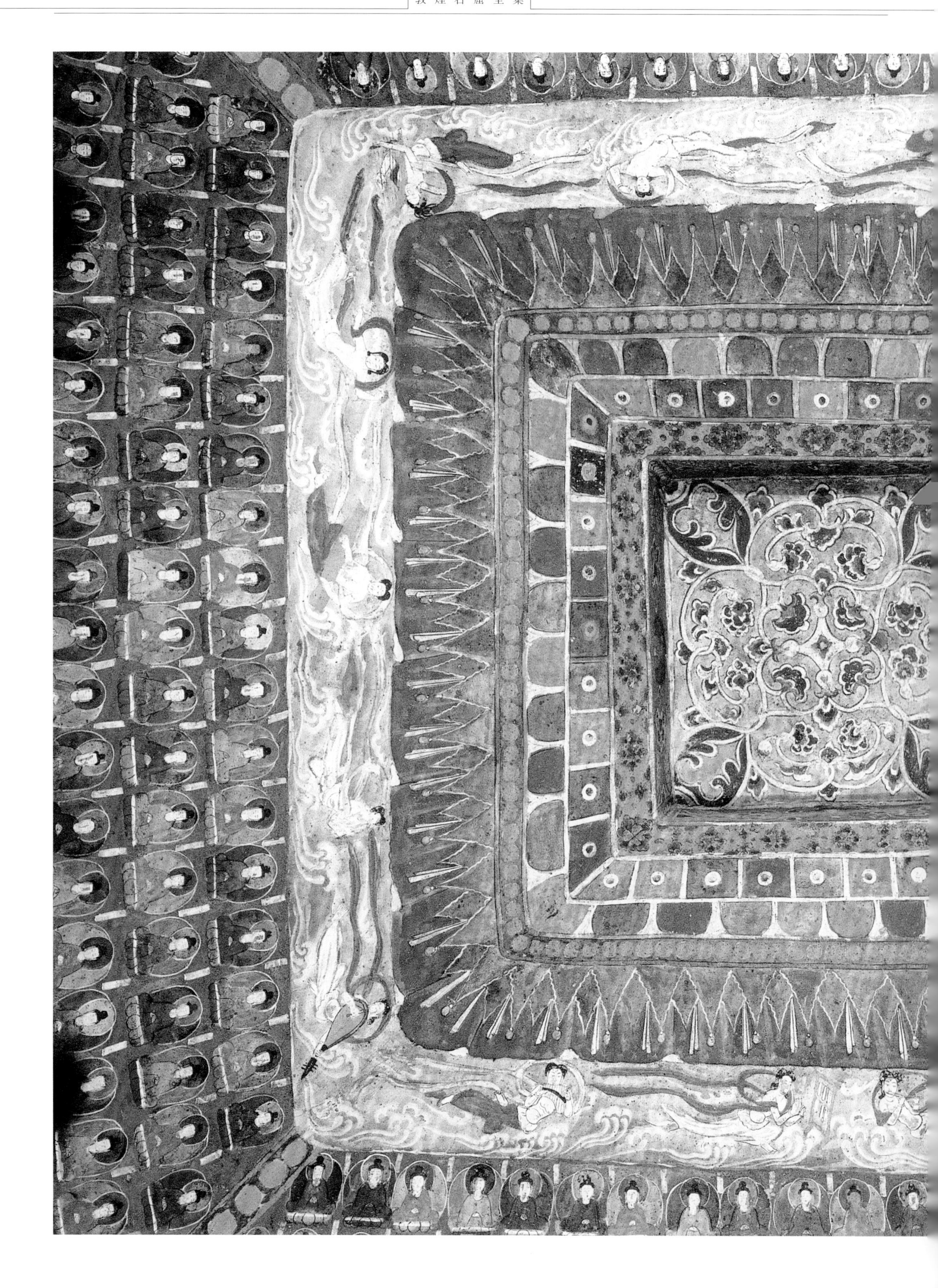

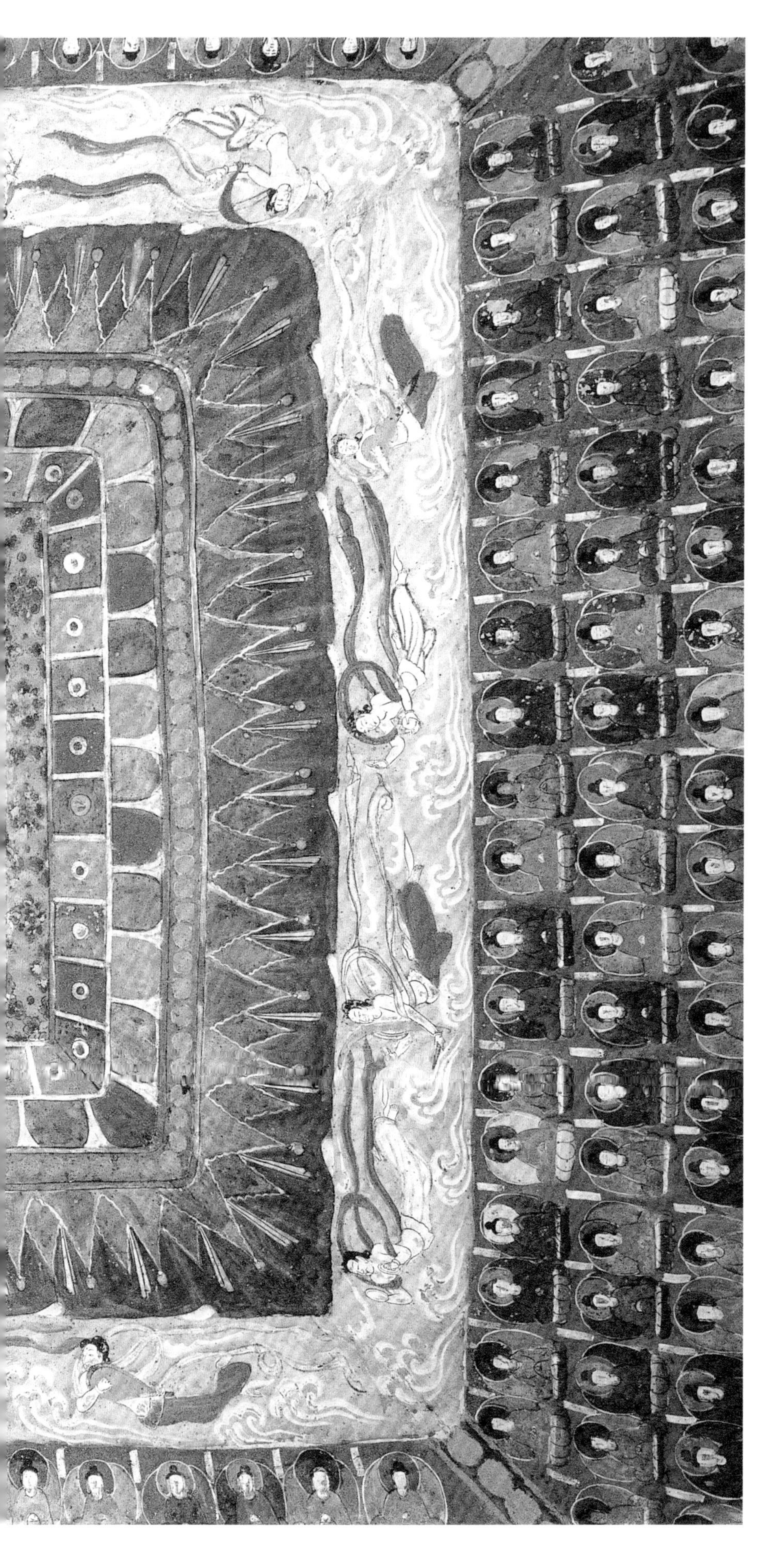

143 環寶蓋伎樂飛天

藻井四周垂幔，表示華蓋。淡藍色天空上白雲浮動，伎樂飛天為頭梳雙髻、身着長裙的少女，每人演奏一件樂器，演奏姿態準確，畫工精細，是可貴的音樂史料。

初唐 莫322 窟頂

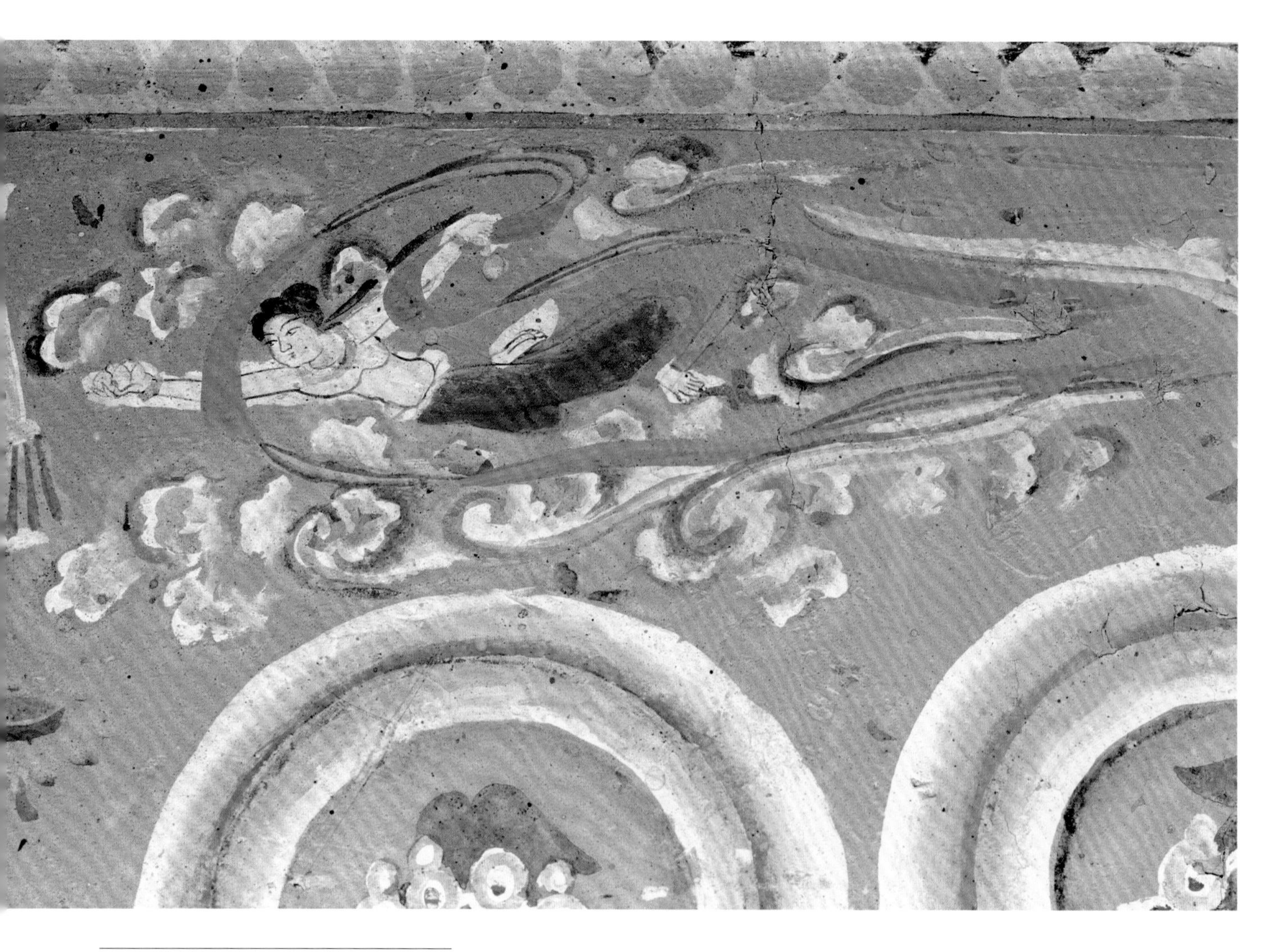

144 獻花飛天

飛天頭梳雙髻，一手托蓮花，一手拈花蕾，伸張兩臂飛翔。人物五官勾畫得準確傳神，形體勾線簡潔，以線為主再稍加暈染。

初唐 莫329 東壁門上

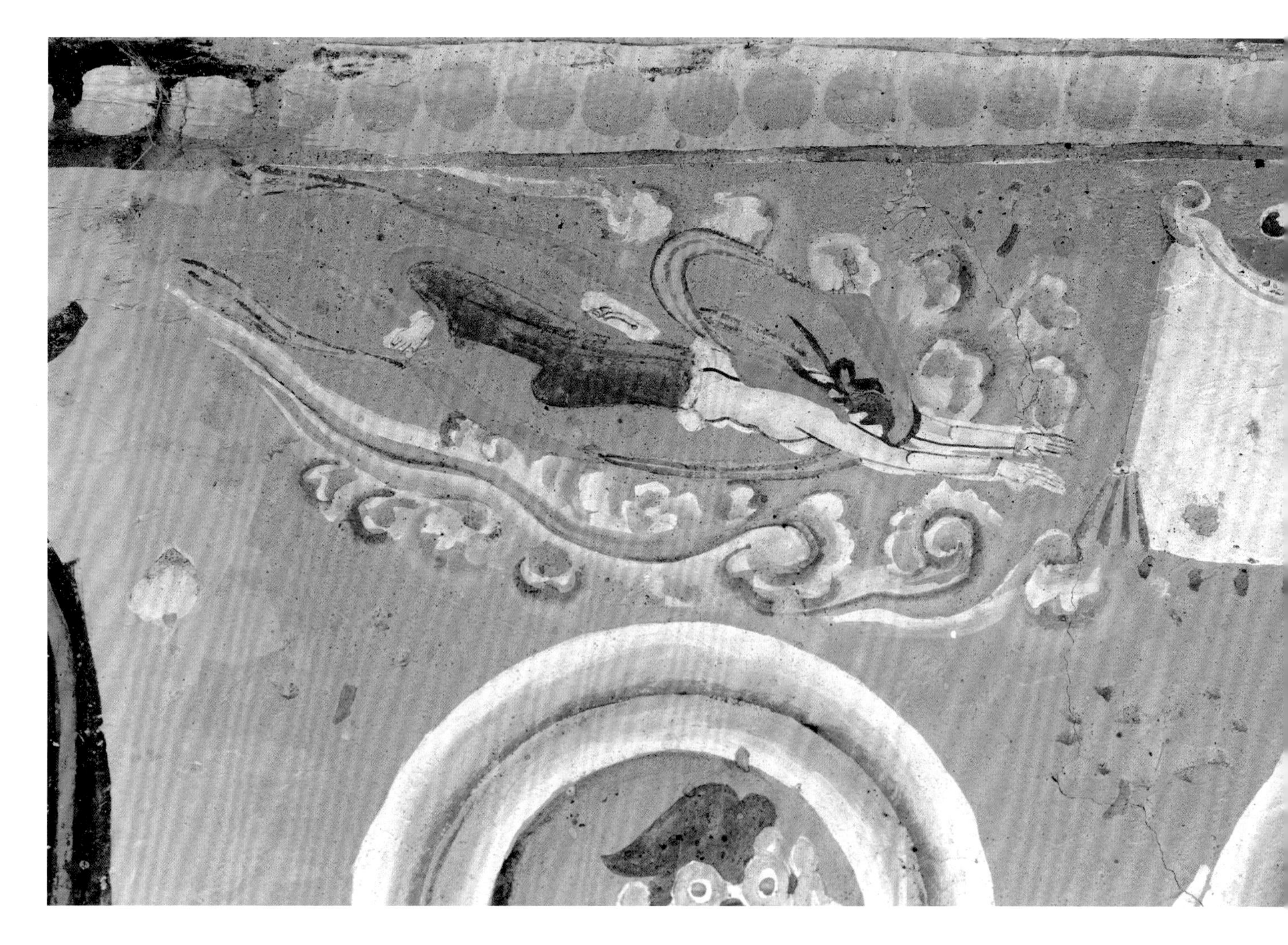

145 投身飛天

此圖與前圖相對應。飛天兩臂前伸遮住面容，一腿直伸，一腿回縮，赤足着裙，仿佛投身向佛，又像在水中游泳，姿態奇特。周圍彩雲有如水花。

初唐 莫329 東壁門上

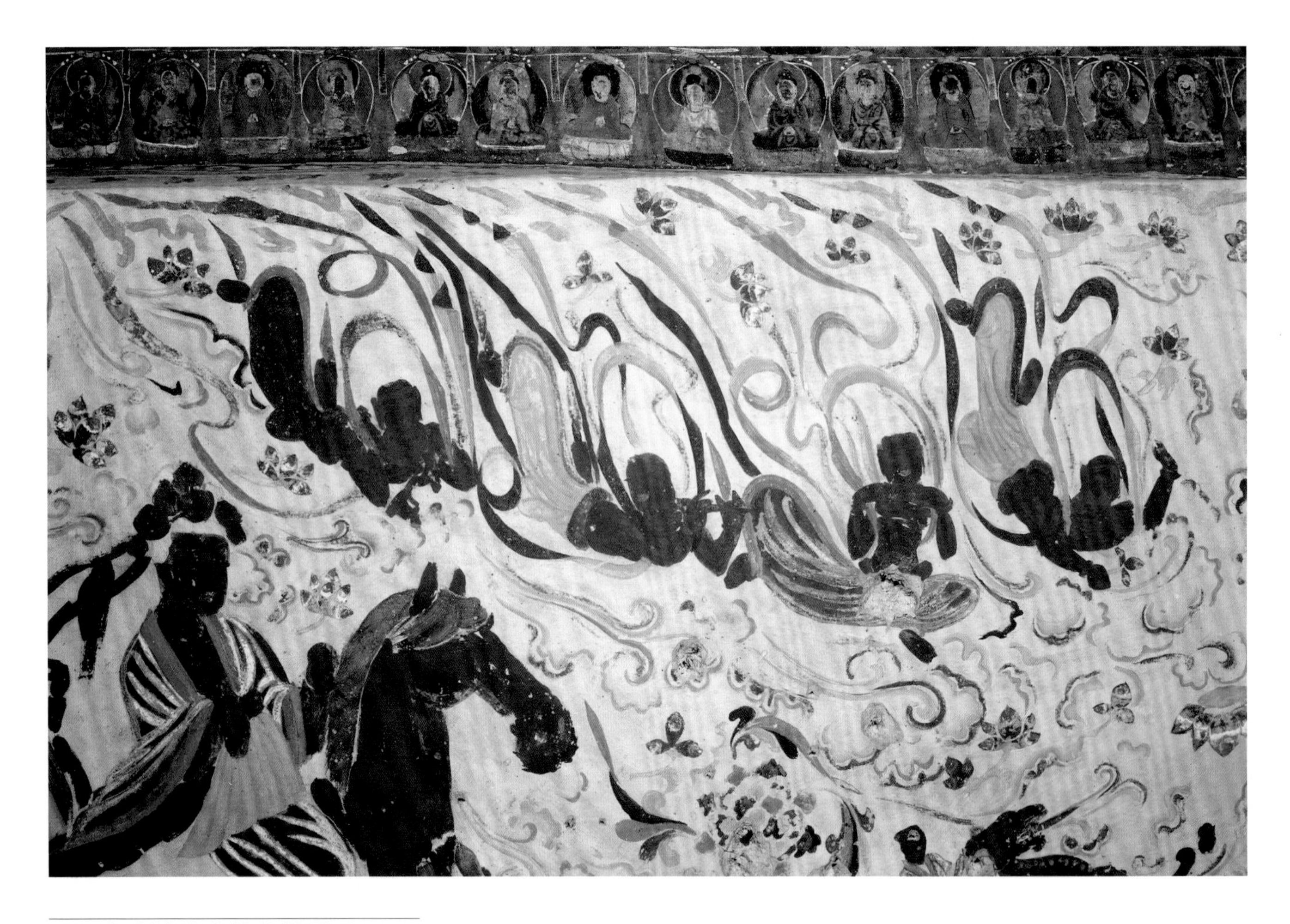

146 夜半逾城中的伎樂飛天

在佛傳故事“夜半逾城”中，飛天為悉達多太子出家表示慶賀，兩身持長柄香爐、散花供養，兩身吹橫笛、排簫，姿態各異，廣闊的天際空靈而美妙。線描和暈染結合，顏色對比鮮明，富於變化。

初唐 莫329 西壁龕頂

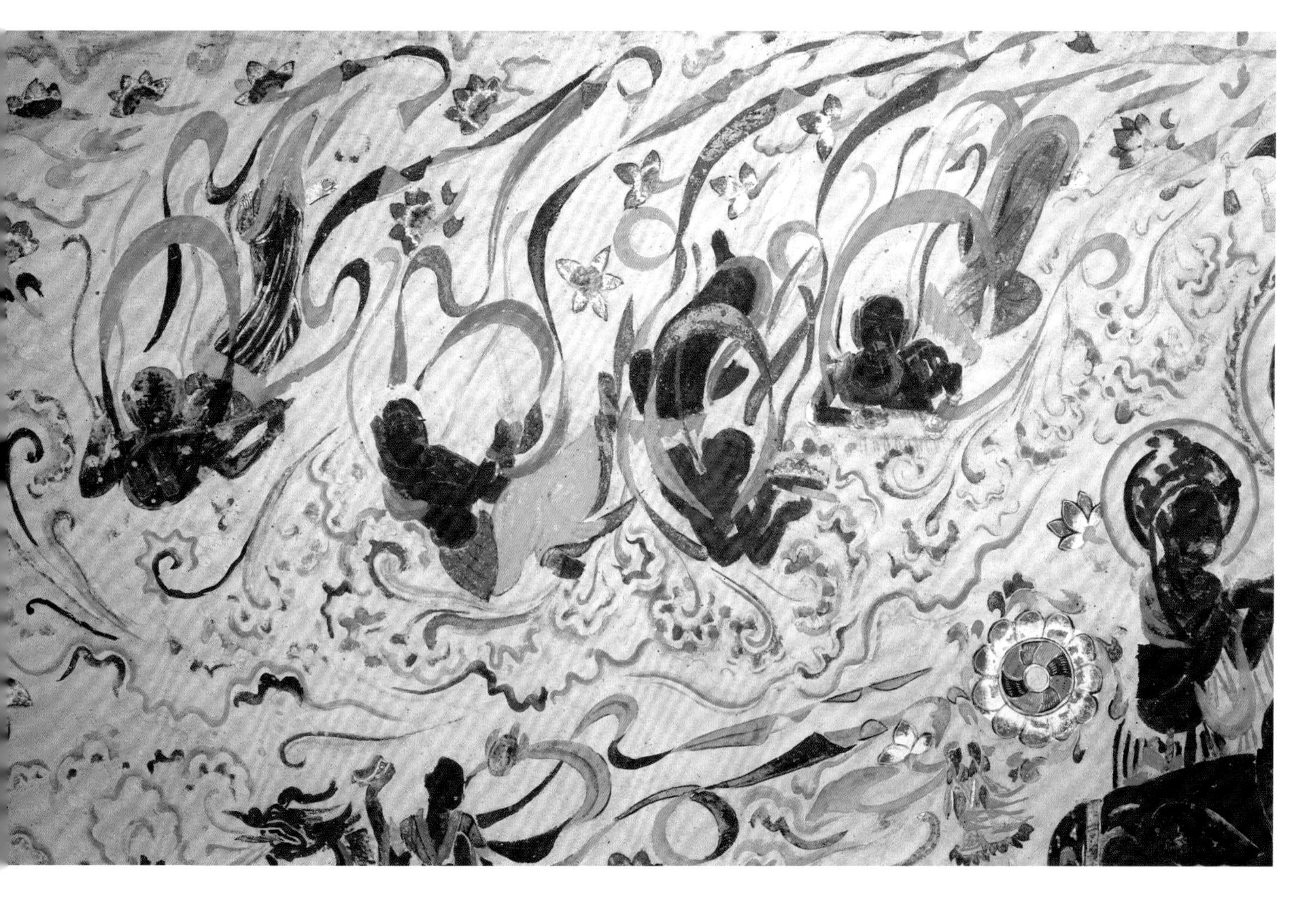

147 **乘象入胎中的伎樂飛天**

此圖與前圖相對應。在佛傳故事“乘象入胎”中，飛天為菩薩投胎表示慶賀，一身雙手捧花盤，其他三身分別演奏琵琶、竿相方響，一邊演奏，一邊回望，人物關係相互呼應。

初唐 莫329 西壁龕頂

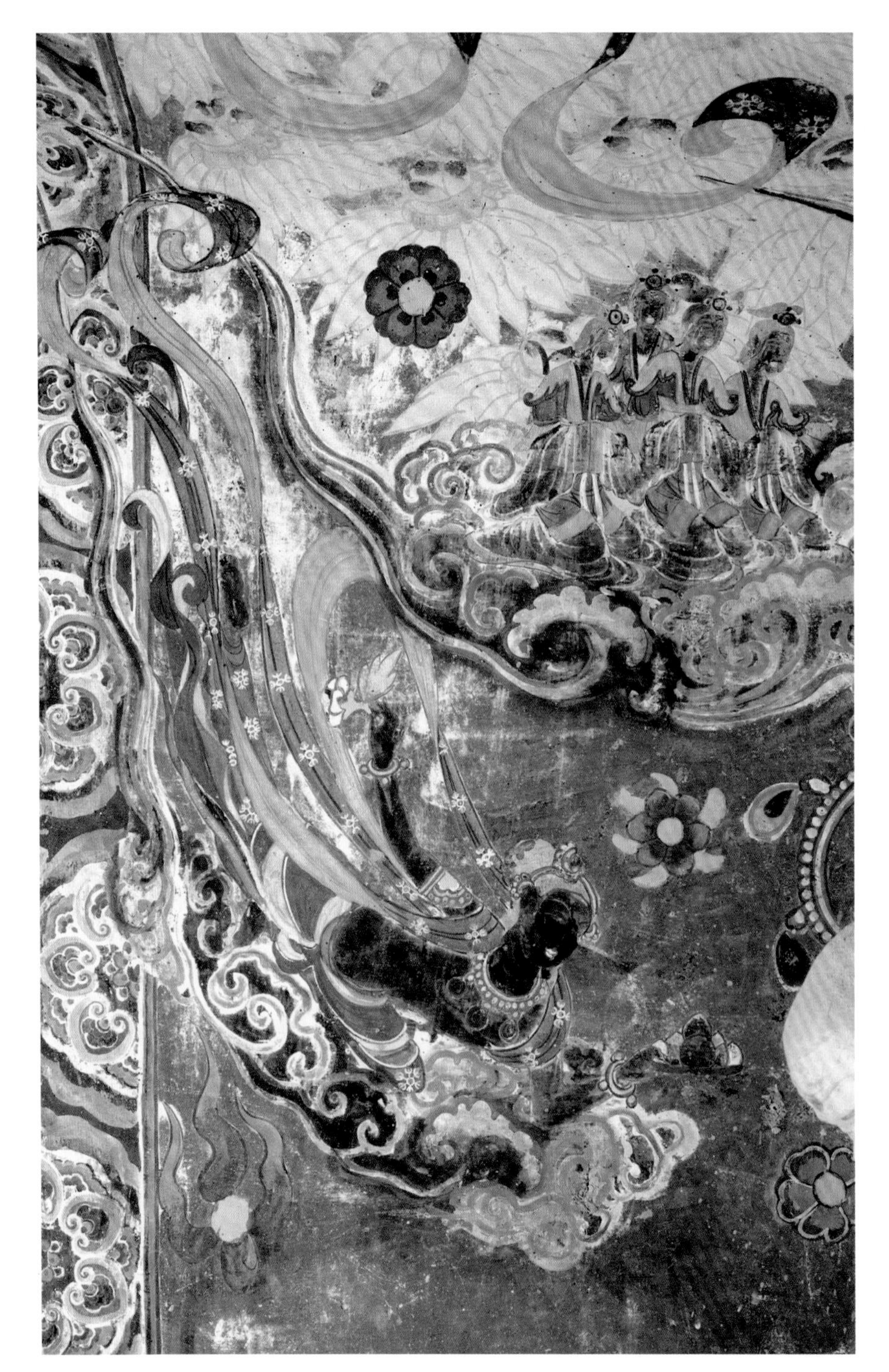

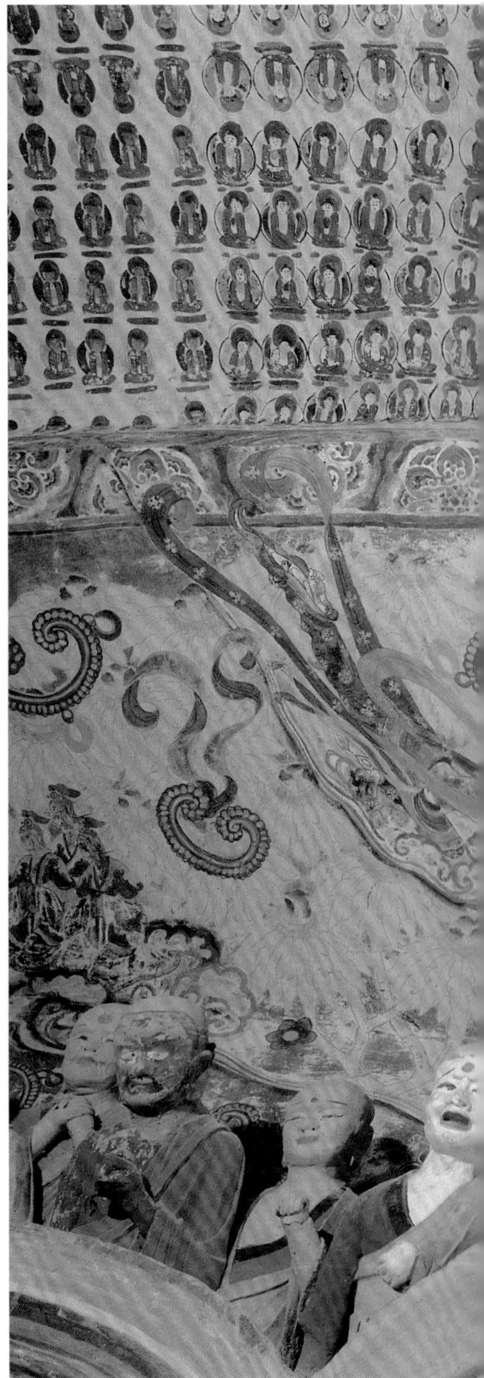

148 獻花飛天

飛天豐肌秀骨，珠光寶氣，一手持蓮花花盤，一手拈牡丹花蕾，飛身而降。線描流暢有力，用色絢麗多彩，層層疊染，加金線提神，驚豔絕倫，表明盛唐飛天已進入工筆仕女畫範疇。

盛唐 莫39 西壁龕內

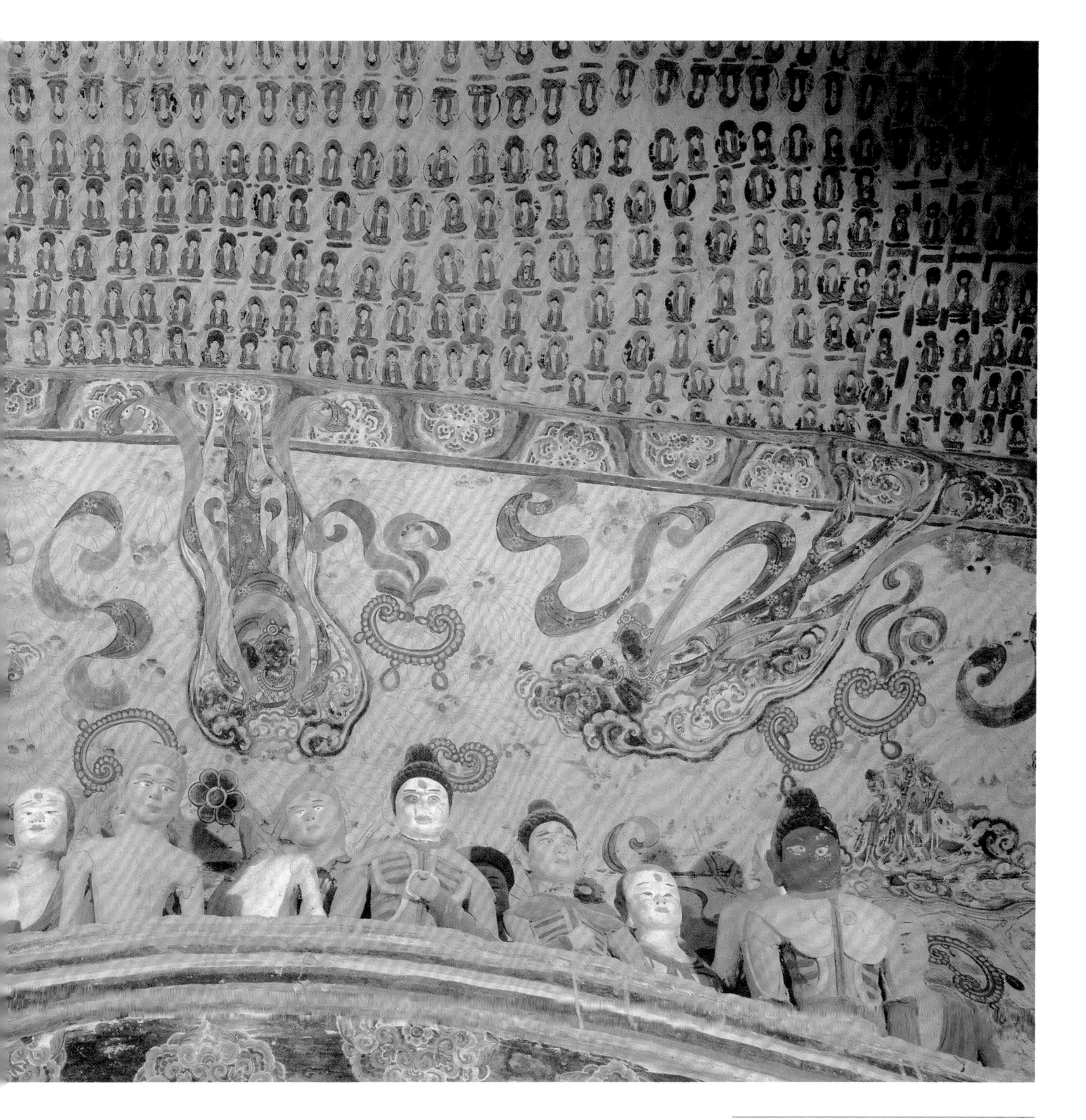

149 獻花飛天

三身赴會獻花的飛天，如少女般婀娜嫵媚，雖暈染變色，但仍能看出面容俊秀端莊。髮髻高聳，戴三珠冠，衣裙巾帶上的團花清晰可見。一正面垂直下降，兩側面各有彩雲相托，構圖均衡，畫工精細。

盛唐 莫39 西壁龕上

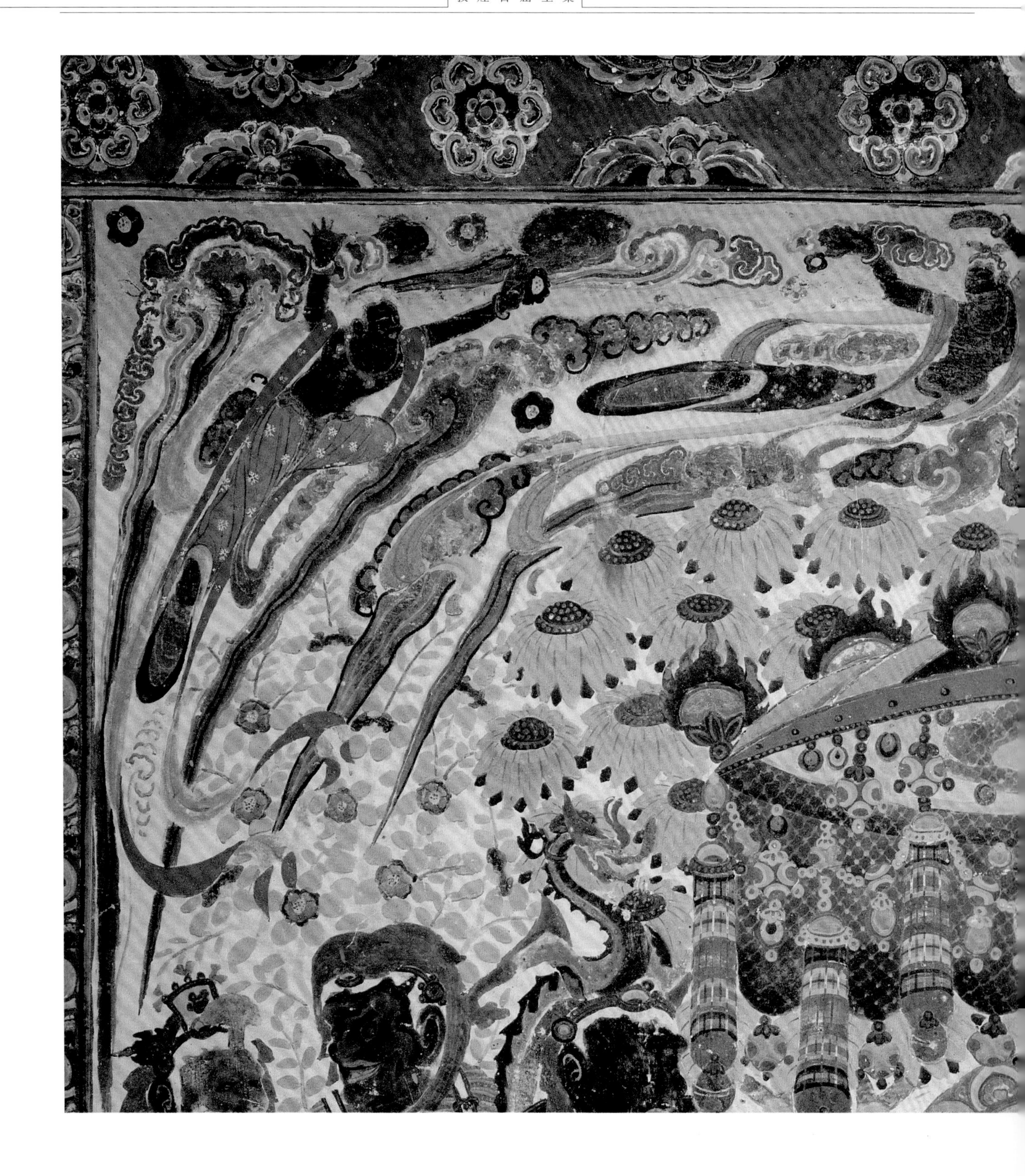

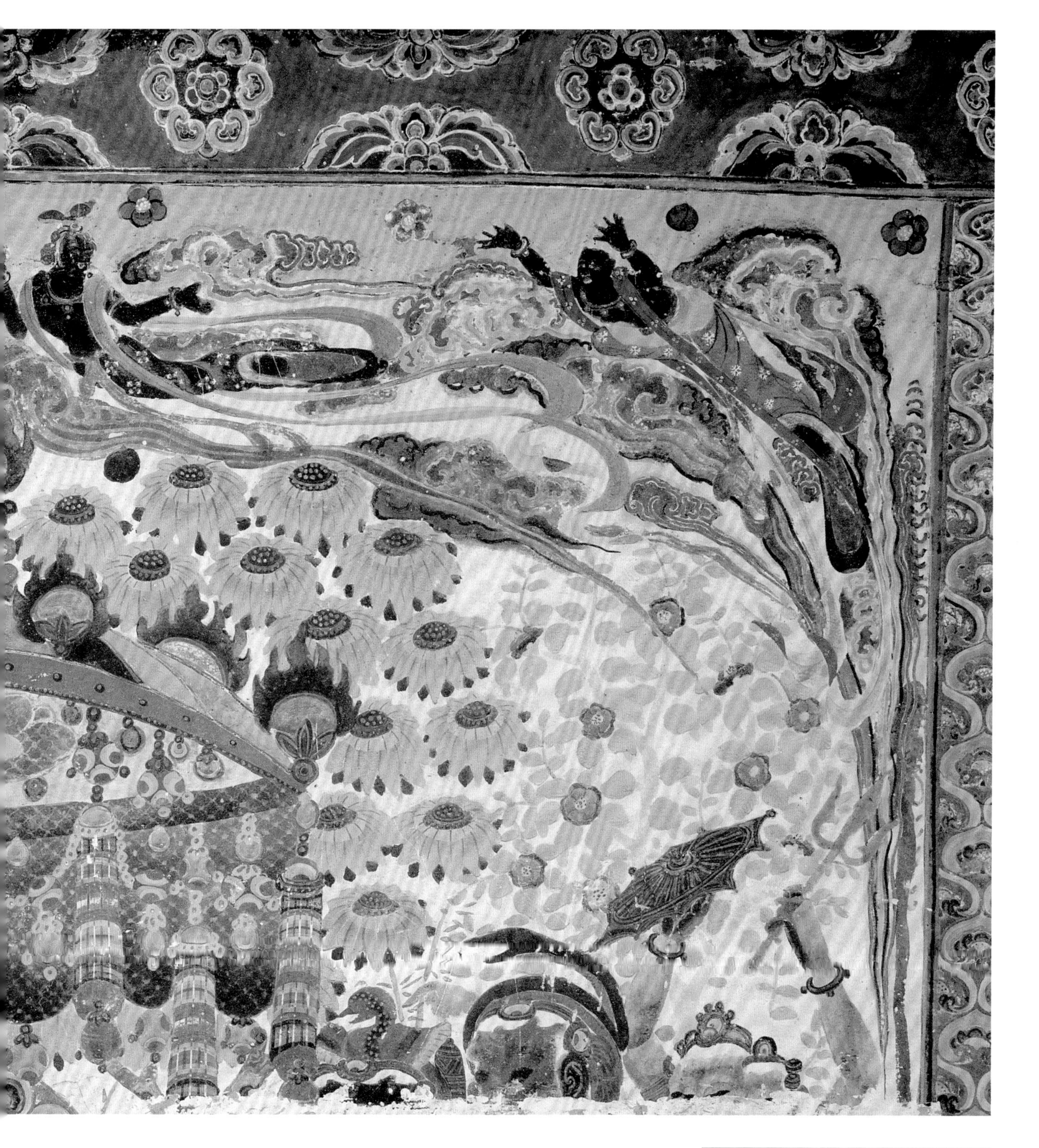

150 **散花飛天**

四身飛天相對盤旋於阿彌陀佛寶蓋上方，前後顧盼，揚手散花嬉戲，充滿生氣和歡樂的情趣。姿勢富有力度，飛動感強。"黑飛天"係顏色變化而造成的。此圖為敦煌最引人注目的飛天代表作。

盛唐 莫320 南壁

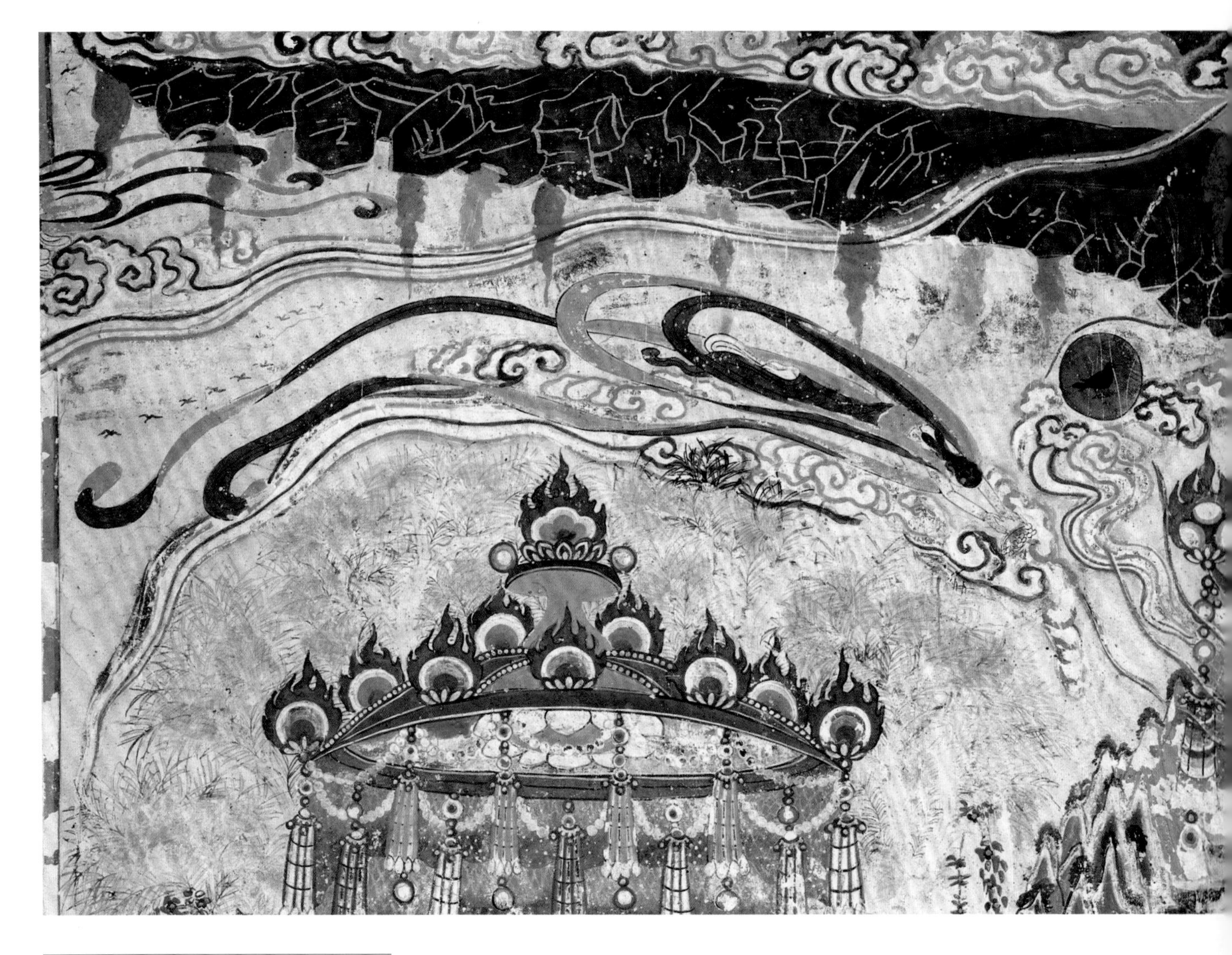

151 **散花飛天**

一身飛天在佛寶蓋上方飛翔，雙臂前伸，不見面容，只見雙髻，雙手將花盤拋出，鮮花隨風散落在雲間，動作舒展自如，巾帶捲曲自然，可見當時畫工的技藝成熟，構圖多樣。

盛唐 莫103 南壁

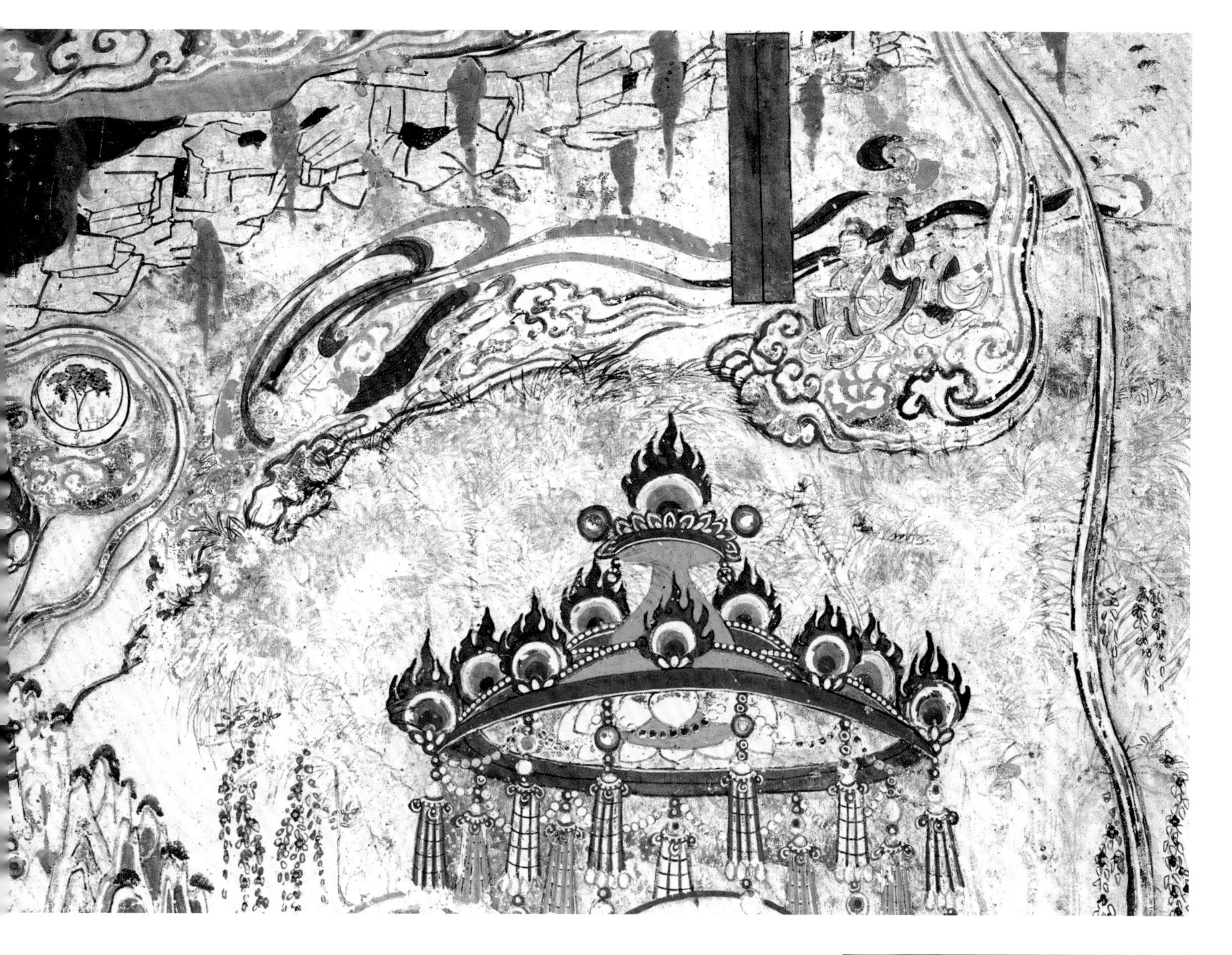

152 展臂飛天

在法華經變中，佛寶蓋上的樹梢間，飛天展臂飛翔，手勢柔軟，巾帶繞腕，形成流動的線條。前方有長着桂樹的月亮，其後雲端有赴會的菩薩。

盛唐 莫103 南壁

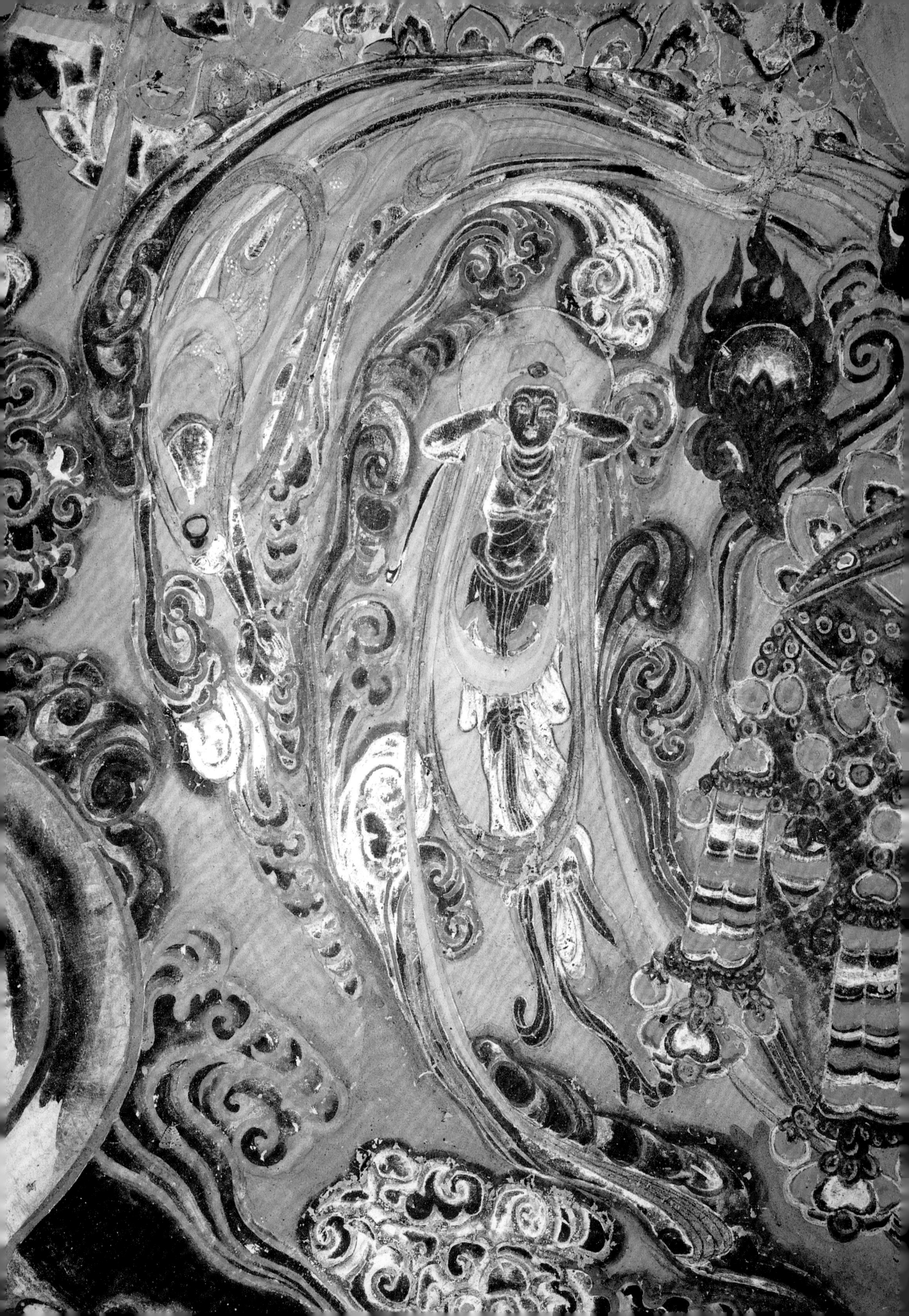

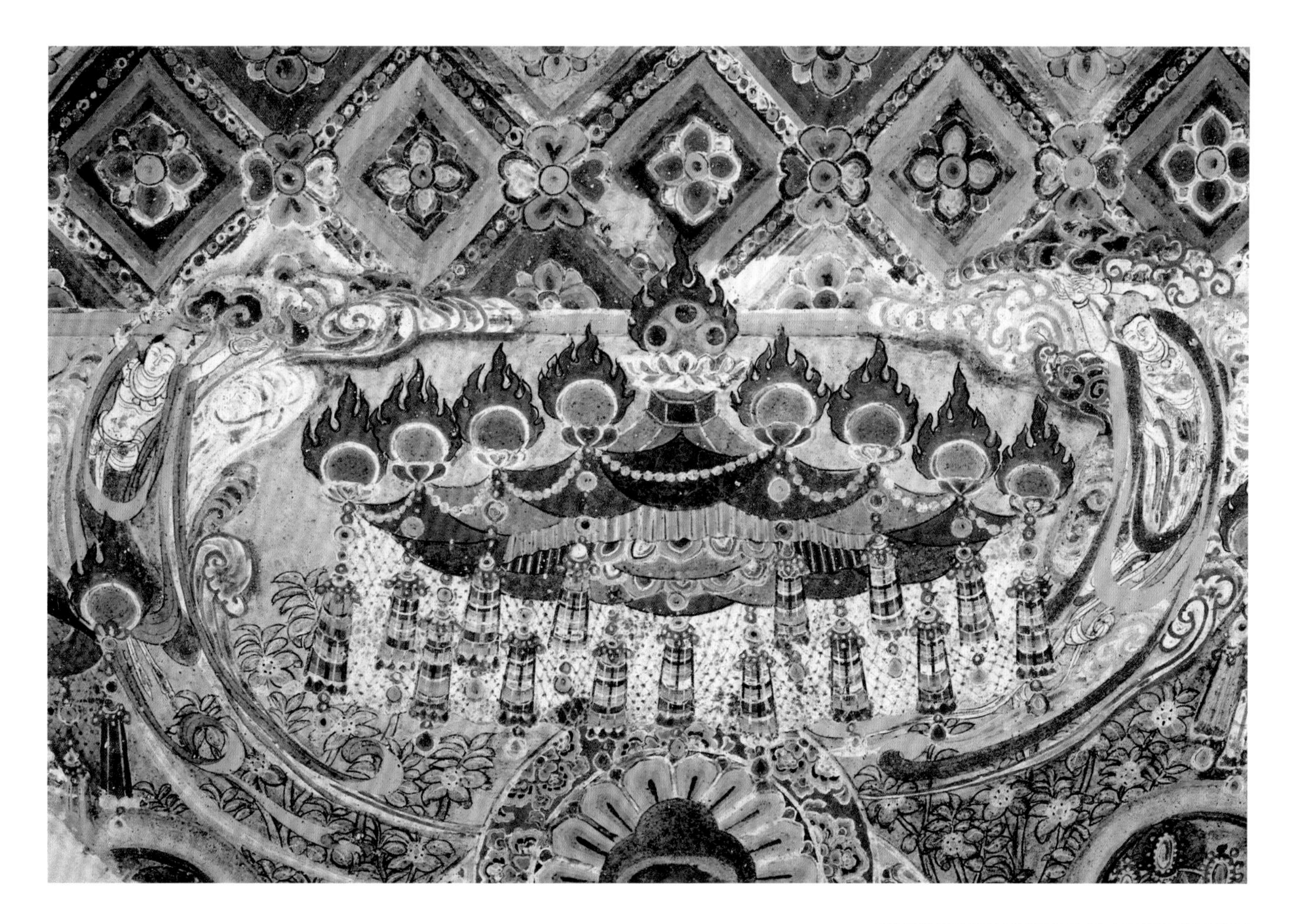

154 佛寶蓋飛天

火燄珠寶蓋下綴流蘇，兩身飛天在寶蓋左右成弧線上飛，雙臂擺動，提膝翹腳，有舞蹈般優美的姿態。構圖緊湊，線描純熟圓潤，技法精湛。

盛唐 莫217 西壁龕頂

153 龕頂飛天

在徐徐升降的彩雲間，一飛天雙手捂耳，騰空而起，梳高髮髻，有頭光，衣裙環佩。另一身俯首下衝，雙臂前伸，手捧蓮花，可見後背和碎花長裙。線條加疊染，使人物、服飾層次豐富，彩雲構成花團形，很有裝飾性。

盛唐 莫172 西壁龕頂

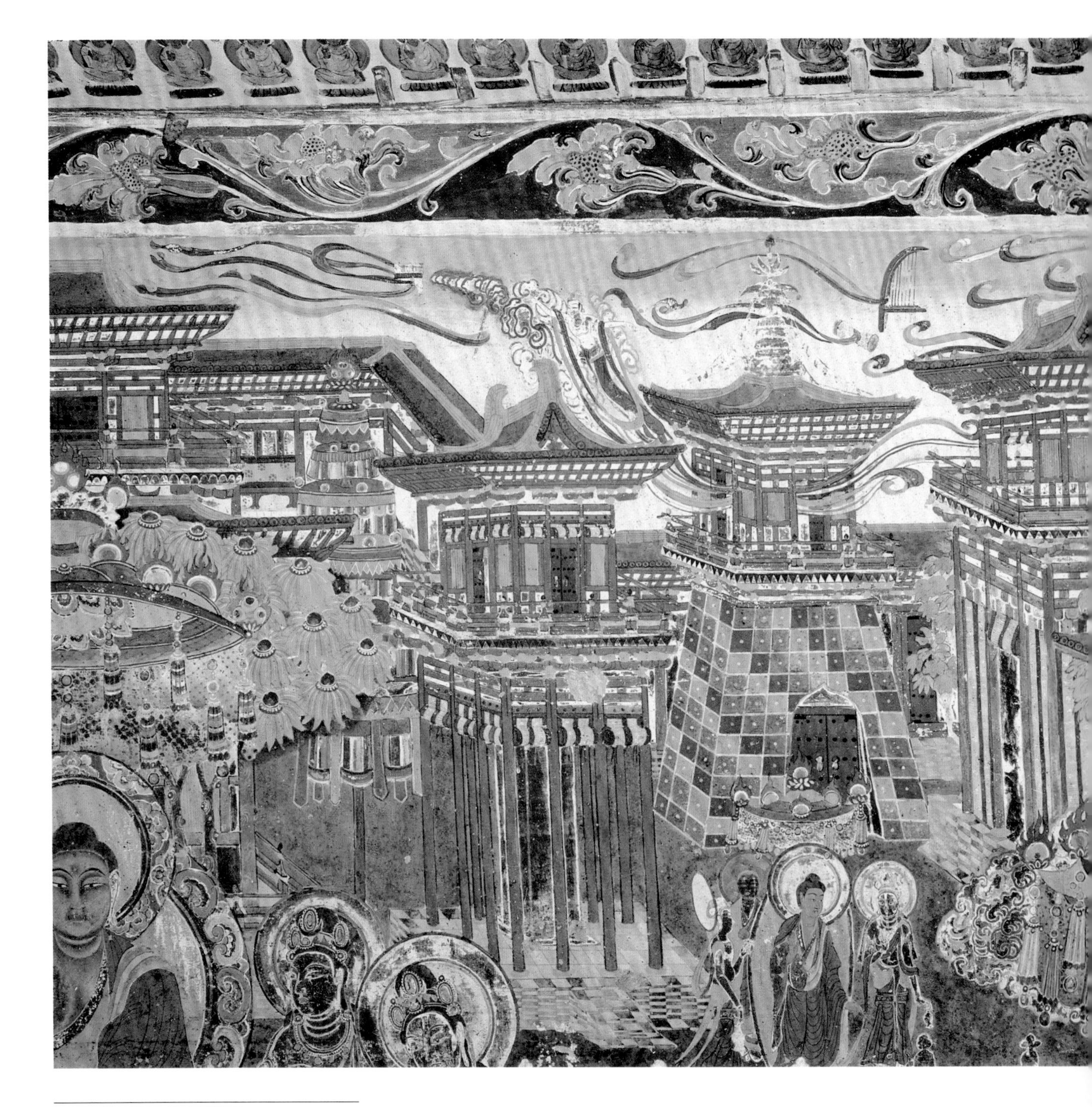

155 **穿樓而過的飛天**

觀無量壽經變中，在宏偉的樓閣上方，遼闊的天空上飄蕩着各種紮着飄帶的樂器，不鼓自鳴，飛天隨着樂曲的旋律穿梭於樓閣之中，輕盈如燕，祥雲繚繞，描繪出佛經中所說的仙境。賦予靜止的建築以動感，是畫作的成功之處。

盛唐 莫217 北壁

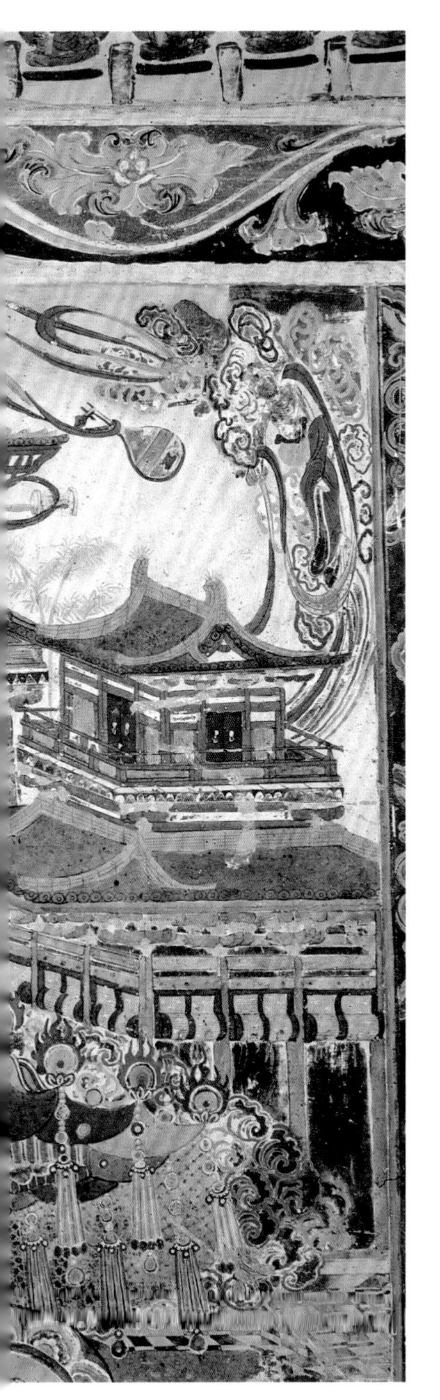

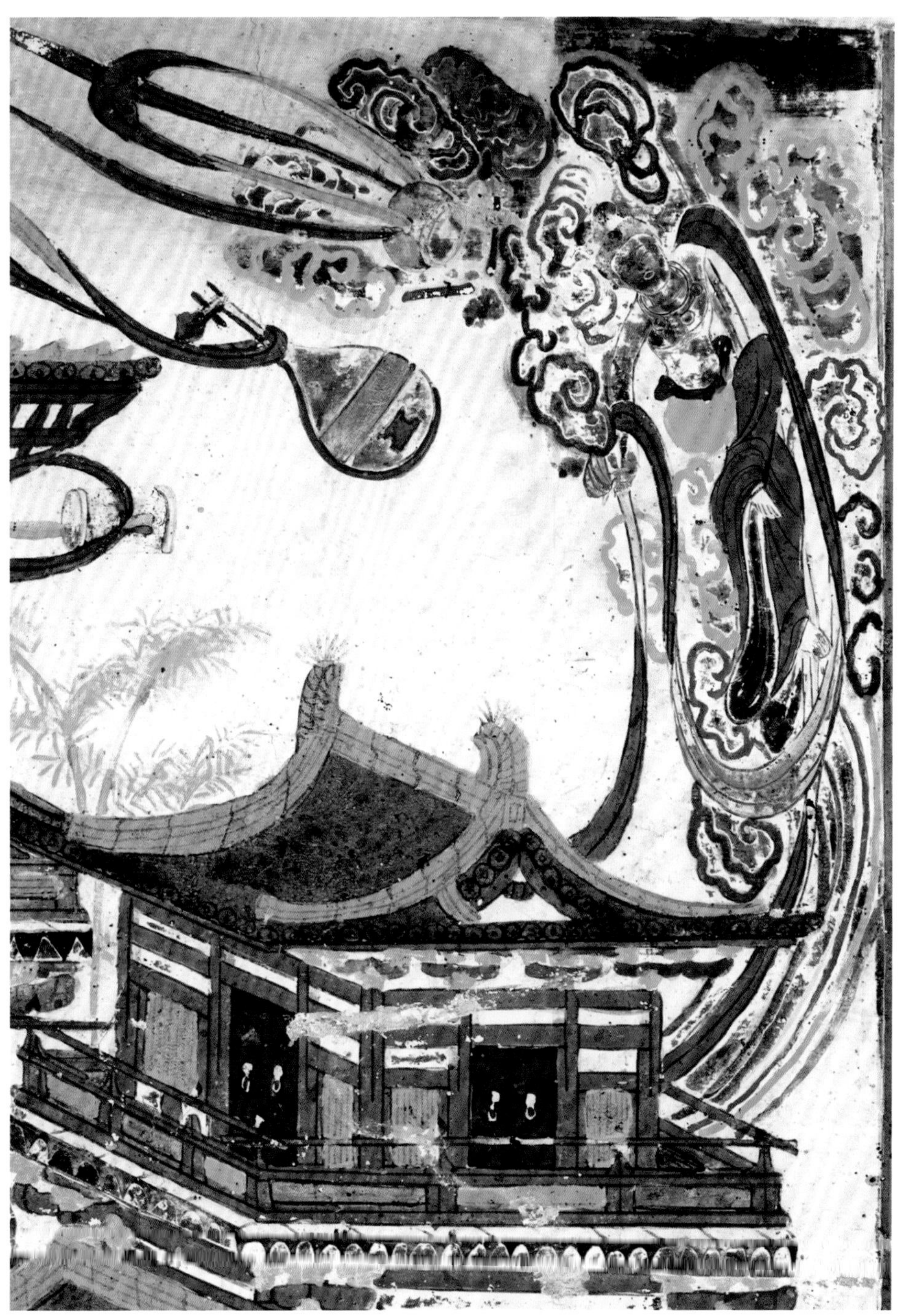

156 **舞帶飛天**

此圖是前圖的局部。在藍天下，琵琶、鼓等樂器飛向飛天，飛天梳高髮髻，袒裸上身，一手揚起，一手握巾帶，翩翩起舞，穿越樓閣，畫面生動優美。

盛唐 莫217 北壁

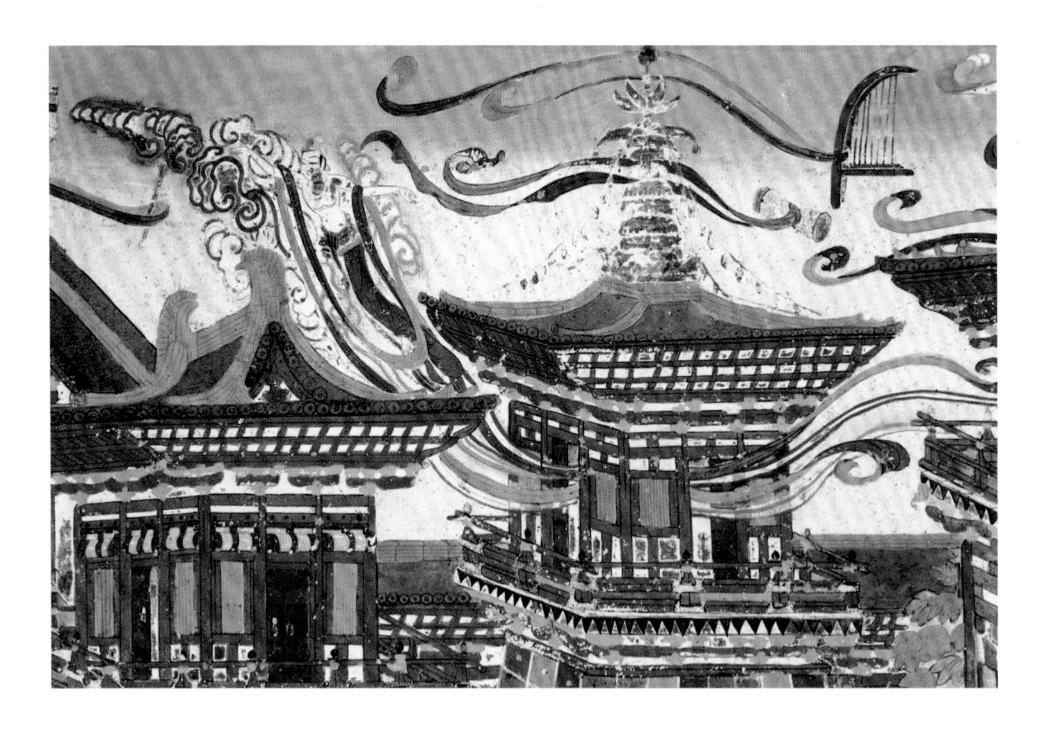

157 **彩雲飛天**

飛天拖曳着長長的飄帶，穿行於高樓間，在紅、藍、綠三色彩雲的襯托下，伸展兩臂升向高空，彷佛去接取飄蕩的樂器，姿態生動自然。

盛唐 莫217 北壁

158 **彩雲飛天**

此圖與前圖相呼應。飛天從窗門洞開的樓閣裏穿過，相鄰的樓閣則是大門緊閉。飛天頭梳垂髻，背身，在彩雲中伸手要去接空中樂器。在飛天翻飛的舞蹈中，令人彷佛聽到樓閣間響起陣陣仙樂。

盛唐 莫217 北壁上部

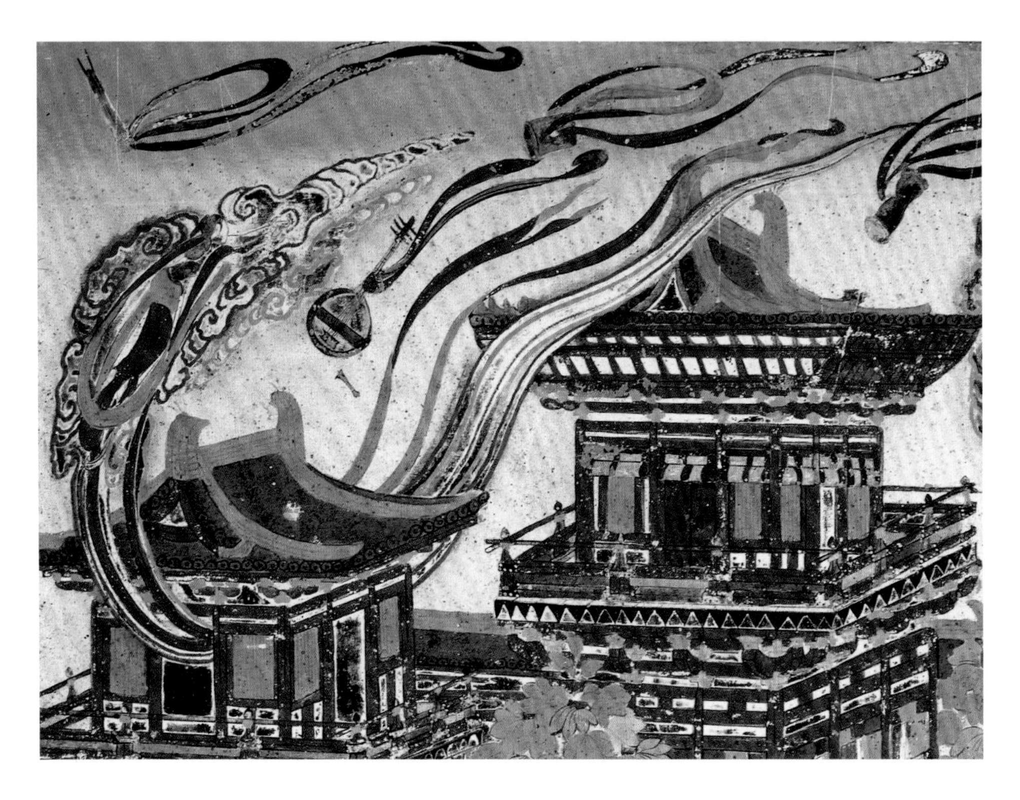

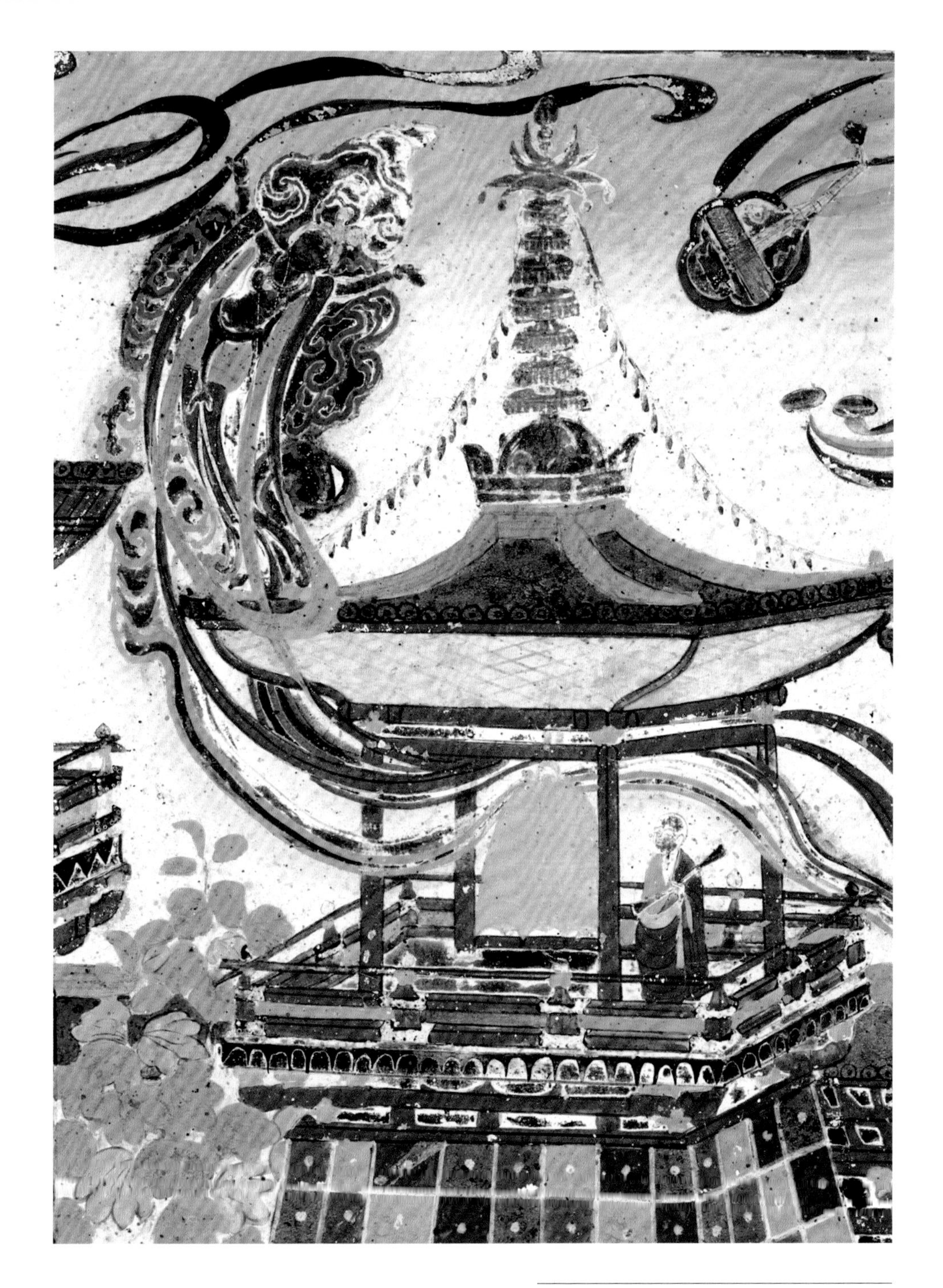

159 穿過鐘樓的飛天

飛天拖着長長的飄帶，蜿蜒穿越鐘樓，在祥雲的襯托下，伸展雙臂，顯出一副頑皮的樣子。鐘樓裏的比丘手握鐘杵，正微笑地看着。人物的巧妙安排增加了畫面的情趣。

盛唐 莫217 北壁

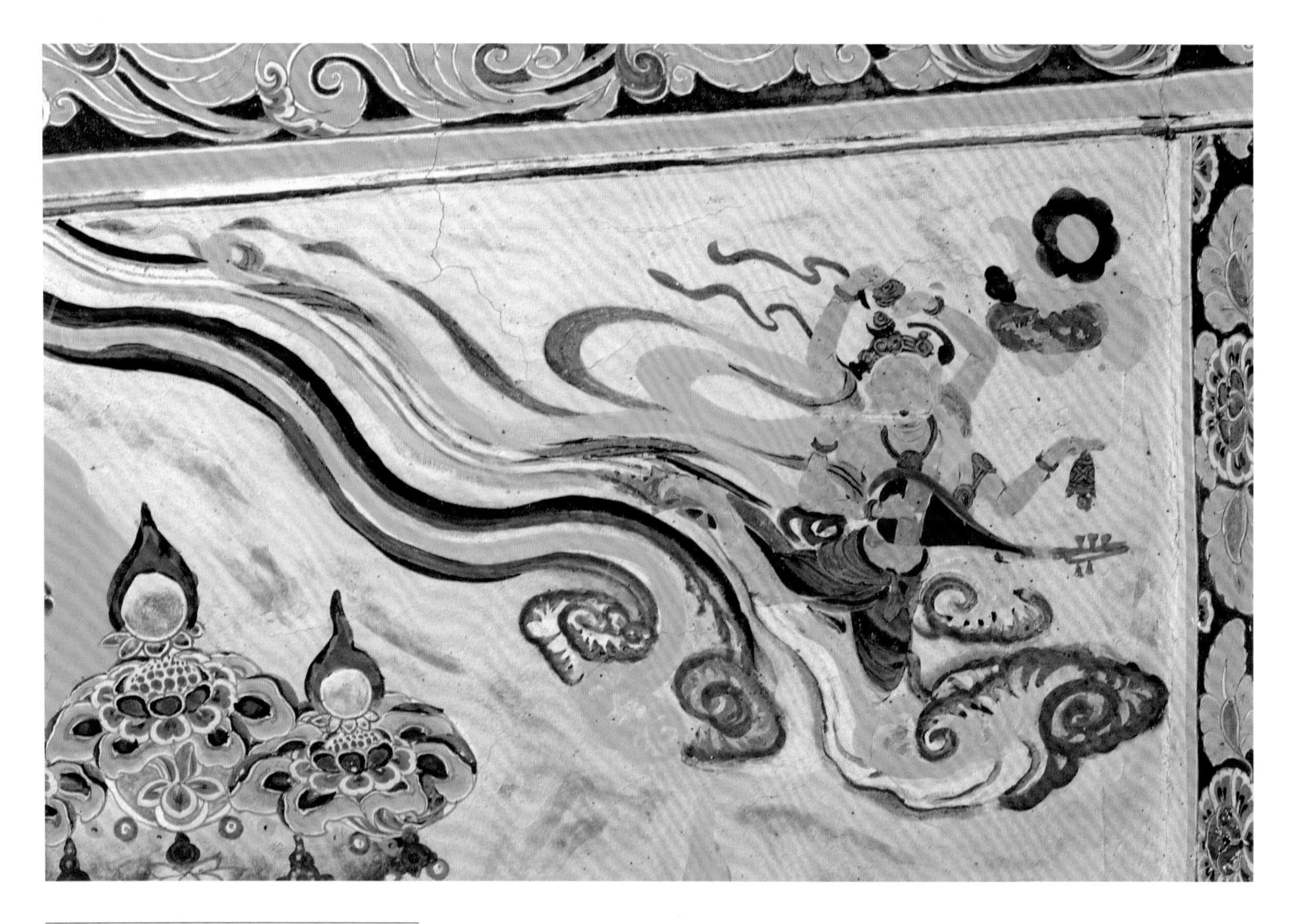

160 六臂伎樂飛天

飛天肩生六臂，演奏着樂器從空中飄飄降下。前臂彈撥琵琶，後兩臂上舉擊鐃，中間一手搖鐸，一手奏橫笛，姿態生動，富有音樂感。

盛唐 莫148 南壁龕內

第二節　唐後期及五代

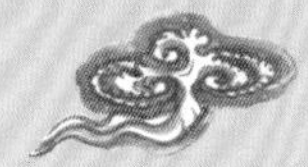

中唐和晚唐依然是繪製飛天的高峯期，飛天造型優美，技法純熟，光彩奪目，但日趨程式化。五代時期，飛天畫進入了衰落階段。

中唐，在敦煌歷史上是指吐蕃佔領時期。由於吐蕃人亦崇尚佛教，故而敦煌的漢唐文化及佛教寺院得到保護和發展。但這個時期，佛教的宗派發生變更，密宗成為優勢，因此，壁畫內容中密宗圖像驟增，相對來説飛天的數量大減。壁畫強調各種經變，使原來大幅經變畫縮小，比較繁瑣，甚至一窟之內出現十多鋪經變畫，失去整體感和雄渾之勢。

晚唐時期，在敦煌地區為歸義軍時期，敦煌人張議潮率軍起義，平定河西，結束了吐蕃對瓜、沙二州的統治，敦煌複歸唐王朝。

中晚唐的飛天畫趨於程式化，有創新意境的佳作銳減。雖然此時期繪畫技巧水平甚高，飛天的人物形象處理都很精到，但千篇一律，無甚特色。

由於此時期的壁畫世俗性加強，出行圖、經變畫中大量出現市井生活，也影響到飛天的創造，使飛天的形象宛如當時婦女的寫照。飛天造型全為女性，顏面秀美，朱唇微點，情態委婉，披巾飄逸，衣裙、巾帶交待清晰。其中也有吐蕃人形象，高鼻、寬顏、細眼，在服飾中也有相應的反映。

飛天繪製工整，多為白描敷彩，畫法簡潔明快，膚色淺淡，染工精緻，偏於清淡，技巧嫻熟，形成規律。主要表現還是漢族畫工風格。

中晚唐時期飛天數量減少，在壁畫中所佔的比重也顯著減弱了。這一時期繪有飛天的重點洞窟有第158、112窟。

第158窟與盛唐的第148窟相似，也是一個涅槃窟。此窟平面呈長方形，中央為一牀台，台上塑釋迦牟尼入滅像。在西壁涅槃經變中繪有飛天一身，此飛天雙手握七寶瓔珞，從七寶大蓋之間乘彩雲急驟而下，飛向佛涅槃處。《大般涅槃經》云：“釋迦入滅之際，於是時傾七方世界一切諸天，遍滿虛空，哀號悲嘆……，於上空中複雨無數天幢、天幡、天瓔珞、天軒蓋、天寶珠遍滿虛空，變成寶台。”飛天的出現，形象地表現了在佛涅槃之時諸天眾於空中供養的情景。

第112窟南壁繪金剛經變，在寶蓋下畫兩身飛天，相對飛舞，散花供養，飛天結雙髻，為童子狀，巾帶上揚似疾飛而下。

第161窟藻井四周共繪十六身伎樂飛天圍繞，演奏琵琶、腰鼓、箏篥等樂器，在翻滾的雲層中盡情作樂，神態十分生動。

中原的五代時期，敦煌為曹議金統領，他與中原的梁王朝保持聯繫，又和于闐聯姻，使瓜、沙二州出現一片和睦、安寧的景象。

這一時期的飛天畫進入衰落階段。由於密宗經變畫的興起，飛天的數量大大減少，有的洞窟甚至不繪。飛天造型為頭梳單髻，身着雲裳，姿容秀麗，眉宇含情，凌空飛舞，風采清麗，氣韻奔放，表現出嫻熟的工筆仕女畫的風範。雖然其形象尚保留着唐代畫風，但已遠不如唐代時富麗。

五代時的畫風是晚唐的繼續，在焦墨中略施微染的壁畫技法，在莫高窟被廣泛採用，這種畫法色彩豔麗，勾線剛勁。飛天雖然在技法上表現力很強，但藝術上卻已逐漸變得蒼白，而且泛於程式化，創作精神凋零渙散，甚至許多洞窟使用一個粉本，毫無新意。

五代時期尚存的飛天典型洞窟有第468、61以及100、98窟。

第98窟是曹議金開鑿的功德窟，此窟規模宏大，氣勢雄偉。此時飛天數量很少，甚至藻井中都不畫飛天，但可偶見於經變畫中，如南壁法華經變中就畫有飛天托帶長巾凌空起舞。

第61窟窟頂繪散花飛天，畫面很精彩。散花是飛天的職能之一，《法華經》中說“六類諸天來供養，天花亂墜滿虛空”。另外在如意輪觀音寶蓋上方，畫飛天兩身，手持天花，神態矯健活潑，其雙頰略施淡彩暈染，富有生氣，為同時代飛天中之佼佼者。

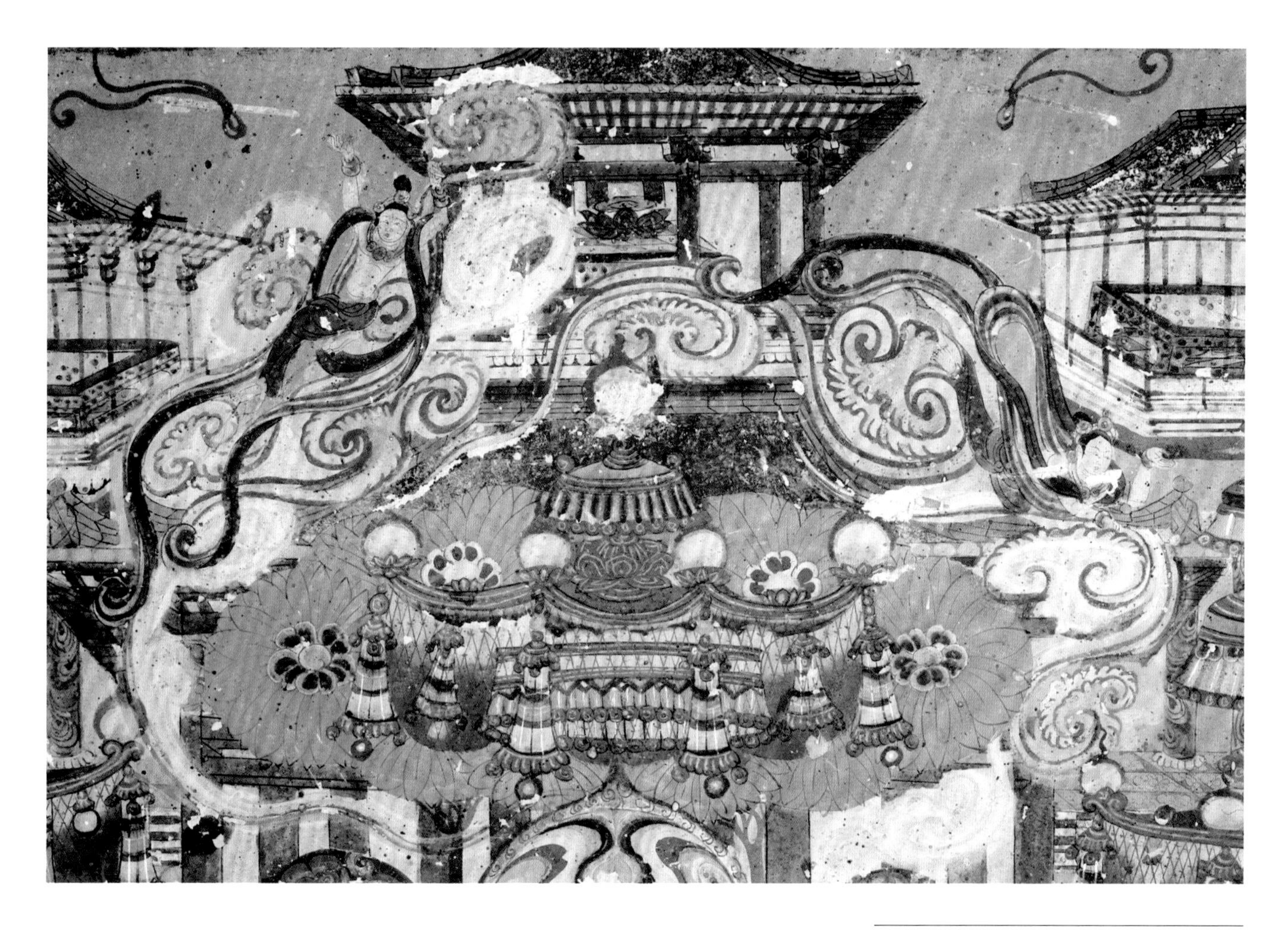

161 起舞飛天

在觀無量壽經變上方，天空降下樂器，兩身飛天環繞寶蓋飛行，面相豐圓，頭戴三珠寶冠，舞動雙臂，動態和諧。人物技法純熟，承繼大唐氣韻，反映出全盛時期的壁畫面貌。

中唐 莫112 南壁

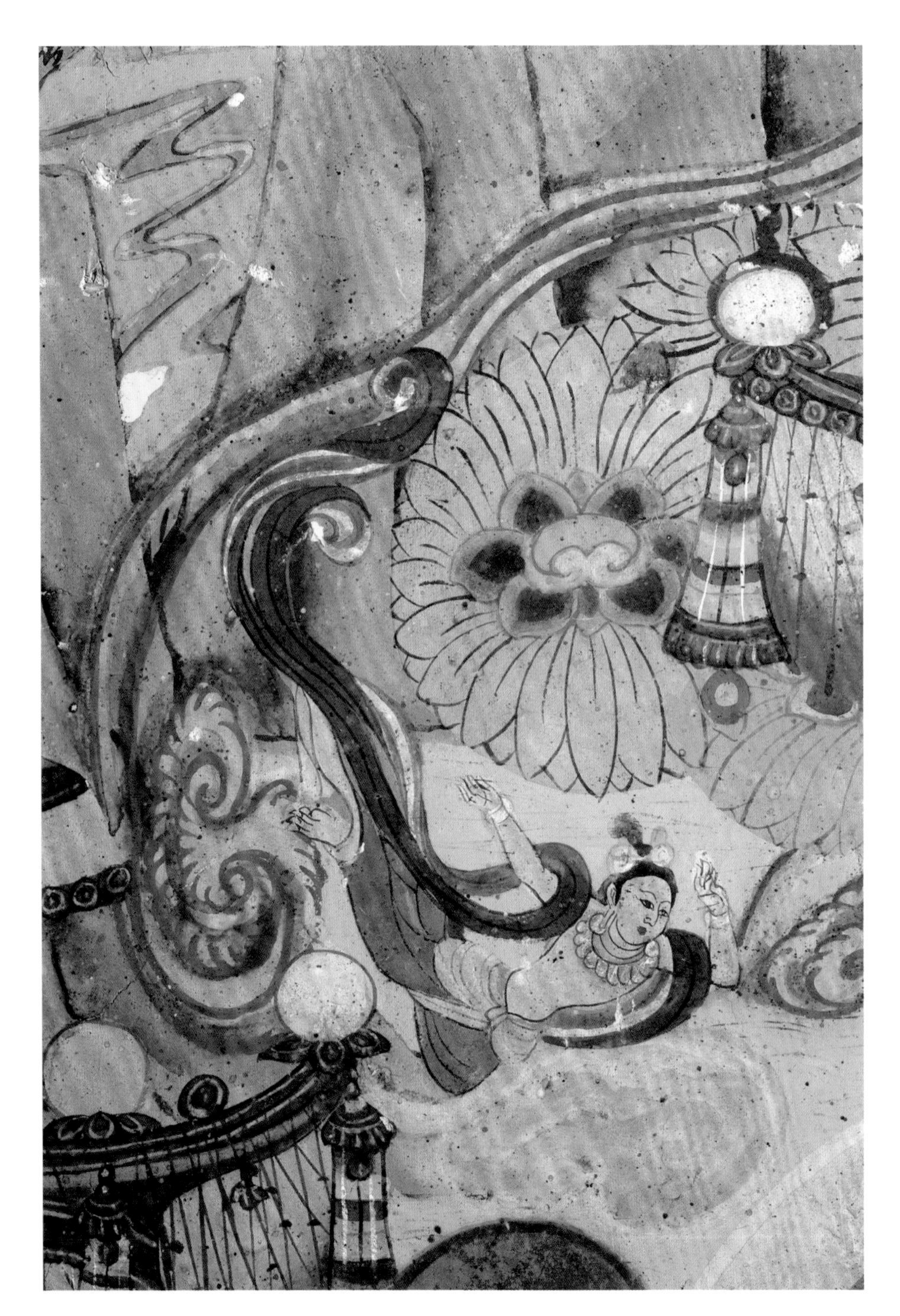

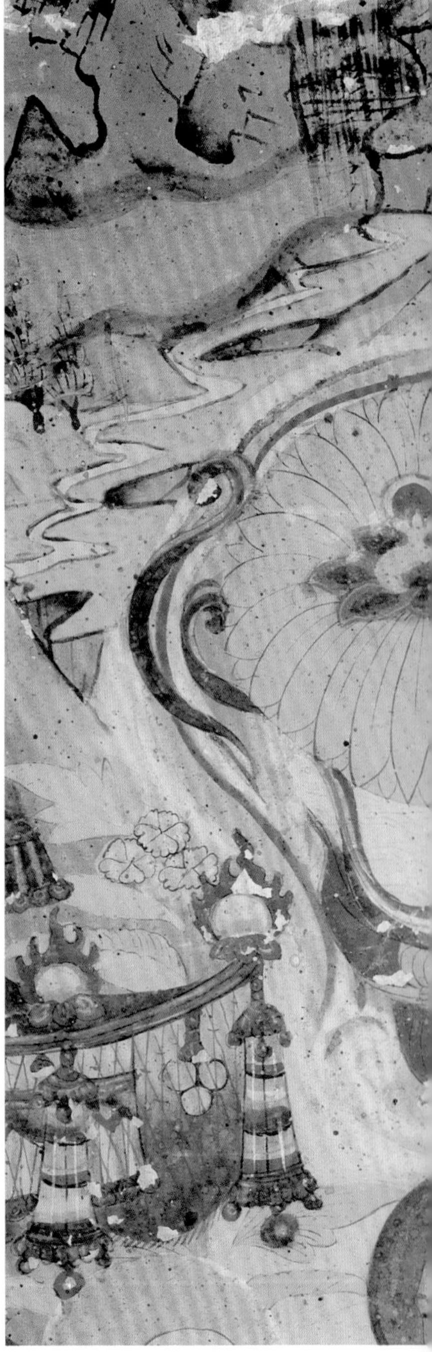

162 **起舞飛天**

飛天環繞寶蓋飛翔，表示對佛的禮拜。飛天頭束高髻，戴花環，上身袒裸，佩飾耳環、項圈、手鐲，面圓腰細，長裙露足，輕盈飄逸。

中唐 莫112 北壁

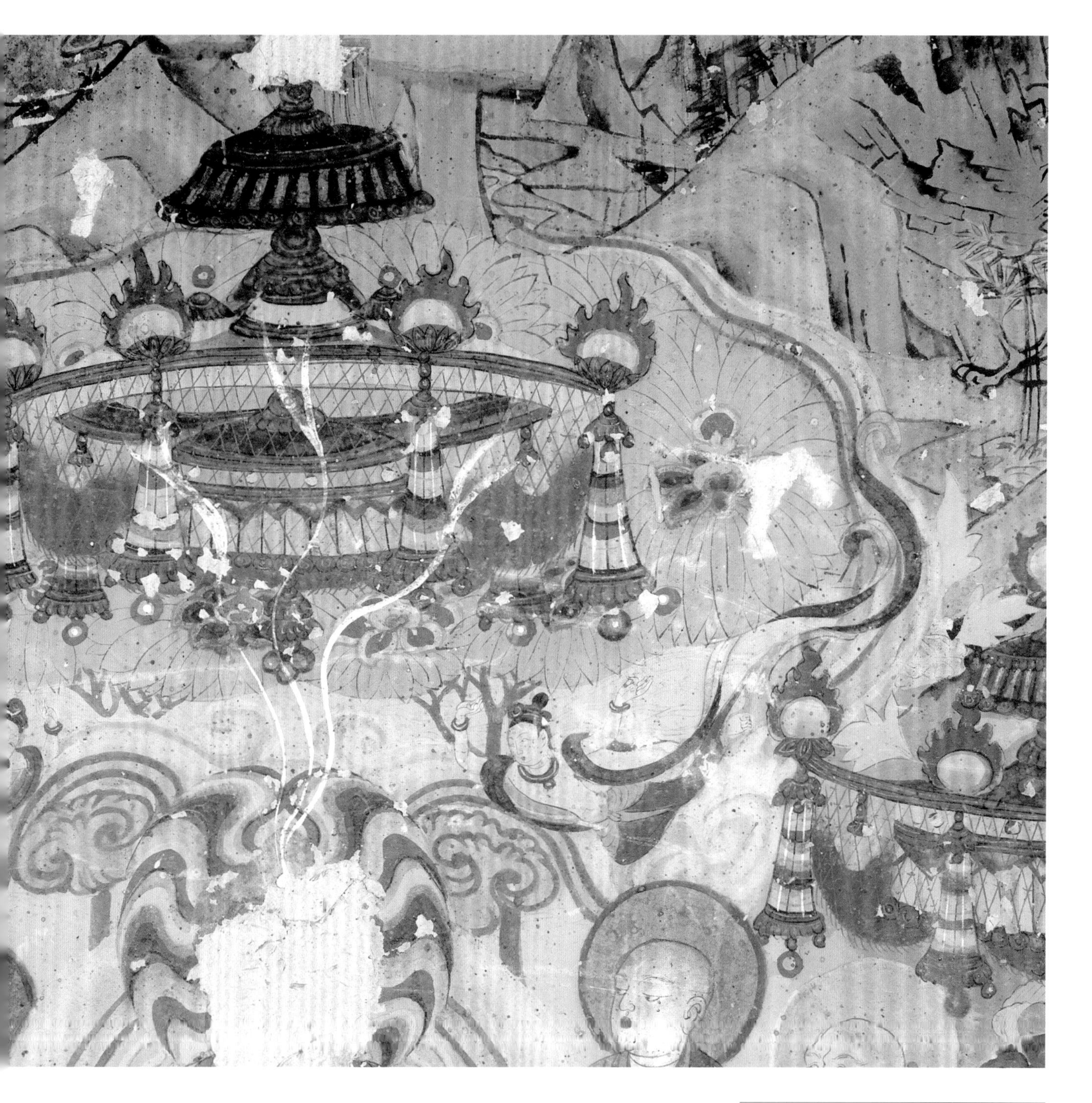

163 **起舞飛天**

在金剛經變中，菩提樹下方有兩身飛天繞寶蓋對飛，頭梳雙髻，面圓俊美，披彩巾，舞動雙臂，氣氛歡樂祥和。

中唐 莫112 南壁

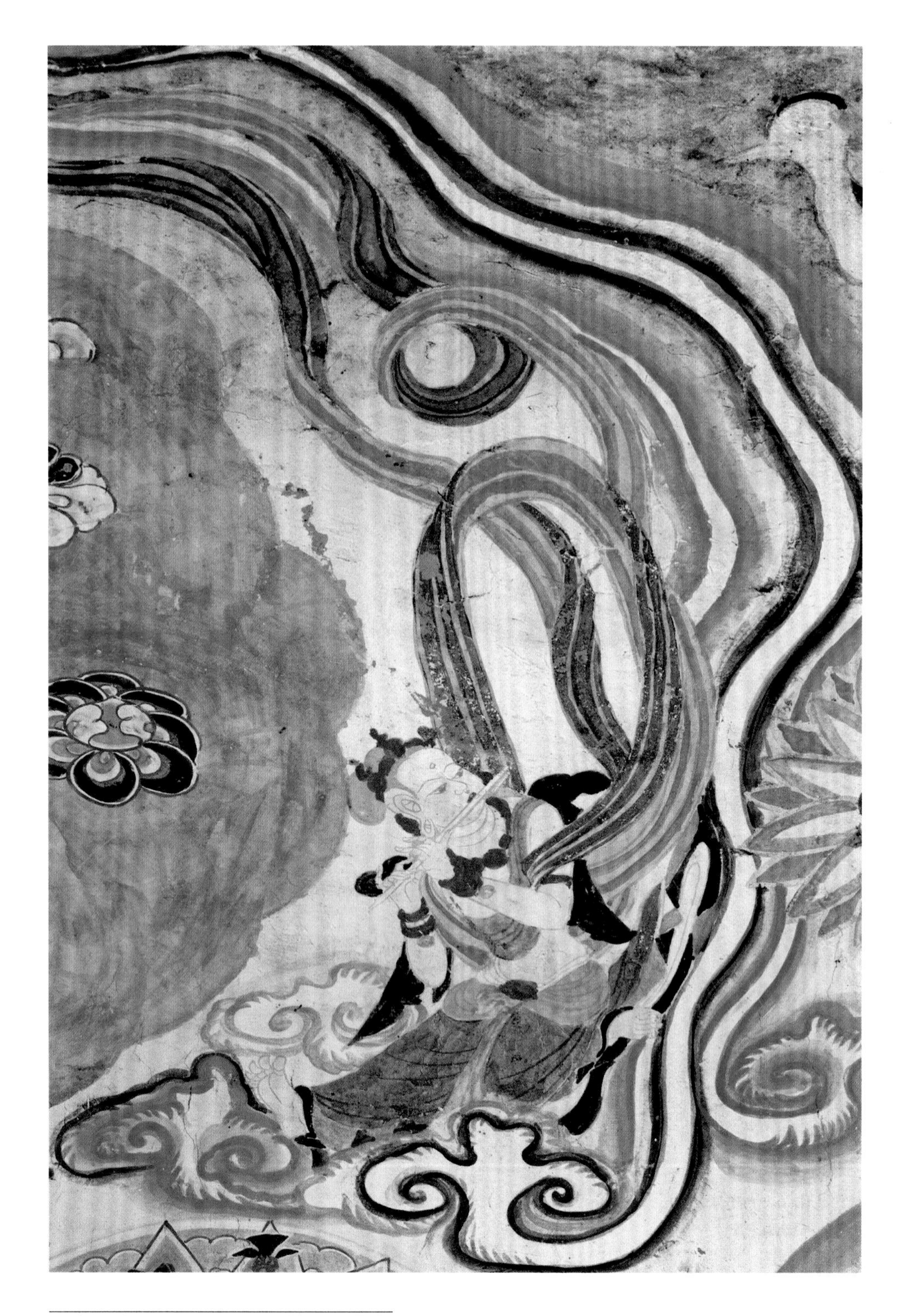

164 吹笛飛天

飛天面相豐圓，頭戴花冠、身飾項圈、臂釧、手鐲，披條紋彩帶，在雲朵的襯托下，邊吹橫笛，邊舞蹈，婀娜秀美。手指按孔動作描繪得惟妙惟肖。

中唐 莫158 西壁

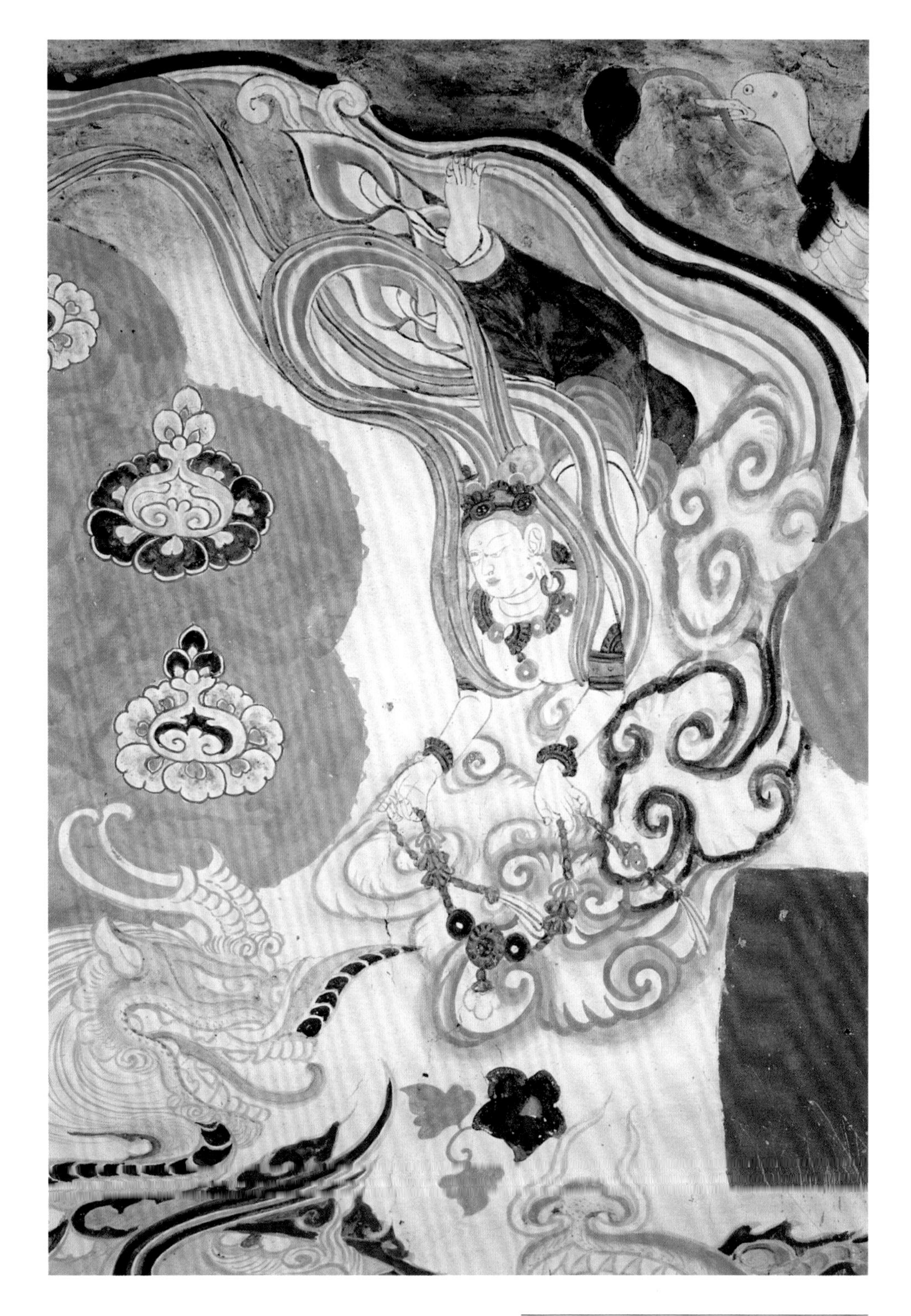

165 持瓔珞飛天

據佛經中説，佛涅槃之際“無數香花、幢幡、瓔珞、音樂、微妙雜彩空中供養”。此身飛天手持七寶瓔珞彩練，騰雲飛翔至佛上空。空中出現的珍禽異獸，反映了中國神話的滲透。

中唐 莫158 西壁

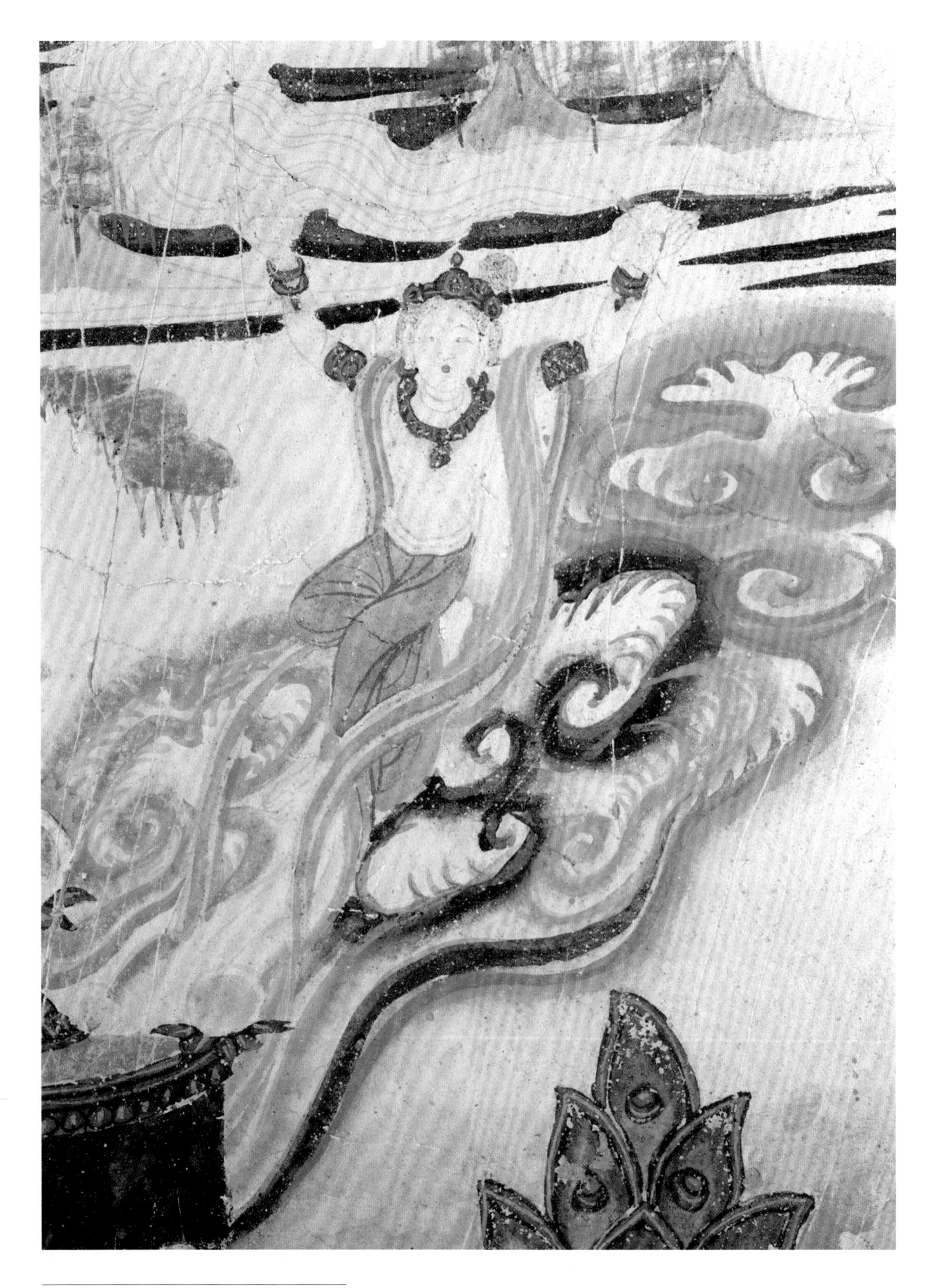

166 散花飛天

在山川流雲之間，飛天束結高髻，戴花冠，袒裸上身，形體健美，身佩飾項圈、臂釧，雙手高舉托花供養。長飄帶自雙肩滑下，飄逸自然。

中唐 莫159 西壁

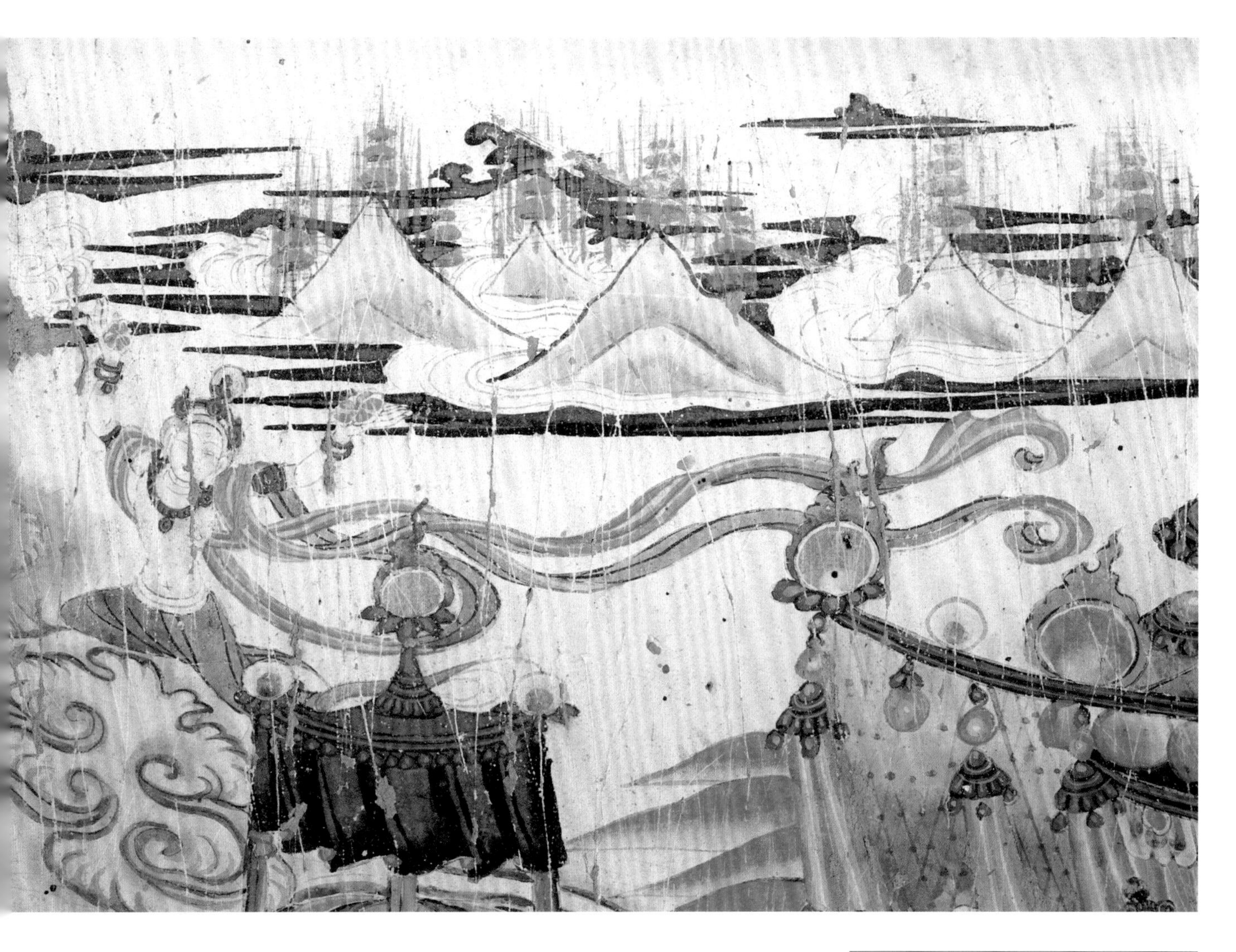

167 **散花飛天**

在五台山的山川秀色中，飛天在文殊菩薩的寶蓋上方飛行散花，雙手托花，兩腳起舞，長長的飄帶表現了身姿的飄逸輕盈。白底色上塗土黃青綠、淺灰，色彩明快和諧。

中唐　莫159　西壁

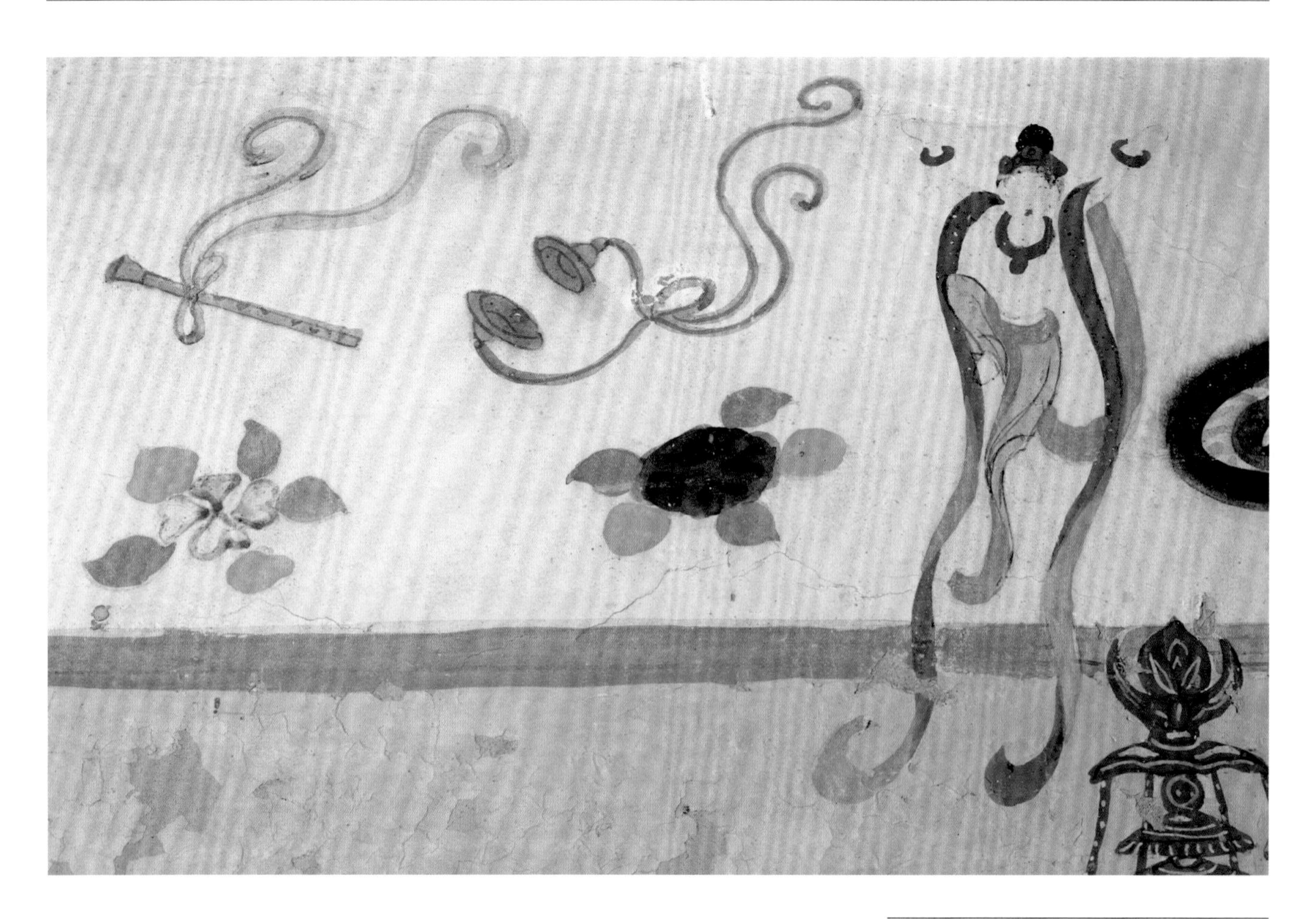

168 **起舞飛天**

飛天高舉雙臂，兩腿起舞，在空中緩緩升騰，動作自然有力。空中降下大朵鮮花，樂器不鼓自鳴，一為大鈸，一為篳篥。勾線簡潔流暢，色彩單純。

中唐 莫159 南壁

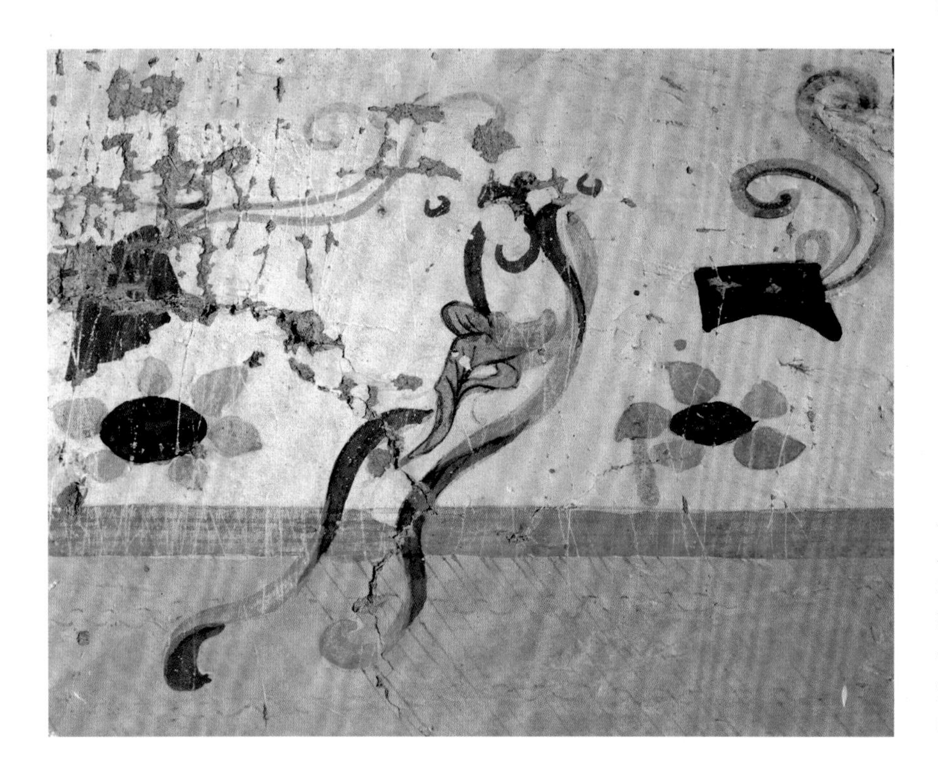

169 **起舞飛天**

飛天飄懸空中，高舉雙臂，身體彎屈，飄帶飛揚，身旁有蓮花和不鼓自鳴的樂器排簫、拍板，表現出天宮的廣闊和空靈。

中唐 莫159 南壁

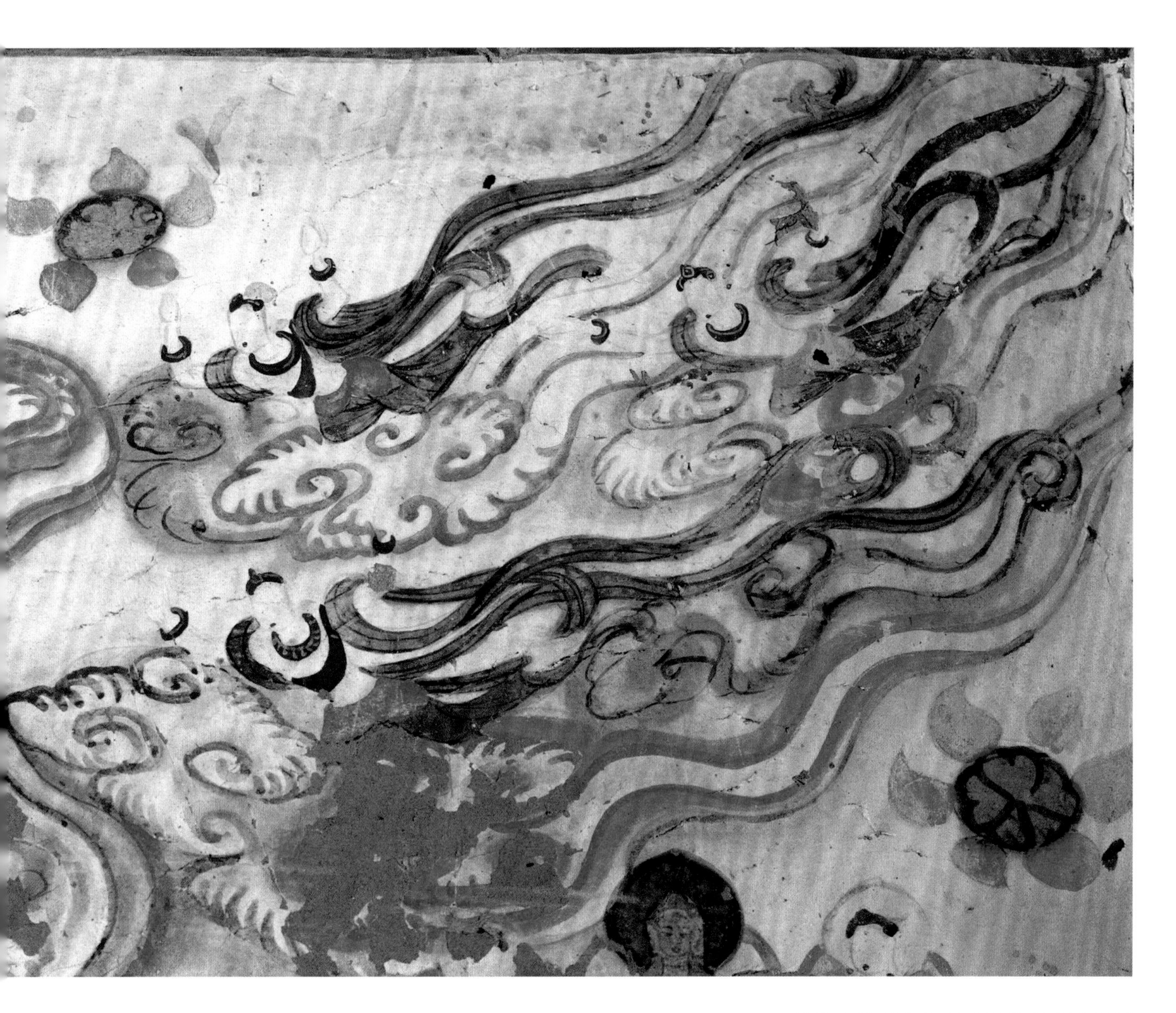

170 展臂飛天羣

法華經變中的飛天梳高髻，戴珠冠，面目因年久而模糊不清，僅見櫻桃小口，佩飾瓔珞、圈鐲，飄帶長過身體兩倍，蓮花雲彩輕托，飄逸順暢。

中唐 莫159 南壁

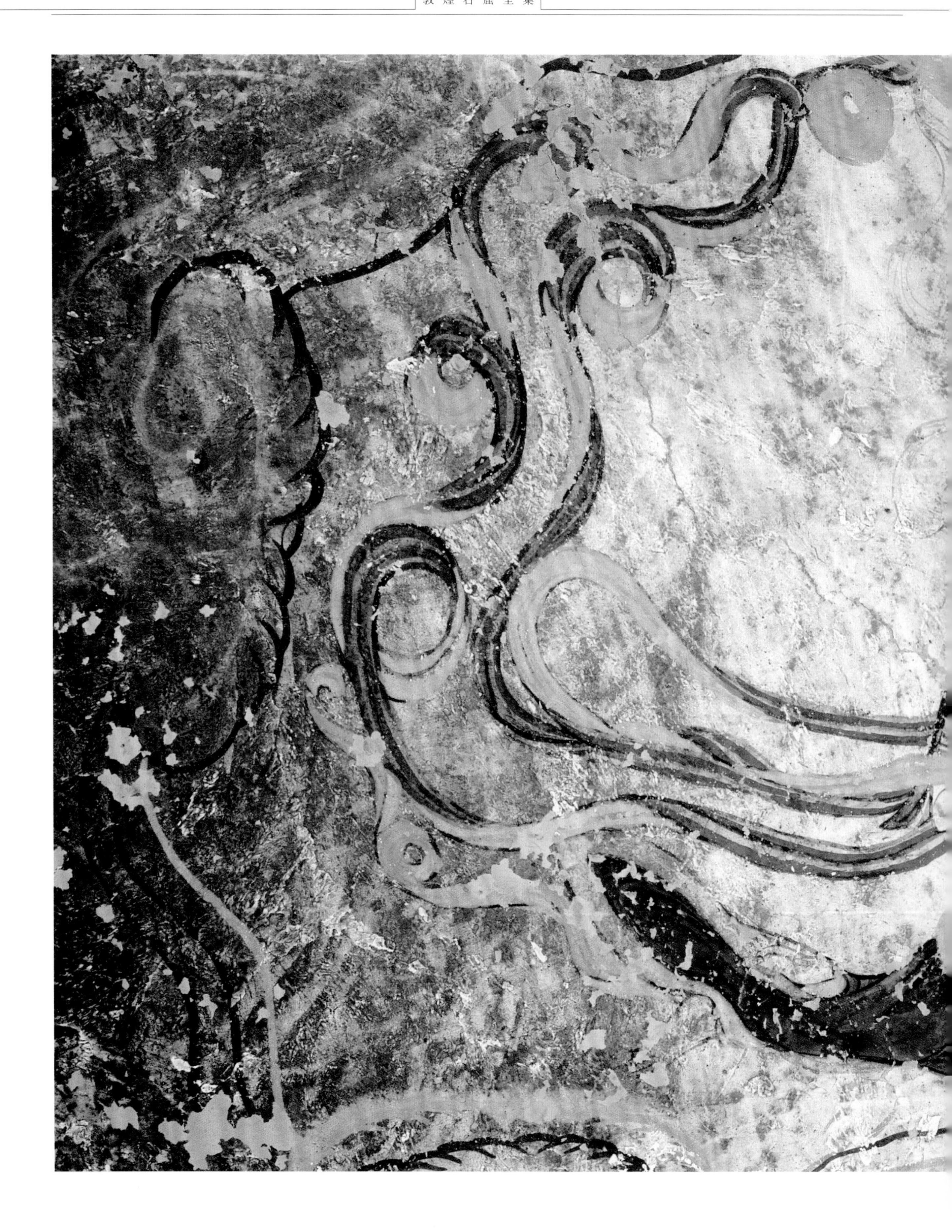

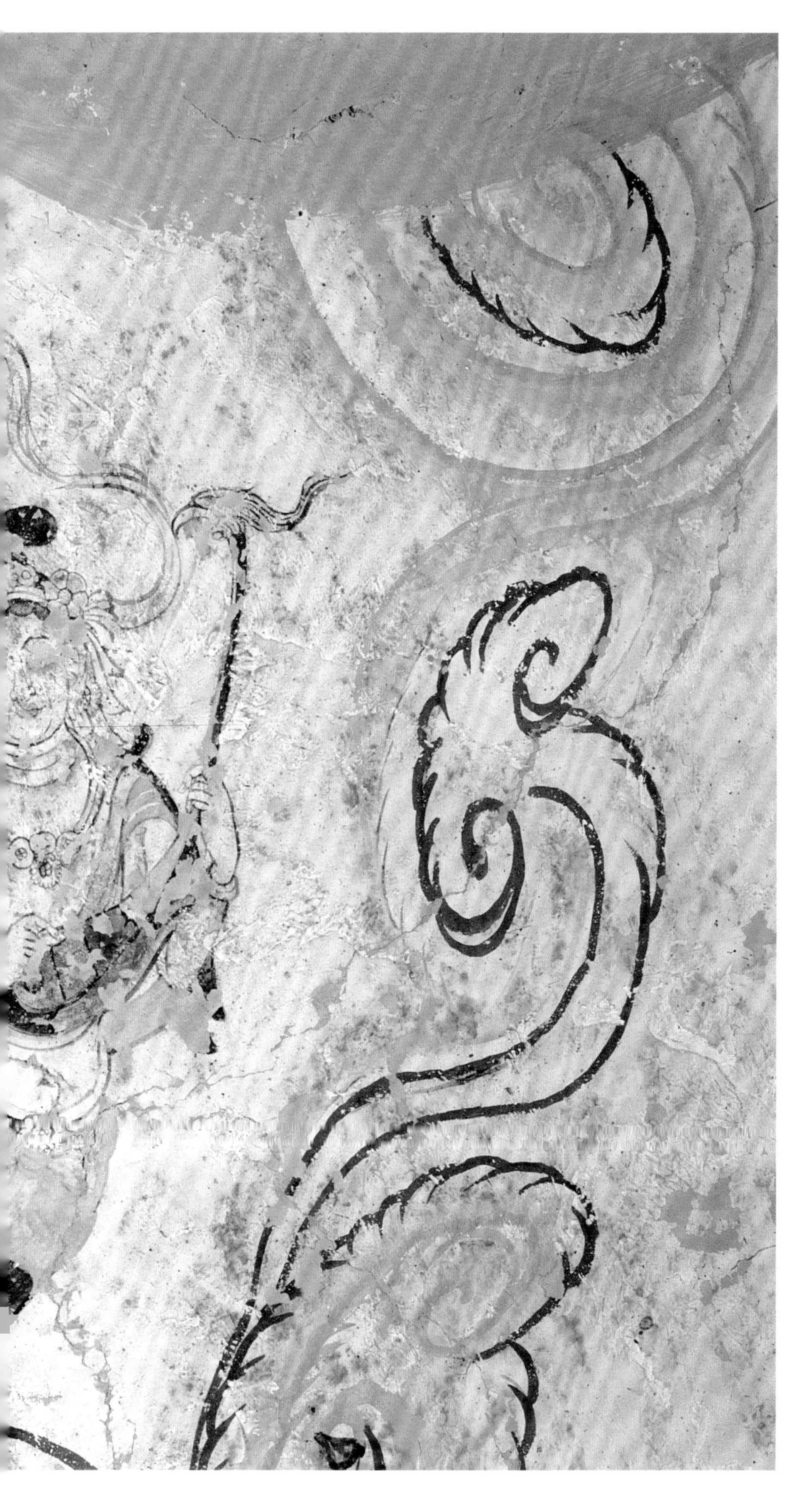

171 鳳首琴伎樂飛天

飛天戴三珠冠，佩飾瓔珞、項圈、手鐲，繫羊腸裙，披彩帶，隨風長揚，手中持鳳首琴演奏。畫工精緻，色彩穩重，但此樂器在中原未見有流傳。

中唐 榆15 前室頂

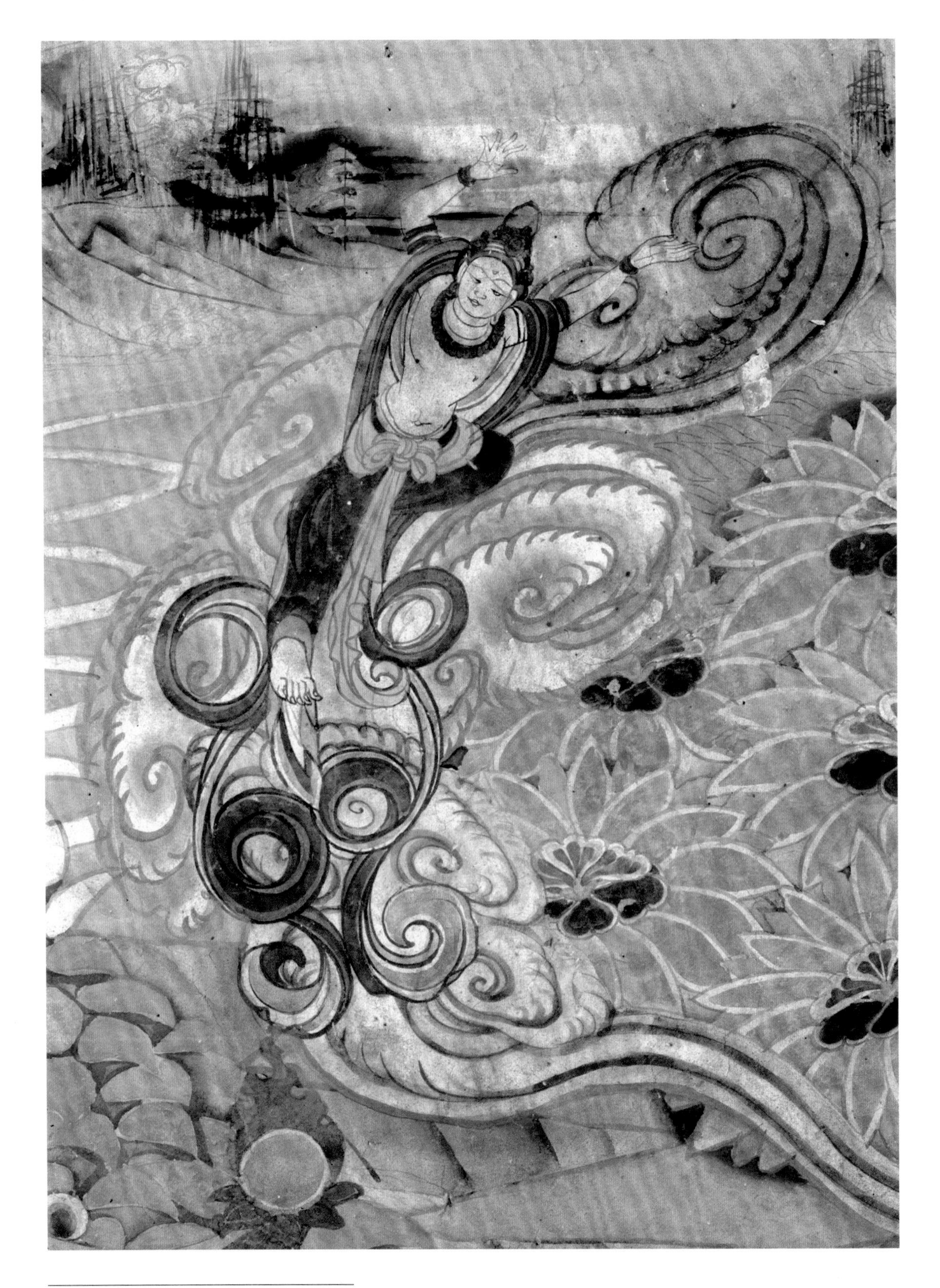

172 起舞飛天

飛天揮臂起舞，繞樹飛翔，下有彩雲相托。長長的巾帶呈對稱的圓環形，飛天舞姿的軌跡。

中唐 榆25 北壁

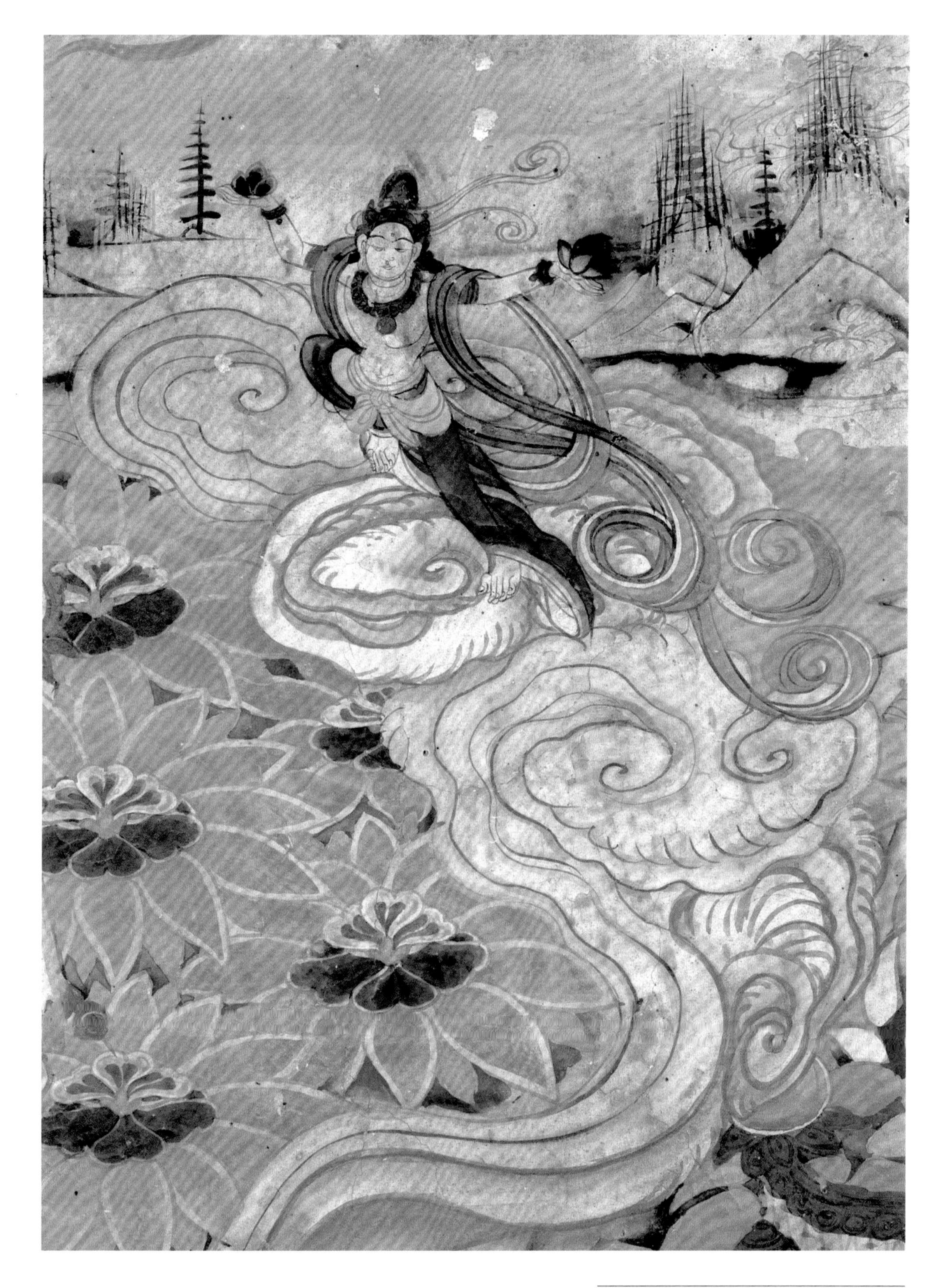

173 **散花飛天**

飛天在雲端雙手捧花飛翔，肌膚豐滿而白皙，是典型的中唐少女形象。巾帶舒捲自如，線條圓潤，紅褲綠帶和綠葉紅花相襯，色彩鮮明而簡約。

中唐 榆25 北壁

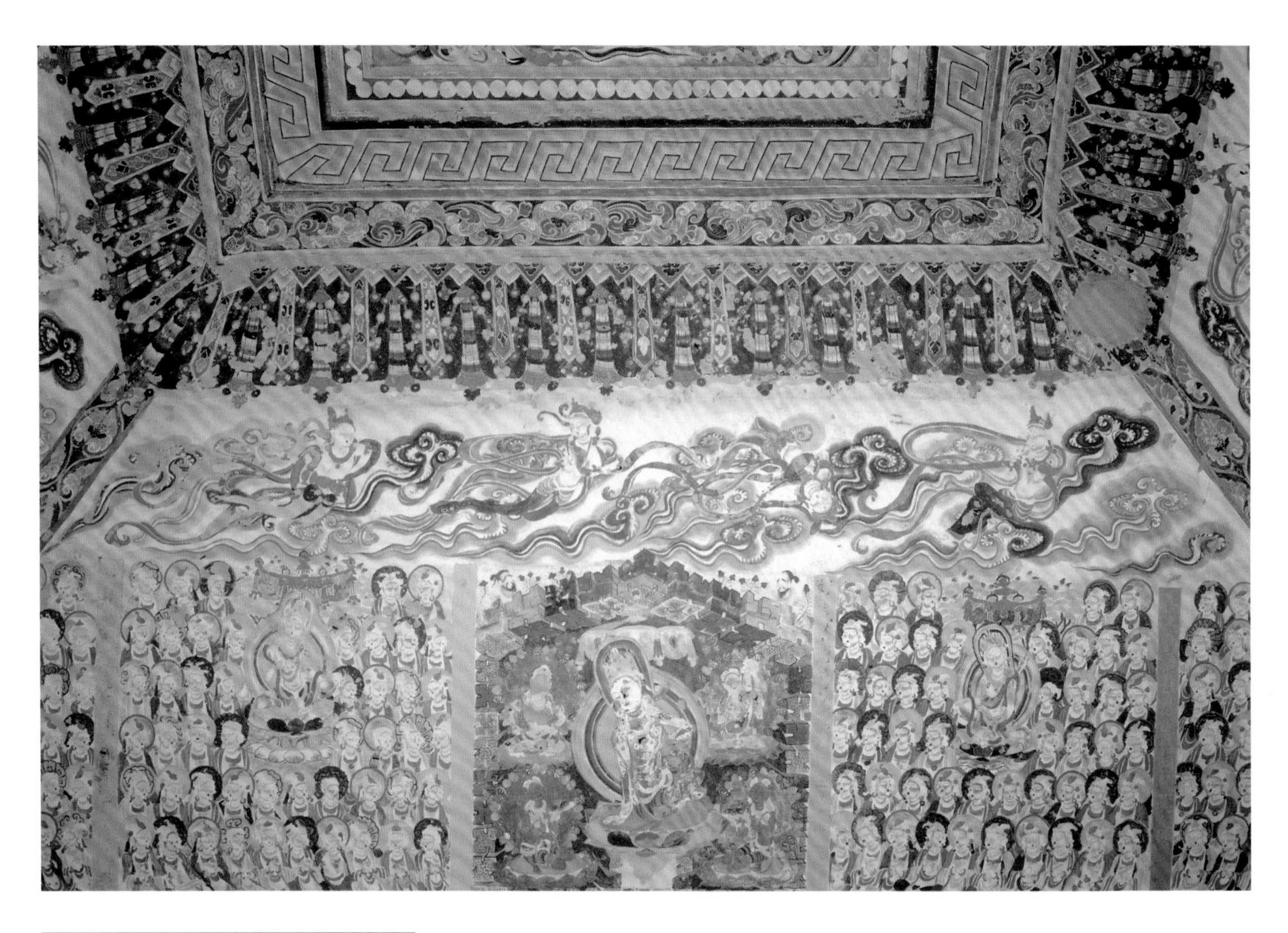

174 **法會伎樂飛天**

伎樂飛天各持樂器，有腰鼓、鼗鼓、琵琶和海螺。為使構圖豐富，將一身飛天頭向下倒飛，從而也表現天際遼闊，飛翔的自由與歡暢。

晚唐 莫161 窟頂南坡

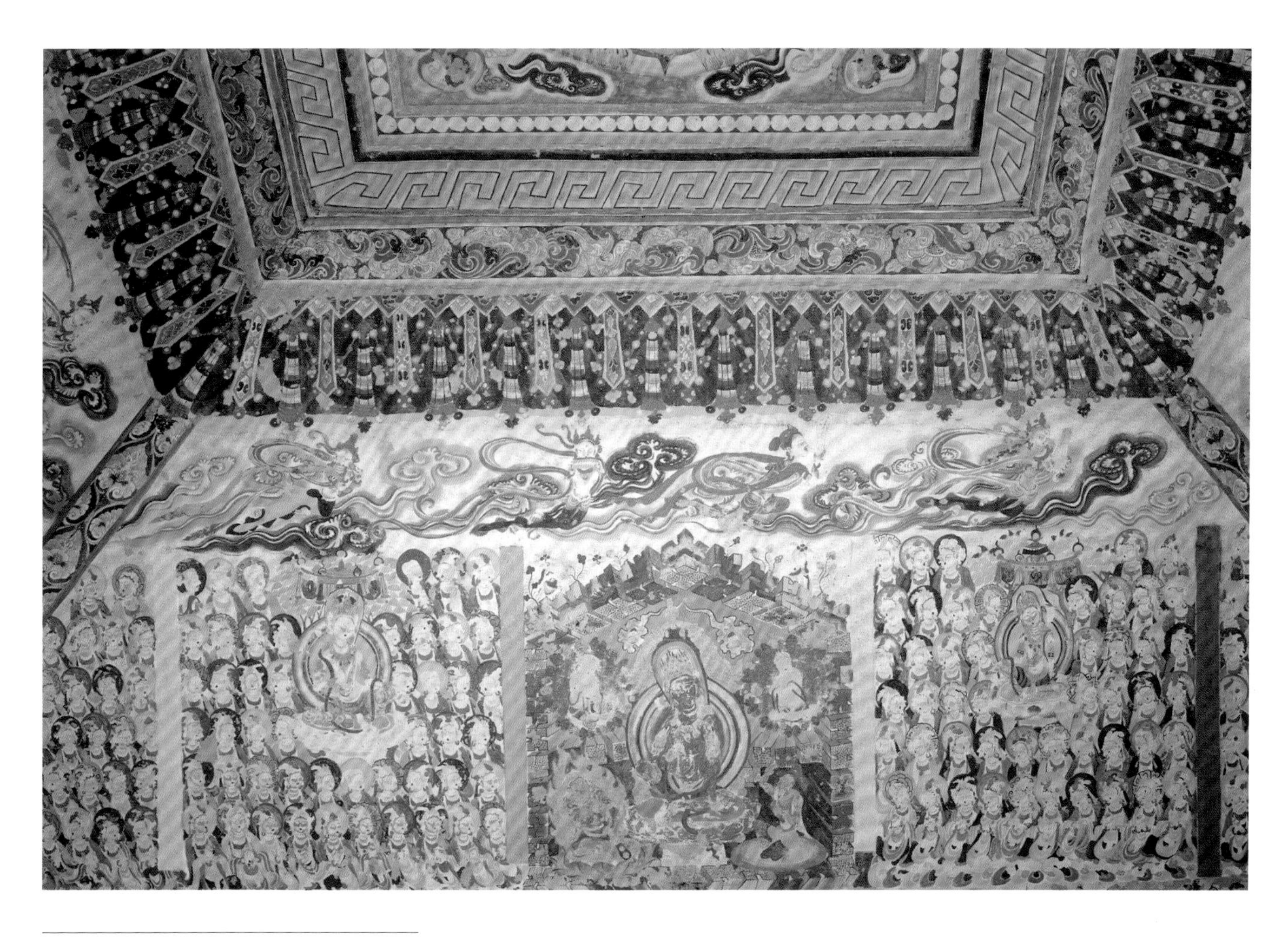

175 法會伎樂飛天

伎樂飛天頭帶花冠，上身袒裸，腰束長裙，在彩雲中吹奏海螺、排簫、笙和拍拍板，身姿側、正各異，富有變化。

晚唐 莫161 窟頂東坡

176 法會伎樂飛天 見下頁 ▶

法會場面之上，飛天一字排開演奏樂器，有鳳首琴、琵琶、碰鈴和鑼，畫得很寫實。這些在天空飛翔的飛天增加了畫面的生動活潑的氣氛，是晚唐不可多得的佳作。

晚唐 莫161 窟頂西坡

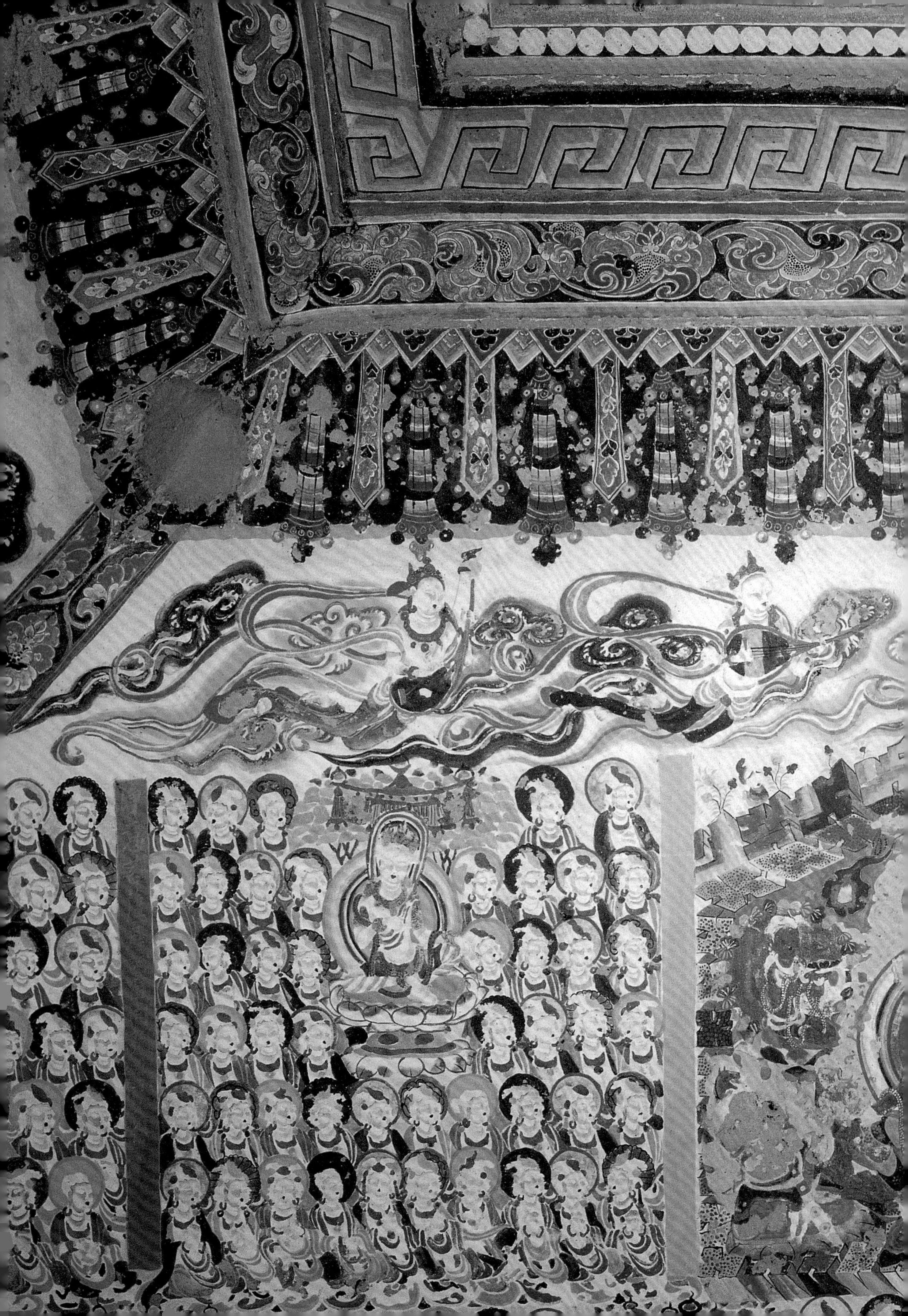

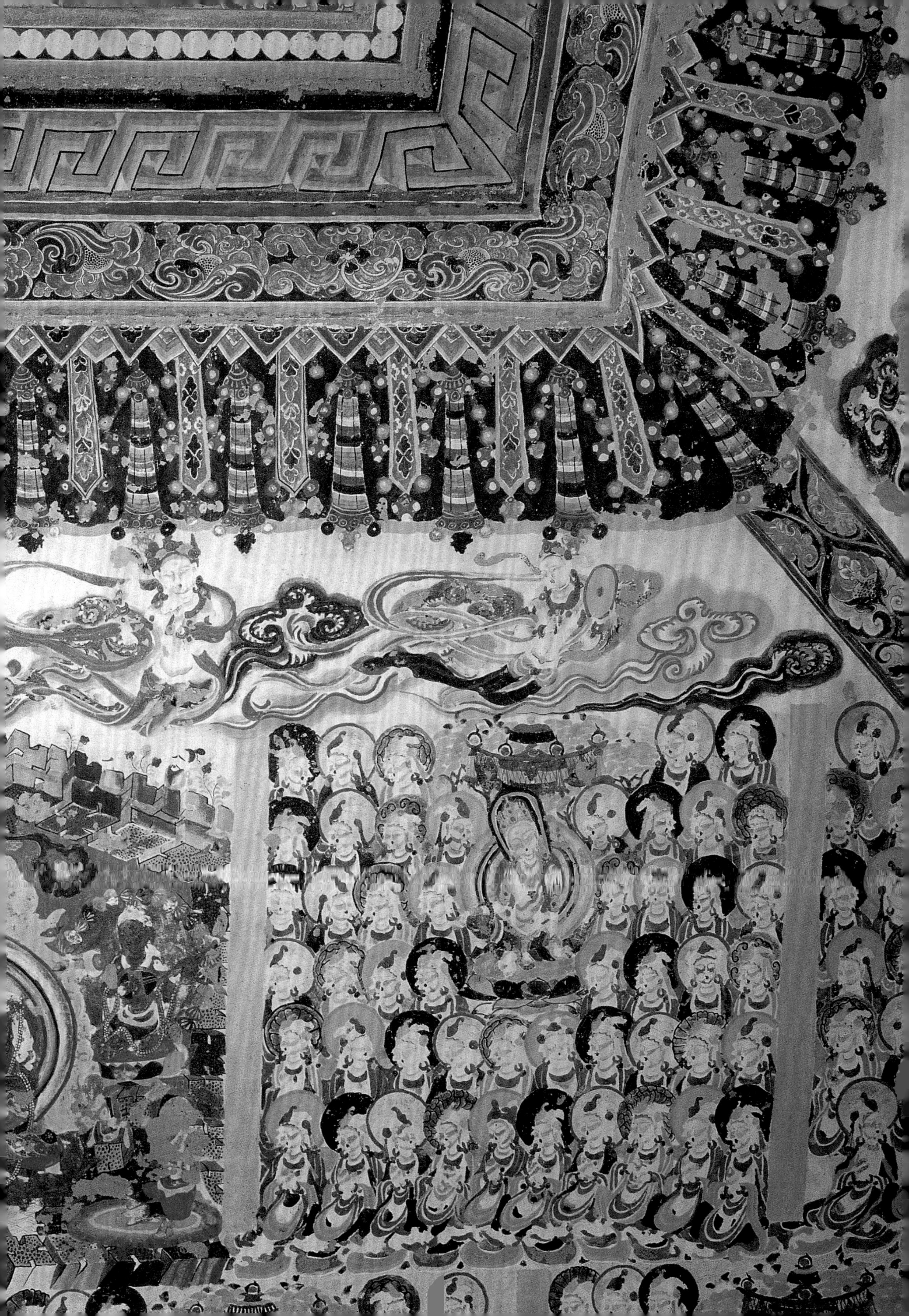

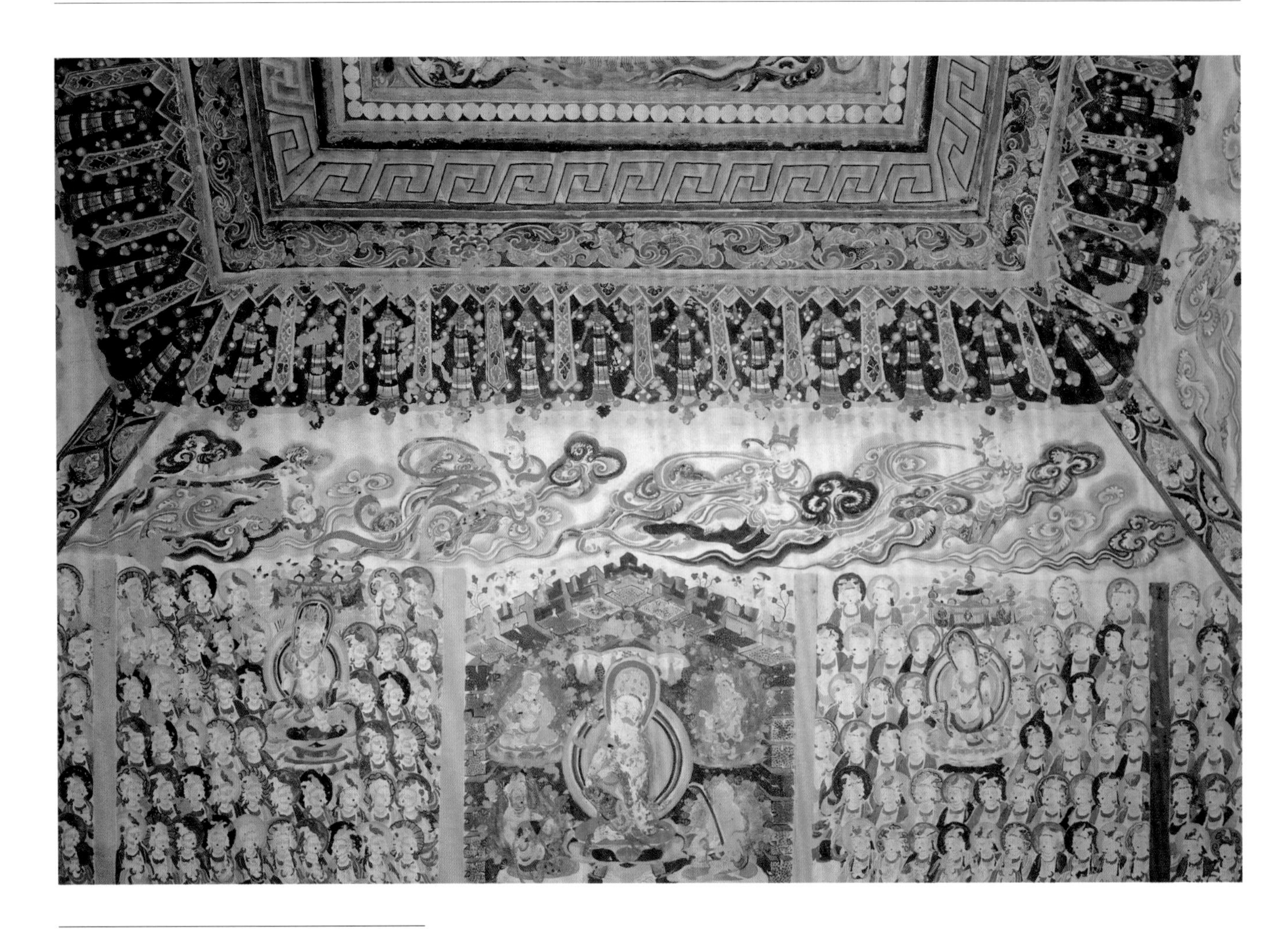

177 法會伎樂飛天

四身伎樂飛天，其中彈箏的一身是倒立，其餘三身分別演奏箜篌、篳篥和手鼓。整個畫面以石綠、青灰、赭色為主，清新冷豔。

晚唐 莫161 窟頂北坡

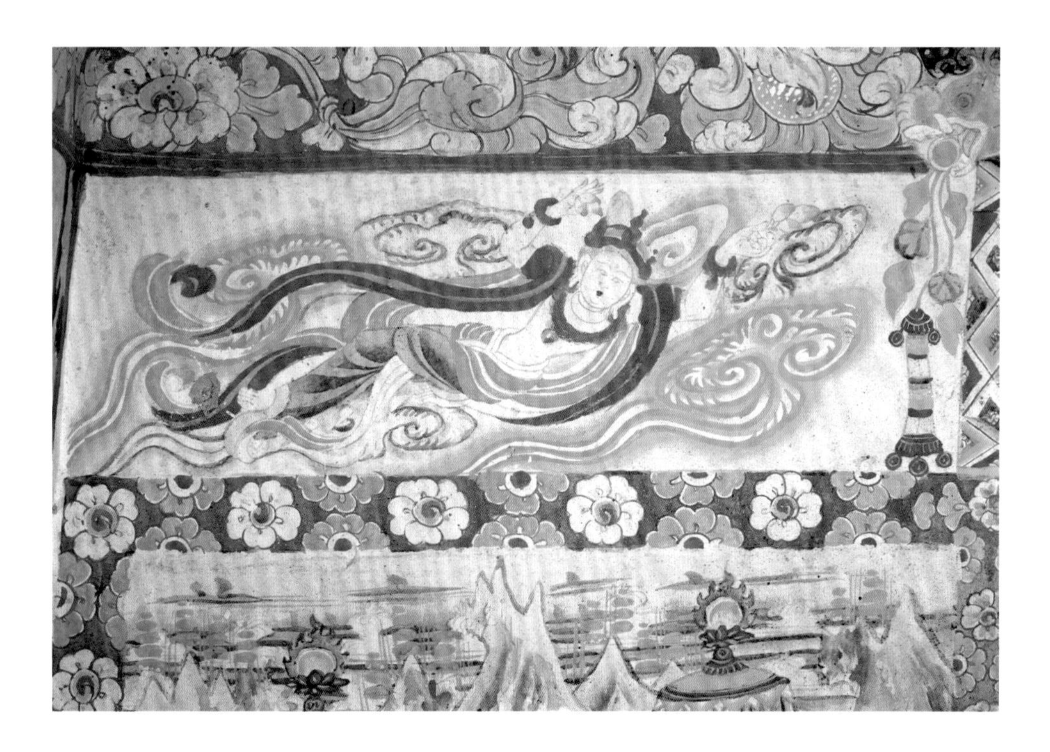

178 **散花飛天**

飛天為菩薩裝束，一手托蓮花，一手拈花蕾，仰臥在彩雲中飛舞。此時敦煌的飛天進入程式化，風格單一。此圖雖工整，但雲朵、飄帶、服飾及至面部表情都有圖案化傾向，缺乏生命氣息。

五代 莫468 西壁

179 **禮佛飛天**

此圖與前圖相對應，飛天頭戴寶冠，佩飾耳環、項圈、臂釧、手鐲，披紅綠條紋飄帶，一手托盛有供品的花盤禮佛，一手散花，在彩雲中飛行。

五代 莫468 西壁

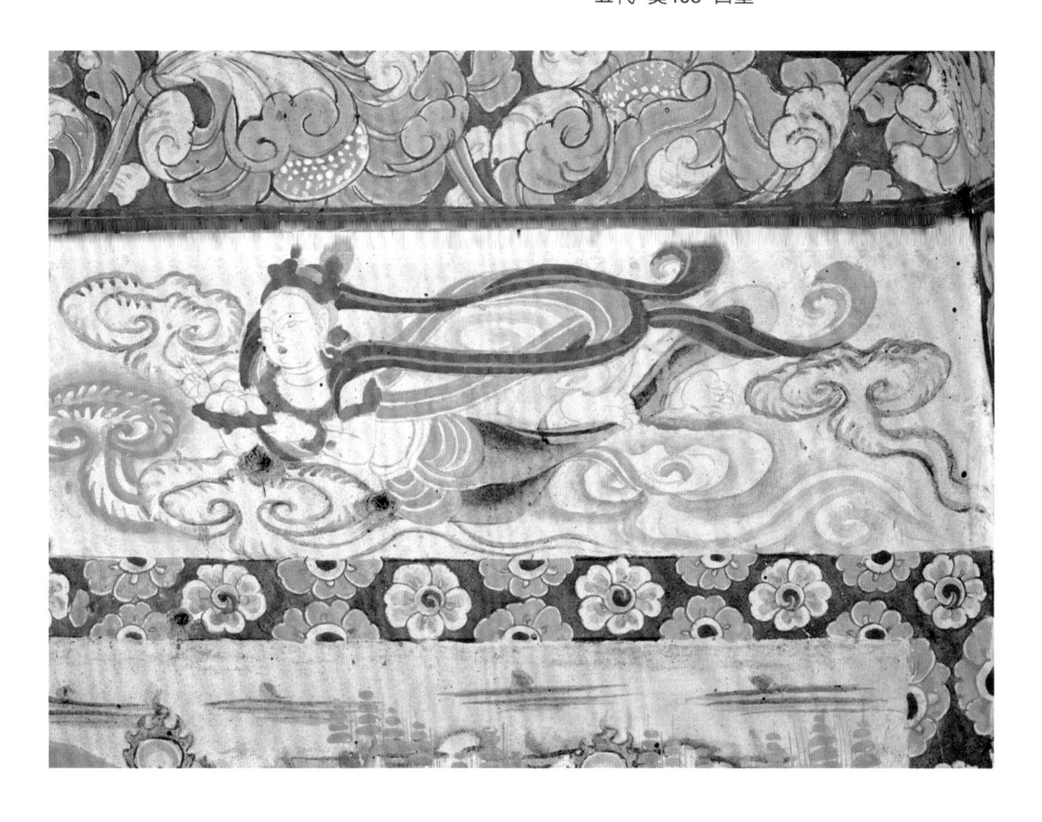

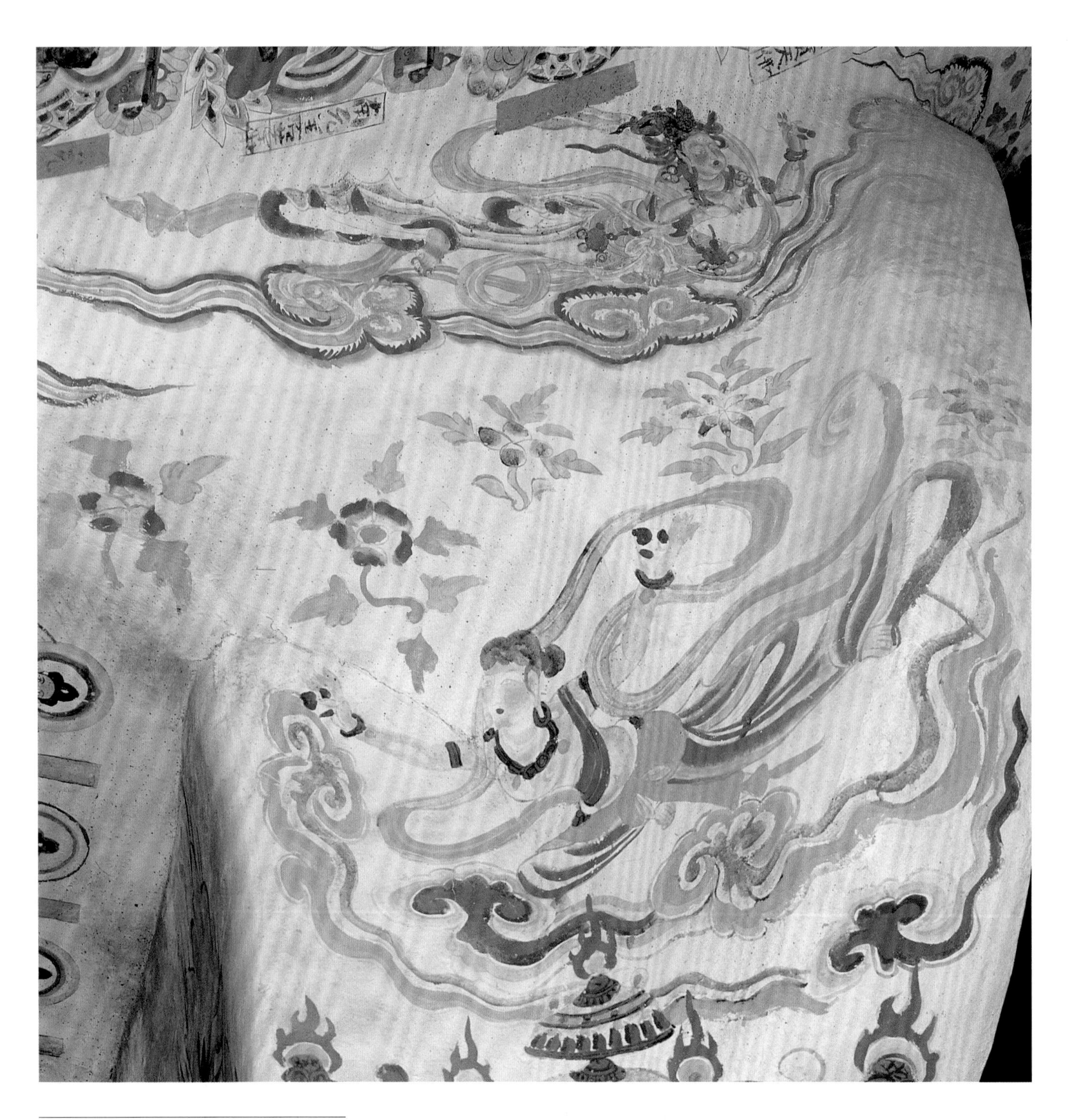

180 散花飛天

兩身橫向飛行的飛天，上方一身服飾華麗，下方一身為梳雙髻少女，面相豐滿，雙手散花，衣着簡樸，矯健而有生活氣息。以紅色暈染臉頰和身體肌膚，線條清晰流暢，繼承了唐代畫風。

五代 莫61 背屏

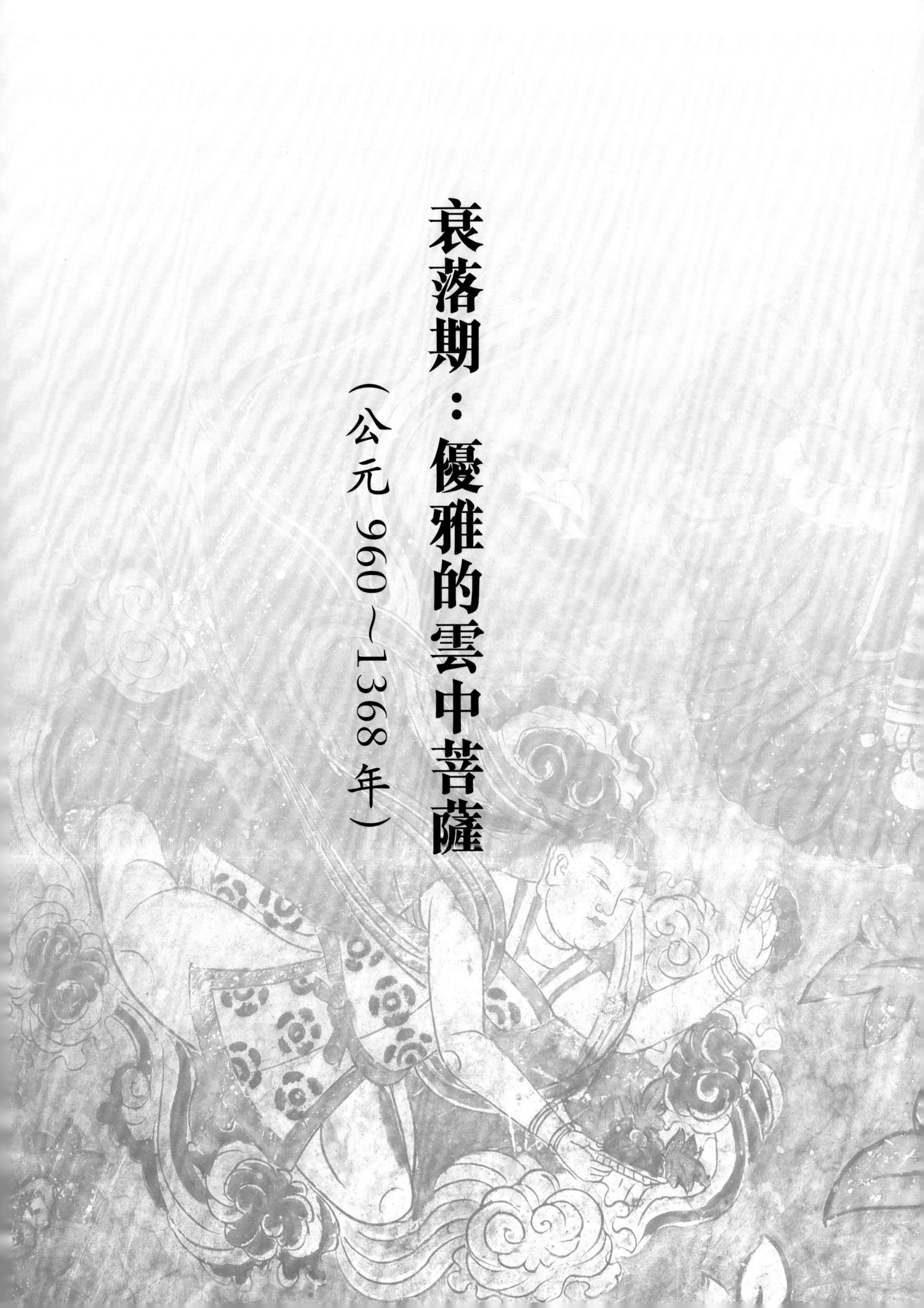

衰落期：優雅的雲中菩薩

（公元 960～1368 年）

宋代、西夏和元代，屬於敦煌壁畫的晚期，這一時期的飛天繪製進入了衰落期，壁畫上美麗動人的天宮樂舞也隨之謝幕。

宋代時敦煌仍為曹氏家族所統治，壁畫題材與唐後期基本相同，各種壁畫格式雷同，缺乏唐代那種創新之氣勢。西夏時期經變畫減少，壁畫題材主要是千佛、說法圖等，飛天畫得很少，唯有窟頂四周畫有身着菩薩盛裝的飛天，手持樂器演奏和散花，有些身材明顯增大。伎樂飛天手中的各式樂器，在音樂史研究上有極高的學術價值。由於受到中原繪畫的影響，飛天的造型已經成為定型的線描侍女畫，技法日臻成熟，基本上以神話中的“嫦娥奔月”為造型依據。這一時期注重用線塑造形象，畫功精細，設色淺淡，基調為青綠色。

衰落期的飛天畫已進入程式化階段。

第一節　宋代

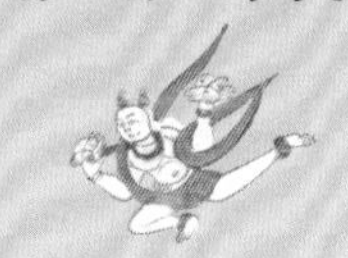

在宋代壁畫中，飛天繪製的整體趨勢是逐漸走向衰落，不僅飛天畫的數量減少，而且造型缺乏活力，精神凋渙，有些甚至是風骨孱弱，飛動無力，寡情乏韻。究其原因，一是連年戰亂，民不聊生，難以喚起人們歡樂的情緒，而且營建石窟的財力也受到影響。二是佛教密宗興起，密宗推崇彌勒和觀音信仰，在造像中少有飛天出現。

北宋時期，雖然西北、西南地區大多處於外族統治之下，但瓜、沙二州的歸義軍政權卻始終保持與中央政府的聯繫，接受中央的誥封。在曹氏家族所管轄的敦煌地區，中原文化仍然佔據着優勢，中原藝術的影響仍然起着主導作用。曹氏追隨北宋宮廷的體制在瓜州建立畫院，推動了繪畫的技法和程式化，特別注意吸收宋朝人物造型之特點。

院體壁畫中的飛天面相豐圓，神情持重，身材婀娜如少女，菩薩裝束，斜披帔帛，飄帶飾有條紋。造型多以線取勝，勾線勁健流暢，基本為白描人物，僅在飾物、裙、巾帶上敷彩，色彩以石綠、赭紅為主要用色，冷暖相濟，顯得簡潔雅致。

宋代畫飛天的重點洞窟為莫高窟第76窟、榆林窟第26窟。

第76窟飛天繪於環窟四周，這些飛天，身臥彩雲，手持各種樂器和花盤。頭梳高髻，戴花冠，束繒帶，佩飾耳環、手鐲、項圈、臂釧。腰下着寬腳長褲，飾有羽翼狀牙邊，飄帶用石綠表現向背兩面。眼睛畫紅弧線突出眼珠，手指和腳趾多一道弧線，雲彩的裝飾性很濃，但流動縹眇的動感不足。在用線上頗見功力，是院體畫中的代表作。

此窟中的八塔變繪有童子飛天，乘彩雲從天而降。童子裸身形，僅穿短褲，光頭或梳髻，手捧蓮花、花盤、法器，散花供養。直接用赭紅色勾畫，未用墨線，因人物很小，畫得較概括，缺少細部。

榆林窟第26窟的飛天畫在淨土變中，在花樹和寶蓋兩側，各有一身小飛天乘雲而下。飛天為女童子相，頭垂環髻，雙手捧大朵蓮花。人物以墨線勾畫，襯赭紅色地，形象鮮明而突出。

宋代飛天的繪製，已經進入一個成熟的侍女畫時代，即以線描賦彩的人物畫為其基本模式。宋代繪畫中的仕女，一般表現有兩種形象，一是天宮仙女，二是世俗社會中的美女。仙女造型多取自傳世的嫦娥、洛神粉本。洛神的形象，出自東晉畫家顧愷之的《洛神賦圖》；嫦娥的形象在漢代畫像中已有描繪，到唐代又演繹成“唐明皇遊月宮”的故事。世俗美女則多以宮廷命婦、官宦小姐、歌舞妓女、閨閣玉秀為依據。仙女与世俗美女的形象，在繪畫時往往也採用接近飛天的造型，塑造出各種輕盈嫵媚、巾帶淩空的樣式。由此形成了當時社會對女性的客觀審美標準。民間固有的因素，世代相傳，起到不可忽視的作用。因此，仕女形象的飛天，至宋代已經形成完美的程式。

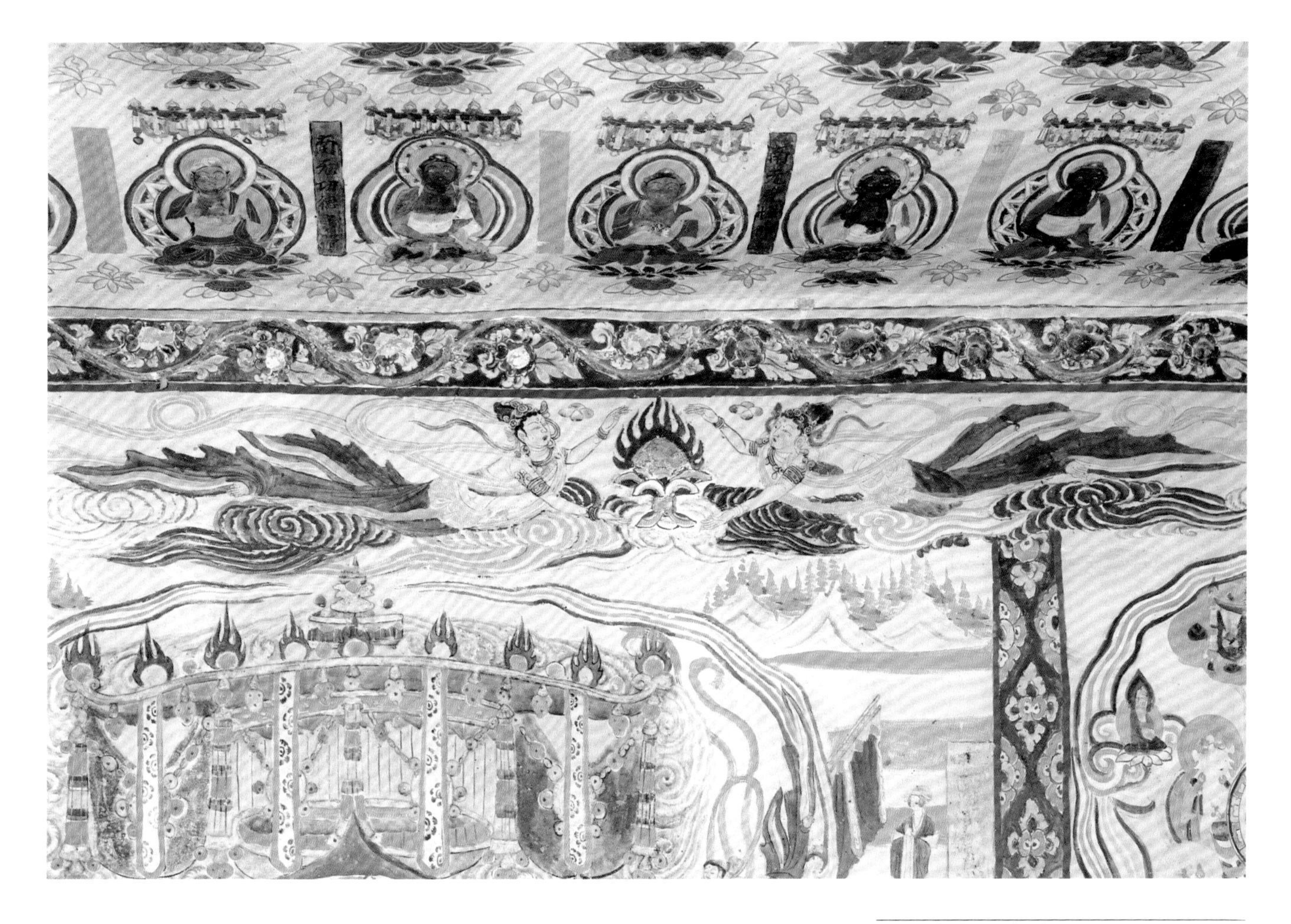

181 **捧摩尼寶珠雙飛天**

此窟畫繞窟一周的飛天，每壁十身，分兩組相對飛翔，中間兩身相對共捧一大摩尼寶珠。飛天服飾華麗，多珠寶飾物，其造型、勾線均體現出時代風格，設色為冷色調，以青、綠、灰色為主。

宋 莫76 南壁

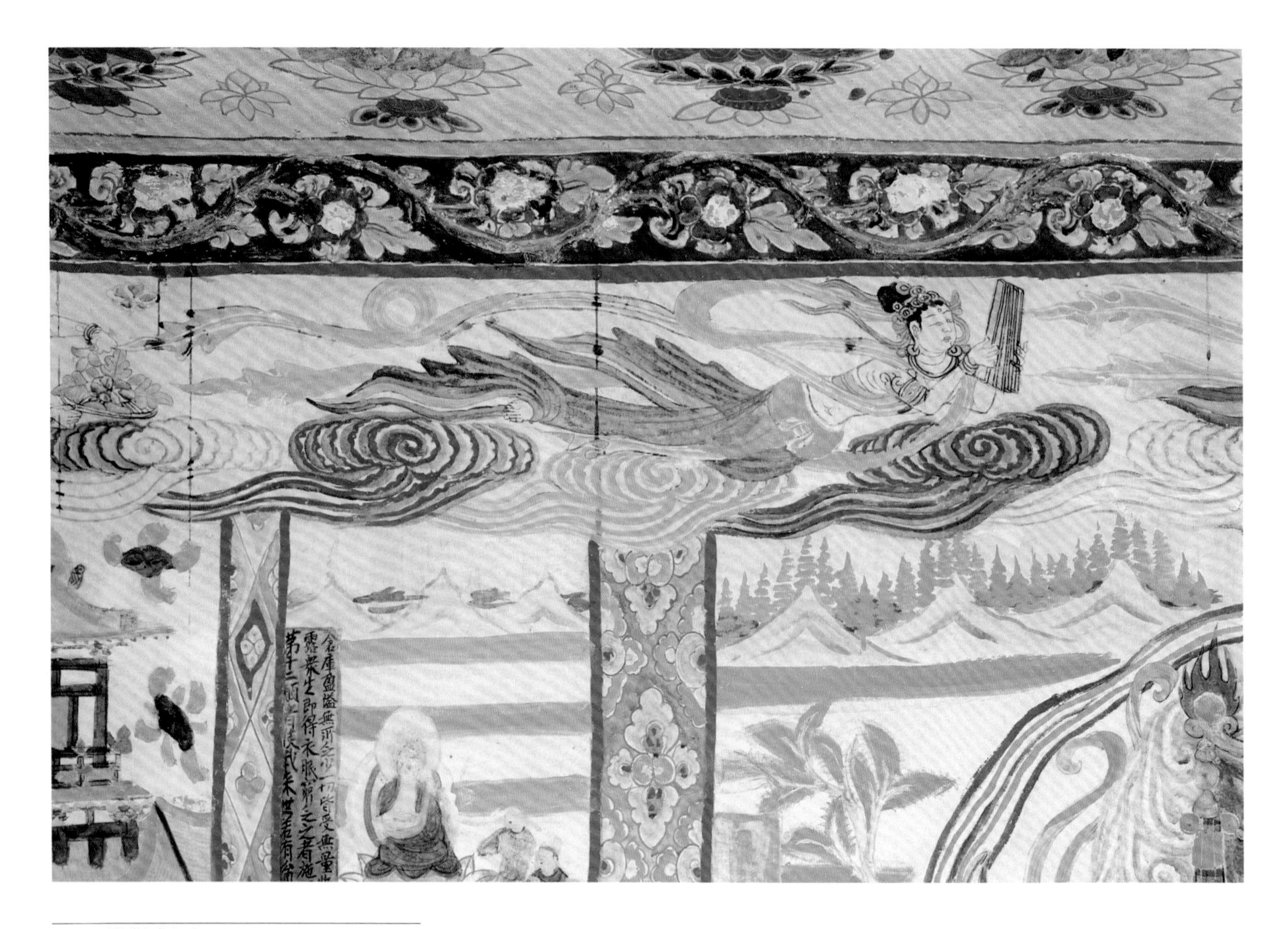

182 持拍板飛天

飛天雙手持拍板作演奏狀，在三朵彩雲之上橫臥飛行。高髻寶冠，佩帶耳璫、臂釧、手鐲，裝扮如貴婦人，華貴端莊。白描線條功力極佳，造型雍容華貴，繼承唐五代畫風。

宋 莫76 北壁

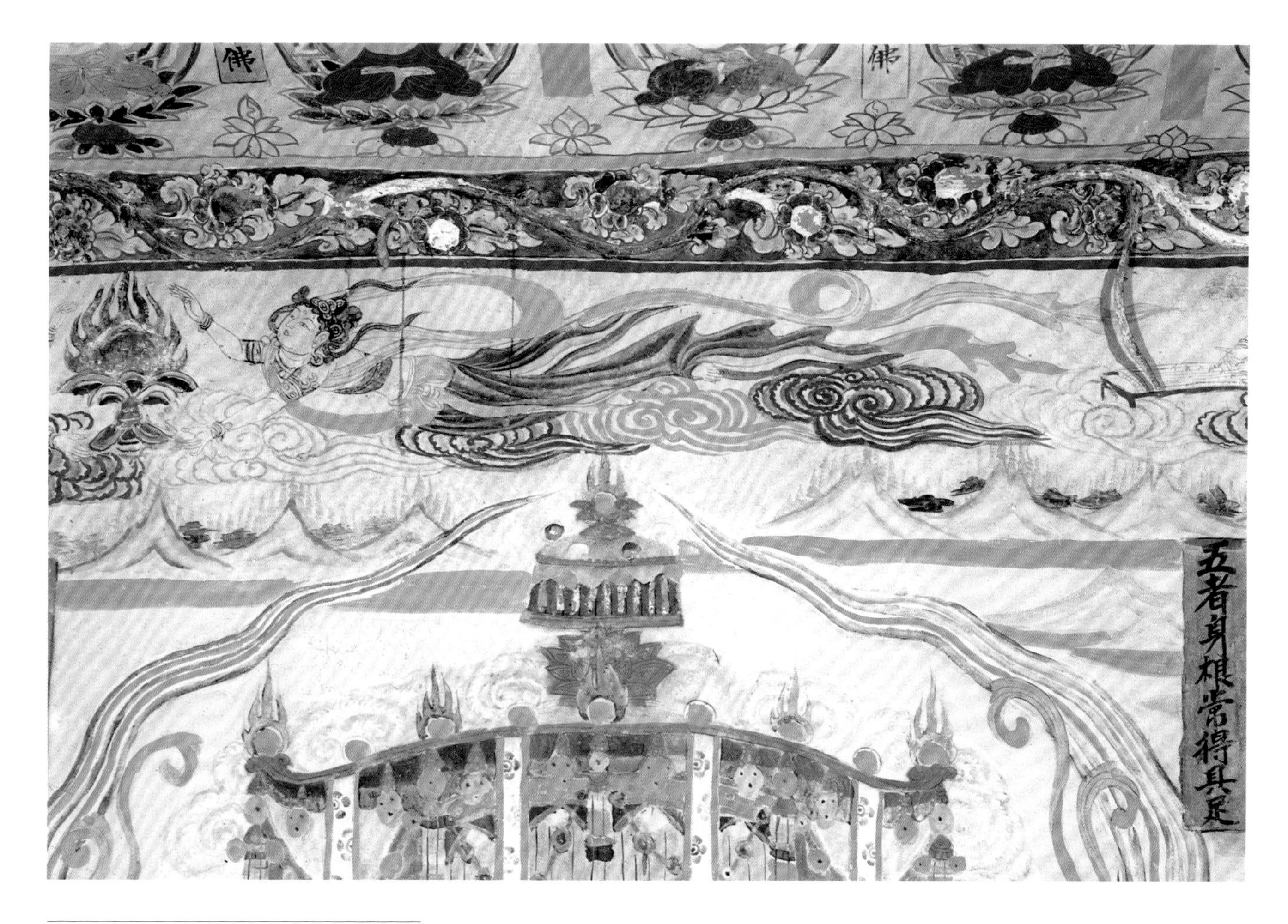

183 捧摩尼寶珠飛天

飛天面相豐圓，長眉修目，戴寶冠，梳高髻，斜披大巾，下着長裙，兩手捧金光閃閃的摩尼寶珠。造型優美，畫工精細，不失為宋代佳作。

宋 莫76 北壁

184 五身飛天 見下頁 ▶

繪於八塔變中的飛天為童子相，或光頭，或梳髻，裸身形，造型較為新穎。塔上空環窟的飛天服飾華麗似宮娥，橫向飛翔。伎樂飛天吹橫笛，捧花盤飛天拋撒花瓣，飄帶逶迤。

宋 莫76 東壁

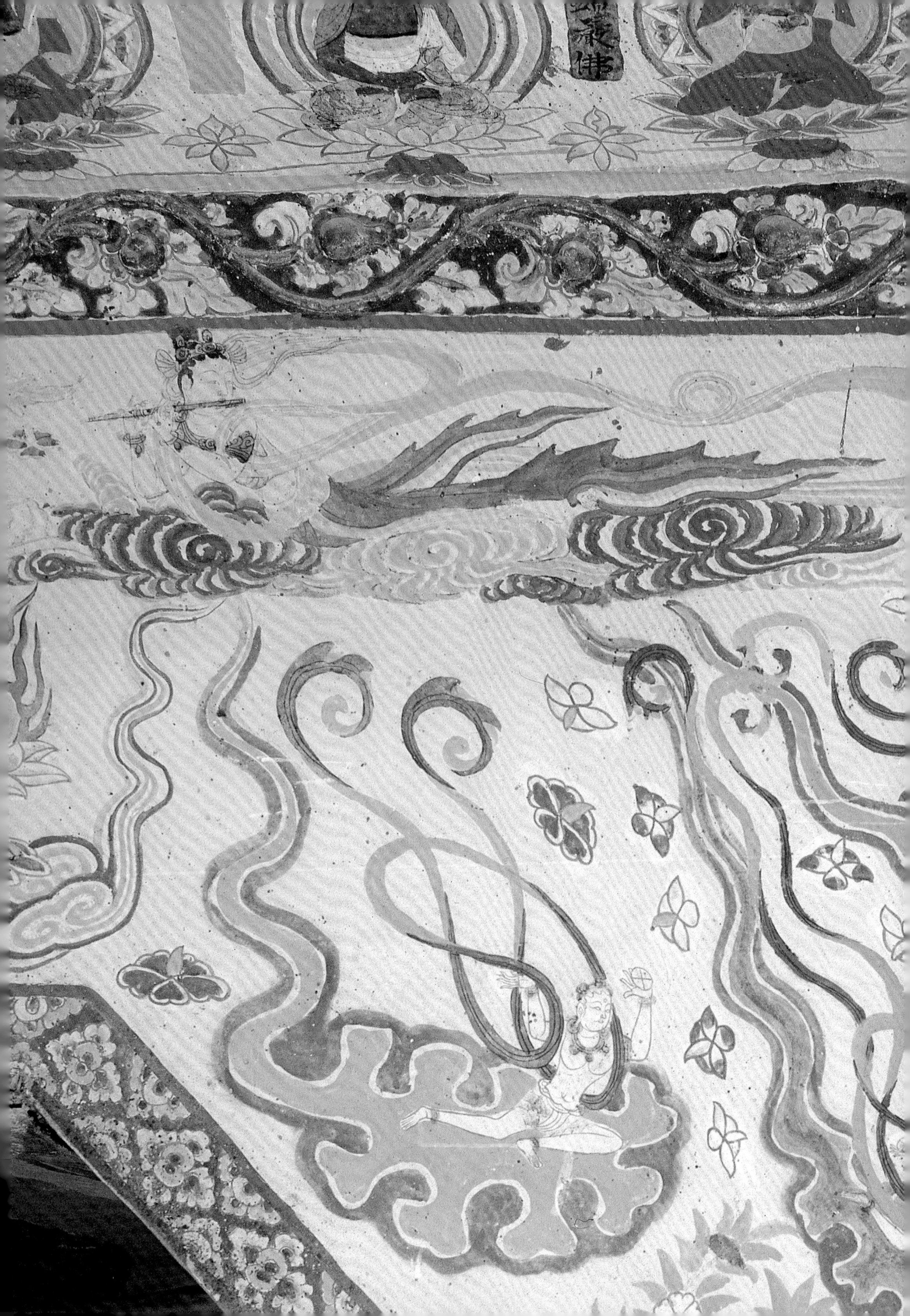

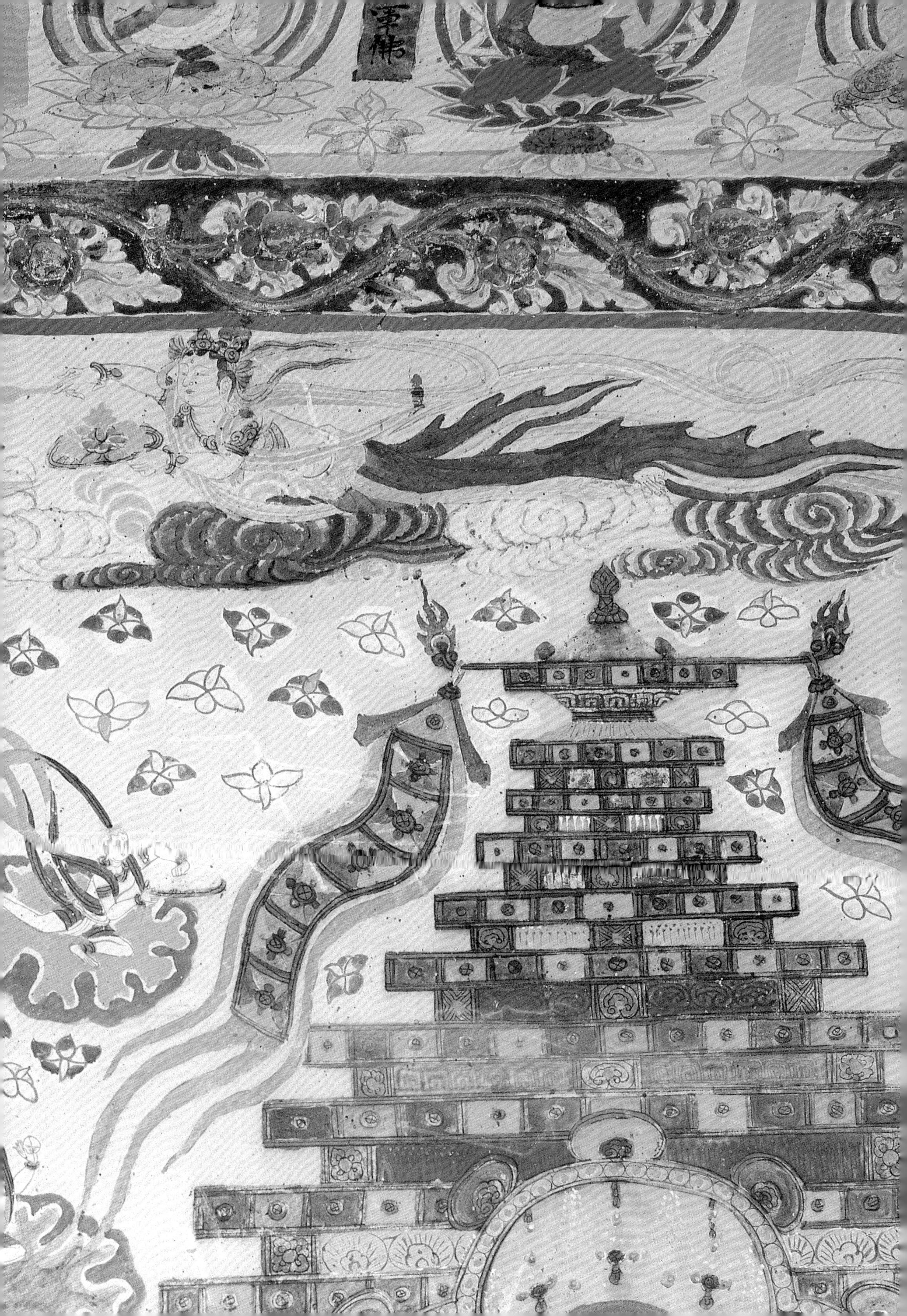
佛

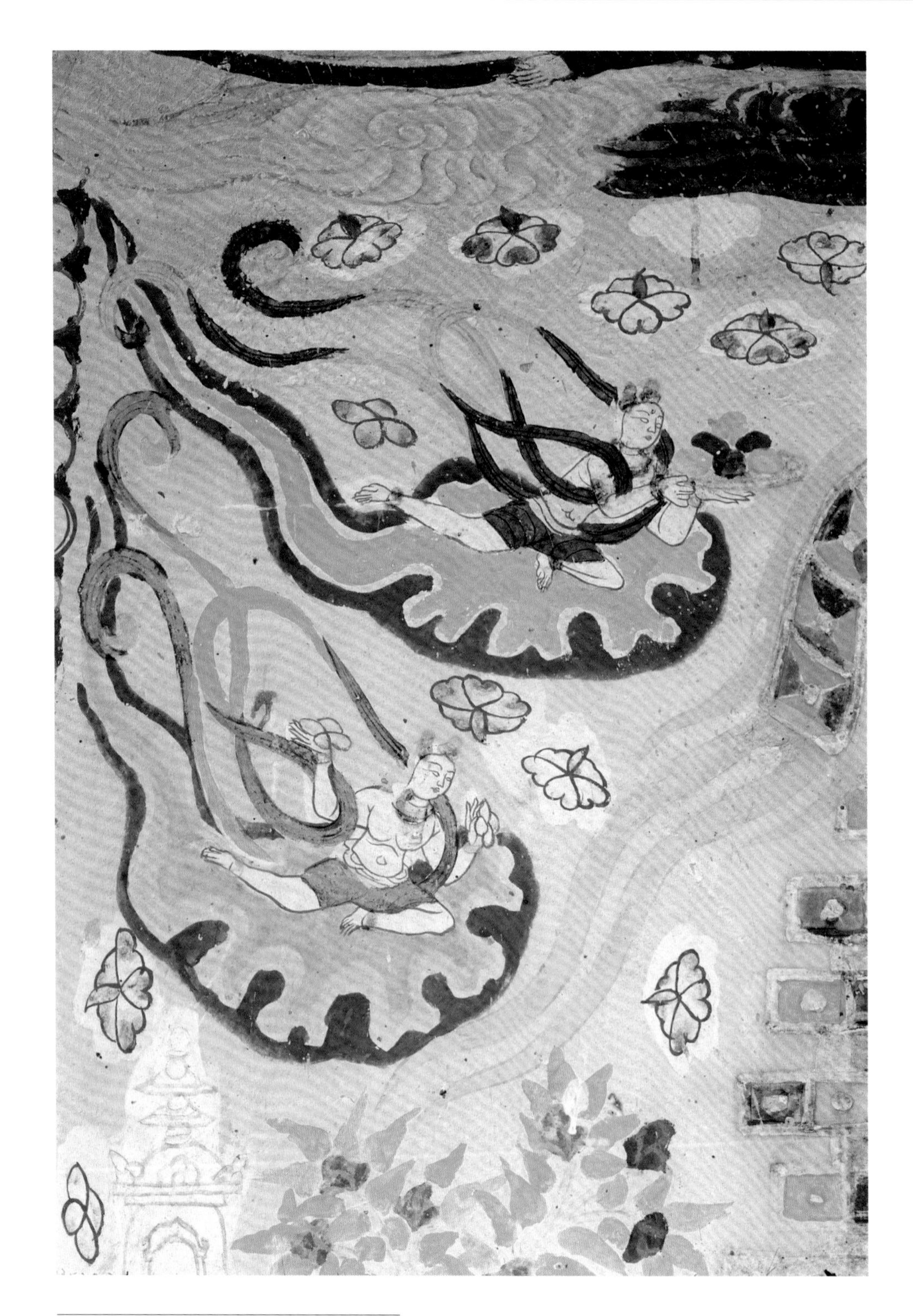

185 散花禮佛童子飛天

童子飛天頭梳雙髻，裸身形，下穿短褲，捧着供品和鮮花，被蓮葉似的雲彩托起，徐徐降落來禮佛。造型活潑可愛，巾帶正反兩面深淺兩種顏色暈染，形成一種特別的效果。

宋 莫76 東壁

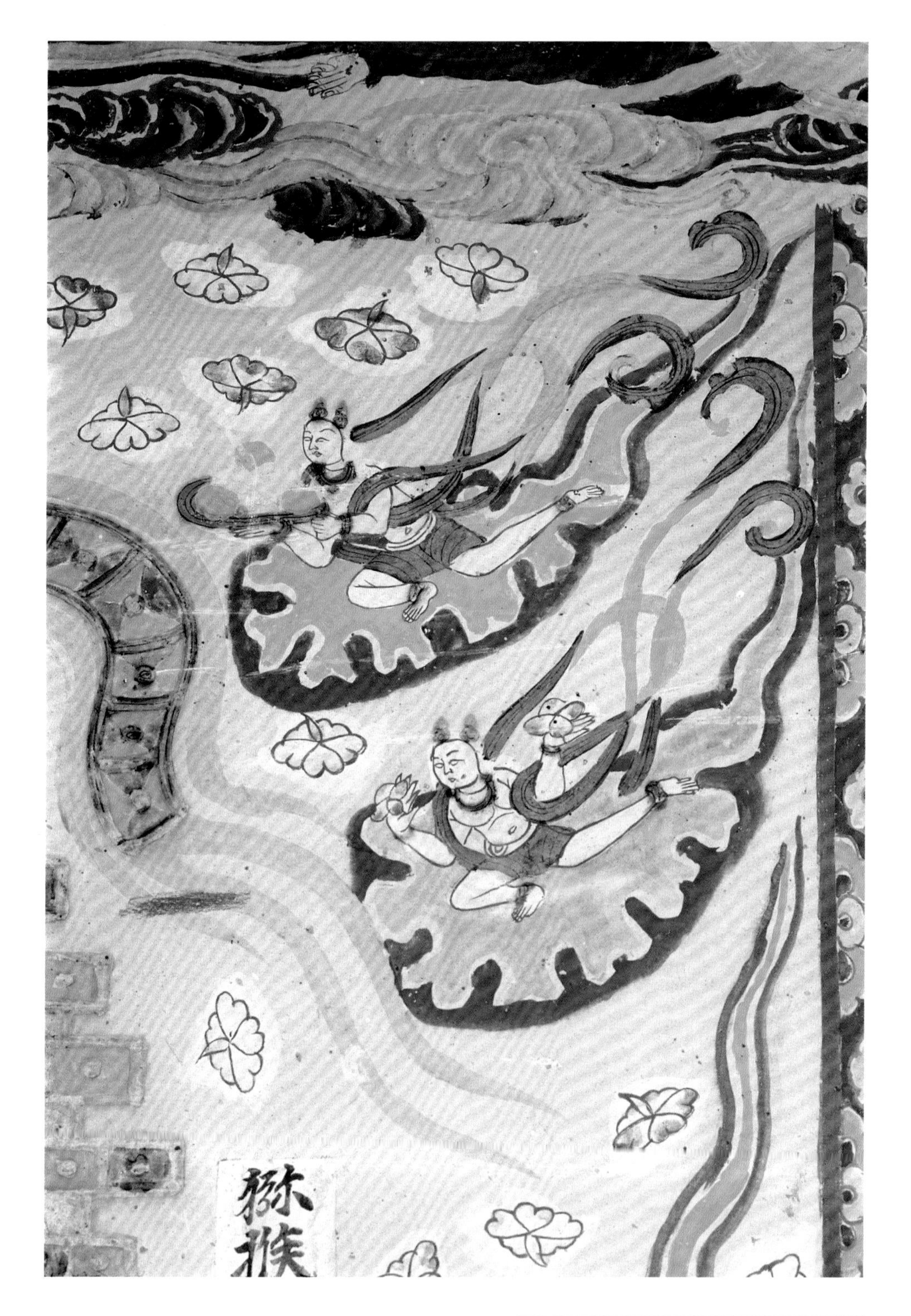

186 散花禮佛童子飛天

此圖與前圖相對應。童子飛天手捧鮮花供品赴會禮佛。此窟是敦煌畫童子飛天最多的石窟。

宋 莫76 東壁

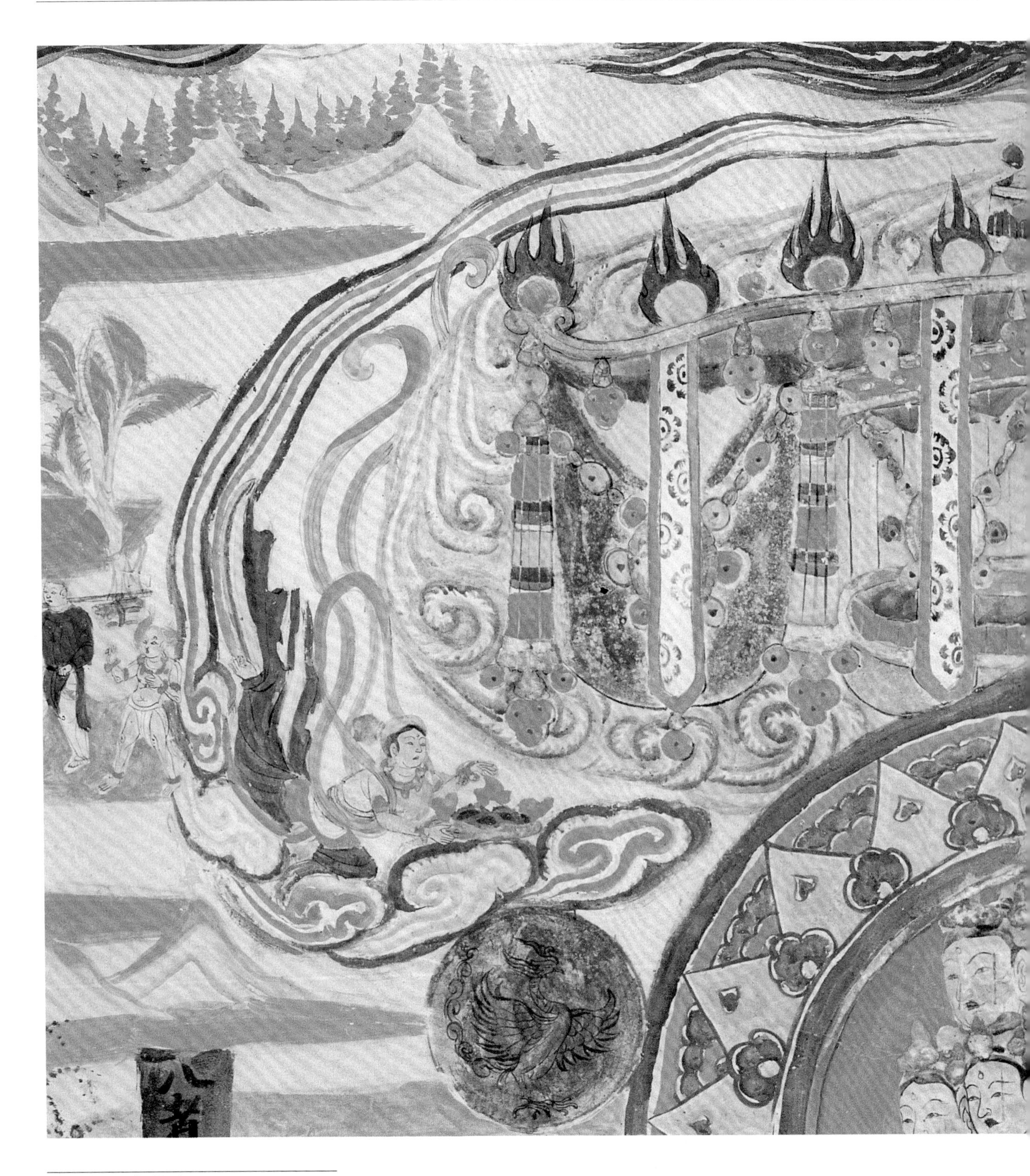

187 **觀音寶蓋飛天**

十一面觀音手托日月，上方的寶蓋左右繪有兩飛天環繞獻花飛翔。此圖屬於漢地密宗畫像，保留了許多顯教的傳統畫法，如飛天形象在藏密畫中很少出現，而在漢密畫就有保存。

宋 莫76 北壁

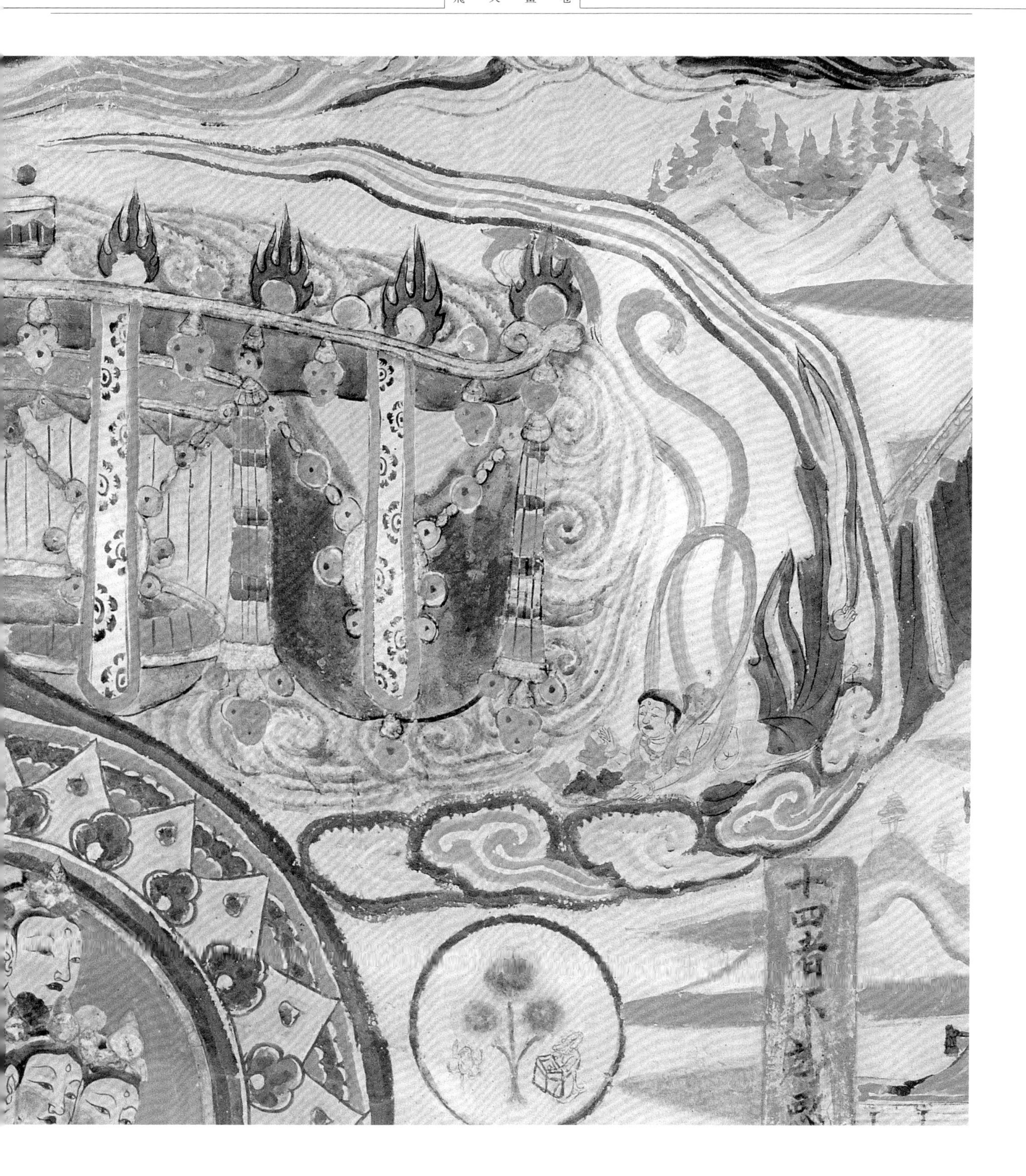

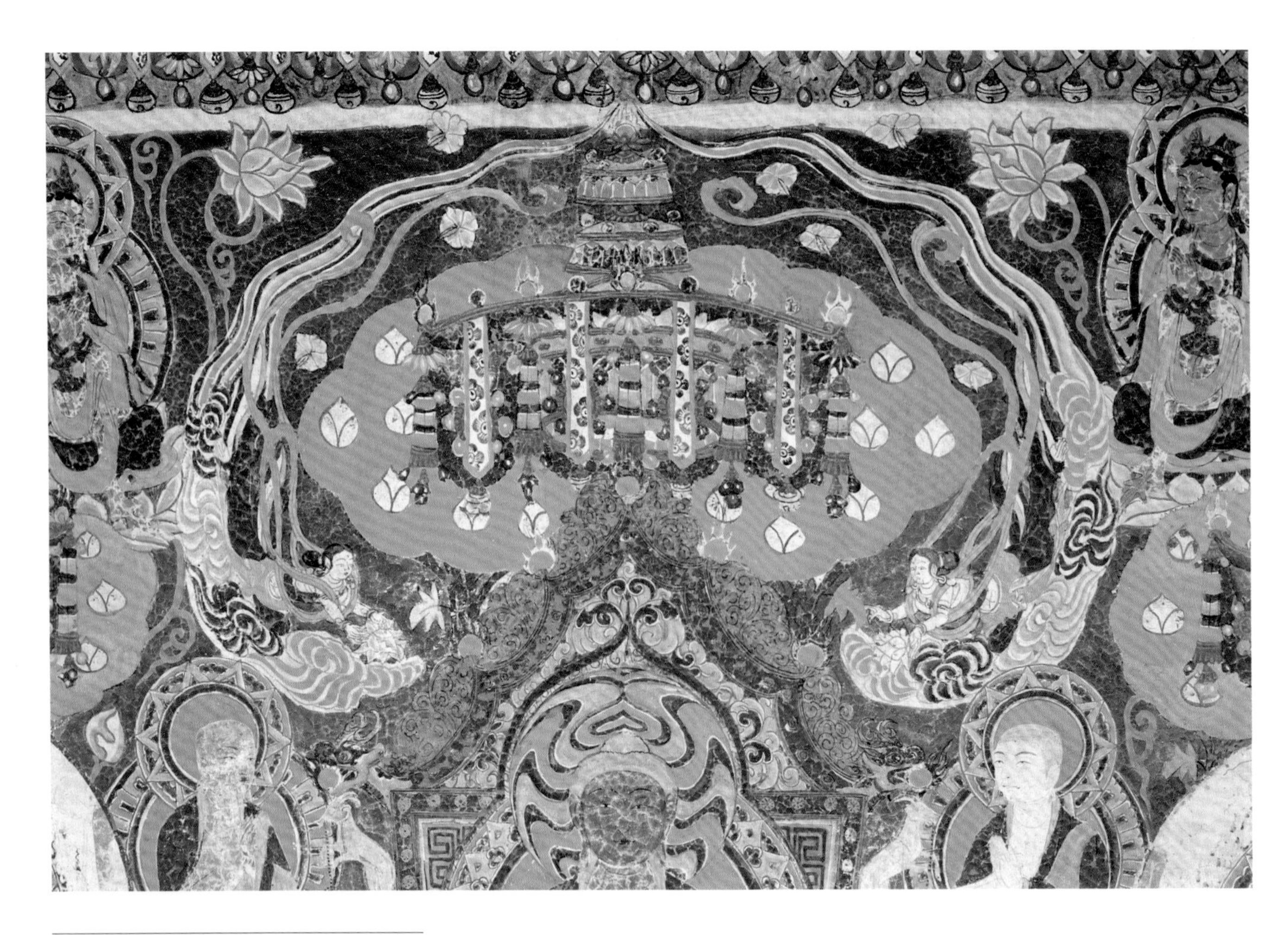

188 佛寶蓋飛天

淨土變中的佛寶蓋兩側，飛天駕雲繞行而下。其面相短圓似女童子，額上有吉祥痣，頭後梳雙髻，雙手捧花供養。墨線勾輪廓，以石綠、赭紅和白色為主色調，風格鮮明。瓔珞華蓋之華麗有五代之遺風。

宋 榆26 北壁

第二節　西夏及元代

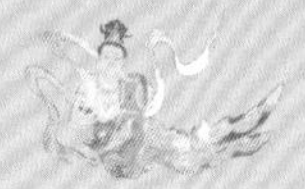

黨項族為北方遊牧民族，佔領河西後建大夏國，在短短的二百年間建立起了獨特的西夏文化。西夏文化受到中原漢及遼、金、回鶻、吐蕃等農、牧文化的影響，有獨特的文字，同時也信奉佛教。

此時敦煌地區新開石窟不多，多為改建，在莫高窟和榆林窟，均留下很精彩的遺跡，反映出黨項族藝術的特色。西夏洞窟，常見的壁畫風格為團花錦地，畫千佛。中期多受回鶻影響，畫“曼荼羅”。晚期受金、蒙古、南宋影響，多繪涅槃經變。從供養人像中，可見這一時期人物造像的特點是面孔較胖，寬額細眼，鼻隆頤滿。

回鶻、西夏時期的洞窟強調裝飾性，畫飛天的代表洞窟有莫高窟第 97 、327 窟和榆林窟第 10 窟。

第 97 窟為回鶻時期洞窟，其西壁繪有童子飛天，頭飾兒童葡萄髻，面相白淨，軀體肥胖，眉眼上斜，高鼻，小嘴，手臂有臂釧手環，腰束兜肚，腳穿紅靴，一手執花盤，一手散花，表示對佛供養，彩帶飄揚，自空急飛而下，在雲層中飄逸自如。此飛天造型與高昌回鶻壁畫風格相似。

第 327 窟環窟繪散花伎樂飛天，飛天身着菩薩裝，頭戴花冠，繫繒帶，佩耳環、手鐲，身飾項圈、臂釧，飄帶上有條形中線。表情沉穩冷漠，紅綠相間，色彩跳動。

在榆林窟第 10 窟，四壁殘存飛天伎樂，其樂器繪製精細。榆林窟第 10 窟主室壁畫均毀，唯存窟頂西夏畫九佛藻井及西坡下沿畫伎樂飛天九身。背景為彩雲、珠寶、花卉。飛天皆束高髻，戴寶冠，着天衣絳裙，手持各種樂器，有手鼓、腰鼓、拍鼓、笛、箏、琵琶、胡琴等，不僅樂器畫得非常寫實，而且連演奏姿勢也畫得很真切，其姿勢幾乎與現今完全相同。因此，榆林窟第 10 窟所繪的伎樂飛天形象是珍貴的歷史音樂史料。

公元 1227 年，蒙古軍打敗西夏王朝，攻破沙州，建立元政權。他們在沙州移民屯田，恢復水利，曾有過一段安寧的時期。元朝統治者也信奉佛教，在敦煌發展了密宗佛教藝術。敦煌莫高窟、榆林窟、東千佛洞，都留下了許多元代洞窟遺址，其中莫高窟第3窟的飛天很有特色。

第 3 窟所繪內容為密宗造像，南北兩壁畫千手觀音，只在北壁上方畫飛天兩身。一為黑髮，梳雙髻，頭上有簪花，雙髻垂於兩耳，高鼻大眼，身體較胖，繫長裙，飄帶繞體舒捲，手捧蓮花。另一身為金髮少女，頭梳雙髻，亦為高鼻大眼，手托白蓮花乘雲從空而降。兩身飛天不對稱，均具中亞西亞民族臉形，造型頗寫實，反映了當地的文化特點。在技法上表現出濃鬱的中原畫風，構圖豐滿，疏密得當，融會多種描法，運筆流暢而嫻熟，筆法細膩，抑揚頓挫，對早期的“鐵線”、“遊絲”描法有很大發展，畫面設色淺淡，有唐宋名家風範，堪稱中國元代壁畫中的傑作。

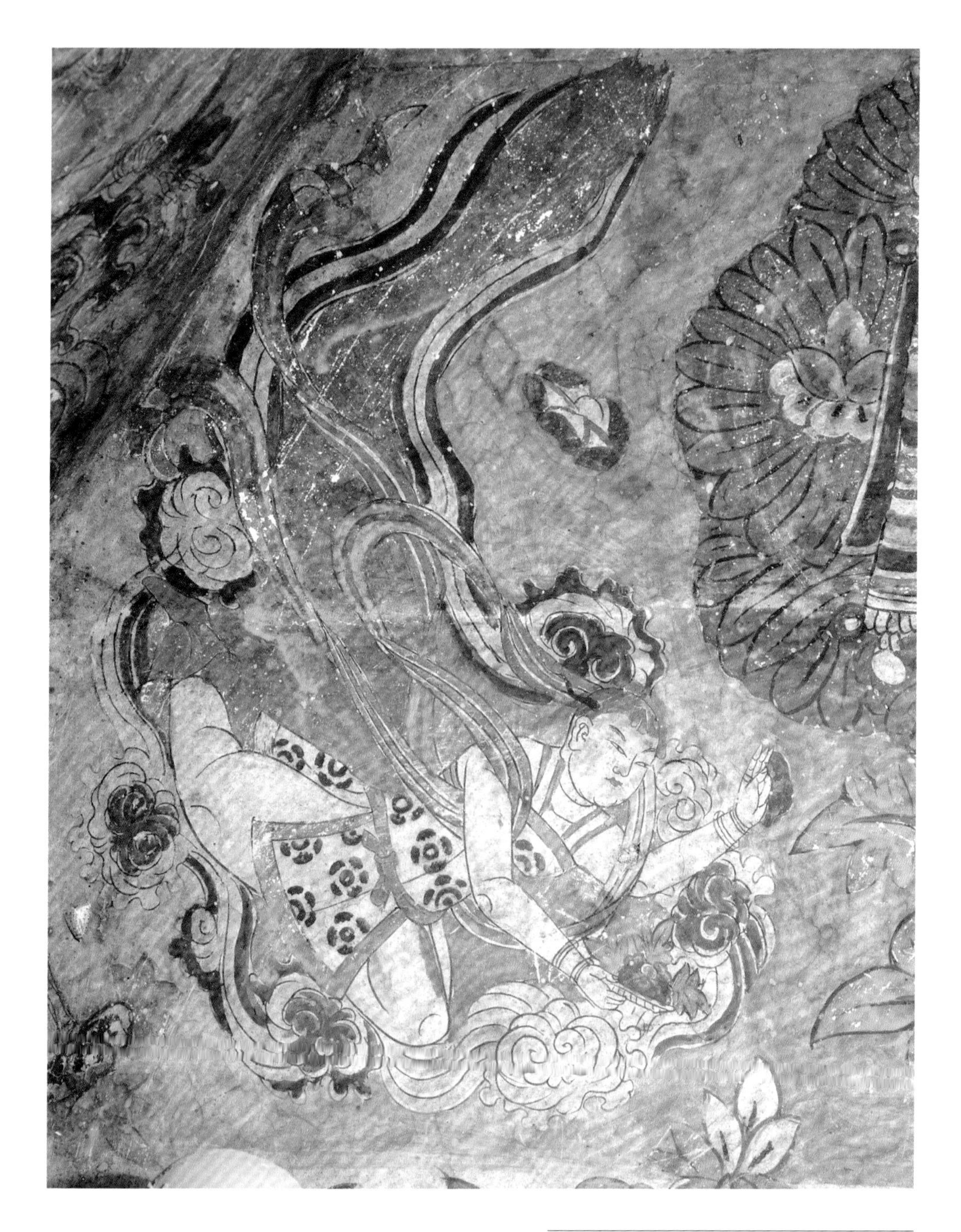

189 散花童子飛天

菩提寶蓋兩側畫環繞飛翔的童子飛天，寶圓臉，細眉眼，剃頭兩側梳小辮，額前有紅頭繩，身着背帶團花衫，光腿，腳穿紅色短靴，身繫紅腰帶。飛天自來赤足，此人物形象和服飾都反映出遊牧民族的特徵。

回鶻 莫97 西壁龕內

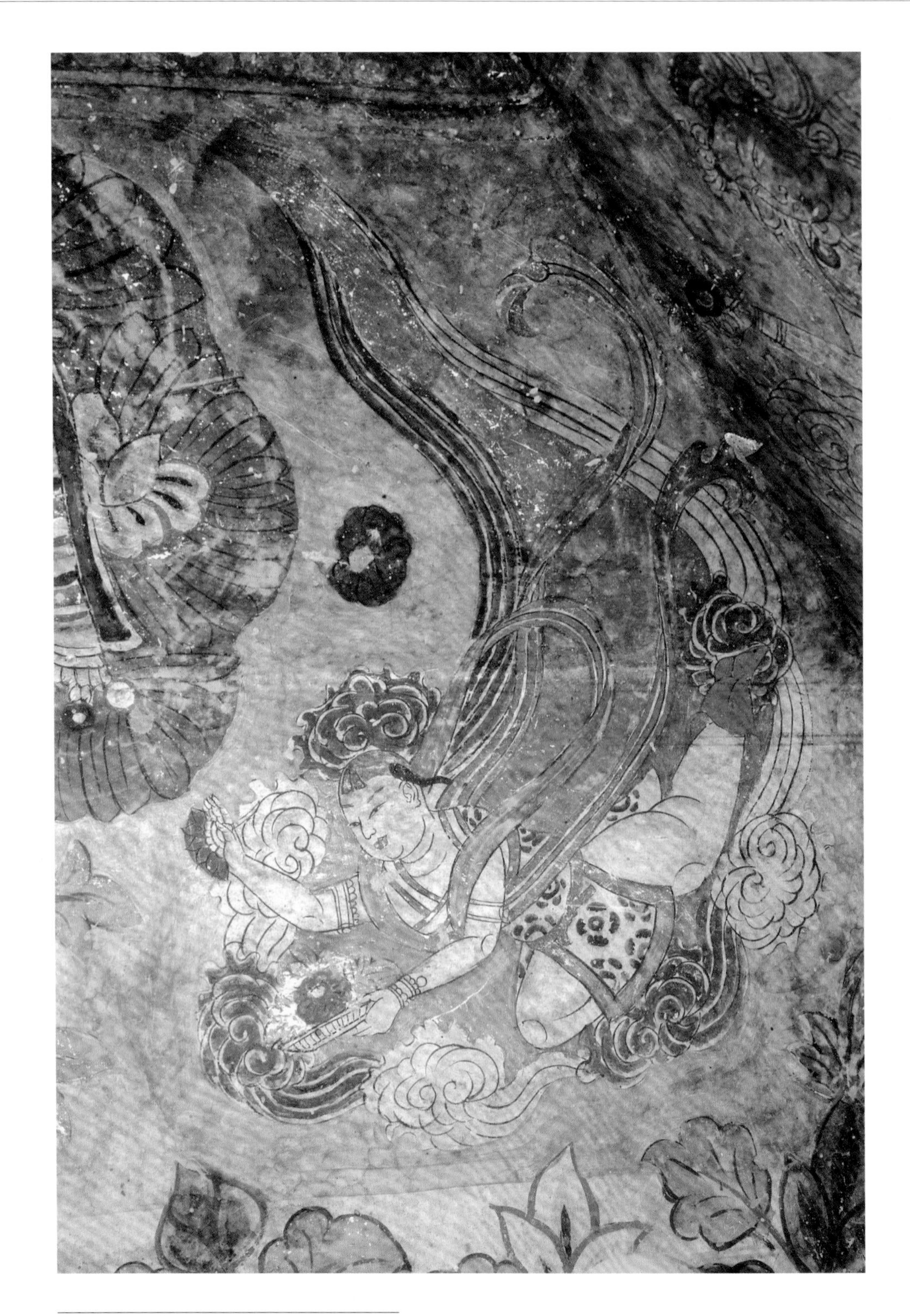

190 散花童子飛天

此圖與前圖相對稱。環繞寶蓋飛翔的童子飛天，髡髮着靴，體格強健，一手持蓮花，一手持花盤，盤內盛大朵牡丹。膚肌用淡赭稍加暈染，層次豐富而生動。

回鶻 莫97 西壁龕內

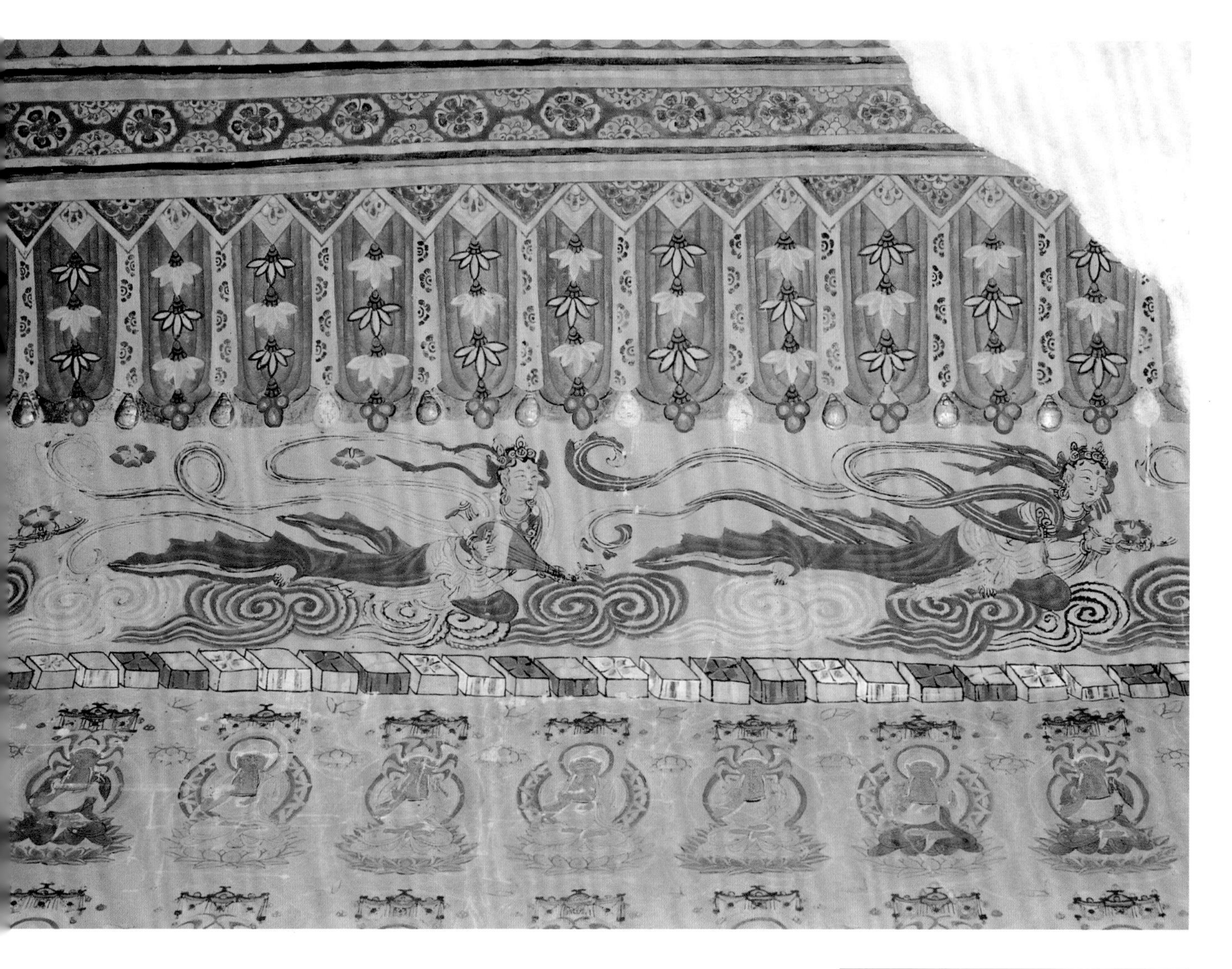

191 獻花伎樂飛天

在華蓋垂幔下，天宮平台上，繪繞頂一周的飛天。圖中飛天一身雙手捧牡丹花盤，一身彈奏琵琶，琵琶及彈奏姿態畫得很寫實，是難得的音樂圖象資料。畫面裝飾華麗，是西夏初年的佳作。

西夏 第327 窟頂南披

192 獻花伎樂飛天

此圖是前圖的延續。在裝飾華麗的垂幔下，兩身飛天一捧花供養，一彈箜篌，箜篌的每個部件都交待得很清楚，是已失傳的古代樂器箜篌最具體的形象資料。只是彩雲畫得過於程式化。

西夏 莫327 窟頂南坡

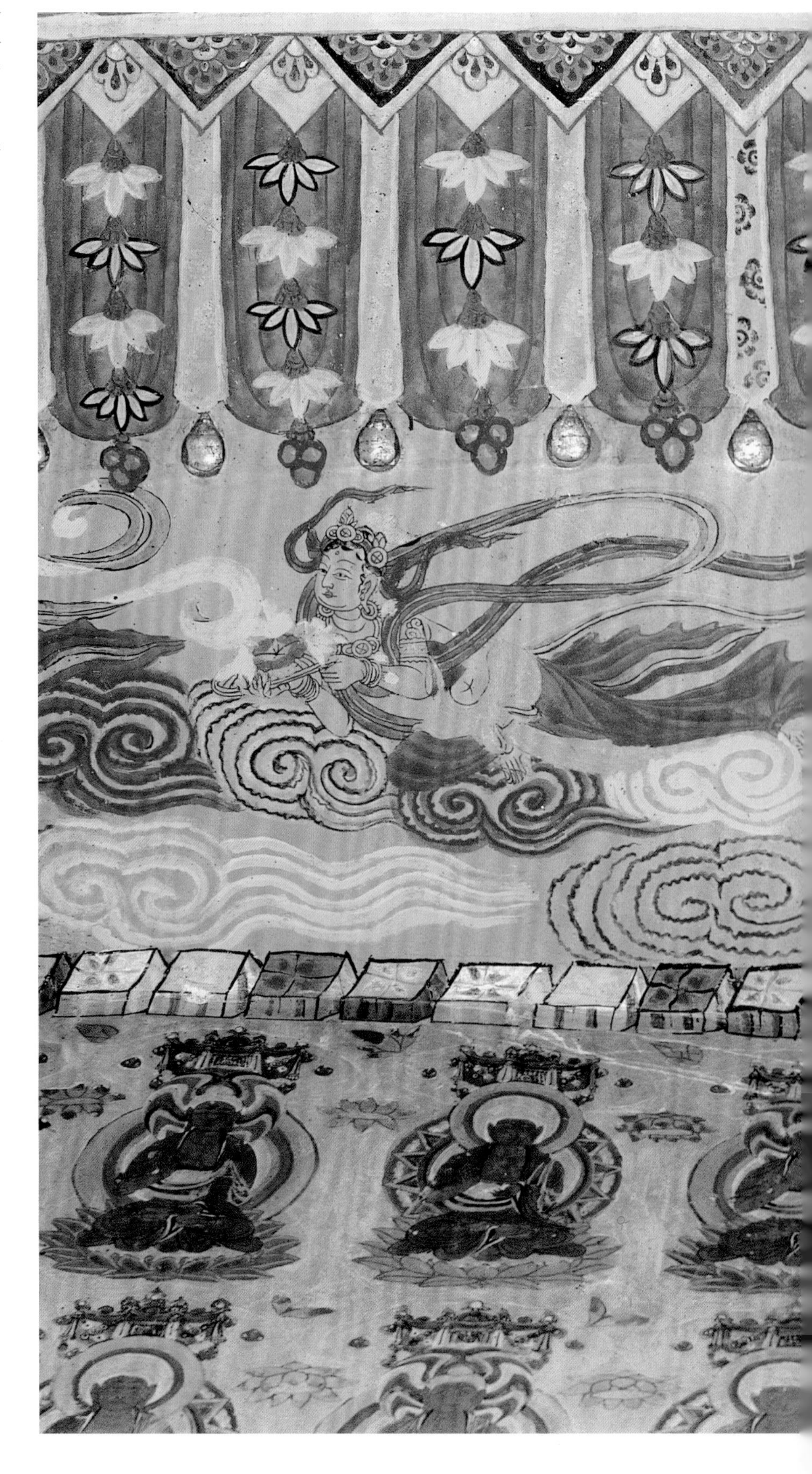

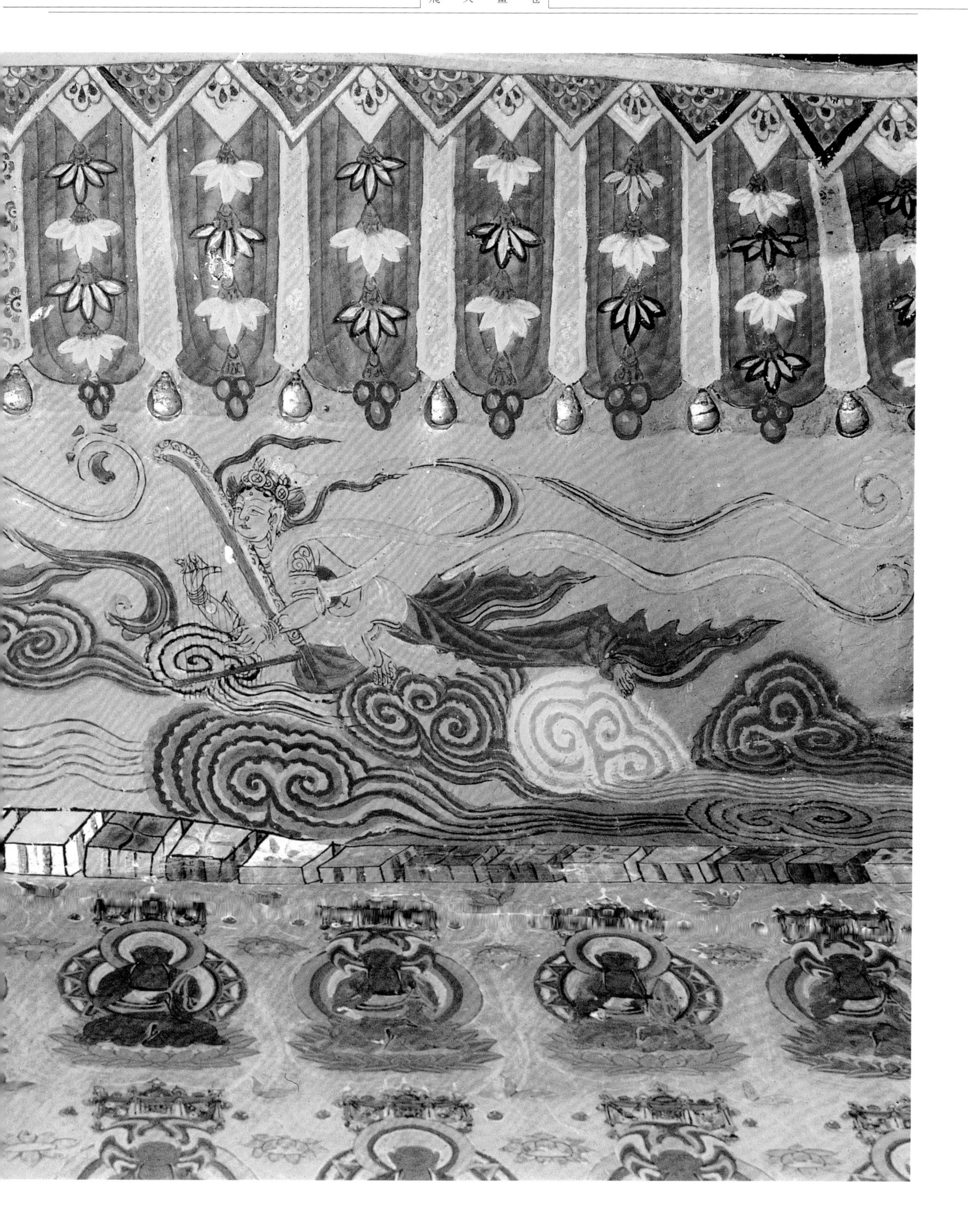

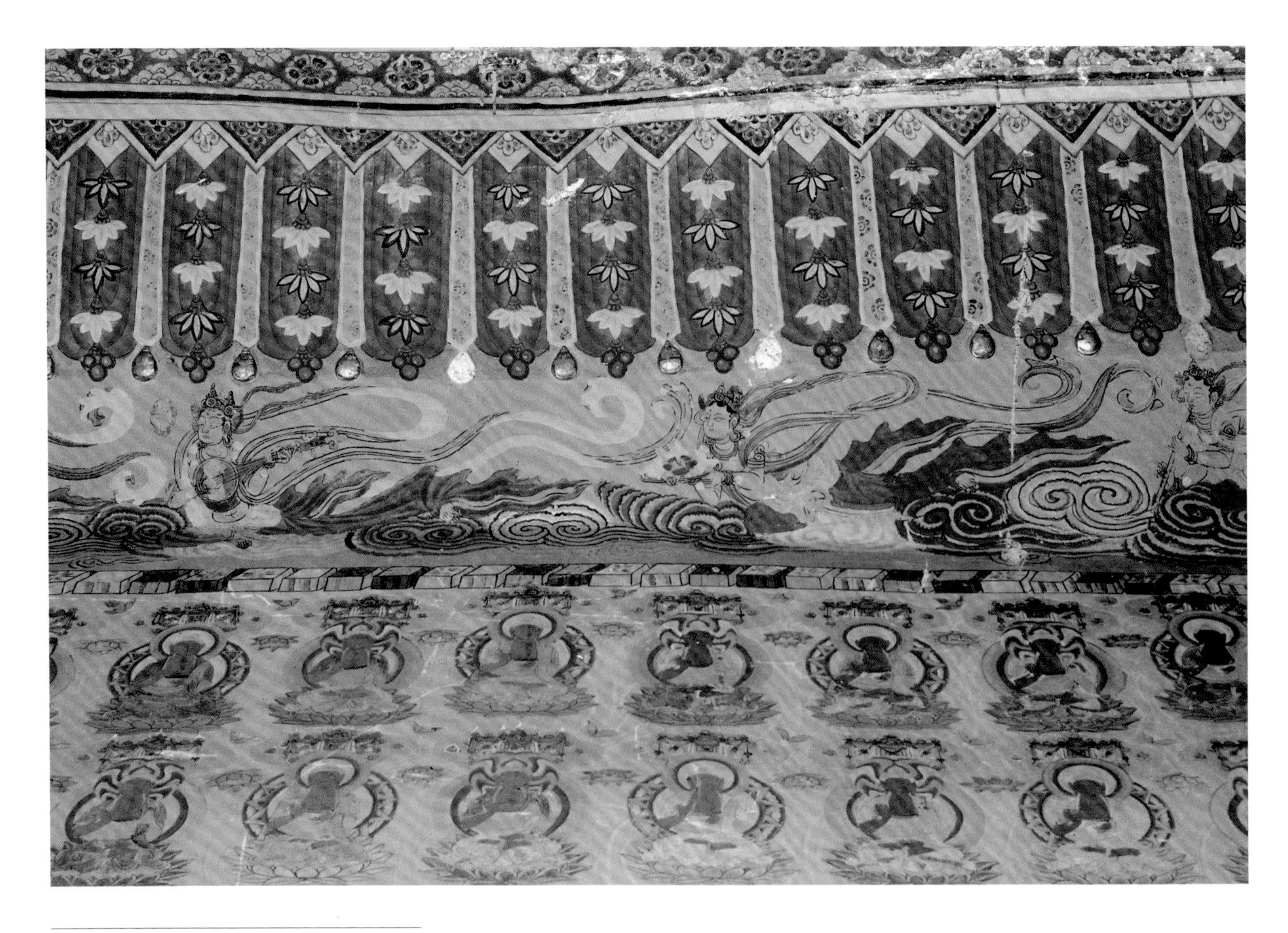

193 **獻花伎樂飛天**

此圖是前圖的延續。垂幔下，兩身飛天一捧牡丹花盤，一演奏長柄阮，阮有四弦，琴頭刻如意雲頭，很有特點。

西夏 莫327 窟頂北坡

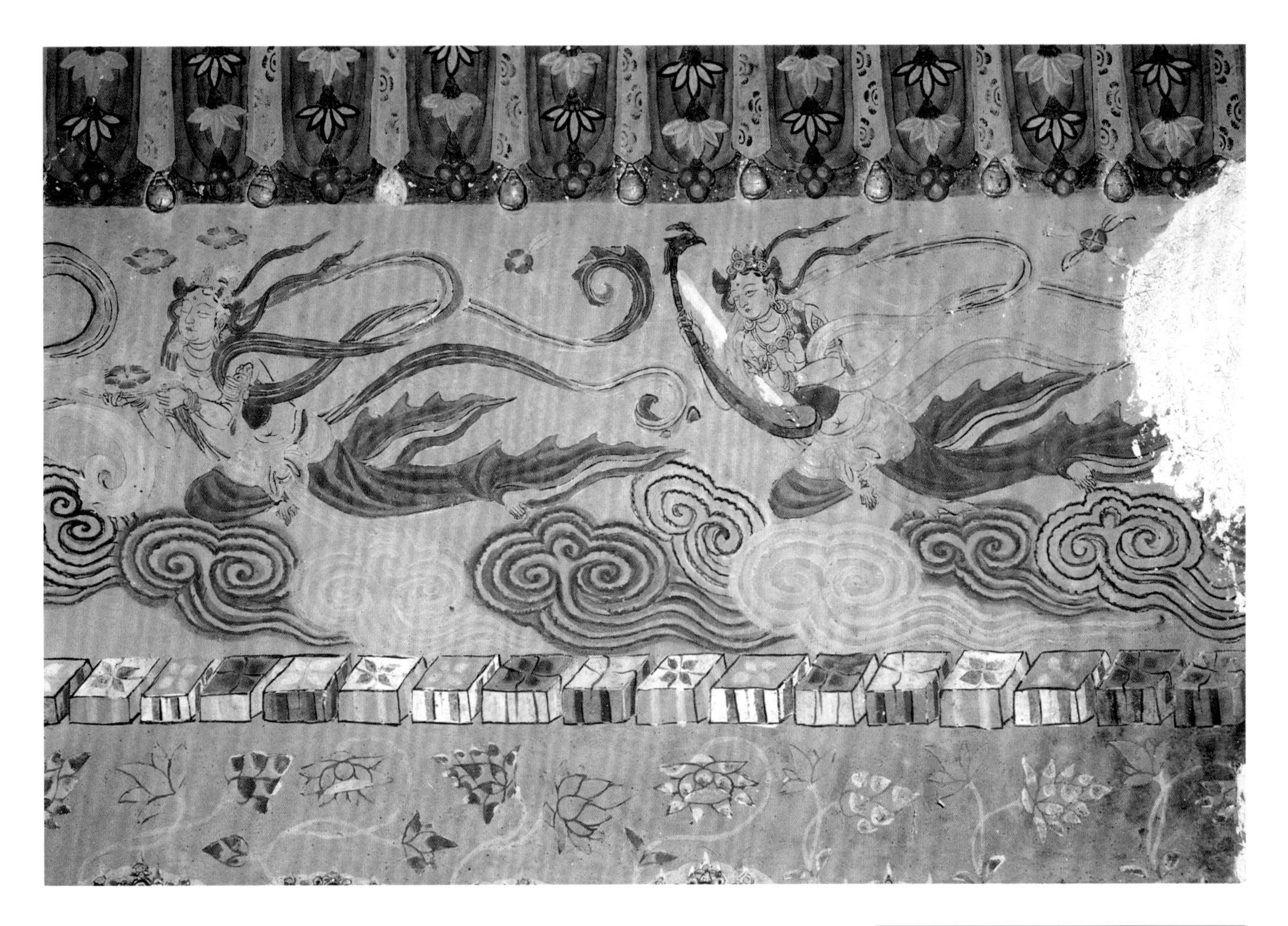

194 **獻花伎樂飛天**

此圖是前圖的延續。垂幔下，一身飛天獻花供養，另一身演奏鳳首琴。琴張四弦，飛天右手握琴頸，左手拇指和食指撫弦，動作清楚，造型美觀，畫工精細。

西夏 莫327 窟頂東坡

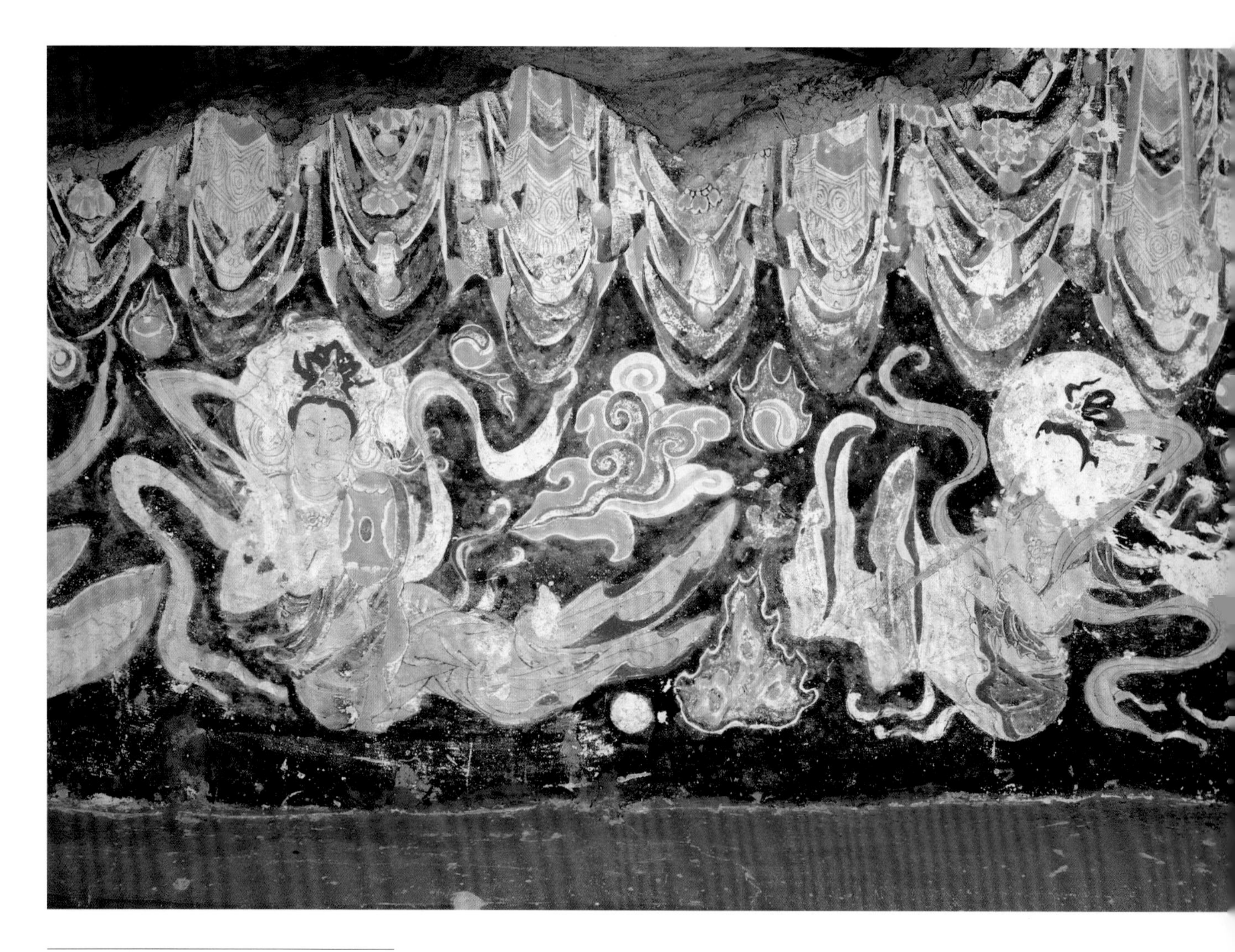

195 **伎樂飛天**

飛天梳高髻，戴寶冠，有頭光，面相豐滿，丹鳳眼，斜披天衣，下着裙，持手鼓和豎笛相對奏樂，生動和諧。人物體健腿短，有西夏造型特徵。線描精細，設色淺淡，是西夏的傑作。

西夏 榆10 窟頂西坡

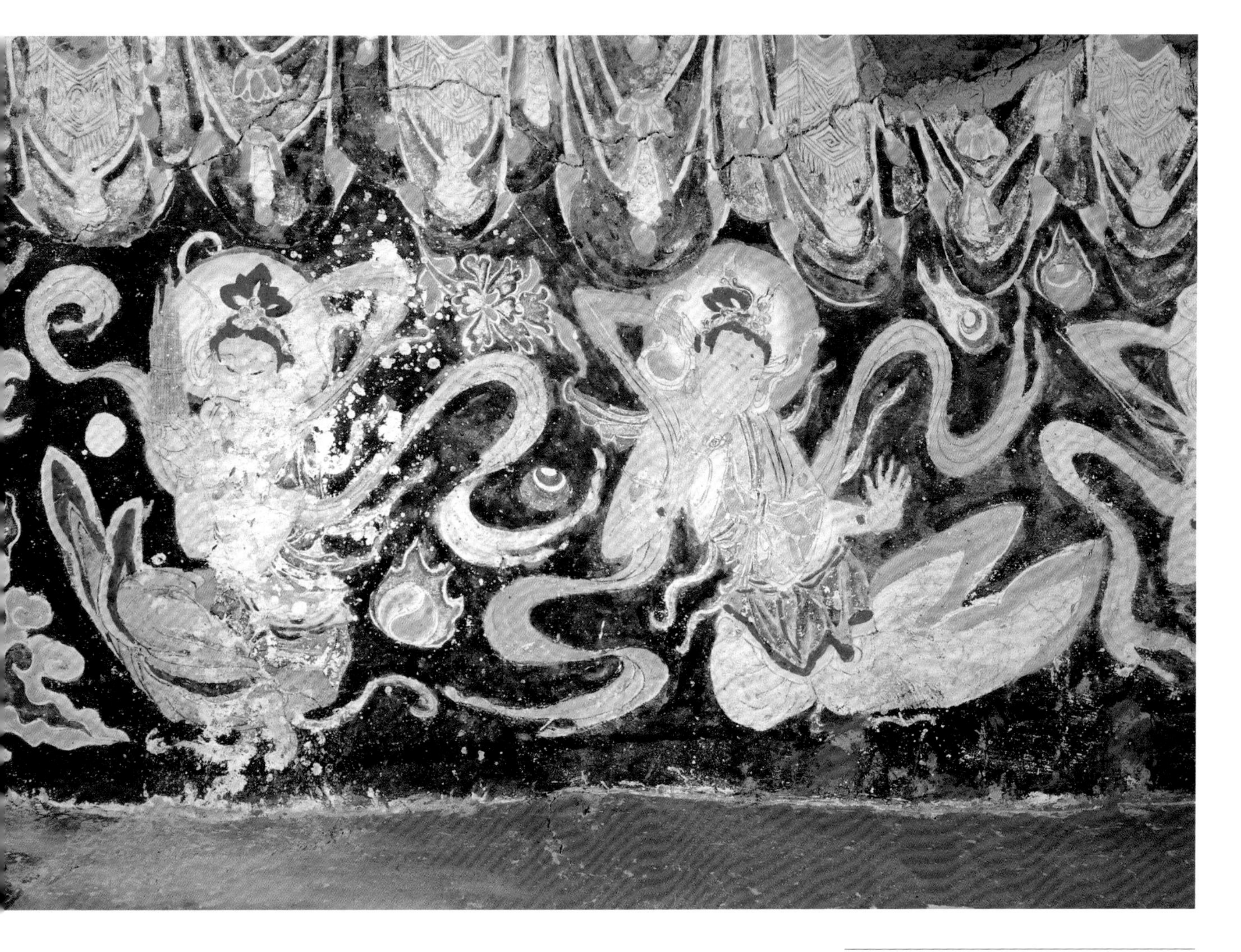

196 伎樂飛天

此圖是前圖的延續。在垂幔下，兩身伎樂飛天做踏舞式，[illegible]吹笙，[illegible]拍腰鼓，樂器畫得逼真，與人體的比例也很協調。

西夏　榆10　窟頂西坡

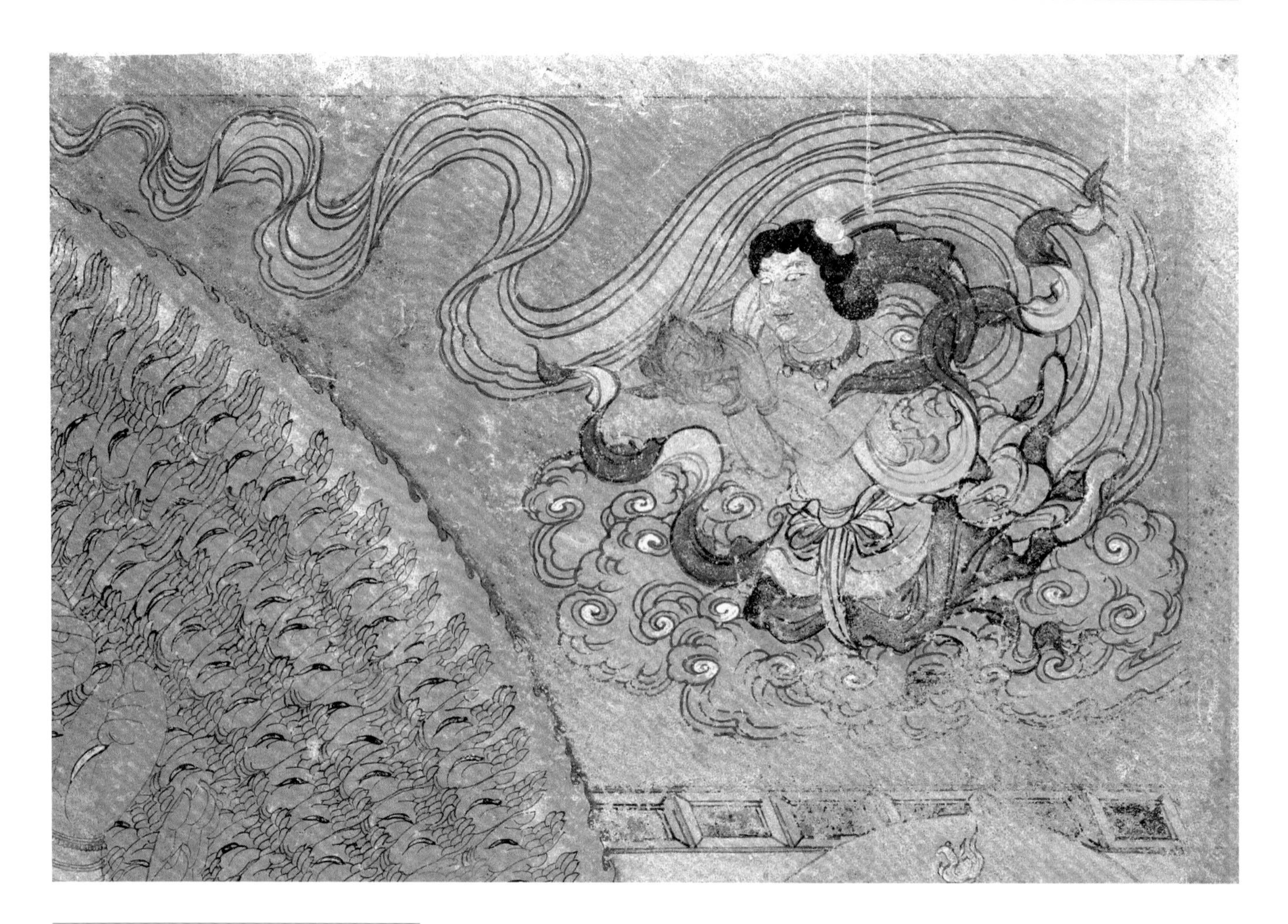

197 **簪花飛天**

飛天飄在黃色翔雲上，腦後垂雙環髮髻，頭上簪花，高鼻，濃眉大眼，面豐體壯，捧蓮花供養千手千眼觀音，十分虔誠。此圖線描功力在敦煌壁畫中堪稱一流。千手千眼觀音為密宗題材。

元 莫3 南壁

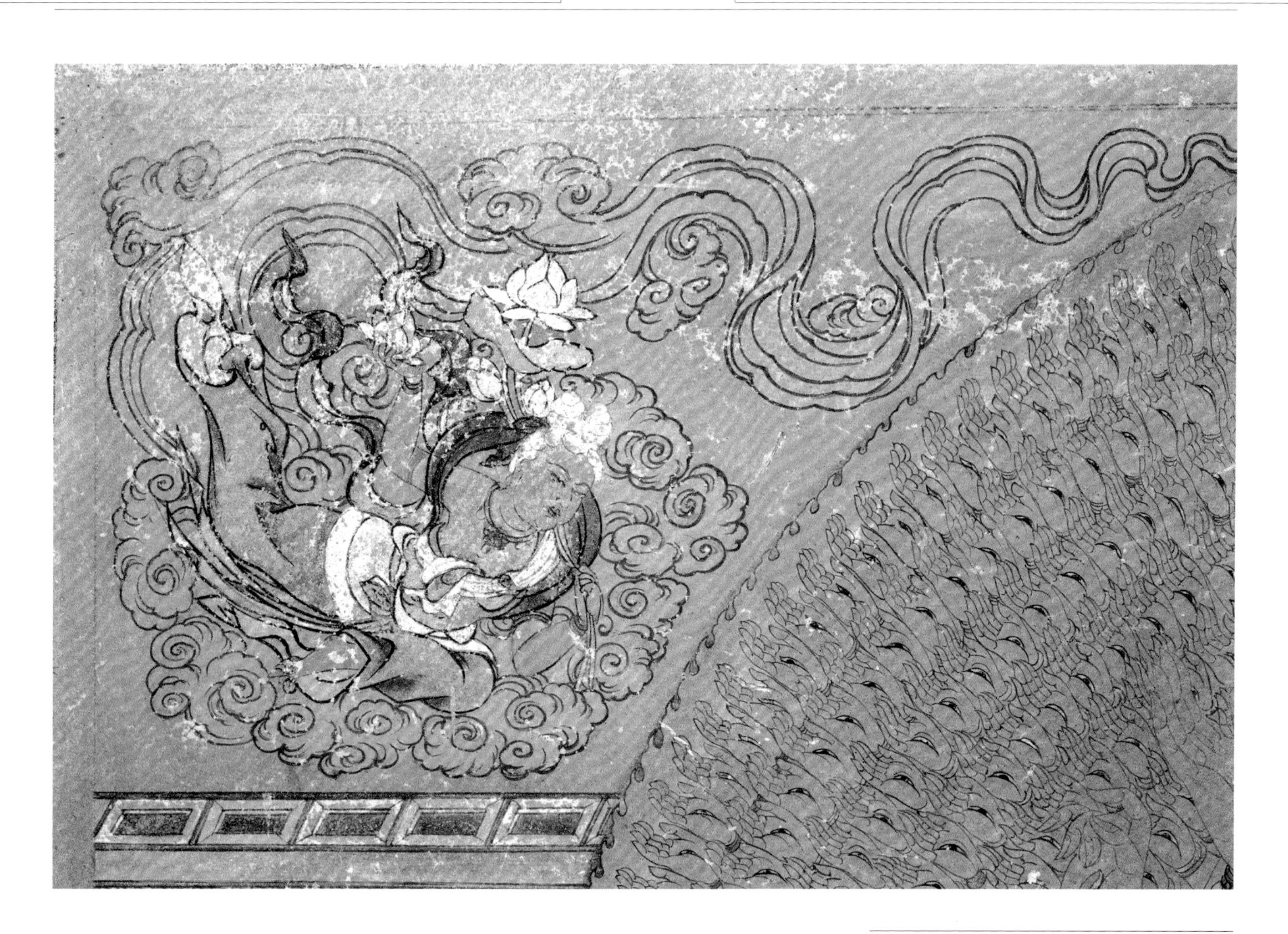

198 **金髮飛天**

飛天為金髮，頭梳雙髻，長眉高鼻，一手捧蓮花，一手持長蓮枝，從天而降，來供奉千手千眼觀音。周圍黃色雲朵飄浮，與巾帶的紫色形成對比。飛天造型有西域人特徵。

元 莫3 北壁

圖版索引

敦煌石窟分佈圖

本全集所用洞窟簡稱：莫即莫高窟，榆即榆林窟，東即東千佛洞，西即西千佛洞，五即五個廟石窟。

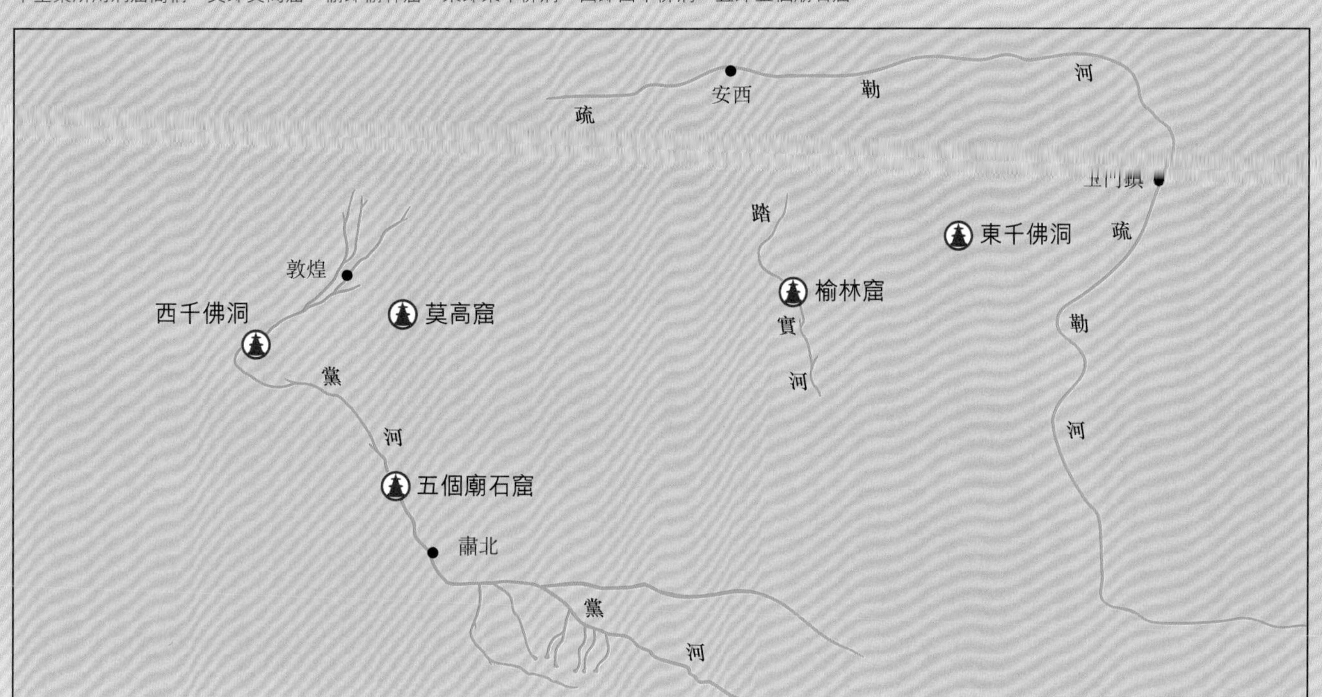

敦煌歷史年表

歷史時代	起止年代	統治王朝及年代	行政建置	備　注
漢	公元前111～公元219	西漢 公元前111～公元8 新 公元9～23 東漢 公元23～219	敦煌郡敦煌縣 敦德郡敦德亭 敦煌郡	公元前111年敦煌始設郡 公元23年隗囂反新莽；公元25年竇融據河西復敦煌郡名
三國	公元220～265	曹魏 公元220～265	敦煌郡	
西晉	公元266～316	西晉 公元266～316	敦煌郡	
十六國	公元317～439	前涼 公元317～376 前秦 公元376～385 後涼 公元386～400 西涼 公元400～421 北涼 公元421～439	沙州、敦煌郡 敦煌郡 敦煌郡 敦煌郡 敦煌郡	公元336年始置沙州； 公元366年敦煌莫高窟始建窟 公元400至405年為西涼國都
北朝	公元439～581	北魏 公元439～535 西魏 公元535～557 北周 公元557～581	沙州、敦煌鎮、義州、瓜州 瓜州 沙州鳴沙縣	公元444年置鎮，公元516年罷，為義州；公元524年復瓜州 公元563年改鳴沙縣，至北周末
隋	公元581～618	隋 公元581～618	瓜州敦煌郡	
唐	公元619～781	唐 公元619～781	沙州、敦煌郡	公元622年設西沙州，公元633年改沙州；公元740年改郡，公元758年復為沙洲
吐蕃	公元781～848	吐蕃 公元781～848	沙州敦煌縣	
張氏歸義軍	公元848～910	唐 公元848～907	沙州敦煌縣	公元907年唐亡後，張氏歸義軍仍奉唐正朔
西漢金山國	公元910～914		國都	
曹氏歸義軍	公元914～1036	後梁 公元914～923 後唐 公元923～936 後晉 公元936～946 後漢 公元947～950 後周 公元951～960 宋 公元960～1036	沙州敦煌縣 沙州敦煌縣 沙州敦煌縣 沙州敦煌縣 沙州敦煌縣 沙州敦煌縣	
西夏	公元1036～1227	西夏 公元1036～1227 蒙古 公元1227～1271	沙州 沙州路	
蒙元	公元1227～1402	元 公元1271～1368 北元 公元1368～1402	沙州路 沙州路	
明	公元1402～1644	明 公元1404～1524	沙州衛、罕東衛	公元1516年吐魯番佔；公元1524年關閉嘉峪關後，敦煌凋零
清	公元1644～1911	清 公元1715～1911	敦煌縣	公元1715年清兵出嘉峪關收復敦煌一帶，公元1724年築城置縣

資料來源：史葦湘《敦煌歷史大事年表》等；製表：《敦煌石窟全集》編輯委員會（馬德執筆）